职业教育城市轨道交通专业教材

轨道车辆检修

主　编　张庆玲　吕　娜
副主编　彭　晶　王　洋　代　兵

电子工业出版社
Publishing House of Electronics Industry
北京·BEIJING

内 容 简 介

本书详细介绍了轨道车辆检修的相关内容，并采用模块化结构。全书共分为 6 个项目、28 个任务，内容包括检修制度、检修工艺、检修设施与设备、轨道车辆检修修程、机械部件检修、电气部件检修 6 个项目。

本书注重职业能力的培养，强化学生对轨道车辆检修工作岗位所需的专业知识与实践技能的掌握，是城市轨道交通车辆技术专业的基础教材，可供城市轨道交通车辆、运营管理等相关专业教学选用，也可供城市轨道交通行业从业人员和培训人员参考学习。

未经许可，不得以任何方式复制或抄袭本书之部分或全部内容。
版权所有，侵权必究。

图书在版编目（CIP）数据

轨道车辆检修 / 张庆玲，吕娜主编. —北京：电子工业出版社，2023.11
ISBN 978-7-121-46767-7

Ⅰ.①轨⋯ Ⅱ.①张⋯ ②吕⋯ Ⅲ.①铁路车辆－车辆检修－高等学校－教材 Ⅳ.①U279.3

中国国家版本馆 CIP 数据核字（2023）第 226855 号

责任编辑：陈　虹
印　　刷：北京七彩京通数码快印有限公司
装　　订：北京七彩京通数码快印有限公司
出版发行：电子工业出版社
　　　　　北京市海淀区万寿路 173 信箱　邮编　100036
开　　本：787×1 092　1/16　印张：24.25　字数：518.4 千字　插页：32
版　　次：2023 年 11 月第 1 版
印　　次：2023 年 11 月第 1 次印刷
定　　价：59.00 元

凡所购买电子工业出版社图书有缺损问题，请向购买书店调换。若书店售缺，请与本社发行部联系，联系及邮购电话：(010) 88254888，88258888。
质量投诉请发邮件至 zlts@phei.com.cn，盗版侵权举报请发邮件至 dbqq@phei.com.cn。
本书咨询联系方式：chitty@phei.com.cn。

前言

伴随我国城市化进程的进一步加速，我国的城市轨道交通建设迎来黄金发展期。截至 2020 年年底，我国累计有 40 多个城市开通了城市轨道交通。自 1965 年北京地铁正式开始动工建设以来，我国城市轨道交通建设已经走过 50 多年的岁月。运营里程的不断增长、客运人数的稳步提高对城市轨道交通运营维护等服务提出了很高的要求，轨道车辆检修、车站组织运营等工作渐渐成为城市轨道交通事业的主力军。

本书的编写坚持以城市轨道交通企业检修岗位需求为基础，以国家行业发展指导方针为依据，以培养技术技能型人才为目标，以促进学生就业为导向。本书内容结合行业发展新方向、新动态，融合行业发展新技术，以为轨道车辆检修服务为主线，以相关知识点为教材元素，以相关工作内容为教材任务，深入浅出，通俗易懂，并配备动画、视频、微课等丰富的数字化教学资源，贴近新形态教材建设趋势，保证教材实用性的同时提升趣味性。

本书按照学生的认知规律，将轨道车辆检修岗位所需知识技能划分为检修制度、检修工艺、检修设施与设备、轨道车辆检修修程、机械部件检修以及电气部件检修 6 个项目。这 6 个项目内容相对独立又相互联系。本书的模块化结构设计能够让读者按需所取，增加了教材的灵活性，提升了教材的适用性。本书中每个项目都包含若干典型任务，每个任务通过工作环境、器材准备、素质培养、学习目标、基础知识、实操训练等环节，全方位模拟企业真实工作内容与环境，力求实现理论与实践高度对接。此外，本书设置拓展阅读环节——工匠楷模，通过对城市轨道交通行业工匠楷模的介绍来激励读者确立职业发展目标与方向。

本书由具有多年教学工作经验的长春职业技术学院教师编写，其中张庆玲、吕娜担任主编，彭晶、王洋、代兵担任副主编，肖敬伟、韩冰、王迪、王新铭、潘宣伊参与编写。本书在编写过程中主要参考上海地铁、南京地铁、长春地铁、广州地铁、北京地铁等车型的有关资料，并得到上述地铁公司的大力支持，在此表示衷心的感谢。由于编者水平有限，书中难免有疏漏之处，欢迎读者批评指正！

编　者

目录 Contents

项目一　检修制度　1

任务一　查找轨道车辆故障 …………………………………… 1
任务二　制定轨道车辆维修制度 ……………………………… 6
任务三　保障轨道车辆检修安全生产 ………………………… 12
任务四　建立检修管理体制 …………………………………… 20
工匠楷模——王梦恕 …………………………………………… 26

项目二　检修工艺　27

任务一　鉴定零部件损伤 ……………………………………… 27
任务二　制定工艺流程 ………………………………………… 42
任务三　分解与装配轨道车辆 ………………………………… 47
任务四　清洗轨道车辆 ………………………………………… 52
任务五　检测轨道车辆零部件 ………………………………… 59
任务六　修复零部件 …………………………………………… 70
工匠楷模——罗昭强 …………………………………………… 85

项目三　检修设施与设备　86

任务一　选择轨道车辆检修常用工具 ………………………… 86
任务二　使用轨道车辆检修基础设备 ………………………… 96
任务三　操作轨道车辆检修专用设备 ………………………… 108
任务四　识别轨道车辆检修基础设施 ………………………… 125
工匠楷模——聂江华 …………………………………………… 132

项目四　轨道车辆检修修程　133

任务一　轨道车辆日常检修 …………………………………… 133

任务二　轨道车辆定期检修 …… 148
　　任务三　轨道车辆临时检修 …… 171
　　工匠楷模——宁允展 …… 176

项目五　机械部件检修　　177

　　任务一　检修车体 …… 177
　　任务二　检修车门 …… 184
　　任务三　检修车钩 …… 197
　　任务四　检修转向架 …… 211
　　任务五　检修制动系统 …… 241
　　工匠楷模——李继欣 …… 264

项目六　电气部件检修　　265

　　任务一　检修牵引逆变器 …… 265
　　任务二　检修辅助逆变器 …… 272
　　任务三　检修牵引电动机 …… 280
　　任务四　检修受流装置 …… 290
　　任务五　检修制动电阻器 …… 299
　　任务六　检修空调 …… 306
　　工匠楷模——谢光明 …… 317

项目一 检修制度

任务一 查找轨道车辆故障

工作情景

轨道车辆运行过程中若发生车辆故障，轻则延误车辆运营，重则危害生命财产安全，因此轨道车辆检修部门及人员一直致力于故障的排除工作。查找车辆故障位置、确定故障原因的目的是大大减少或消除故障的发生，从而提高轨道车辆运行的可靠性和有效利用率。

工作环境

在轨道交通车场综合检修库开展车辆故障查找实践操作；在带有仿真软件的多媒体教室完成学习车辆故障查找模拟操作的工作内容。

器材准备

工　　具：校线仪、棘轮套筒组合、手电筒、便携式计算机。
设　　备：车辆模型或车体实物。
材　　料：螺栓、绝缘胶布、软硬线。
劳保用品：工作服、安全帽、劳动手套、绝缘鞋。

素质培养

（1）培养学生分析问题、解决问题的能力。
（2）培养学生团结协作的能力。
（3）培养学生精益求精的工作精神。
（4）培养学生求实严谨的工作态度。

学习目标

（1）掌握轨道车辆故障的概念和现象。
（2）了解轨道车辆故障的分类方法和种类。
（3）掌握轨道车辆的故障规律。
（4）熟悉轨道车辆可靠性的定义和度量。
（5）熟悉轨道车辆维修性的定义和度量。

基础知识

一、轨道车辆故障及其分类

1．故障的概念

轨道车辆故障是指轨道车辆整车或零部件的技术指标偏离了它的正常状态，在正常的使用条件下不能完成规定功能的状态。

产品一般可分为可修复产品和不可修复产品两大类。轨道车辆和其他机械设备大多属于可修复产品，在使用过程中都是通过修复或者更换新的零件或部件以恢复其使用性能。不可修复产品是指产品发生损伤后不进行维修而报废的产品，其中包括在技术上无法进行维修的产品（一旦产生故障只有报废）和价格低廉的消耗品产品（维修很不经济）。

轨道车辆在运用过程中，其技术状态随着走行里程的增加而逐渐变差，继而达不到预定的工作性能，即可认为轨道车辆产生了故障。

2．轨道车辆故障的分类

1）按故障的性质划分

（1）间歇性故障：设备只是在短期内失去某些功能，经稍加检查处理，设备功能就能恢复的故障。

（2）永久性故障：属于设备零部件的损坏，必须更换或修复，设备功能才能得以恢复的故障。

2）按故障发生的快慢程度划分

（1）突发性故障：不能通过试验或测试手段预测的故障。

（2）渐进性故障：能够通过试验或测试手段预测的故障。

3）按故障的发生规律划分

（1）随机性故障：故障的发生时间是随机的。

（2）规律性故障：故障的发生随时间有一定规律性。

3．轨道车辆与机件的故障规律

故障规律

轨道车辆与机件的故障规律，是指轨道车辆产品、零部件在使用寿命期内故障的发展变化规律。大多数产品、零部件的故障率是时间的函数，如图1-1所示。故障率曲线像浴盆的断面，因此也称为"浴盆曲线"。故障率的高低随时间的变化可划分为3个阶段：早期故障期、偶发故障期和耗损故障期。

1）早期故障期

早期故障期是产品开始工作的那段时间，这段时间故障率较高，且故障率随时间增加而迅速下降。故障往往是设计、制造缺陷或维修工艺不严、质量不佳等原因引起的，如使用材料不合格、装配不当、质量检验不认真等。对于刚维修过的产品来说，装配不当是发生故障的主要原因。对新出厂的或大修过的产品，可以在出厂前或投入使用初期的较短的一段时间内，进行磨合或调试，以便减少或排除这类故障，使产品进入偶发故障期。因此，

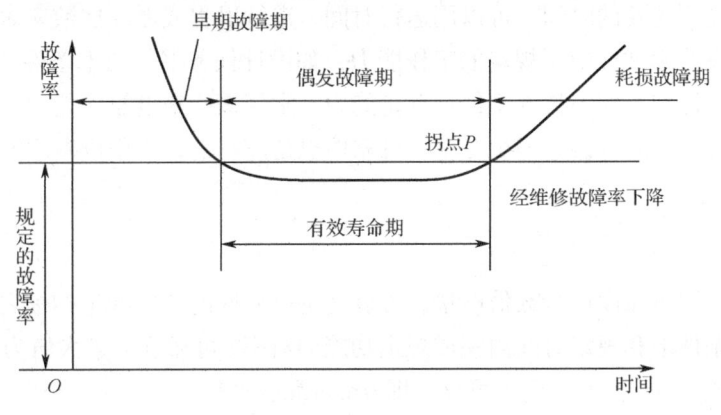

早期故障不是使用中总故障的一个重要部分。

图 1-1　故障率曲线

2）偶发故障期

偶发故障期是产品最良好的工作阶段，也称为有效寿命期或使用寿命期。它的特点是故障率低而稳定，近似为常数。在这一阶段，故障是随机性的。突发故障是由偶发因素引起的，如材料缺陷、操作错误以及环境因素等。偶发故障不能通过延长磨合期来消除，也不能定期更换零部件来预防。一般来说，再好的维修工作也不能消除偶发故障，偶发故障什么时候发生是难以预测的。但是，人们希望在有效寿命期内故障率尽可能低，并且有效寿命期尽可能长。因此，提高运用与管理水平，适时维修，以减少故障率。延长有效寿命期。

3）耗损故障期

耗损故障期是指产品使用后期的那段时间。其特点是故障率随时间的增加而明显增加，这是产品长期使用后由磨损、疲劳、腐蚀、老化等造成的。防止耗损故障的唯一办法就是在产品进入耗损期前及时进行维修，把上升的故障率降下来。如果产品故障太多，维修费用太高，就只能报废。可见，准确掌握产品何时进入耗损故障期，对维修工作具有重要意义。

以上 3 个故障期是就一般情况而言的，并不是所有产品都有这 3 个故障阶段，有的产品只有其中一个或两个故障期，甚至有些质量低劣的产品在早期故障期后就进入了耗损故障期。

二、轨道车辆的可靠性

1．可靠性的概念

可靠性是指系统（产品设备）在规定条件下和规定的时间内完成规定功能的能力。

产品设备的可用性、可靠性和维修性是产品固有的三大特性。产品设备的可靠性具有 5 个要素。一是产品：指研究对象，可以是硬件也可以是软件；二是规定条件：指产品在使用中所处的环境条件、工作条件、维修条件和操作方式等；三是规定时间：指产品完成规定任务或功能所需要的时间，可以用运行时间、走行里程或循环次数来表示；四是规定功能：指产品在技术文件中所规定的工作能力，如设计任务书、技术条件、使用说明书、订货合同、国家标准及相关技术文件；五是能力：常用概率来度量"能力"，称为可靠度。故障是随机事件，产品寿命是随机变量。可靠性也是随机的，要用概率才能定量地表示产品可靠性程度。

2. 可靠度

可靠性可以用可靠度进行数值度量，可靠度是可靠性的基本数量指标之一。可靠度是指产品在规定条件下和规定时间内完成规定功能的概率。可靠度的最大值为1，称为100%的可靠，最小值为0，称为完全不可靠，即0≤可靠度≤1。

3. 可靠性设计

可靠性设计是在产品性能设计和结构设计阶段，针对系统、产品和零部件，应用可靠性手段，为降低产品失效率、提高产品可靠性和保证产品质量所进行的一种设计。可靠性设计包括可靠性论证、可靠性结构设计、可靠性试验。在可靠性论证中，主要是确定系统、产品和零部件的可靠性指标并进行可靠性预计、分配及可靠性指标的平衡。

实操训练

一、分析轨道车辆的维修性

产品的寿命周期是指产品从研制、生产、销售、使用，直至报废为止的整个时期。做好维修需要3个条件，又称为维修的三要素，具体如下。

（1）机械设备的维修性。

（2）维修技术人员、管理人员及工人的素质和水平。

（3）维修保障系统，包括维修基地、维修技术、检修检测设备、机具、备件与材料供应系统。

广义的维修性是指在规定的条件下使用的产品设备，在规定的时间内按规定的程序和方法进行维修时，保持或恢复到能完成规定功能的能力。维修性是产品设备的一个重要性能参数。它表示维修的难易程度，是产品研制生产出来所固有的设计特征。维修性与维修的关系十分密切，它反映产品是否具备适应维修的能力。例如，应检测的机件应具有相应的测试点或相应的传感器；应检查的机件外露性即可达性好；需换件维修的零部件应方便拆卸和装配。维修性还集中体现在能以最短的维修时间、以最少的维修费用和其他资源的消耗，能够维持和保障产品设备达到完好的技术状态，以提高产品的有效利用率。

轨道车辆的维修性，指可修性、易修性和维护保养性。具体包括：结构简单，零部件组合合理，故障部位容易发现；维修时拆装容易，通用化、单元模块化、标准化高，互换性强；维修材料和备件供应来源充足等。

维修度是指在规定条件下使用的产品，在规定的维修时间内，按规定的程序和方法进行维修时，保持或恢复到能完成规定功能的概率。

维修度最大值为 1，最小值为 0，即 0≤维修度≤1。

若在一定的维修定额时间内，维修度越大，说明维修的速度越快，实际耗费维修时间越少，也说明产品设备的维修性越好。因此，维修度是产品维修性的一种度量。但是，在对于相同的产品设备进行同级修程的维修时，当产品的维修性水平一定时，维修度也可用来对维修三要素中的其中两个要素，即对维修企业的管理和技术水平以及维修保障系统进行评定。

二、轨道车辆的维修性结构设计

维修性是产品设备的一项固有的设计特性。因此，在产品的设计研制阶段应同时进行维修性设计。维修性设计的主要内容包括维修性结构设计和维修性指标分配、维修周期设计、维修技术保障设计，以及在样机完成后进行维修性验证。维修周期设计在后面进行论述。

维修性结构设计的指导性准则可归纳为如下几个方面。

（1）设备的总体布局和结构设计，应使设备的部件总成易于检查，便于更换、维修和维护。

（2）良好的可达性。可达性是指在维修时，能迅速准确方便地进入和容易看到所需维修的部位，并能用手或工具直接操作的性能。对于易损零部件更应具有较好的可达性。在考虑可达性时有两个原则：一是要设置便于维修操作（如检查、测试、更换等）的通道，如开设窗口等；二是要有合适的维修操作空间。

（3）单元部件和连接件（特别是在日常维修中要拆卸更换的部件）要易拆易装，如轨道车辆中的轮对、转向架等。

（4）简化维修作业。减少产品维修的复杂性，使结构简化轻型化；减少需要维修的项目，使单元部件方便换件维修；提高易损件的寿命以减少维修次数。

（5）配置检测点和监测装置。这是现代产品设备的突出特点，也是轨道车辆产品安全运行的迫切要求。设置检测点、配备传感器和测试监控输出参数的仪器仪表，采用自检和诊断技术，以便对故障进行预报。这是维修设计的重大课题，必须精心设计。

（6）零部件的免维修设计。机械产品目前流行的免维修零部件主要有固定关节、预封轴承、自润滑合金轴承和塑料轴承等无须润滑件；利用弹簧张力或单元制动器等无须调整件。一般将零部件设定年限，达到设定年限时则予以报废。

结构设计时采用标准化、互换性和通用化的零部件、模块化整体式安装单元；部件单元之间的连接设置定位装置识别标志；配备专用快速的拆装工具与检测装置等，都有利于结构设计目标的实现。

任务二　制定轨道车辆维修制度

工作情景

轨道车辆的维修制度是指在什么情况下对轨道车辆进行维修及维修达到什么状态的技术规定。具体而言，即在一定的维修思想指导下，制定出的一整套规定，包括维修计划、维修类别或等级、维修方式、维修组织、维修考核指标体系等。它直接关系到轨道车辆的技术状态、可靠性、有效度、使用寿命和运行维修费用。

工作环境

在多媒体教室完成模拟建立轨道车辆维修制度。

器材准备

工　　具：草稿本、碳素笔、格尺。
设　　备：便携式计算机。
材　　料：车辆维修中心工作流程、维修目标、维修方法。
劳保用品：工作服。

素质培养

（1）培养学生团结合作的能力。
（2）培养学生归纳总结的能力。
（3）培养学生一丝不苟的工作精神。
（4）培养学生爱岗敬业、刻苦钻研的工作态度。

学习目标

（1）能掌握以可靠性为中心的车辆维修思想的基本要点。
（2）掌握轨道车辆检修修程、检修周期、检修范围的概念。
（3）能够明确定期维修方式所使用的情况及其优缺点。
（4）能够掌握制定车辆检修周期的基本方法。

基础知识

一、维修思想

维修活动需要有一种思想或理论作为指导，这种指导维修活动的思想或理论，称为维修思想。

1. 事后维修为主的维修思想

事后维修为主的维修思想是以机械设备出现功能性故障为基础的。当机械设备出现无法继续运转、有明显的经济损失、严重威胁设备或人身安全等功能性故障时，才设法维修

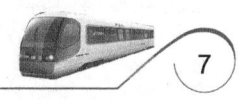

的维修思想。在工业革命时期，均是以此作为维修的指导思想，并且与其对应的是事后维修方式。当时，在机器生产的基础上产生了工厂。但是，工厂规模小、设备简陋，设备操作工兼管设备维修，谁用谁修，设备坏了再修。随着工业革命的深入、科学技术的发展，机械维修才逐渐形成一个独立的工种，事后维修的思想已不能促进生产的发展。

2. 以预防为主的维修思想

以预防为主的维修思想是以机件的磨损规律为基础，以故障率"浴盆曲线"中耗损故障期的始点来确定维修时间界限的维修思想。

如果把机件的磨损或故障作为时间的函数，其对应的维修方式就是定期维修方式。机件的磨损程度主要靠人的直观检查和尺寸计量来确定。所以，拆卸解体检查维修就成为预防维修的主要方法。经常检查、定期维修等预防工作做得越多，设备越可靠。检查和维修的周期长短是控制其可靠性的重要因素，从这一观点出发，以预防为主的维修思想的实质是根据量变到质变的发展规律，把故障消灭在萌芽状态，防患于未然。通过对故障的预防，使设备经常处于良好的技术状态。实践证明，在近几十年来，以预防为主的维修思想及其相应的维修制度基本处于主导地位，在保证各种设备包括轨道车辆发挥其效能，以及在设备维修学科的建设中起到了积极的作用。

3. 以可靠性为中心的维修思想

以可靠性为中心的维修思想是以可靠性理论为基础的，其形成是以视情维修方式的扩大使用以及逻辑分析决断法的诞生为标志的。

以可靠性为中心的维修就是以最低的费用实现设备固有的可靠性水平，即充分利用设备固有可靠性的维修方式，其基本要点如下。

（1）设备的固有可靠性是由设计制造决定的。要提高设备可靠性，必须从设备研制开始做起。维修的责任是控制影响设备可靠性下降的各种因素，以保持和恢复其固有可靠性。已定型但可靠性低的设备，必须通过改造才能改善其可靠性。

（2）以可靠性为中心的维修思想强调设备寿命的全过程管理，简称寿命管理。产品设备的寿命全过程，是指产品设备从市场调研、开发设计、研制、制造、选购、安装调试、使用、维修、改造更新与报废的整个过程。任何设备的问题，既有先天性的问题又有后天性的问题。设备的可靠性与维修性是其固有的设计制造特性，是先天性的，与运用维修之间应建立一套完整的信息反馈管理系统。

（3）频繁的维修或维修不当会导致可靠性下降。要尽量少做那些不必要的过剩维修，要科学分析故障和有针对性地预防故障，使维修工作做得更有效、更经济。

以可靠性为中心的维修思想不仅用于指导预防故障的技术范畴，也用于指导维修管理范畴，如确定维修方针、制定维修规程、选择维修方式、建立维修制度、改进维修体制、实施质量控制、组织备件供应、建立反馈系统等。这样就把设备维修的各个环节连成一个维修系统，围绕着以可靠性为中心来开展各自的工作，从而互相制约、互相促进。

二、维修方式

维修方式是指对轨道车辆维修时机的控制,也就是对维修时机的掌握,是通过采用不同的维修方式来实现的。目前公认的维修方式有 3 种,即定期维修、视情维修和事后维修。

1. 定期维修

定期维修又称为时间预防维修,它以使用时间或运行里程作为维修期限。只要设备使用到预先规定的时间,不管其技术状态如何,都要实施维修,是一种带强制性的预防维修方式。

定期维修的依据是机件的磨损规律。机件只要工作就必然磨损,磨损严重就会形成故障,进而会影响使用和安全。定期维修的关键问题是如何确定维修周期或维修的时机。

定期维修的实施是由计划维修周期、维修级别和检修范围,以及有关的检修工作条例保证的。轨道车辆的修程和检修周期,应根据其构造特点、运行条件、实际技术状态和一定时期的生产技术水平来确定,以保证轨道车辆安全可靠地运行。

定期维修方式适用以下几种情况。

(1)故障机制具有明显的时间相关性。

(2)在设备使用期限内,机件出现预期的耗损故障期,可以依据其磨损规律,预测即将发生故障的时间,在此时期故障率将迅速增高。

(3)对于一些重要的机件很难检查和判断其技术状况时,定期维修方式是一种有效的办法。

定期维修方式的优点是容易掌握维修时间,维修计划、组织管理工作也较简单、明确,同时这种方式有较好的预防故障作用。目前,我国轨道车辆仍主要采用这种方式,在保证正常、安全运行方面起了积极作用。

定期维修方式的缺点是对磨损以外的其他故障模式,如疲劳、锈蚀以及机件材质或因使用维修条件等方面影响而造成的故障未能考虑在内。不能针对设备的实际技术状况进行维修,预防工作采用"一刀切"的大拆大卸方针,使拆卸次数增多,不利于充分发挥机件的固有可靠性,甚至导致故障的增加。

2. 视情维修

视情维修又称为按需预防维修,这种维修方式根据设备实际情况来确定维修时机。它不对机件规定固定的拆卸分解范围和维修期限,而是在检查、测试其技术状况的基础上确定各机件的最佳维修时机。

视情维修是靠不断定量分析监测机件的某些参数或性能的视情资料,决定维修时间和项目。视情资料是指通过诊断或监测表征机件技术状态参数的资料。

视情维修适用于下面几种情况。

(1)属于耗损故障的机件,而且有缓慢发展的特点,能估计出从量变到质变的时间。

(2)能定出评价机件技术状态的标准。

（3）对于那些机件故障会直接危及安全，而且有极限参数可以监测的机件。

（4）除了靠肉眼观察及利用设备本身的测试装置，还要有其他适当的监控或诊断手段。

视情维修的优点是可以充分发挥机件的潜力，提高机件预防维修的有效性，减少维修工作量和人为差错。缺点是费用高，要求具备一定的诊断条件，哪些机件采用，哪些项目采用，都要根据实际需要和可能来决定。

3．事后维修

事后维修也称为故障维修，它不控制维修时期，在机件发生故障之后，才进行维修。实践证明，有些机件即使产生了故障，也不会造成严重后果或影响安全，对这类机件和一些偶然故障，没有必要进行预防维修，可以在故障发生之后再加以维修或更换。这样，这些机件就可以得到充分利用，减少预防维修的范围和项目，避免这类机件因不必要的拆卸、检查、保养而不能继续使用，结果造成不必要的经济损失。

事后维修适合下面几种情况。

（1）机件发生故障，但不影响总体和系统的安全性。

（2）故障属于偶然性的，故障规律不清楚，或者虽属耗损型故障但用事后维修方式更经济。另外，随着新技术在机械设备上的广泛应用，使维修对象的固有可靠性达到相当高的程度，可靠性技术冗余度很大，故障密度很疏，出现故障的可能性很小，即使出现了故障也不致影响任务的完成和行车安全，这时也可以采用事后维修。

维修方式的选择，应该从发生故障后机械设备的安全性、经济性和有关技术政策法令来综合考虑后进行。由上述 3 种维修方式的特点可以看出，定期维修和视情维修均属于预防性维修，可以预防渐进性故障的发生。事后维修则是非预防性的维修，多用在偶然故障或用预防维修不经济，不影响安全运用或具有可靠性冗余度的机件。定期维修是按时间标准送修，而视情维修是按实际状况标准送修，而事后维修则不控制维修时间。从这个意义上分析，上述 3 种维修方式本身并没有先进落后之分，各有一定的运用范围。

三、维修制度

轨道车辆的维修制度是指在什么情况下对轨道车辆进行维修及维修达到什么状态的技术规定。具体而言，即在一定的维修思想指导下，制定出的一整套规定，包括维修计划、维修类别或等级、维修方式、维修组织、维修考核指标体系等。它直接关系到轨道车辆的技术状态、可靠性、有效度、使用寿命和运行维修费用。

维修理论和制度可分为两大体系：一个是在预防为主的维修思想指导下，以磨损理论为基础的计划预防维修制度；另一个是在以可靠性为中心的维修思想指导下，以故障统计理论为基础的预防维修制度。计划预防维修制度较适合于机械设备维修的宏观管理，而以可靠性为中心的维修制度较适合于机械设备维修的微观管理。

1. 计划预防维修制度

计划预防维修制度是在掌握机械设备磨损和损伤规律的基础上，根据各种零件的磨损速度和使用极限，贯彻防重于治的原则，相应地组织保养和维修，以避免零件的过早磨损，防止或减少故障，延长使用寿命，从而能较好地发挥设备的使用效能和降低使用成本。

计划预防维修制度的具体实施，可概括为定期检查、按时保养、计划维修。

实现计划预防维修，需要具备以下几个条件。

（1）通过统计、测定、试验研究，确定总成、主要零部件的维修周期。

（2）根据总成、主要零部件的维修周期，又考虑到基础零件的维修，合理地划分维修类别等级或修程。

（3）制定一套相应的维修技术定额标准。

（4）具备按职能分工、合理布局的维修基地。

前面三项是必不可少的条件，也只有具备了这些条件，计划预防维修制度的贯彻才能取得实际的效果。所以说计划预防维修制度的基础是一套定额标准，其核心是维修周期结构。

2. 以可靠性为中心的维修制度

以可靠性为中心的维修制度是以可靠性理论为基础的，鉴于一些复杂设备（如轨道车辆、飞机），一般只有早期和偶然故障期，而不考虑耗损期。因为定期维修对许多故障是无效的。现代机械设备的设计，只使少数项目的故障对安全有危害，因而应按各部分机件的功能、功能故障、故障原因和故障后果来确定需做的维修工作。

实行以可靠性为中心的维修制度应具备以下几个条件。

（1）要有充分的可靠性试验数据、资料可作为判别机件状态的依据。

（2）要求产品设计制造部门和维修部门密切配合制定产品的维修大纲、维修指导书等。

（3）要具备必要的检测手段、仪器设备和标准。其核心是以状态监测和故障诊断为基础。

实操训练

制定各种修程的检修周期，是关系到轨道车辆能否处于良好技术状态的主要因素。零部件使用期限是制定检修周期的主要依据。

一、确定轨道车辆处于极限技术状态的依据

当轨道车辆在运行过程中，其技术状态随着走行公里数的增加而逐渐变差，以致达不到预定的工作性能时，即认为轨道车辆产生了故障。当故障已严重地影响轨道车辆的正常运行，而必须对其进行维修才能够使轨道车辆恢复运行时，即认为轨道车辆处于极限技术状态。

轨道车辆是否处于极限技术状态，可综合下面各种情况进行确定。

（1）动力性能下降，在各工况下轨道车辆发出的功率偏差较大。
（2）经济性能下降，传动效率低。
（3）可靠性下降，零件断裂、连接松动、震动增强、电气动作失误等发生的频率高，需进行经常临修。

二、判断零部件使用期限

零部件在使用过程中，随着工作时间的增长，不可避免地产生各种损伤，使配合关系遭到破坏，工作效率降低，最终导致工作失效，不得不进行维修。零部件从投入使用，直到因各种极限损伤而必须维修的全部时间称为零部件使用期限。通过维修，零部件恢复或基本恢复了使用要求，又可投入工作，直到下一个使用期限。零部件从投入使用，中间经过若干个使用期限，直到不能修复或不值得修复的全部时间，称为零部件使用寿命。此时，零部件应进行报废处理。

三、确定零部件使用期限与使用寿命的依据

零部件的使用期限取决于零部件的极限损伤情况。对于某个零部件来讲，它的极限损伤可能是极限磨损量，也可能是极限腐蚀深度。此外，诸如机械损伤、疲劳、裂纹等而使零部件必须进行维修的各种损伤，都可能成为该零部件的极限损伤。通常认为有下述 4 种情况之一，则零部件达到使用期限或使用寿命。

1. 零部件损伤程度在短时间内将要急剧发展

零部件的工作条件不同，所受主要损伤也不同，不管是哪种损伤，当发现在短时间内该种损伤的程度发展急剧，且明显影响其工作质量时，该零部件就可以认为达到了使用期限或使用寿命。

2. 出现零部件工作能力过分消减或丧失的状况

零部件工作能力主要是指零部件本身在强度、刚度和其他机械性能上达到要求的能力。设计时应根据零部件的材质、工作条件、机加工水平或者适当的表面处理来满足使用要求。但是经过使用和多次维修后，零部件从多方面都降低了工作能力，而不能满足使用要求。因此在检修过程中，对每个零部件的基本尺寸都会按照不同的修程规定相对应的尺寸限度要求，可根据测量结果决定其是否已到使用期限。

3. 根据经济指标来确定

轨道车辆运用根据工作介质消耗量、维护检修费用、易耗件消耗量的增加情况来确定。从日积月累的数字上可以看出轨道车辆整体质量的优劣及变化。如果损失增大到经济上不合算的程度，即使零件还没完全丧失工作能力，也不能继续使用。

4. 根据工作质量、工作安全性来确定

轨道车辆工作质量下降或者当某些零部件因损伤而危及运行安全时，可判定该损伤已

到极限，应进行维修或更换。

四、计算零部件使用期限

通常确定零部件使用期限的方法有以下几种。

1．调查统计法

调查统计法是根据轨道车辆长期运用所积累的经验和实践资料加以整理、加工，用数学统计方法总结出零件的损伤规律，以此确定使用极限。这种方法的特点是需要积累大量的资料才能得到比较可靠的结果。

2．运用试验法

运用试验法是指轨道车辆在正常运用条件下，对某些零部件做长期的系统观察和测量，根据观察和测量的结果，并经分析和研究，从而确定其使用期限。这种方法的特点是结果具有很高的可靠性，但试验时间较长。

3．实验室研究法

实验室研究法是在实验室的条件下，对零部件进行模拟实验和研究，以总结其损伤规律，并确定其使用期限。这种方法的特点是花费时间少，但由于对零部件的工作条件被理想化，试验结果与实际情况往往不相符。

4．计算分析法

计算分析法是在运用条件下，影响零部件损伤规律的各种因素之间的关系用公式表示出来，通过计算分析来确定其使用期限。这种方法的特点，由于各种因素的影响，在计算公式中不能完全反映，计算可靠性不易保证。

总之，上述4种方法各有优缺点，但它们不是相互排斥，而是相互补充的，在实际工作中，往往是综合使用的。

5．零件与部件使用寿命

零件使用寿命与部件使用寿命是不同的。有些情况下，零件与部件的使用寿命相符合；多数情况下，零件使用寿命要比它所组成的部件的使用寿命长得多。零件使用寿命取决于它自身的强度、刚度等所允许的尺寸限度的极限值。

任务三　保障轨道车辆检修安全生产

工作情景

城市轨道交通建设项目是我国城市建设管理的重中之重，近年来随着改革开放政策的贯彻执行以及经济建设世纪目标的实现，我国国民经济得到了蓬勃发展，城市流动人口大为增加，居民出行更为频繁，各个主要城市的轨道车辆的运行里程、运营年限越来越长，车辆检修工作逐步变得更加艰巨，进而保障车辆检修安全生产的工作也受到了人们的广泛关注。

工作环境

在多媒体教室完成模拟保障轨道车辆检修安全生产的工作内容。

器材准备

工　　具：草稿本、碳素笔、格尺。
设　　备：便携式计算机。
材　　料：轨道车辆维修中心生产流程、生产内容以及生产方法。
劳保用品：工作服。

素质培养

（1）培养学生安全生产的责任意识。
（2）拓宽学生安全生产的知识面。
（3）培养学生沟通协作的能力。
（4）树立遵纪守法的工作观念。

学习目标

（1）掌握轨道车辆检修安全生产的特性。
（2）掌握保障车辆检修安全生产管理经验、方法。
（3）熟悉安全生产管理原理。
（4）掌握现代安全管理构建方法。

基础知识

一、安全生产管理基本概念

安全就是指没有危险，不出事故。安全依附于生产过程。

1. 安全生产

1)《辞海》注解

安全生产是指为预防生产过程中发生人身、设备事故，形成良好劳动环境和工作秩序而采取的一系列措施和活动。

2)《中国大百科全书》注解

安全生产：旨在保护劳动者在生产过程中安全的一项方针，也是企业管理必须遵循的一项原则，要求最大限度地减少劳动者的工伤和职业病，保障劳动者在生产过程中的生命安全和身体健康。

3）综述

《中国大百科全书》将安全生产解释为企业生产的一项方针、原则和要求，《辞海》则解释为企业生产的一系列措施和活动。根据现代系统安全工程的观点，上述解释只表述了一个方面，都不够全面。

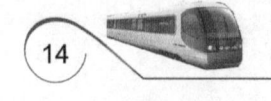

概括地说，安全生产是使生产过程符合物质条件和工作秩序条件下，防止发生人身伤亡和财产损失等生产事故；消除或控制危险、有害的因素，保障人身安全与健康，保证设备和设施免受损坏、环境免遭破坏。

城市轨道交通线路运营时间长，备用车辆少，导致车辆检修生产任务重，时间紧，所有这些生产特点表明，轨道车辆检修生产安全就是在车辆检修过程中保证检修员工的人身安全以及设施、设备的完好无损。

2．安全生产管理

（1）安全生产管理是管理的重要组成部分，是安全学科的一个分支。它针对人们在生产过程中的安全问题，运用有效的资源，发挥人们的智慧，通过人们的努力，进行有关决策、计划、组织和控制等活动，实现生产过程中人与机器设备、物料、环境的和谐，达到安全生产的目标。

（2）安全生产管理的目标是减少和控制危害，减少和控制事故，尽量避免生产过程中由于事故所造成的人身伤害、财产损失、环境污染以及其他损失。

安全生产管理包括安全生产法制管理、行政管理、监督检查、工艺技术管理、设备设施管理、作业环境和条件管理等。

（3）安全生产管理的基本对象是企业的员工，涉及企业中的所有人员、设备设施、物料、环境、财务、信息等各个方面。

安全生产管理的内容包括安全生产管理机构和安全生产管理人员、安全生产责任制、安全生产管理规章制度、安全生产策划、安全培训教育、安全生产档案等。

3．事故

1）概念

《现代汉语词典》将"事故"解释为：多指在生产、工作上发生的意外损失或灾祸。

国务院令第 493 号《生产安全事故报告和调查处理条例》，将"生产安全事故"定义为：生产经营活动中发生的造成人身伤亡或者直接经济损失的事件。

2）事故隐患

安监总局颁布的《安全生产事故隐患排查治理暂行规定》将"事故隐患"定义为：生产经营单位违反安全生产法律、法规、规章、标准和安全生产管理制度的规定，或者因其他因素在生产经营活动中存在可能导致事故发生的物的危险状态、人的不安全行为和管理上的缺陷。

按危害和整改难度，事故隐患分为一般事故隐患和重大事故隐患。

4．危险

危险即系统中存在导致发生不期望后果的可能性超过了人们的承受程度。一般用危险度（风险）来表示。

1）危险源

危险源即可能造成人员伤害、疾病、财产损失、作业环境破坏或其他损失的根源或状态。可以是一次事故、一种环境、一种状态的载体，可以是可能产生不期望后果的人或物。

液化石油气在生产、储存、运输和使用过程中，可能发生泄漏，引起中毒、火灾或爆炸事故，因此充装了液化石油气的储罐是危险源。

2）重大危险源

《中华人民共和国安全生产法》第一百一十二条的解释是：重大危险源，是指长期地或者临时地生产、搬运、使用或者储存危险物品，且危险物品的数量等于或者超过临界量的单元（包括场所和设施）。

5. 安全

（1）在生产过程中不发生工伤事故、职业病、设备或财产损失。

（2）本质安全：通过设计等手段使生产设备或生产系统本身具有安全性，即使在误操作或发生故障的情况下也不会造成事故。本质安全有两大功能：一是失误安全功能，即操作者即使操作失误，也不会发生事故或伤害；二是故障安全功能，设备、设施和工艺发生故障或损坏时，还能暂时维持正常工作或自动转变为安全状态。

注意：这两种安全功能应该是设备、设施和技术工艺本身所固有的，建立于规划设计阶段，而不是事后补偿的。

本质安全是安全生产管理"预防为主"的根本体现，也是安全生产管理的最高境界，是我们为之奋斗的目标。

二、安全生产管理理论

1. 安全生产管理理论的进化历史

安全生产管理理论的进化大致可分4个阶段：古代、18世纪中期（工业革命）、20世纪初至中期（法律、理论、模式）、21世纪末（现代安全生产管理理论、方法、模式、标准规范等更加丰富和成熟，逐渐被企业接受）。

我国20世纪50年代引入，六七十年代吸收研究事故致因理论；八九十年代开始研究风险管理理论并尝试实践；20世纪末研究推行职业健康安全管理体系；21世纪初将风险管理融入安全生产管理。

2. 安全生产管理原理

（1）安全生产管理是从生产管理的共性出发，对生产工作的实质内容进行科学分析、综合、抽象与概括所得出的管理规律。安全生产原则就是在安全生产管理原理的基础上，指导生产管理活动的通用规则。

安全生产管理原理

（2）系统原理。即用系统论的观点、理论和方法来认识和处理管理中出现的问题。

运用系统原理的4个原则：动态相关性原则、整分合原则、反馈原则、封闭原则。

（3）人本原理。即把人的因素放在首位，体现以人为本的指导思想。

运用人本原理的3个原则：动力原则、能级原则、激励原则。

（4）预防原理。即强调预防为主，通过有效的管理和技术手段，减少和防止人的不安全行为和物的不安全状态。

运用预防原理的4个原则：偶然损失原则、因果关系原则、3E原则（工程技术、教育、法制对策）、本质安全化原则。

（5）强制原理。即采取强制管理的手段控制人的意愿和行为，使个人的活动、行为等受到安全生产管理要求的约束，从而实现有效的安全生产管理。

运用强制原理的2个原则：安全第一原则、监督原则。

3. 事故预防与控制的基本原则

事故预防：通过采用技术和管理手段，使事故不发生。

事故控制：通过采用技术和管理手段，使事故发生后不造成严重后果或使后果严重性尽可能降低。

安全技术对策：解决物的不安全状态。

安全教育对策和安全管理对策：解决人的不安全行为。

安全教育对策主要是使人知道哪里存在危险源，如何导致事故，事故的可能性和严重程度如何，面对可能的危险应该怎么做。

安全管理措施则是要求必须怎么做。

三、我国安全生产管理现状

1. 我国安全生产方针

《中华人民共和国安全生产法》在总结我国安全生产管理经验的基础上，将"安全第一，预防为主"规定为我国安全生产工作的基本方针。

在十六届五中全会上，提出了"安全第一、预防为主、综合治理"的安全生产方针。"安全第一"是实行"安全优先"原则，始终把安全放在首要位置；"预防为主"是按照事故发生的规律和特点，千方百计预防事故的发生，将事故消灭在萌芽状态；"综合治理"是综合运用科技手段、法律手段、经济手段和必要的行政手段，标本兼治，重在治本。

2. 安全发展理念

十六届五中全会通过的《关于制定国民经济和社会发展第十一个五年计划的建议》中，提出"坚持节约发展、清洁发展、安全发展，实现可持续发展"。十六届五中全会确立了安全发展的指导原则，把"安全发展"作为一个重要理念纳入我国社会主义现代化建设的总体战略。

"以人为本"必须以人的生命为本。发展不能以牺牲人的生命为代价，不能损害劳动者的安全和健康权益。

实操训练

一、综合性安全管理方法

综合性安全管理方法，是指从企业整体出发，能应用于企业安全组织运作之中，对企业在某一时间段的安全管理全过程具有指导作用的管理方法。

1. 全面安全管理

全面安全管理是一种将系统安全管理与传统安全管理相结合的综合管理方法，它由全面质量管理演变而来。基本思路是以系统整体性原理为依据，以目标优化原则为核心，以安全决策为主要手段，将安全生产过程乃至企业的全部工作看作一个整体，进行统筹安排和协调整合的全面管理。

全面安全管理主要包括"全员""全过程""全方位"三层含义。

全员安全管理是指上至企业领导，下至每名员工，人人参与安全管理，人人关心安全，注意安全，在各自的职责范围内做好安全工作。

全过程安全管理即对每项工作、每种工艺、每个工程项目的每个环节，自始至终地抓好安全管理。它贯穿各项工作始终，形成了纵向一条线的安全管理方式。

全方位安全管理是指对系统的各个要素，从时间到地点，乃至操作方式等方面的安全问题，进行全面分析、全面辨识、全面评价、全面防护，做到疏而不漏，保证安全生产。它是遍及企业各个角落横向铺开的一种管理方式。

2. 安全目标管理

1）安全目标体系的设定

安全目标体系的设定是安全目标管理的核心，目标设立是否恰当直接关系到安全管理的成效。目标设立过高，经过努力也不可能达到，会伤害操作者的积极性；目标设立过低，不用努力就能达到，则调动不了操作者的积极性和创造性。二者均对组织的安全工作起不到推动作用，达不到目标管理的目的。目标体系设定后，各级人员依据目标体系层层展开工作，从而保证安全工作总目标的实现。

安全目标体系保证措施包括技术措施、组织措施，还包括措施进度和责任者。具体有以下几方面。

安全教育措施：包括教育的内容、时间安排、参加人员规模、宣传教育场地。

安全检查措施：包括检查内容、时间安排、责任人，检查结果的处理等。

危险因素的控制和整改：对危险因素和危险点要采取有效的技术和管理措施进行控制和整改，并制定整改期限和完成率。

安全评比：定期组织安全评比，评出先进班组。

安全控制点的管理：遵循"制度无漏洞、检查无差错、设备无故障、人员无违章"的原则。

企业的总目标设定以后，必须按层次逐级进行目标的分解落实，将总目标从上到下层层展开,从纵向、横向或时序上分解到各级、各部门直到每个人,形成自下而上层层保证的目标体系。

2)安全目标的考核与评价

为提高安全目标管理效能,目标在实施过程中和完成后都要进行考核、评价,并对有关人员进行奖励或惩罚。考核是评价的前提,是有效实现目标的重要手段。目标考评是领导和群众依据考评标准对目标的实施成果客观的测量过程。这一过程避免了经验型管理中领导说了算、缺乏群众性的弱点,通过考评使管理工作科学化、民主化。通过目标考评奖优罚劣,避免大锅饭,对调动工人参与安全管理的积极性起到激励作用,为下一个目标的实施打下良好基础,从而推动安全管理工作不断前进。

对目标的考评内容包括目标的完成情况、协作情况等,还应适当考虑目标的复杂程度和目标责任人的努力程度。

由于考评的标准、内容、对象不同,因此对目标的考评方法也不同,但考评方法应简单、易行,具有系统性、综合性、多样性。可采取分项计分法、目标成果考评法、岗位责任考评法等。

二、思考性安全管理方法

思考性管理方法来源于运筹学、价值工程及系统工程等管理技术和科学方法,主要包括关联图法、A型图解法、系统图法及PDCA法等方法。

1. 关联图法

关联图法是一种对于原因—结果、目的—手段等复杂关系互相纠缠的问题,厘清头绪,抓住问题的核心,找出适当解决措施的方法。

1)关联图的基本结构

关联图是一种把显露的问题和要因用圈圈起来,并用箭线表示出因果关系的图。在图中,将应实现的目标或想解决的问题用双圈圈起来,其他要因用单圈圈起来。文字的表达应简短、内容准确又便于理解。

2)关联图的形式

中央集中型:尽量把重要项目或应解决的问题安排在中央位置,然后把相关因素按相关的程度依次排列在重要项目的周围。

单向集约型:把重要项目或应解决的问题安排在一侧,将各要因按主要的因果关系顺序排列。

关系表示型:用图形简明地表示各活动项目之间或要因之间的因果关系,在排列上可以十分灵活。

2. A型图解法

A型图解法又称为KJ法、亲和图法,即将未知的问题、未曾接触过领域的问题的相关事实、意见或设想之类的语言文字资料收集起来,并利用其内在的相互关系作成归类合并图，以便从复杂的现象中整理出思路，抓住实质，找出解决问题的途径的一种方法。

A 型图解法在问题复杂，起初情况混淆不清，牵涉部门众多，检讨起来各说各话时特别适用。可以认识新事物（新问题、新办法）；整理归纳思想；从现实出发，采取措施，打破现状；提出新理论，进行根本改造，"脱胎换骨"；促进协调，统一思想；贯彻上级方针，使上级的方针变成下属的主动行为。

3. 系统图法

系统图法又称为树图法，是将目的和手段相互联系起来逐级展开的图形表示法。利用它可系统分析问题的原因并确定解决问题的方法。它的具体做法是把要达到的目的所需要的手段逐级深入。系统法可以系统地掌握问题，寻找到实现目的的最佳手段，广泛应用于质量管理中。

系统图是把要实现的目的、需要采取的措施或手段，系统地展开分析，并绘制成图，以明确问题的重点，并寻找最佳手段或措施的一种方法。

在企业实施安全目标管理的过程中，为了达到预定的目标，需要采用相应的手段和措施。因此，可以利用系统图对安全目标进行分析，使其自上而下地层层展开，逐级地落实保证措施，形成自下而上层层保证，使安全目标管理的重点、难点一目了然。

三、实务性安全管理方法

1. 本质安全化

本质安全一词的提出源于 20 世纪 50 年代世界宇航技术的发展，这一概念的广泛接受是和人类科学技术的进步以及对安全文化的认识密切相连的，是人类在生产、生活实践的发展过程中，对事故由被动接受到积极事先预防，以实现从源头杜绝事故和人类自身安全保护需要，在安全认识上取得的一大进步。

狭义的概念指的是通过设计手段使生产过程和产品性能本身具有防止危险发生的功能，即使在误操作的情况下也不会发生事故。

广义的本质安全就是通过各种措施（包括教育、设计、优化环境等）从源头上堵住事故发生的可能性，即利用科学技术手段使人们生产活动全过程实现安全无危害化，即使出现人为失误或环境恶化也能有效阻止事故发生，使人的安全健康状态得到有效保障。

扩展之后的本质安全，是指操作者在误操作或判断错误的情况下，即使有不安全行为，设备、系统仍能自动地保证安全；当设备、系统发生故障时，它能自动排除，确保人身和设备安全。

为了使设备、系统处于或达到本质安全而进行的研究、设计、改造和加强管理的过程，称为本质安全化。

2. 本质安全化的应用

企业是一个生产的有机整体，是一个除了人，还有机械设备、装置、原材料和产品的人造系统。要实现符合企业生产、人身安全目的的安全本质化管理，必须站在系统的角度从以下几个方面着手，开展经常性工作。

（1）使生产设备、设施符合安全工程学的要求。

（2）强化安全规章制度，建立良好的安全生产秩序。

（3）提倡计划生产、均衡生产。

（4）抓好安全信息管理。

（5）抓好班组安全建设。

（6）提高全员素质，增强全员安全意识。

3．事故预防技术

1）预防事故的安全技术

预防事故发生的安全技术一般可以按以下的优先次序选择。

（1）根除危险因素。

（2）限制或减少危险因素。

（3）隔离、屏蔽或连锁。

（4）故障-安全设计。

（5）减少故障及失误。

（6）警告。

2）避免或减少事故损失的安全技术

事故发生后若不能迅速控制局面，则事故规模可能进一步扩大，甚至引起二次事故。因此，在事故发生之前就应考虑到采取避免或减少事故损失的技术措施。

任务四　建立检修管理体制

工作情景

城市轨道交通的快速发展，许多城市的轨道交通逐步形成网络，城市轨道交通网络管理的统一化、总体化的综合管理被引起广泛重视。对轨道车辆建立适应城市轨道交通网络要求的运营、检修管理体制和检修制度，实现轨道车辆设备资源、人力资源统一管理、综合利用，以及管理的集约化、规模化、规范化是提高车辆运营、检修工作效率、运行质量、经济效益和社会效益的有效途径，已成为轨道车辆运营和检修工作的重要目标。

工作环境

在多媒体教室完成模拟建立轨道车辆检修中心管理体制的工作内容。

器材准备

工　　具：草稿本、碳素笔、格尺。

设　　备：便携式计算机。

材　　料：车辆维修中心管理体系、管理内容以及方法。

劳保用品：工作服。

素质培养

（1）培养学生为企业负责的主人翁精神。
（2）培养学生主动奉献的工作精神。
（3）培养学生踏实肯干的工作态度。
（4）培养学生刻苦钻研的工匠精神。

学习目标

（1）了解轨道车辆检修的流程。
（2）掌握轨道车辆检修工作的管理模式。
（3）熟悉轨道车辆的检修模式。
（4）掌握互换修的优点。

基础知识

一、轨道车辆检修的流程

1．车辆检修的主要工作范围

车辆检修部门根据列车的需用计划制订列车检修计划。制订列车检修计划时应统筹考虑列车的修程和车辆检修设备等检修条件，在保证运输需求和列车运行质量的前提下细致地制订计划。列车检修计划在得到批准后，车辆检修部门应认真组织实施，按车辆检修规程和检修工艺，在列车修竣并经检验合格后与车辆运用部门进行列车交接，修竣列车作为完好列车纳入运用列车范围。

一般在每日列车运营结束入库后，地铁车辆检修部门对列车进行日常检查维护。经检查技术状态良好和经维护、简单修理恢复良好技术状态的列车交付给列车运用调度中心，作为次日运营列车。当列车需要进一步检修，交车辆维修组进行修理。

运营列车在运营途中发生故障时，若故障在列车驾驶员处理范围之内并经驾驶员处理恢复良好技术状态的列车，可继续在正线运营；列车驾驶员若不能处理时应尽量避免救援，应驾驶列车行驶至折返线或停车线，由车辆检修部门的列检人员进行处理和维护，经处理和维护恢复良好技术状态的列车可继续投入正线运营，当列车需要进一步检修，交车辆维修组进行修理。

2．车辆运用的主要工作范围

车辆运营部门根据得到批准的列车检修计划将需要进行检修的列车交车辆检修部门进行检修。

掌握运营列车的情况，进行列车和列车驾驶员的合理调度，按照确定的列车运行图安排列车驾驶员和运营列车，进行每日的列车运营。

当运营列车发生掉线、退出运营与运用列车发生临修、不能投入次日运营时，应安排备用列车投入运营。

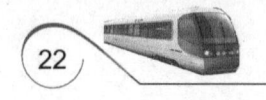

车辆运营部门还应安排列车驾驶员在车辆检修部门对列车检修后，配合开展列车的动态调试工作。

二、轨道车辆检修工作的管理模式

目前，轨道车辆的运用和检修工作的管理模式有两种：一种是轨道车辆的运用和检修工作由车辆部门统一管理；另一种是车辆的检修由车辆部门进行管理，车辆的运营由客运部门管理。

第一种模式的每个运营线路的轨道车辆管理单位是车辆段，下属有检修车间、运用车间和其他相关的辅助车间和职能部门，承担运营线路配属轨道车辆的检修和运用工作。车辆段根据运营的需要向运营线路提供完好轨道车辆，并对轨道车辆的运用和检修进行统一管理、全面负责。当轨道车辆进入运营正线后，统一由运营公司的控制中心指挥，按列车运行图运行。这种管理模式的优点是对车辆进行统一管理，有利于制定驾驶员操作规程、列车故障操作办法等与车辆技术有关的列车运用规章制度，有利于进行列车驾驶员的培训，有利于列车运行情况的反馈和处理，有利于车辆运用与车辆检修后的调试工作，比较容易进行车辆运行、检修的统筹安排，从而简化车辆运用和检修的管理程序，提高管理效率。

第二种模式是各运营线路成立客运公司，车辆的运行和线路设备、设施由客运公司统一管理。这种管理模式可以对所有运营线路设备、设施和车辆统一管理，有利于统一协调，尤其是在发生运营特殊情况时协调和处理的效率高。客运公司的车辆运用部门除保证车辆的正线车辆运行外，还必须做好车辆检修所需要的调车、列车调试等配合工作。车辆段除完成车辆检修任务，保证向线路运营提供完好车辆外，还必须做好制定各种与车辆技术有关的运行规章制度、对列车驾驶员进行技术培训等配合工作。

无论采取哪种管理模式，车辆的运用和检修工作都必须密切配合，还必须与其他各专业密切配合，才能使城市轨道交通系统作为大联动顺利地运转。

实操训练

在城市轨道交通发展的初始阶段，城市只有城市轨道交通一二条线路时，一般一条线路设一个车辆段，另设车辆大修厂或在一个车辆段设置车辆大修车间。在车辆段设置各种车辆部件的维修班组，对车辆进行现场修理时，使车辆检修效率低且成本高。

目前，我国城市轨道交通向着网络化方向发展，北京、上海、广州、天津等城市都规划了互相连通、纵横交错、彼此连接的城市轨道交通网络体系。过去一条线路设一个车辆段的轨道车辆的检修模式显然已经落后，远远不能适应城市轨道交通网络的要求。车辆检修的基地需要配备大量的线路、设备设施，并要占用大量土地。随着城市的发展，土地资源宝贵、土地价格昂贵，有必要对城市轨道交通网络的车辆、车辆检修设备以及有关的技术、物资、人力等资源实现共享。目前，车辆的设计和生产采用先进技术，使车辆的维修量逐步减少，维修周期逐步延长，并且很多车辆部件朝着免维修的方向发展，这也为车辆检修资源的共享创造了有利的条件。我国轨道车辆的检修模式在车辆检修资源共享、综合利用、统一管理方面得到很大发展。其主要方面是：车辆检修方式采用部件互换修，车辆部件专业化集中修理，车辆使用、维护保养、检修合理分工，最终实现车辆段多线共用等。这不仅可以大大提高车辆检修的效率和质量、降低车辆的维修成本，而且对提高城市轨道交通运营的经济效益和社会效益都具有重要的意义。

一、采用配件互换修为主的车辆检修模式

在城市轨道交通发展初期，车辆配属量较少，车辆检修量较小，车辆的检修往往采用配件维修的工艺方式。这种方式除少量待修和报废的零件从备品库领取新品外，其他零部件均待修竣后再安装在车辆上。这种检修方式不需要储备过多的备用零部件，但由于零部件检修时间较长，有时车辆需要等待零部件修竣才能组装、编组、调试。因此，车辆的检修停运时间长，有时还会导致检修质量得不到可靠保证。

采用配件互换修的车辆检修方式，是在车辆定期检修时将待修车辆上分解下来的零部件或车辆临修需要从车辆上拆卸下来的零部件，修竣后安装在同车型的任何车辆上。而在车辆检修的组装时所需的零部件来源于部件中心提供的互换零部件。

采用配件互换修的车辆检修方式需要必要的车辆零部件的储备周转量，对列车的检修分成了独立的两大部分：车辆检修和零部件检修。车辆检修实质上就是列车解编—车辆分解—车体设备和内装饰检修—车辆组装—车辆编组—静态调试—动态调试的过程，而不受零部件检修时间的影响。

采用配件互换修为主的车辆检修方式的优点如下。

（1）可以大大缩短车辆的检修停运时间，提高车辆的利用率。

（2）为合理组织生产创造有利条件，从而有效地提高劳动生产率。

（3）能提高车辆的检修质量，提升车辆运行的可靠性。

（4）为车辆零部件检修的专业化，形成检修生产规模化创造有利条件。

（5）车辆利用率的提高还会减少城市轨道交通工程的建设成本，降低运营成本。

当车辆检修时，如果对全部车辆零部件采用配件互换修，要储备大量互换零部件，首先车辆检修部一般需要合理确定范围，主要根据检修需要时间较长的部件实际情况来确定互换零部件的范围。目前，对车辆主要零部件，如车钩缓冲装置、转向架、空调以及车辆的电器和电气设备，一般都采用配件互换修，形成了以配件互换修为主的车辆检修方式。随着车辆设计和生产的改进，车辆采用模块化设计，相同功能的设备、零部件的外形、功能相同，在同型车辆上可以互换、通用，车辆零部件的互换性得到提高，车辆零部件互换的范围将会大大扩大；并且车辆设计正趋于少维修、免维修，检修周期延长。

二、车辆零部件的专业化集中修理

车辆零部件的检修不仅需要大量的专业化的检修设备、人才，还需要专业的试验设备。在城市轨道交通形成网络，配属车辆大大增加，车型比较集中以及车辆相同功能的设备、零部件的外形、功能相同的情况下，车辆零部件的专业化集中修理无疑是降低车辆零部件

检修成本、提高检修效率和质量，形成规模效应，提高经济效益的有效途径。在规划中，城市轨道交通网络可以设置车辆部件维修中心，兼为车辆部件的物流中心；也可以在不同车辆段设置不同车辆零部件维修基地，作为部件维修中心的分部，供给本车辆段和其他车辆段的车辆部件互换修使用。原有车辆段的零部件检修能力和资源就可以得到充分的利用。也可以设专门的车辆部件修理厂或车辆修理厂，进行车辆部件的集中专业修理或对城市轨道交通网络车辆检修。

三、轨道车辆的使用、维护保养、检修合理分工

车辆检修按照采用车辆部件互换修的方式和车辆检修资源共享、综合利用、统一管理的原则，轨道车辆的检修场地可以分为3个层次：停车场检修、车辆段检修、车辆修理厂检修。按照修程一般分为：日检、定修、架修、厂修；按照修程性质分为计划性维修、故障性维修、状态修、均衡修、全效修、分散修等。

1）停车场检修

在停车场，可以完成对轨道车辆的停放、清洁、检查、维护的任务，并可以进行车辆的定修（年检）。定修（年检）以检查车辆系统或零部件的技术状态为主，并根据需要对其进行维修或更换。另外还需通过静调和动调，对列车进行综合性能的测试。在停车场，还可以对车辆进行临修，遇到重大临修可采用部件的互换修。

一般一条运营线路应设置一个停车场。对于一些运营线路较短并且运营线路是交叉或共线运营的线路，有条件的也可共用一个停车场。对于运营里程在30km以上的较长线路，为了使列车出入停车库时间比较均衡，可以设置辅助停车场。辅助停车场一般只承担轨道车辆的停放、清洁、整备任务，不进行车辆的检修工作。即使进行车辆检修，一般只进行车辆列检工作。

2）车辆段检修

车辆段是进行车辆架修、大修的维修基地。车辆段应具有本线停车场的能力，对车辆的架修、大修采用部件互换修为主、现场修为辅的方式，可以提高车辆检修效率，减少车辆停运时间，加快车辆周转时间。车辆段还可具备车辆部件的检测和维修能力，进行车辆部分零部件的专业化集中修理，供给本车辆段和其他车辆段的车辆部件互换修使用。按照车辆检修资源共享、综合利用、统一管理的原则，在城市轨道交通形成网络时，车辆段作为车辆架修、大修基地，大都采用多线共用方式。

3）车辆修理厂检修

车辆修理厂对全系统的车辆集中进行全面大修、翻新和技术改造工作，一般在车辆需要进行全面大修、对车体进行大修和进行技术改造时进行建设。

车辆修理厂还可以是轨道交通网络车辆部件（模块）的维修中心，满足停车场、车辆段互换件的需求。同时，具备到停车场、车辆段维修现场进行零部件检查、简易维修的能力，以及物流（部件）供应中心的功能。目前国内部分城市设有与车辆生产厂合资的轨道车辆有限公司，承担大修或厂修任务。

四、轨道车辆集中架修、大修的模式

目前,在各个运营线路上运营的车辆由于多种原因虽然车型相同,但由于生产厂家不同,甚至在一条运营线路上运营有4种类型之多的车辆,因此轨道车辆集中架修、大修要根据实际情况采用不同的检修管理模式。

(1)同类型车辆集中架修、大修。这种车辆检修模式的优点是:使车辆检修所需要的检修技术及人力资源、检修设备和设施、材料和备品备件等资源类别简单统一,有利于统一使用;生产管理简捷高效,可以提高车辆检修的效率和质量;可以降低车辆的检修成本。缺点是:车辆回送检修基地可能占用较长时间,空走距离较长。随着城市轨道交通服务水平的提高,运营时间延长,在线路非运营时间对运营线路及设备、设施的维护保养工作越来越紧张的情况下,有可能对线路正常运营和夜间线路及设备、设施的维护保养工作造成较大干扰。

在车辆共线运行或交叉运行,线路间具有联络线,回送距离较短的情况下,可以采用同类型车辆集中架修、大修模式。

(2)同线或同区域车辆集中架修、大修。这种车辆检修模式技术性较复杂,检修设备、设施必须与多类型车辆兼容,材料和备品备件种类和储备量相对较多,技术管理、生产管理都比较复杂。但是由于这种模式车辆回送方便,对城市轨道交通网络的线路运营和晚间运营设备、设施维护保养或施工干扰较少,因此同线或同区域车辆集中架修、大修模式普遍得以采用。

车辆检修在运营成本中占有较大比例,车辆是轨道交通乘客的直接运载工具,车辆运行的可靠性是保证城市轨道交通正常运营秩序的最重要因素,因此城市轨道交通网络应确定车辆的基本车型,统一车辆的基本技术要求,为车辆和车辆的检修设备、设施的资源共享,实现车辆检修工作的集约化,降低车辆检修成本,提高车辆运行可靠性创造有利条件。

五、车辆集中架修、大修对城市轨道交通网络管理的要求

对城市轨道交通网络各线的车辆进行集中架修、大修,就必须将网络的所有车辆作为一个系统统一制订车辆的架修、大修以及为车辆架修、大修服务的车辆零部件的检修和仓储计划,并且从网络出发编制好列车的送修和回送计划,在保证车辆及时得到架修、大修的同时,还要将各线路正常运营成本降到最低,这就对城市轨道交通网络管理提出了较高的要求。

(1)车辆集中架修、大修计划。车辆大修计划的申报和制订,涉及不同的运营线路,有时还会涉及不同的运营公司,要由轨道交通网络进行统筹管理。

(2)列车送修、回送计划。列车的送修和回送,可能通过多条轨道交通线路和联络线,势必涉及多条运营线路的运营和夜间线路设施的维修,必须统筹兼顾、周密安排,要由城市轨道交通网络进行统筹管理。

(3)部件维修及仓储计划。承担车辆架修、大修的车辆段还承担部件维修并具有物流(部件)的仓储功能,除满足本段的需要外,还服务于其他车辆段和停车场。为此部件维

修计划和仓储计划的制订要求供求信息准确、及时、迅速,才能既满足列车维修的需要,又能有序、高效、经济、合理,这也需要通过城市轨道交通网络统筹管理。

工匠楷模——王梦恕

王梦恕,中国共产党党员,河南省温县人,隧道及地下工程专家,中国工程院院士,中国铁路工程集团有限公司副总工程师,北京交通大学土木建筑工程学院教授、博士生导师。主要从事隧道及地下工程的理论、科学试验、新技术、新方法、新工艺的开发,以及指导设计、施工方面的研究。

1956年王梦恕考入唐山铁道学院(现西南交通大学),先后获得学士、硕士学位;1964年硕士研究生毕业后留校任教;1965年进入北京铁道部地下铁道工程局工作,参与中国自行设计、自行施工的首条地铁(北京地铁1号线)的建设;1970年进入成都铁路局峨眉内燃机务段工作;1978年晋升工程师,并调入成都铁路局科研所;1979年到铁道部隧道工程局科研所工作,先后担任助理工程师、工程师、高级工程师、教授级高级工程师、科研所结构室主任、科技开发处总工;1984年加入中国共产党;1995年当选中国工程院院士;1997年担任北京交通大学隧道及地下工程试验研究中心主任;2010年担任中国铁路工程集团有限公司副总工程师;2018年9月20日王梦恕去世,享年80岁。

迄今为止,王梦恕院士所参与或主持的工程项目都是全国第一。"第一"就是前人未干过的,思索的痛苦、探索的风险,日复一日的实践使他的思想日渐成熟。他说:"隧道是门实践性很强的专业,只停留在理论研究、计算分析的层面,是无法从根本上解决和改变实际问题的,必须有高层次的人才深入到第一线去,才能结合实际解决关键技术难题,实现重大突破。"也正是长年累月深入一线,在艰难实践中千锤百炼才成就了这位我国隧道领域的科学家。

项目二 检修工艺

任务一 鉴定零部件损伤

工作情景

设备出现故障的原因是零部件出现了损伤。零部件损伤的主要形式有磨损、变形、腐蚀、断裂、电气损伤。在机械设备中，磨损是最主要的损伤形式，断裂是最危险的损伤形式。为了更好地保护零部件，减轻其损伤程度，延长其使用寿命，本任务主要介绍零部件几种损伤形式的特征、产生机制、预防及减轻措施。

工作环境

在轨道交通车场综合检修库开展轨道车辆零部件损伤鉴定实践操作；在带有仿真软件的多媒体教室完成学习零部件损伤鉴定模拟操作的工作内容。

器材准备

工　　具：游标卡尺、手电筒、方钢。
设　　备：登高梯。
材　　料：抹布、砂纸、毛刷、清洁剂、画线笔。
劳保用品：工作服、安全帽、劳动手套、防砸鞋、安全绳。

素质培养

（1）培养学生沟通协作的能力。
（2）培养学生动手操作的能力。
（3）培养学生精益求精的工作精神。
（4）培养学生踏实肯干的工作态度。
（5）培养学生刻苦钻研的工匠精神。

学习目标

（1）能够判断零部件损伤类型。
（2）掌握各种零部件损伤的机制。
（3）能够分析影响零部件损伤的主要因素。
（4）能够保护性地使用零部件，降低零部件损伤率。

基础知识

一、零部件的磨损

大量的统计分析表明，机械设备产生故障的主要原因是摩擦副磨损。轨道车辆机械零部件的检修与更换主要是由磨损引起的，因此研究磨损、提高零部件的耐磨性，对于提高轨道车辆工作的可靠性、延长轨道车辆零部件的使用寿命、节省检修费用都具有重要意义。

磨损是指当互相接触的零部件做相对运动时，其工作表面的材料逐渐损耗的现象。磨损的快慢以磨损速度或磨损强度来衡量。磨损速度是指单位时间的磨损量。磨损量可以用零部件的几何尺寸或零部件质量的变化量来表示。轨道车辆零部件磨损量，通常以在单位运行里程中零部件尺寸的变化量来表示。

磨损带来的后果：一是对材料组织结构及性能造成破坏；二是使形状及表面质量（如粗糙度）发生变化。

1. 摩擦

零部件间的摩擦会产生磨损，而摩擦形式直接影响磨损的程度。根据零部件摩擦表面的状态，摩擦可分为干摩擦、液体摩擦、边界摩擦和混合摩擦4种形式。各种摩擦形式的摩擦系数如图2-1所示。

1）干摩擦

干摩擦是指零部件的摩擦表面之间没有润滑剂，直接接触的摩擦，如轮箍与钢轨的摩擦、制动时闸瓦与轮箍踏面的摩擦。当零部件干摩擦时，摩擦系数高达0.3，零部件的磨损极其严重。

2）液体摩擦

液体摩擦是指零部件的摩擦表面之间完全被连续的润滑油膜隔开，而载荷的传递是通过油膜实现的摩擦，如各种形式的流体动力润滑轴承（滑动轴承、止推轴承）、涂有润滑的齿轮啮合副。当零部件液体摩擦时，摩擦系数很小，通常为0.001～0.01，几乎不产生零部件的磨损。形成液体摩擦的关键是要形成油膜。

形成油膜必须具备3个条件：零部件表面有油楔的几何形状；供应充足的具有一定黏度的润滑油；两个零部件有相对运动，其运动方向驱使机油从油楔大端流向油楔小端。同时，油膜厚度最小值大于两个工作表面圆柱度、圆度及微观不平波峰之和。油膜的厚度与机油的黏度、相对运动速度、载荷有关。一般在运动速度高、润滑油黏度大的零部件表面易形成油膜，而在载荷大的零部件表面不易形成油膜。

3）边界摩擦

边界摩擦是指两个摩擦表面之间仅由一层极薄的油膜所隔开的摩擦。通常，这层极薄的油膜厚度在0.1μm以下。边界摩擦一般是由于载荷突然增大或相对运动速度突然下降，或者由于润滑油温度过高，黏度下降等原因引起的。

边界摩擦是一种过渡状态，很不稳定。当零部件边界摩擦时，零部件表面凸起部分相互接触，由于润滑油具有较强的吸附能力，会在它们之间形成极薄的吸附油膜，从而防止了零部件表面的直接接触，使摩擦力大为减小，但可能会引起零部件表面凸起部分的变形及吸附油膜被划破。

4）混合摩擦

混合摩擦是指在零部件摩擦表面上，液体摩擦、边界摩擦、干摩擦3种形式混合存在的摩擦。在机件运行中，混合摩擦形式广泛存在。混合摩擦有两种情况：一种是半液体摩擦，即同时存在边界摩擦和液体摩擦的情况；另一种是半干摩擦，即同时存在边界摩擦和干摩擦的情况，而摩擦引起的磨损量是由边界摩擦与干摩擦所占比例而定的。

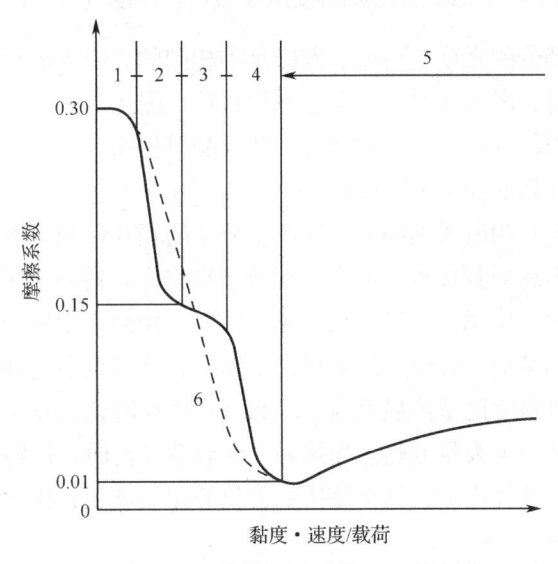

1—干摩擦；2—干摩擦与边界摩擦；3—边界摩擦；
4—边界摩擦与液体摩擦；5—液体摩擦；6—混合摩擦

图 2-1　各种摩擦形式的摩擦系数

在上述各种摩擦形式中，干摩擦由于零部件表面直接接触，因此零部件的磨损是相当剧烈的。边界摩擦由于零部件表面不直接接触，不会产生零部件的磨损，但必须指出，在高温或重载下吸附油膜会失去结合力或被划破，导致零部件表面直接接触而引起零部件的磨损。液体摩擦不会引起零部件的磨损，但在实际工作中液体摩擦只能在高速运转时形成。任何机器总有启动、停车及冲击振动的情况，这时液体摩擦存在的条件即被破坏，边界摩擦、混合摩擦势必发生，从而产生零部件的磨损。

2. 磨损

摩擦引起的磨损是一个很复杂的问题，它是一系列物理、化学、机械性能现象的综合。就磨损过程而言，一般认为包含3个过程：一是摩擦表面的相互作用，二是摩擦表面层性质的变化，三是表层被破坏。

一般认为产生磨损主要是由于零部件表面的直接接触而产生机械作用和分子作用。由于摩擦表面存在一定的粗糙度，受正压力（F）后，摩擦表面凹凸部分互相嵌入，如图2-2所示。

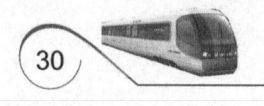

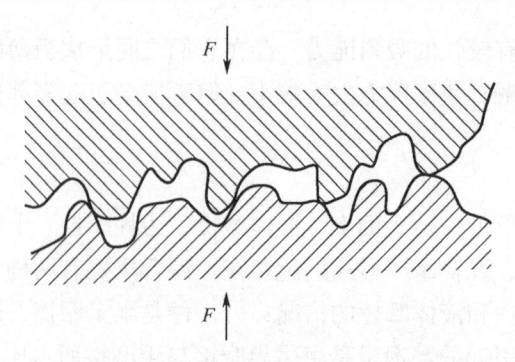

图 2-2 摩擦表面受压时互相嵌入的情况

摩擦表面各凸起部分的强度、高度、方向是不相同的，嵌入的深浅也不同。当摩擦表面相对切向产生位移时，嵌入浅的部分发生弹性挤压，嵌入深的部分发生塑性挤压，经多次重复后，塑性变形的部分向滑动方向伸长，造成晶格扭曲、晶体滑移和破碎，使这部分强化或冷作硬化成脆性物质而从表层脱落。

摩擦表面凹凸部分互相嵌入的同时，还产生分子的相互作用。当两个零部件表面紧密接触时，分子之间的距离极其接近，便会出现分子吸引力，使两个零部件表面互相吸引。当分子互相作用力很大，接触点又没有任何覆盖膜时，接触点上的原子进入原子晶格内，互相扩散成为似固溶体结构，对应点好像焊接了起来，这些点在受到压紧时，经塑性变形而形成冷作硬化，材料强度比基体强度高，因此相对移动时就会发生深层撕扯现象，而在摩擦表面的直接接触区产生大量的热。当接触表面温度过高时，接触部位的材料在零部件表面滑移方向上会产生塑性流动，甚至使接触部位的材料软化，相互熔合在一起，增强了它们的分子相互作用力。

3. 磨损形式

磨损是一个相当复杂的过程。在一定条件下，磨损过程常只有一两种因素起主导作用，从而形成相应的磨损形式。

1）磨料磨损

零部件表面与磨料（粒）互相摩擦，而引起表层材料损失的现象称为磨料磨损。磨料磨损是最为常见的一种磨损形式，也是磨损强度较高的一种磨损。

（1）磨料磨损的分类。

① 磨料接触发生的磨损，如挖掘机斗齿的磨损。

② 三体磨料磨损，指硬质颗粒进入两个表面之间形成的磨损，如灰尘、磨粒进入齿轮副的磨损。

③ 微凸体磨料磨损，指坚硬、粗糙表面上的微凸体在零部件表面上滑动形成的磨损，如淬火齿轮对软尺面带来的磨损。

（2）磨料磨损的影响因素。

① 材料的硬度。一般情况下，材料的硬度越高，耐磨性越好。材料的硬度与其成分和热处理有关。

② 磨料性质。经研究发现，磨料粒度对材料的磨损强度的影响有一个临界值。当磨料粒度小于磨料粒度的临界值时，磨料粒度增加，磨料磨损加剧；当磨料粒度大于磨料粒度的临界值时，磨料磨损强度不随磨料粒度增加而增加。磨料粒度的临界值为 60~100μm。

（3）减少磨料磨损的措施。

对于机械设备中三体磨料磨损的摩擦副，如滚动轴承、轴颈与轴瓦等应设法阻止外界磨料进入摩擦副，及时清除摩擦过程中产生的磨削和微凸体产生的磨削。减少磨料磨损的具体措施是对润滑油进行良好过滤，注意密封，经常维护，清洗并换油。

2）黏附磨损

黏附磨损是指两个做相对滑动的表面，在局部发生相互焊合，使一个表面的材料转移到另一个表面所引起的磨损。

黏附磨损的产生机制是当摩擦表面的实际接触面积很小、应力很大时，接触点金属产生塑性变形，使氧化膜破坏，呈现纯净金属面，摩擦表层彼此黏结。黏结部位在相对运动中被撕裂、强化，常常把强度较小的金属表层撕走，黏附到另一摩擦表面上。在被撕走金属的部位易产生应力集中现象，逐渐形成显微裂纹，从而引起疲劳破坏。

黏附磨损常发生在压力大、润滑条件差、相对速度高的情况下。黏附磨损会使摩擦表面产生严重的磨损，磨损加剧还会导致零部件互相咬死，如抱轴现象。

减轻黏附磨损的措施：合理润滑，建立可靠的润滑油膜以把两个表面隔开；选择互溶性小的材料配对，如铅、锡等的合金抗黏着性能好，易作为轴瓦材料；金属与非金属配对，如钢与石墨，也有较好的效果；适当的表面处理，如表面淬火、磷化处理、渗氮等。

3）疲劳磨损

疲劳磨损一般产生于载荷较大的滚动摩擦副中，主要是由接触疲劳所引起的，是一种表层脱落或剥离现象，如常见的滚动轴承滚动体、外圈产生的麻点，以及齿面和轮箍踏面的剥离现象。

影响疲劳磨损强度的因素有接触表面的压力、载荷循环次数、零部件表面抵抗挤压变形的能力、强化层的厚度、疲劳强度极限等。

减轻疲劳磨损的措施有：减少材料中的脆性夹杂物；提高表面的加工质量，降低表面粗糙度和形状误差；进行表面处理，如渗氮、表面滚压处理、喷丸处理等。

4）氧化磨损

在摩擦过程中，氧吸附在摩擦表面上，并向表层内扩散与发生显微塑性变形的金属接触形成氧化膜。氧化膜能防止黏附磨损，抗磨性好，但是当氧化膜较厚时，则易被撕碎后从表面脱落，形成氧化磨损。氧化磨损的磨损速度最小，与压力大小有密切关系，压力越大，氧化磨损越严重。有振动载荷时，氧化膜易被破坏而使磨损加速。相对速度较高时，氧化磨损将转变为以摩擦为主的黏附磨损。

在以上 4 种磨损形式中，氧化磨损可以认为是允许的磨损形式。而其他磨损形式均有磨损速度大、摩擦系数高、表面出现粗糙条纹等特点，是非正常磨损，应该设法避免。

二、零部件的腐蚀

金属和周围介质发生化学作用或电化学作用而造成的损伤,称为腐蚀。腐蚀的影响包括使金属表面材料损耗、表面质量劣化、内部晶体结构破坏,最终缩短零部件的使用期限。

腐蚀按其机制可以分为两类:化学腐蚀和电化学腐蚀。

1. 化学腐蚀

零部件的化学腐蚀是指金属和周围的干燥气体或非电解液体中的有害成分直接发生化学作用,而形成腐蚀层(膜)。化学腐蚀的基本特点是不产生电流,同时腐蚀产物生成于反应表面,如与空气中的氧、二氧化硫及润滑剂中的某些腐蚀性物质的反应。

化学腐蚀的程度决定于腐蚀后在金属表面形成的膜的性质,不同金属形成的膜是不同的。例如,钢、铁被腐蚀后,形成一层疏松的膜,腐蚀介质能缓慢地渗透疏松的膜,继续腐蚀金属;又如,铝、不锈钢等金属被腐蚀后,会产生一层致密坚硬的膜从而把介质隔开,使腐蚀停止。

单一的化学腐蚀是很少的,因为零部件的工作环境总有水分的存在,会溶解腐蚀性物质,形成电解质溶液,继而产生电化学腐蚀。

2. 电化学腐蚀

电化学腐蚀是金属和电解液产生电化学作用的损伤过程。电化学腐蚀有电流产生,阳极金属被腐蚀,同时腐蚀产物并不完全覆盖于零部件表面。电化学腐蚀远比化学腐蚀普遍和严重。电化学腐蚀机制实质是原电池作用原理,如图2-3所示。

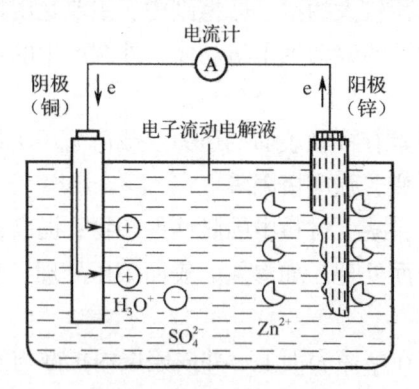

图 2-3 电化学腐蚀机制

将一块锌板和一块铜板插入稀硫酸溶液中,如果用导线在溶液外部把两块金属板连接起来,那么导线上就有电流通过。上述实验组成一个原电池(电源)。锌比铜活泼,因而被分解、腐蚀。其中,锌离子进入溶液,而每个锌原子的两个电子留在锌板上(负极),电子通过导线向铜板流动,这里电子与硫酸中的氢离子结合,生成氢气逸出。不活泼的金属(铜)成为正极(阴极),较活泼的金属(锌)成为负极(阳极)。

综上所述,产生电化学腐蚀必须具备以下3个条件。

(1)有电解液。
(2)两种金属或同一种金属两部分之间存在电位差。
(3)电解液覆盖金属。

酸、碱和盐类物质的水溶液都是电解液。大气中的水汽和其他物质，如二氧化碳、氧化硫等在金属表面上的吸附膜也可形成电解液。有了电解液，还要有电位差才能形成电流，产生电化学作用。电位差经常存在。例如，不同的金属或同一金属具有不同的组织结构，那么在电解液中就形成不同的电位，产生电流，导致阳极金属溶解，即腐蚀。又如，金属零部件各部分具有不同的应力时，应力大与应力小的两部分金属之间存在电位差，使应力大的部分被腐蚀。

晶粒边界受到的应力也通常比晶体本身大，所以晶粒之间也会发生腐蚀，即晶间腐蚀。

图 2-4 所示为铁的电化学腐蚀示意图。钢的基体是铁，而碳化铁是其中的一个成分。铁比碳化铁活泼，为阳极。金属表面有吸附水膜（含有 SO_2、CO_2 等）。这样在金属表面形成了许多原电池。铁为阳极，碳化铁为阴极，这些电极本身就是一块金属，自然就会形成导线，把两极连接起来。阳极（铁）上的电子流向阴极（碳化铁）而形成电流，铁受到腐蚀。

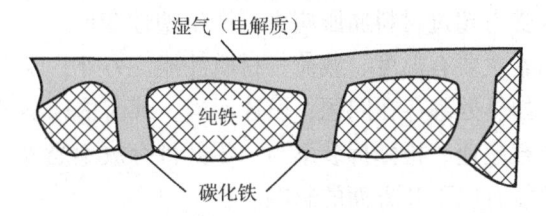

图 2-4 铁的电化学腐蚀示意图

3. 轨道车辆零部件的腐蚀

轨道车辆零部件的腐蚀可分成以下几类。

（1）与水接触的零部件。这类腐蚀主要是电化学腐蚀，如各种管道、水腔。

（2）与润滑油接触的零部件。随着润滑油运用时间的延长，润滑油受到污染，逐渐生成有机酸、硫化物等，对零部件产生腐蚀作用，如各类轴承、齿轮部分。

（3）轨道车辆转向架、车体等零部件的锈蚀。这些零部件在运用中会发生电化学腐蚀，产生腐蚀产物铁锈。

三、零部件的变形

机械设备在使用过程中，一些零部件，特别是基础零部件，如箱体等的变形称为零部件的变形。

零件变形的形式有体积改变、弯曲、翘曲等。零部件变形使零部件之间的位置关系遭到破坏，造成零部件偏磨、裂纹甚至断裂，从而影响整个设备的使用寿命。

金属零部件变形包括弹性变形和塑性变形两种情况。金属受力变形过程可分为弹性阶段和塑性阶段。在弹性阶段，应力消除后，变形基本消失；当应力超过材料的弹性极限，则进入塑性变形阶段，应力消除后，变形不能全部恢复。研究金属材料的变形机制，了解变形规律及变形对材料性能的影响是很重要的。

1. 零部件的弹性变形

弹性变形是材料在弹性范围内的变形，一般与强度无关，仅与刚度有关。轴类零部件变形会使其上零部件工作异常，支撑过载；箱体类零部件可造成系统振动不稳定。

影响弹性变形的主要因素有如下几个方面。

（1）结构因素，零部件截面的结构对刚度影响最大。对型钢来说，在截面相等的情况下，工字钢刚度最大，槽钢次之，方钢最小；如果是扭曲变形，则环形截面优于实心截面。

（2）弹性模量。材料的弹性模量越大，抗变形能力越强。

（3）温度。一般情况下，弹性变形量与温度成正比，当温度过高时，材料的屈服极限降低，易发生塑性变形。

2. 零部件的塑性变形

塑性变形的产生有两种情况：第一种是在弹性变形中总是伴随着微小的塑性变形，并且会积累下来，如压缩弹簧经过一定次数的弹性变形后，在宏观上会产生缩短的现象；第二种是在使用中零部件受力超过材料屈服应力，产生塑性变形。

影响塑性变形的因素主要有温度、载荷、材质性能。另外，以下因素也会对塑性变形产生影响：材质缺陷，如热处理存在问题；设计不当、载荷估计不足、工作温度估计不足等；使用维护不当、超载超速、检修拆装不当、零部件存放不当等。

塑性变形对金属性能有以下几方面的影响。

（1）引起加工硬化。随着塑性变形的增大，材料的强度和硬度加大，塑性和韧性降低。

（2）提高原子活泼能力。原子活泼能力被提高，使金属容易生锈，耐腐蚀能力下降。

（3）引起残余内应力。残余内应力与外加载荷方向相同时，可促使金属过早断裂。残余应力与外加载荷方向相反时，能提高金属的强度。金属表面通过喷丸引起压应力，便是提高疲劳强度的一例。

3. 零部件变形的原因与减轻变形的措施

1）坯制造方面

锻、铸、焊接件的毛坯，在其制造和热处理过程中，都有一个从高温冷却下来的过程，在这个冷却过程中会产生内应力。这种用毛坯制造出的零部件经过一段时间的使用后，会引起变形，这种现象称为应力松弛。为此，在制造工艺、制造过程中必须安排消除内应力的工序，如对气缸、变速箱壳体等基础性零部件在毛坯制造或粗加工后，进行一次或几次的时效处理。

2）机械加工方面

当毛坯在有应力的状态下进行机械加工时，切去一部分表面金属后，破坏了内应力的平衡，由于应力的重新分布，零部件将发生变形。在切削力和切削热的作用下，表层会产生较大的塑性变形。

为了防止机加工后零部件的变形，对于比较重要或比较复杂的零部件，在粗加工之前应进行一次自然或人工时效处理。在机加工中应尽量保留工艺基准符号,留给维修时使用,这可以减小在维修加工中因基准不一样而造成的误差。

3)维修方面

零部件检修时,要考虑引起变形的因素,避免可能造成更大的变形。在采用修复性工艺,如焊接、堆焊、压力加工等修复零部件时,都可能产生新的应力和变形,所以要采取相应的措施以减轻应力和变形。

4)使用方面

零部件在工作中由于超载或温度过高,也会引起零部件变形。因此零部件在使用过程中要严格保证工作条件和按照操作规程进行,避免超载或温度过高。

四、零部件的断裂

轨道车辆零部件的损伤主要是裂纹与断裂。如轴类、箱体、螺栓等,都是容易发生裂损的零部件。零部件的裂损通常会产生较严重的后果。因此,分析轨道车辆零部件裂损的原因及其规律,并采取相应措施加以防止,就显得非常重要。

1. 断裂机制

轨道车辆零部件的断裂,有的是受一次载荷或冲击载荷作用而造成的,有的是在不太大的载荷长期作用下造成的。大多数轨道车辆零部件是在受多次交变载荷作用下而产生裂纹的,这种形式的损坏称为疲劳断裂。

疲劳断裂的产生决定于交变应力的大小、材料承受循环次数、材料的抗疲劳强度3个因素。交变应力小于一定数值时,材料可以承受无限多次循环载荷而不被破坏,这个数值称为疲劳强度极限。当交变应力大于疲劳强度极限时,材料所承受的循环次数就有限度,达到这个循环次数时,材料就会被破坏。这就是疲劳断裂机制。

一系列金相分析结果表明,断裂过程大致经历5个阶段:晶体中局部区域出现晶粒滑移;裂纹成核,即微观裂纹产生;微观裂纹扩展(裂纹长度不大于0.05mm);宏观裂纹扩展(裂纹长度大于0.05mm);断裂。

金属零部件承受交变载荷时,在交变应力集中的局部地区将出现严重的塑性变形,个别晶粒内出现剪切性滑移。在交变载荷的继续作用下,最初出现的位移加长和变宽,形成一些滑移带,如图2-5所示。在某些材料中,实际由滑移带挤出的金属高度可达1~2μm,从而产生一些深的挤入槽。与此同时,还产生新的剪切位移和滑移带,这些变形使晶粒分裂成小块(直径为0.0001~0.001mm)。

金属材料表面通过各种滑移方式,最后大多沿着起作用的滑移带形成疲劳源,即疲劳裂纹成核。一般有两种成核方式:晶间成核和穿晶成核。关于疲劳裂纹成核的定义,即何种状态才算是一个疲劳裂纹,有不同的观点。从研究疲劳机制的角度利用分辨率最高

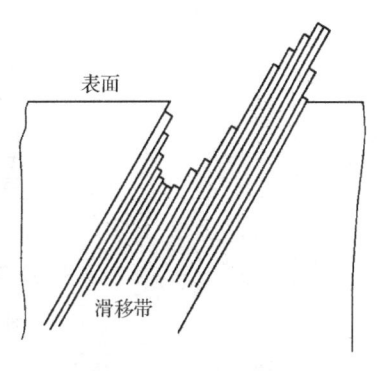

图2-5 滑移带示意图

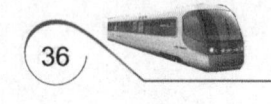

的电子显微镜,将长度为 0.000 1mm 裂纹定义为成核;工程上基于实用角度,通常把长度为 0.05~0.1mm 裂纹定义为成核,用一般放大镜可看到。

在形成滑移带裂纹以后,进一步加强了滑移带的交变应力集中,这时裂纹将沿着与拉伸应力成一定角度(±45°)的滑移面扩展,称为疲劳断裂过程第Ⅰ阶段生长。这一阶段的穿透通常是不深的(十分之几毫米)。当微观裂纹生长到一定长度后,便很快改变方向,最后沿着与拉伸应力垂直的方向生长,称为疲劳断裂过程的第Ⅱ阶段生长,如图 2-6 所示。

实际上,多晶体材料第Ⅰ阶段的生长,包含着成百个单位的滑移带裂纹;它们在第Ⅱ阶段生长开始时,最后连成一条主导裂纹,即宏观裂纹。宏观裂纹继续扩展,直至严重削弱了零部件的有效面积时,就会导致零部件的断裂。

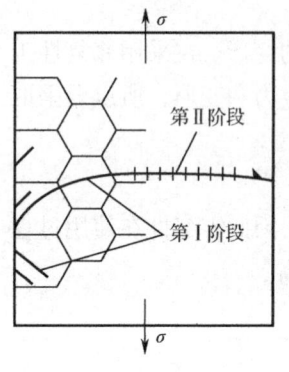

图 2-6 疲劳裂纹的扩展

2. 疲劳断面的特征

由前述可知,疲劳断裂破坏是由于零部件局部表面出现疲劳裂纹,裂纹逐步向深、向长扩展,最后当零部件有效面积小到一定程度时突然发生断裂。因此,疲劳断裂断口都有明显的两个区域:一个是疲劳断裂区,另一个是最后折断区。前者表面较为光洁,后者表面较为粗糙。

疲劳断裂区的断面光滑明亮,这是裂纹逐渐发展的痕迹。在交变载荷的作用下,裂纹时合时裂,互相摩擦使表面变得光滑。疲劳裂纹的起点,表面多呈齿形。因为疲劳裂纹都是由许多滑移带连成一个宏观裂纹后,逐步向金属深处扩展形成的,所以裂纹汇合处表面就呈现不平状。

最后折断区的表面粗糙,通常都有明显的塑性变形痕迹。对于韧性金属材料多呈纤维状结构;对于脆性金属材料则是呈粗晶粒结构,如图 2-7 所示。

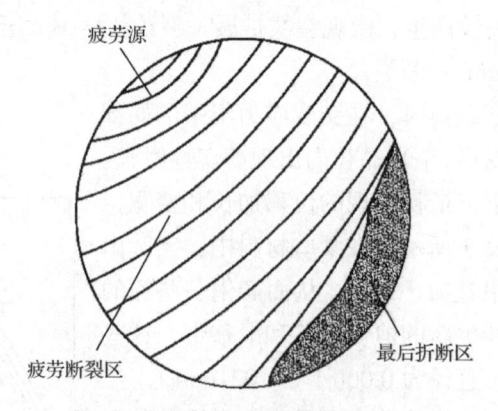

图 2-7 轴类零部件疲劳断面示意图

另外,有些零部件在断裂前只经历了一次载荷作用,如冲击载荷或者只经历了较少次数的交变载荷即发生了断裂,这种情况称为一次性加载断裂。一次性加载断裂的断面形态全部为最后折断区。

疲劳断裂断面有以下几个特点。

（1）疲劳源一般发生在零部件应力集中最为严重的地方，如小孔、圆角等；也可能发生在零部件表面或内部的缺陷处。

（2）最后折断区面积越大，说明零部件受载越严重。

（3）疲劳断裂区越光滑，说明零部件断裂前应力循环次数越多。

（4）对于转动的受弯曲作用的轴类零部件，最后折断区越接近中心，其超载程度越大（可达30%~100%），应力循环不超过3×10^5次时即可能断裂。

实操训练

一、零部件的磨损

1. 零部件与配合件的磨损规律

磨损是摩擦的产物，不同的摩擦形式会产生不同的磨损量。尽管总希望零部件摩擦是液体摩擦，但在轨道车辆实际运用中是做不到的。轨道车辆工作时，总要经历启动和停车两个过程，零部件就不可避免地要经历由干摩擦到其他摩擦形式的转换过程，从而产生磨损。

实践表明，轨道车辆上各零部件在润滑状态比较良好的情况下，由于受启动→运转→停车过程的影响（且不计其他因素的影响），其磨损曲线如图2-8所示。零部件的磨损量μ随时间t的变化规律称为零部件的磨损特性，由此形成的曲线称为磨损曲线。

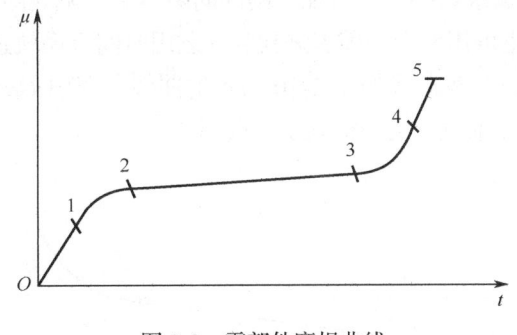

图2-8 零部件磨损曲线

图中，曲线O-2段为启动阶段，其中，O-1段为干摩擦阶段，1-2段转入混合摩擦阶段；曲线2-3段为运转阶段，零部件处于液体摩擦阶段；曲线3-5段为停车阶段，其中3-4段转入混合摩擦阶段，4-5段为干摩擦阶段。

在轨道车辆整个运用过程中，由于各零部件的启动→运转→停车的过程是多次发生的，因此零部件在轨道车辆的整个运用过程中的磨损曲线将由许多如图2-8所示的曲线组成。图2-9所示为零部件在轨道车辆的整个运用过程中的磨损曲线，从中可以看出零部件的磨损。损坏过程有以下3个明显阶段。

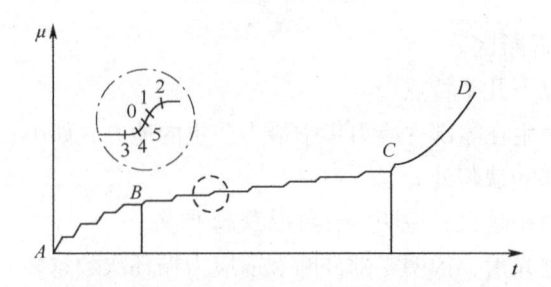

图 2-9 零部件在整个运用过程中的磨损曲线

第一阶段（AB 段）零部件处于刚开始运转的较短时间内，由于其表面经过加工后，总存在表面粗糙度，此时摩擦系数 f 值也较大，因而发生较强烈的磨损。AB 段的仰角较大，表明磨损速度较快。在这一阶段内，零部件工作表面经过一段时间的磨损，相互之间的配合间隙由制造时的原始状态过渡到比较稳定的状态（此时的间隙达到设计间隙），因而磨损速度也逐渐下降。零部件的磨损量由 A 值增至 B 值，曲线逐渐平坦，转入第二阶段。通常这一阶段称为零部件的磨合阶段。

第二阶段（BC 段）：零部件经过第一阶段磨合后，磨损速度开始变得缓慢，在相当长的时间内磨损量增加的速度也比较慢，此时磨损均匀增加。这一阶段称为零部件正常磨损阶段，其磨损属于正常磨损。

第三阶段（CD 段）：零部件在正常工作阶段不断磨损，当磨损量逐渐增大到 C 点时，即发生一个由量变到质变的突变过程，造成配合间隙过大，引起较大的冲击和振动；同时，零部件的润滑条件也变得恶化，促使零部件的磨损速度急剧增加，最终导致零部件破坏。因此 C 点称为零部件的极限磨损（此时配合副的间隙达到极限间隙）。

图 2-9 的磨损量 μ 也可用配合间隙 S 来代替，运用时间可用轨道车辆走行公里数 K 来代替，并绘制成平滑曲线，改制成如图 2-10 所示的曲线。图中 Oa 为制造间隙，Ob 为设计间隙，Oc 为极限间隙；而 Oc' 则为极限走行公里。

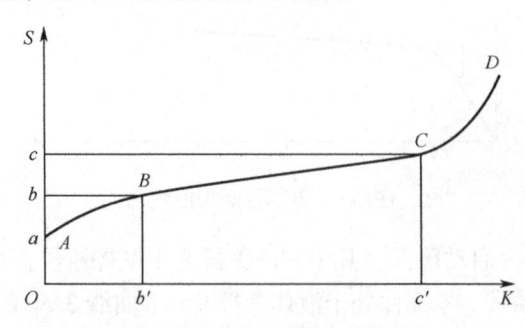

图 2-10 磨损对配合间隙的影响曲线

2. 影响磨损的主要因素

无论以上哪一种磨损形式，影响磨损速度的因素主要有以下 3 个。

1）工作条件

工作条件是决定磨损形式和磨损速度的基本因素，包括摩擦类型、相对速度和载荷 3 个方面。

（1）摩擦类型。摩擦类型对表层的塑性变形特性有直接影响：滚动摩擦引起疲劳磨损；滑动摩擦倾向引起黏附磨损。

（2）相对速度。当摩擦条件一定时，摩擦表面的温度随速度增加而增高。当温度达150～200℃时，摩擦表面的油膜遭到破坏，摩擦类型变为干摩擦。

（3）载荷。任何载荷的增加，都将使磨损速度增加，当载荷增加到一定值时，磨损会突然变成黏附磨损。此外，冲击载荷也会使磨损加剧。

2）表面间介质

表面间介质，即两个表面之间包含的物质，包括润滑油、磨料和气体等。润滑油能使摩擦表面不产生干摩擦，同时有散热和排除异物的作用。润滑油的性质对磨损过程有很大影响，它应具有适当的黏度、油性或化学稳定性，不含酸类和机械杂质。

3）表面情况

表面情况包括加工质量、金属材质、表面硬度和热稳定性等。加工质量良好，能加速磨合过程，减少磨合时的磨损量，从而减少摩擦副的初间隙，延长配合寿命。下面以表面粗糙度和加工精度来说明。

（1）表面粗糙度。表面粗糙度与零部件耐磨性之间有一定的关系，零部件表面粗糙度过低或过高均使磨损速度上升。每一种载荷下有一个最合适的粗糙度，其磨损量最小。表面粗糙度过低反而使磨损速度上升的原因是工作表面过分光滑不能很好地储油和形成油膜。

（2）加工精度。精度过低会使摩擦面上载荷不均匀或产生冲击，引起不正常磨损，造成磨损速度过快，如轴颈圆度、圆柱度不符合要求，造成轴颈与轴瓦接触不均。

金属材质与表面硬度对磨损也有十分重要的影响。零部件的表面硬度越高，耐磨性越好。

3．降低磨损速度的主要措施

（1）提高摩擦表面硬度。对于承受冲击载荷的零部件，为使其既有较高的硬度又有较好的冲击韧性，一般采用表面处理的方法来降低磨损速度，如渗碳、渗氮、淬火、滚压、喷丸强化等。

（2）恰当地选择耐磨材料。在摩擦副的机件中，较复杂、昂贵的机件一般选择优质和耐磨的材料制造，与其相配合的机件应选用软质耐磨材料（减摩材料）制造，如轴颈与轴瓦。另外，在零部件表面覆盖一层耐磨金属也是常用的减摩措施，覆盖的方法可以是电镀或喷涂等。例如，镀铬的硬度可达HRC60-68所规定的标准，不仅提高了耐磨性，而且恢复了零部件表面尺寸和形状。

（3）合理采用润滑剂。条件允许时，应尽量使零部件处于液体摩擦状态，为保证液体摩擦的条件，要注意润滑油的质量、密封条件及供油的压力。

（4）保证零部件表面的低粗糙度和高精度。零部件新制或维修时，要使表面粗糙度和精度达到技术要求；互相配合的零部件要使间隙符合技术要求。

二、零部件的腐蚀

1. 影响零部件腐蚀的因素

（1）金属的特性。金属的抗腐蚀性与金属的标准电位、化学活动性有关。金属的标准电位越低，化学活动性就越高，就越容易腐蚀。但有些金属例外，如镍、铬，它们的表面能生成一层很薄的致密性氧化膜，具有很高的化学稳定性，因而具有很强的抗腐蚀能力。

（2）金属的成分。金属中杂质越多，抗腐蚀性越差。例如，一般钢中含有石墨、硫化物、硅化物等，它们的电极电位都比铁高，所以易形成电化学腐蚀。

（3）零部件的表面状况。零部件的外表形状越复杂、表面越粗糙，越易吸附电解液而形成电化学腐蚀，抗腐蚀能力越差。

（4）温度。温度越高，金属和腐蚀介质化学活动性越强，则腐蚀速度越快。

（5）环境。气温高、相对湿度大的环境，会加剧腐蚀；温度变化大的地区，由温度变化引起的凝露现象，也会加速腐蚀。

2. 减轻腐蚀的措施

减轻金属腐蚀对延长设备的使用寿命和减轻经济损失有着重要的意义。减轻腐蚀的措施有以下几种。

1）采用耐腐蚀材料

根据使用环境要求，选择合理的材料。例如，选用含有镍、铬、铝、铜、硅等元素的合金钢，或者在条件允许的情况下，选取工程材料、合成材料、复合钢板等材料。

2）覆盖保护层

在金属表面上以薄膜的形式附加耐腐蚀材料，使金属零部件与腐蚀介质隔开，防止腐蚀。这是轨道车辆中经常采用的防腐蚀措施。

（1）金属保护层采用电镀、喷镀、熔镀、化学镀、气相镀等方法，在金属表面覆盖一层如镍、铬、铜、锡等金属或合金作为保护层。

（2）非金属保护层，常用的有油漆、塑料、橡胶等，临时性防腐可涂油或油脂。

（3）化学保护层，用化学或电化学方法在金属表面覆盖一层化合物薄膜，如磷化、发蓝、钝化、氧化等。

（4）表面合金化，如渗铝、渗铬等。

3）电化学保护

关于电化学保护本书，主要介绍阴极保护。阴极保护是使被保护对象成为阴极，外加一个阳极，从而达到保护的目的。这种方法广泛应用于各种地下管道、海水与淡水中的金属设备、热交换器等。阴极保护示意图如图 2-11 所示。

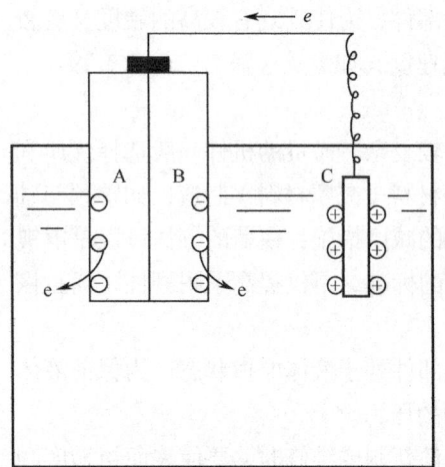

A、B—被保护对象；C—阳极

图 2-11　阴极保护示意图

图 2-11 中，A、B 是设备或零部件上发生电化学腐蚀的两个极，是保护对象；C 是加入的第三极，第三极的电位比原来的两极电位更低（金属离子更活跃，更容易被电解液腐蚀，内部会出现多余电子）。C 极电子同时向 A、B 转移，使 A、B 同时成为阴极而受到保护。

所以通常情况下，用一种比零部件材料化学性能更为活泼的金属铆接在零部件上，使零部件本身成为阴极，就不容易发生腐蚀。

4）防腐蚀结构

（1）电位差相差很大的金属应避免互相接触，否则易产生电化学腐蚀。例如，铝、镁不应同钢铁、铜接触。如果必须接触，则应用绝缘材料将其隔开，从而隔断腐蚀电流。

（2）钢结构中不能有积存液体存在，不可避免的情况应开排泄孔以排出积存液体。

5）改善环境

（1）采用通风、除湿等措施降低大气或其他腐蚀介质的腐蚀性。对常用金属来说，把相对湿度控制在 50% 以下，可以显著减缓大气对金属的腐蚀。

（2）采用缓蚀剂。在腐蚀介质中加入适量缓蚀剂，可降低腐蚀速度。缓蚀剂主要应用于静态及循环冷却系统中。

三、零部件的变形

1. 变形的原因

（1）坯制造方面。锻、铸、焊接件的毛坯，在其制造和热处理过程中，都有一个从高温冷却下来的过程，在这个冷却过程中会产生内应力。用这种毛坯制造出的零部件经过一段时间的使用后，会引起变形，这种现象称为应力松弛。

（2）机械加工方面。如果毛坯在有应力的状态下进行机械加工，切去一部分表面金属后就破坏了内应力的平衡，由于应力的重新分布，零部件将发生变形。在切削力和切削热的作用下，表层会产生较大的塑性变形。

（3）维修方面。检修零部件时，要考虑引起变形的因素，避免可能造成更大的变形。在采用修复性工艺，如焊接、堆焊、压力加工等修复零部件时，都可能产生新的应力和变形，所以要采取相应的措施以减轻应力和变形。

（4）使用方面。零部件在工作中由于超载或温度过高，也会引起变形。

2. 减轻变形的措施

（1）在制造工艺过程中必须安排消除内应力的工序。例如，气缸、变速箱壳体等基础性零部件在毛坯制造或粗加工后，应对其进行一次或几次的时效处理。

（2）对于比较重要或比较复杂的零部件，在粗加工之前应进行一次自然或人工时效处理。在机加工中应尽量保留工艺基准，留给维修时使用，这可以减小维修加工中因基准不一而造成的误差。

（3）零部件在使用中要严格保证工作条件和按照操作规程进行，避免超载或温度过高。

四、零部件的断裂

1. 疲劳断裂的原因

引起零部件疲劳断裂的原因有以下几方面。

（1）金属材料自身存在缺陷。金属材料在冶炼、轧制等过程中形成的内部缺陷，如夹杂、气孔等。

（2）零部件在热加工时导致的缺陷。零部件在铸造、锻压和热处理时，内部或表面留有局部缺陷，如非金属夹杂、气孔表面裂纹。如果这些缺陷恰好位于危险断面内，特别是接近表面时则极易产生裂纹。

（3）零部件在结构上存在缺陷。零部件在结构、形状上不合理则常能造成应力集中，从而引起断裂，如零部件断面变化急剧、过渡圆角半径过小等。强度和硬度越高的材料，对应力集中的敏感性越大。

（4）零部件表面加工而致的缺陷。表面光洁度、加工留下的残余应力及加工深度对疲劳强度极限都有直接的影响。表面越粗糙，疲劳强度越低。

（5）其他。零部件在搬运时碰伤、检查时锤击打伤，都会造成应力集中；检修时，冷压、火烤弯曲零部件，都会产生内应力或破坏金相组织，降低材料强度；不正确的组装，也会产生附加应力，导致疲劳破坏。

2. 减轻断裂的措施

（1）在零部件设计上减少应力集中。

（2）对零部件采用表面强化措施，如高频淬火、镀铬、滚压和喷丸处理等。

（3）提高零部件检修质量，特别要注意下面几点。

① 避免零部件表面的各种损伤，如划伤、碰伤。

② 螺栓紧固力矩大小严格符合技术要求。

③ 保证各装配零部件之间和连接零部件之间的位置精度要求，如螺栓与支承面的垂直度。

任务二　制定工艺流程

工作情景

轨道车辆维修工艺是指在轨道车辆维修的各项作业中，利用维修工具，按一定的技术要求维修轨道车辆的方法。它是在轨道车辆维修过程中逐渐积累起来，并经过理论总结的操作技术经验。制定合理的工艺流程能够使检修工作顺利开展。

工作环境

在维修基地或车厂，按规定的检修周期进行轨道车辆检修实践操作；在带有仿真软件的多媒体教室完成学习轨道车辆检修模拟操作的工作内容。

器材准备

工　　具：棘轮、套筒组合、开口扳手、内六角组合。

设　　备：移动式架车机或地坑式架车机、移车台、支撑架、电瓶车、桥式起重机、牵引车等。

材　　料：抹布、砂纸、毛刷、胶带、美工刀、清洁剂、画线笔。

劳保用品：工作服、安全帽、劳动手套、绝缘鞋、登高绳。

素质培养

（1）培养学生团队协作的能力。

（2）培养学生动手操作的能力。

（3）培养学生一丝不苟的工作精神。

（4）培养学生勤奋好学的工作态度。

（5）培养学生的大局意识。

学习目标

（1）掌握确定工艺规程的原则。

（2）掌握工艺基础工作。

（3）能够熟悉生产工艺管理系统的功能。

（4）能够通过指导与合作完成车辆维修的工艺过程。

基础知识

一、轨道车辆维修工艺

1. 轨道车辆维修工艺过程

轨道车辆维修工艺是指轨道车辆维修的各项作业按一定的方式组合和顺序进行的过程，也称轨道车辆维修工艺过程。它一般包括待修轨道车辆的接收、外部清洗、整车及总成的拆卸、零部件的清洗与检验、总成的装配与调试、轨道车辆总装调试、出厂检验及交车等环节。

2. 维修工序

维修工序是指在一个工作地点由一名工人（或一组工人）对一个总成零部件（或一组零部件）所连续完成的维修工艺过程的一部分。它的特点是维修工作地点、加工对象和工人不变，全部过程是连续进行的。通常，维修企业在确定工人数、技术等级和设备负荷，以及工具数等时，都是以工序为单位计算的。

二、工艺规程

工艺规程是指从修复或制造一个零部件工艺过程的众多方案中，经过技术和经济分析，从众多方案中选出最优方案，并将其内容用条文、图表等形式确定下来。工艺规程是对修复或制造一个零部件提出的总要求,是确定工序的指导性文件,是维修企业规定的技术性文件,通常都作为技术档案保存在技术管理部门。

1. 确定工艺规程的原则

目前,国家对于轨道车辆的维修没有统一的工艺规程。在轨道车辆维修过程中,应根据各维修企业的设备情况和人员素质,结合国家、部门的技术标准、法规,在确保修复质量的可靠性、经济性及生产的安全性等劳动条件下确定工艺规程。通常在确定工艺规程时应考虑以下几点。

(1) 技术上的先进性。应尽量采用新技术、新工艺、新设备,以提高生产率,降低维修成本,保证维修质量。但不能盲目追求技术的先进性,要结合实际情况,使先进性和合理性相结合,做到既先进又可行。

(2) 经济上的合理性。在保证修复质量可靠的前提下,应尽量降低维修成本,节约开支,修旧利废,降低消耗,提高修复件行驶里程,延长零部件和总成的使用寿命。

(3) 改善劳动环境和安全条件。在制定修复工艺规程的原则时,必须保证安全操作规程的完善和实施,注意降低劳动强度和改善劳动条件,减少或消除笨重的体力劳动,降低噪声和消除环境污染。

2. 确定维修工序的原则

工序的划分可以采用两种不同的原则,即工序集中原则和工序分散原则。

(1) 工序集中原则:就是将工件的维修集中在少数几道工序内完成。当每道工序的维修内容较多时,工序集中有利于采用高效的专用设备,减少操作工人数和占地面积,一次装夹后可维修较多项目,减少工序间的工件运输量和装夹工件的辅助时间。但工序集中时的专用设备和工艺装备投资大。

(2) 工序分散原则:就是将工件的维修分散在较多的工序内进行。当每道工序的维修内容很少时,工序分散使设备和工艺装备结构简单,调整和维修方便,操作简单,有利于减少机动时间。但工序分散的工艺路线长,所需设备及工人人数多,占地面积大。

三、工艺管理

工艺管理是技术管理的组成部分,是技术管理的核心,是体现企业的生产方针,是实现优质、高产、低耗、高效益的保证,是衡量企业管理水平的标准之一。工艺管理一般应包括下列各项内容。

1. 工艺基础工作

工艺基础工作包括以下内容。

(1) 工艺标准化。

(2) 制定与贯彻工艺管理规章制度,明确责任和权限,参与工艺纪律的考核和督促检查。

(3) 工艺情报信息的收集、整理、分析和研究。

（4）开展工艺培训。

2. 车辆维修的技术准备

车辆维修的技术准备包括以下内容。

（1）维修的工艺性分析和检查。

（2）工艺方案设计和工艺规程编制。

（3）工艺定型（工艺定型包括技术验证、材料消耗定额和工时定额验证、专用工艺装备生产验证、通用工艺装备标准的制定等）。

3. 生产工艺管理系统的功能

（1）生产技术文件管理：完成装置生产过程中的消耗及达标等管理情况的工作。该部分主要包括下列功能：材料、能源消耗、水、汽等消耗，装置达标情况，技术分析，技术总结。

（2）工艺数据管理：完成管理装置操作情况的工作。该部分主要包括下列功能：工艺条件和生产流程。

（3）装置开工、停工方案管理：完成装置开工、停工方案等的管理工作。该部分主要包括下列功能：开工、停工方案申请，开工、停工方案审批，装置开工、停工方案历史记载。

（4）临时工艺、临时标准管理：完成临时工艺、临时标准等的管理工作。该部分主要包括下列功能：临时工艺卡片编制，临时标准申请，临时标准审批。

（5）统计报表管理：完成生产工艺统计、报表等的管理工作。该部分主要包括下列功能：技术月报，装置操作数据月报，装置操作数据季报，装置操作数据年报，装置达标数据表，能源月报。

（6）综合查询管理：完成生产工艺管理部门对其他相关部门的数据查询工作。该部分包括下列功能：调度早报、生产调度，计划统计报表，质检上报报表，质量日报、出口质量早报，出口合格率，质量化验数据，装置泄漏率、设备完好率、仪表三率，装置排污合格率、污水含油，主要财务指标情况表。

（7）B/S 查询：根据用户输入的查询条件查询生产工艺管理情况数据。该部分包括文件、生产工艺、装置开停工方案、临时工艺、临时标准、报表等数据。

（8）系统信息管理：处理支持生产工艺管理系统的各种编码数据及相关基础数据。

实操训练

一、检修工艺过程

待修轨道车辆回至厂、基地直至修竣后的全部过程，称为轨道车辆某修程（如架修）的生产过程。具体包括以下几个部分。

（1）送修和接修定期检修车辆。

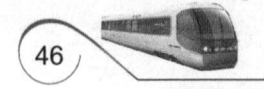

（2）维修开工前的准备工作，包括清扫、外观检查和制订检修作业计划。

（3）轨道车辆的分解，根据作业计划将其分解成零部件。

（4）零部件的清洗、检查，并确定其维修范围。

（5）维修零部件。

（6）轨道车辆的组装及喷涂油漆。

（7）修竣车的技术鉴定和交接。

上述过程中，从（3）到（6）是轨道车辆检修的全部工艺过程。

根据轨道车辆零部件维修作业方式的不同，可分为现车维修（不换件维修）与互换维修两种工艺过程。

二、现车维修工艺过程

现车维修是指待修车上的零部件，经过维修消除缺陷后，仍装在原车上而不进行零部件互换的维修方式。

维修前的首道工序是轨道车辆分解。车辆分解的范围应根据修程及技术状态来确定。现车维修的工艺过程如图2-12所示。

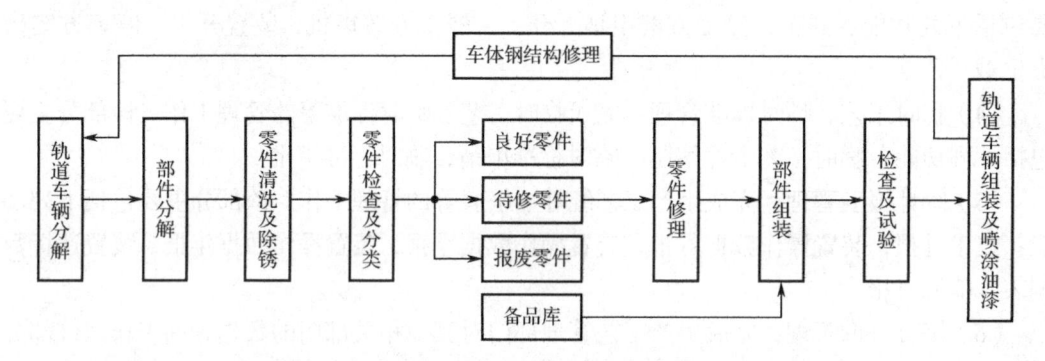

图2-12 现车维修的工艺过程

现车维修作业方式中，除报废零部件从备品库领取外，其他零部件均待修竣后装回原车。常修零部件可以延长轨道车辆停修的时间，而且不需要储备过多的备用零部件。此法主要用于维修轨道车辆数量不多的情况。

三、互换维修工艺过程

轨道车辆定期维修中普遍实行的互换维修，是指从待修车辆上分解下来的零部件，修竣后可组装于同车型的任何检修车上，而并非一定装于原车。这种作业方式能大大缩短检修停工时间，提高修车效率和效益。

图2-13所示为轨道车辆互换维修工艺过程。通常，互换维修在轨道车辆综合维修基地内进行。

零部件互换维修

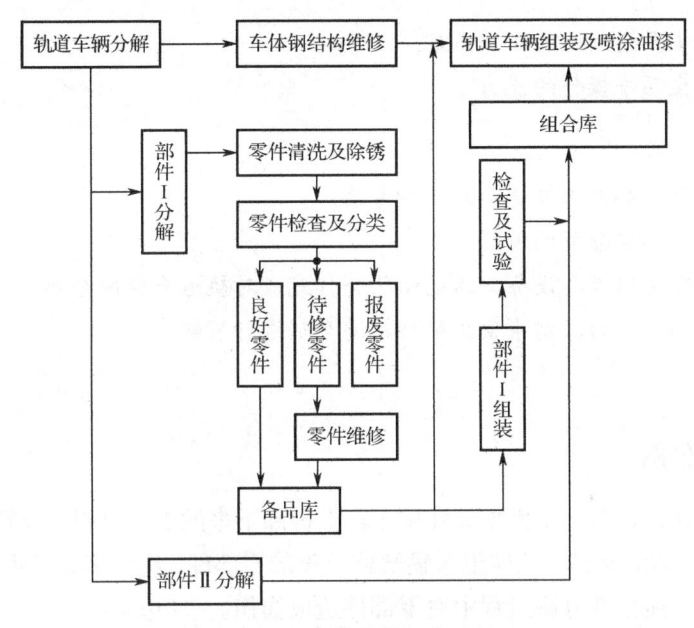

图 2-13　互换维修工艺过程

任务三　分解与装配轨道车辆

工作情景

轨道车辆检修的基本工艺过程为：轨道车辆分解、零部件清洗、零部件检验、零部件修复装配为部件及整车、轨道车辆试验及交车。分解轨道车辆是检修操作的第一步，装配则是将分解后检修修复或换新的零部件还原成一辆完整的列车的过程，这两步都对列车的整体使用性能有着至关重要的影响，需要检修人员按照工艺规程认真操作。

工作环境

在轨道交通车场综合检修库开展轨道车辆分解与装配实践操作；在带有仿真软件的多媒体教室完成学习车辆分解与装配模拟操作的工作内容。

器材准备

工　　具：棘轮、套筒组合、开口扳手、内六角组合。
设　　备：移动式架车机或地坑式架车机、移车台、支撑架、电瓶车等。
材　　料：抹布、砂纸、毛刷、清洁剂、画线笔。
劳保用品：工作服、安全帽、劳动手套、绝缘鞋、登高绳。

素质培养

（1）培养学生分析问题、解决问题的能力。
（2）培养学生团队协作的能力。
（3）培养学生爱岗敬业的工作精神。

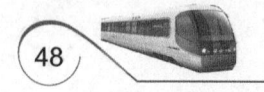

（4）培养学生严谨细心的工作态度。
（5）培养学生动手操作的能力。

学习目标

（1）能够根据零部件选择正确的拆卸方法。
（2）掌握轨道车辆分解的原则。
（3）能够合理运用工具设备，通过团队合作完成对轨道车辆的分解。
（4）能够根据装配的注意事项正确对轨道车辆进行装配。

基础知识

一、轨道车辆分解

轨道车辆分解，是指把车辆零部件从车辆上拆卸下来的工艺过程。分解是检修过程的第一道工序，分解也称解体。从轨道车辆解体下来的零部件，绝大多数要重新使用，因此，要重视分解工作，避免在分解过程中对零部件造成损伤。

1．常用拆卸方法

（1）击卸法：利用锤子或其他重物在零部件上敲击，使零部件拆下。
（2）拉拔法：对精度较高、不允许敲击的零部件采用此法。此法采用的工具为专门拉拔器。
（3）顶压法：利用机械和液压压力机或千斤顶等设备进行拆卸。此法适用于形状简单的过盈配合件。
（4）温差法：对尺寸较大、配合过盈量较大或无法用顶压等方法拆卸时，可用此法。
（5）破坏法：若必须拆卸焊接、铆接等固定连接件，或者为保存主件而破坏副件，可采用锯、钻、割等方法。

2．分解的注意事项

（1）车辆分解时，要严格遵守工艺规程及操作性工艺文件要求。
（2）轨道车辆上一部分零部件的公差配合要求较高，具有严格的相对位置且不可互换。对于这种必须对号入座的零部件，分解时必须严格注意。制造和检修时，都会在这些零部件上打上相互配合的钢号和标记，因此解体前应先核对记号，记号不清者应重新标上，以免将来组装时发生混淆。
（3）有些零部件在运行中发生的运动间隙、相互位置的变形，如轴的横动量、齿轮啮合间隙，只有在组装状态下才能检查、测量，解体后已无法检查、测量。因此，解体前必须对这些主要的、必要的参数进行测量、记录，为检修工作提供依据。
（4）对于设备上的一些调整垫片，重新调整选配比较麻烦，如果这些垫片无损坏，为了组装调整的方便，分解时可将每组垫片做好记号，分别存放。

二、轨道车辆装配

轨道车辆装配对轨道车辆性能和使用寿命有非常大的影响，即使所有零部件都合格，若装配不当，也不能组装出合格的轨道车辆。轨道车辆装配包括配件组装和总装配，其顺序为组件、配件装配、总装配。

轨道车辆装配过程要严格遵守装配工艺规程及操作性工艺文件。若轨道车辆装配不当，将影响轨道车辆各部分固有的可靠性，导致每做一次定期检修后，就会出现一段故障高峰期。

1. 装配精度

保证装配精度是轨道车辆装配工作的根本任务。装配精度是指轨道车辆装配后的质量与技术规格的符合程度，一般包括配合精度、位置精度、相对运动精度、接触精度等。影响装配精度的因素有零部件本身维修质量、轨道车辆装配过程中的选配、轨道车辆装配后的调整与检验。

2. 保证装配精度的方法

在轨道车辆装配过程中，获得预定的装配精度的方法主要有4种，即互换法、选配法、调整法和修配法。

（1）互换法。如果配合零部件公差之和小于或等于规定的装配允差，零部件可完全互换，不必进行修配和调整。此法适用于按标准件制造的零部件，以及对装配精度要求不高的配件，如滚动轴承。

（2）选配法。当装配精度要求较高时，可在一组零部件中进行选配，以保证规定的技术要求。

（3）调整法。此法是通过调整件的选择、零部件相互位置的改变实现的，如垫圈选择、锥齿轮位置的变换等。

（4）修配法。在零部件上预留修配量，装配时修去多余的部分，保证装配精度。此法适用于对装配精度要求高的零部件，如滑动轴承。

3. 装配工艺过程

装配工艺过程基本包括3个环节：装配前的准备、装配及调试（调整和试验）。

轨道车辆装配生产的组织形式为固定式装配。固定式装配是在一个地点进行的集中装配，分为零部件装配和总装配。目前，轨道车辆都采用固定式装配形式。

实操训练

一、轨道车辆拆卸

轨道车辆修理前拆卸和检验是其维修过程的开始阶段，也是修理前的重要准备工作，关系修理质量、修理时间和修理费用。通过拆卸和拆卸中的检验、测量，摸清故障的范围、程度，找出故障的原因。所以，无论是自修还是厂修，对任何损坏的零部件修理，均应做好修理前的拆卸及检验工作。

1. 拆卸

任何轨道车辆修理时首先进行的工作就是拆卸：把轨道车辆的运动零部件从其固定件上拆下来，将其进行局部或全部解体。轨道车辆拆卸过程是一个对轨道车辆技术状况和存在故障的调查研究的过程。零部件表面的油污、水迹等均是发现故障的线索。

拆卸轨道车辆初看似乎是一件极容易的事情。其实不然，在实地拆卸轨道车辆时往往会遇到很简单的难题——拆不下来或者硬拆下来但零部件受损或不能装复。所以，轨道车辆拆卸工作必须正确、顺利，保证零部件完好和能正确装复。例如，当轮对、轴拆下后再安装到原位时，就必须预先测量它们原来的相对位置，依此安装，否则难以复位。

2. 拆卸技术

为了保证轨道车辆检修工作的顺利完成，首先必须正确、顺利地拆卸轨道车辆，为此应掌握以下几项常遇到的技术问题。

（1）做记号和系标签。在轨道车辆拆卸过程中，对拆下的零部件系标签，注明其所属零部件、次序等，以免混淆或丢失；做好各零部件之间相对位置的记号。做记号和系标签是一项简单而易被忽视的工作，如果不能很好地去做，轻者给轨道车辆装复带来麻烦，甚至返工和损坏零部件；重者可能造成轨道车辆不能装复。

（2）拆下的零部件和车辆拆开部位的保护。对于从轨道车辆上拆下的仪表、管子、附件和零部件等应系标签，分门别类地妥善放置与保管，不可乱丢乱放。在现车修理作业方式中，除对于报废零部件从备品库领取新品外，其他零部件均待修竣后装回原车。仪表、精密零部件和零部件配合表面尤其应慎重放置与保护。

当轨道车辆解体后，固定件上的孔口、管系的管口裸露，为了防止异物落入其中造成后患，应用木板、纸板、布或塑料膜等将孔口、管口堵塞或包扎。

（3）过盈配件的拆卸。轨道车辆上具有过盈配合的配件，如齿轮与轴等，要通过使用专用工具、随机专用工具或采用适当加热配件等方法才能顺利拆卸，切勿硬打硬砸，以免损伤零部件。

（4）拆卸安全。轨道车辆拆卸过程中的安全操作对于保证人身和轨道车辆的安全至关重要。所以，在轨道车辆拆卸过程中应注意以下问题。

① 选用工具要恰当，工具的种类与规格应适于工作场合的需要。例如，在上紧螺栓时，不可任意加长扳手，以免扭断螺栓。应遵守操作规程，防止人身事故和损坏零部件。

② 注意吊运安全。严格遵守吊运安全规则，严禁超重吊运，吊运时捆绑要牢靠且不要损伤轨道车辆零部件和仪表，防止吊运时发生人身事故。

③ 防止事故和损伤。对于拆不下的零部件，不可硬拆，以免损伤零部件；轨道车辆检修过程较长时，应采取措施防止拆下的零部件变形和生锈；吊运钢材（如钢缆、绳索等）规格必须相当，防止吊运中途发生事故。

3. 拆卸中的检测

轨道车辆拆卸前、拆卸过程中的检验和测量是对零部件的剖析和透视，是查明故障、分析和诊断故障原因、制定修理方案的重要依据。

（1）运行中的观察。通过观察拆卸前的轨道车辆运行，了解轨道车辆工况，记录各项性能指标和运行缺陷。检查主要零部件的运行平稳性，有无震动，启动、换向操作是否灵敏，有无水、气、油的泄漏现象等。通过对轨道车辆的日常运行管理，观察了解其故障信息和现象，必要时测定温度、压力等参数，以确定轨道车辆运行状况和性能变化，从而初步确定存在的问题。

（2）拆卸中的检测。在轨道车辆拆卸过程中，对拆开的零部件工作表面进行观察，从零部件表面的氧化、变色、拉毛、擦伤、腐蚀、变形和裂纹等现象判断故障的部位、范围和程度。测量零部件的绝对尺寸、磨损量、几何形状误差和配合间隙等，判断零部件的磨损、腐蚀或变形程度。例如，测量轮对外径，计算磨损量、圆度与圆柱度误差等。总之，通过对轨道车辆运行中的观察和检测来发现轨道车辆故障，通过对拆卸中的检测来确定轨道车辆零部件损坏的部位、性质、程度、范围等。

二、轨道车辆的装配

当轨道车辆经拆卸、检验和清洗后，对于损坏的零部件，要进行修复或更换，然后进行装复和调试，以恢复其原有的功能。轨道车辆装配是把拆卸下来的各个零部件按照技术要求、装配规则和一定的装配方法装成零部件，再把这些配件按一定的次序和要求总装成一部完整的车辆。

1. 装配要求

装配工作是一项极为重要的工作。装配质量直接关系列车运转的可靠性、经济性和使用寿命。装配工作应达到正确配合、可靠固定和运转灵活的技术要求。装配工作具体要求如下。

（1）保证各相对运动的零部件之间的正确配合性质和符合要求的配合间隙。

（2）保证零部件连接的可靠性。

（3）保证各零部件轴心线之间的正确位置关系。

（4）保证定时、定量零部件的正确连接。

（5）保证运动零部件的动力平衡。

（6）确保装配过程中的清洁。

2. 装配过程中的注意事项

（1）应熟悉车辆的构造和零部件之间的相互关系，以免装错或漏装。

（2）有相对运动的零部件的配合表面和零部件工作表面上不允许有擦伤、划痕和毛刺等，并保持清洁、干净。

（3）零部件的摩擦表面和螺纹应涂以清洁的机油，防止生锈。

（4）在装配过程中，对各活动零部件应边装配边活动，以检查转动或移动的灵活性，应做到无卡阻。

（5）旧的金属垫片，若完好无损，可继续使用，而纸质、软木、石棉等旧垫片则一律换新。

（6）重要螺栓如有变形、伸长、螺纹损伤和裂纹等均应换新。安装固定螺栓的预紧力和上紧顺序均应按说明书或有关规定操作。

（7）对规定安装开口销、锁紧片、弹簧垫圈、保险铁丝等锁紧零部件的部位，均应按要求装妥，锁紧零部件的尺寸规格也应符合要求。

（8）在安装过程中，当使用锤子敲击时，一般采用木槌或软金属棒敲击，且不能敲打零部件工作表面或配合面。

任务四　清洗轨道车辆

工作情景

轨道车辆经过长时间的运转，各部分零部件的内外均有不同程度的油污、积垢、锈蚀等堆积，如果不清洗干净则将给下一步的轨道车辆检修工作带来很大困难，并使一些隐蔽的缺陷、损伤不能被发现而造成漏检、漏修，有可能会导致严重的后果。因此，轨道车辆清洗工作是轨道车辆检修工作中不可缺少的一道工序。

工作环境

在清洗间和洗车线上进行轨道车辆清洗实践操作；在带有仿真软件的多媒体教室完成学习轨道车辆清洗模拟操作的工作内容。

器材准备

工　　具：毛刷、钢丝刷、刮刀、竹板、砂布或油石等。
设　　备：气泵、高压水枪、转向架清洗机、轮对清洗除锈机、自动洗车机等。
材　　料：清洗剂。
劳保用品：工作服、安全帽、劳动手套、防砸鞋。

素质培养

（1）培养学生沟通协作的能力。
（2）培养学生实践操作的能力。
（3）培养学生精益求精的工作精神。
（4）培养学生勤奋好学的工作态度。
（5）培养学生刻苦钻研的工匠精神。

学习目标

（1）掌握轨道车辆清洗的类型。
（2）能够针对不同的零部件选择不同的清洗类型。
（3）能够根据污垢类型的不同选择合理的清洗剂。

（4）能够对轨道车辆的零部件进行保护性清洗。

基础知识

一、清洗类型

零部件清洗类型

轨道车辆零部件的清洗类型是各种各样的。对机械部分而言，主要是指除去零部件表面的油污、积尘、水垢、锈蚀、沙尘等；对电气部分而言，主要是吹尘和除尘。清洗类型如下。

1．外部清洗

外部清洗主要是对整体设备或部件解体前外部的清洗，以方便分解及发现外部损伤。

2．零部件清洗

零部件清洗是对解体后的零部件的彻底清洗，以方便对零部件做进一步的检查或修复。

3．维修过程中的清洗

维修过程中的清洗是在维修过程中，根据维修工艺的需要对零部件进行的清洗。例如，电镀前先除去零部件表面的油脂和氧化膜，使镀层与基体表面结合得更牢固。

4．组装前的清洗

组装前的清洗主要是清除维修过程中带来的污垢、铁屑、杂物，避免因将其带入零部件而对零部件造成损伤。对配合精度要求较高的零部件更应严格清洗。

对清洗工作的一般要求是，在清洗干净的前提下，尽量选用清洗方法简单、清洗效果好、成本低、安全且无损伤基体的清洗剂。

二、零部件的主要清洗方法

1．机械清洗

1）手工清除

手工清除包括擦拭，使用刮刀、钢丝刷、扁铲除污，用毛刷除尘。

2）机械工具清理

机械工具清理多用于清除零部件表面的锈蚀、旧漆。清理时用电钻带动金属刷旋转除去表面污物。

3）压缩空气吹扫

压缩空气吹扫法要根据零部件覆盖物性质和厚度来选择压缩空气压力。例如，清洗牵引电动机压缩空气压力时一般为250～350kPa；转向架及车体底架一般为高压吹扫。

4）采用吸尘器

吸尘器主要用于电气装置和电路板灰尘清洁。

5）高压喷射清洗

高压喷射清洗的特点是：清洗效率高，能除去严重油污和固态油污，特别适合形状复杂的大型工件清洗；既可间歇生产，也可连续生产。高压喷射清洗的原理是：将清洗液用高压泵加压从而产生高速喷射流从而喷向工件表面，在工件表面产生冲击、冲蚀、疲劳和气蚀等多种机械、化学作用，从而清除工件表面的油脂、油污、旧漆氧化皮等有害成分。传送带式清洗结构示意图如图2-14所示。

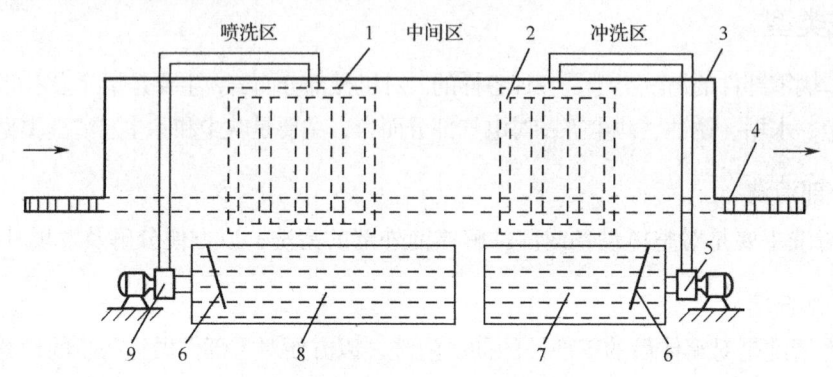

图2-14 传送带式清洗结构示意图

1—热碱溶液喷射装置；2—热水喷射装置；3—机体；4—传送带；5—热水泵；
6—滤网；7—热水槽；8—热碱溶液槽；9—碱水泵

高压喷射清洗的主要工艺参数是压力和流量。通过提高压力，可提高清洗效率和清洗质量，但清洗机所用喷嘴、管道、密封等的质量也要随之提高，这就会使清洗成本增加。另外，随着工作压力的提高，到达工件表面的喷射流有可能反弹回去，干扰后继喷射流，甚至会使清洗液雾化，反倒使清洗效果下降。常用压力为0.35～0.5MPa，大型工件可提高至0.5～1.0MPa，常用的清洗液有水、水基清洗液。喷射压力与清洗时间的关系如图2-15所示。

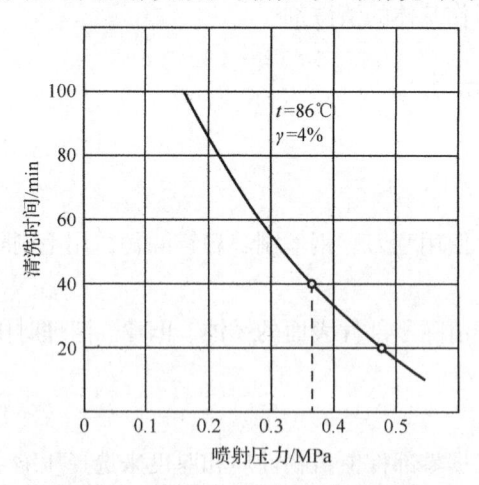

图2-15 喷射压力与清洗时间的关系

6）超声波清洗

超声波清洗是一种效果较好的强化清洗，它能通过冲击波破坏零部件表面的积炭和油膜，起到清洁的作用。它的特点是操作简单、清洗效果好、清洗速度快，能快速清洗有空腔和有沟槽等形状复杂的工件，而且易于实现机械化和自动化。

超声波清洗的机制是超声波使液体产生超生空化效应，液体分子时而受拉、时而受压，

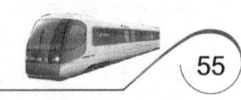

形成一个微小空腔,即空化泡。由于空化泡的内外压力相差悬殊,待空化泡破裂时,会产生局部压力冲击波(压力可达几百甚至上千大气压)。在这种压力作用下,黏附在金属表面的各类污垢会被剥落。与此同时,在超声场的作用下,清洗液流动性增加,溶解和乳化加速,从而强化清洗。

超声波清洗的主要对超声波频率,超声波功率,清洗液特性、温度,以及零部件在超声场中的位置等有规范要求。超声波频率决定空化泡破裂时产生的冲击波强度,频率通常为 20~25kHz。对于表面粗糙度要求较低,具有小径孔或狭长缝的零部件,应选用波长短、频率高、能量集中的高频超声波。但高频超声波衰减较大、作用距离短、空化效果弱、清洗效率低,而且具有很强的方向性,易使零部件某些部位清洗不到。超声波功率对清洗效率有很大影响,大功率适用于油污严重,形状复杂,有深孔、盲孔的零部件。但功率太大,则会使金属表面产生空化腐蚀。因此应选用合适的功率。

清洗液多采用水基合成清洗剂。清洗液的温度对空化作用有较大影响,提高温度对空化作用有利。但温度过高会使空化泡冲击力下降,因此必须保持一定的温度范围。

2. 物理-化学清洗

物理-化学清洗这种方法主要是采用各种化学清洗剂,用以软化和溶解金属表面的污垢,并保持溶液的悬浮状态。选择清洗剂时注意不能损伤零部件表面,且要考虑经济性,以及不影响人体健康。常用的清洗剂有碱溶液、酸溶液、有机溶剂和金属洗涤剂等。常用的清洗方法有浸洗、煮洗、喷洗、强迫溶液循环和溶剂蒸汽法。常用的清洗工艺有清洗、冲洗和干燥。

1)碱溶液煮洗

碱溶液煮洗是一种化学清洗方法。碱溶液成分通常由碱、碱盐和少量乳化剂组成,它利用碱溶液对油脂的皂化作用和乳化作用进行除油、除积炭(积炭不能皂化但可使其与基体产生剥离),高温情况下效果更好。一般煮洗温度在 80~90℃。根据被清洗对象的材质、结构形状与除垢程度的不同,可选用不同成分的配方和煮洗时间,图 2-16 表示当碱溶液温度为 80℃时,碱溶液的浓度(γ)改变时对清洗质量的影响。图 2-17 表示当碱溶液浓度一定($\gamma=5\%$)时,改变溶液温度对清洗质量的影响。

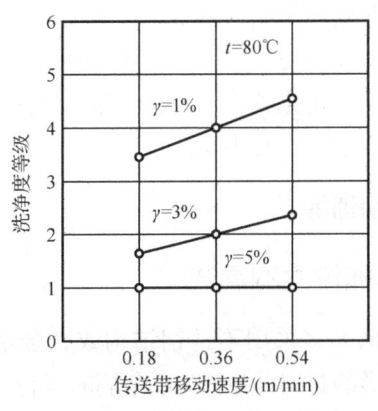

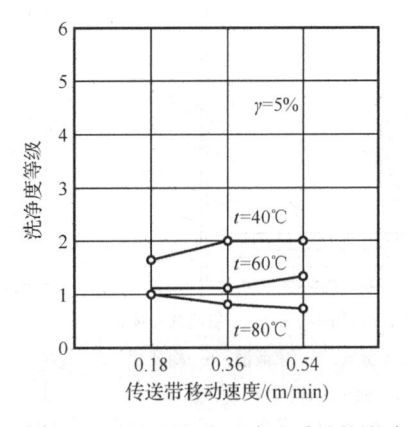

图 2-16 碱溶液浓度对清洗质量的影响　　图 2-17 碱溶液温度对清洗质量的影响

碱性清洗液具有价格便宜、操作简单、不会燃烧等优点；但对金属有腐蚀作用，零部件清洗后要用清水冲洗干净。由于清洗时劳动条件差、溶液温度较高，因此操作人员应注意安全。碱溶液煮洗在生产中应用比较广泛，轨道车辆大中型机械类零部件多以此种方法清洗。

2）有机溶剂清洗

有机溶剂是利用其能溶解皂化性油和非皂化性油的特点，将油垢除去。该方法的特点是操作简单、除油速度快、效果好、适应性强、基本不腐蚀金属。但有机溶剂大都价格昂贵，具有挥发性、毒性、易燃性，故在生产使用中受到一定限制。常用的有机溶剂有煤油、柴油、汽油、苯、酒精、丙酮类，以及某些氯化烷烃、烯烃等。

此种方法常用于有特殊要求的清洗，如电气元件、贵重仪表、精密零部件。除柴油外，煤油、汽油、酒精、丙酮的用量都很少。使用有机溶剂时，应特别注意通风、防火，以防事故发生。

3）水基清洗剂清洗

水基清洗剂清洗又称金属清洗剂清洗，是一种被广泛使用的工业清洗剂清洗方法，其清洗剂牌号有多种。以表面活性剂为主要成分的多组分混合溶剂，可适用于不同清洗对象的要求，一般清洗剂与水的配比为 5%～95%。可在常温下使用，也可加热使用；可煮洗也可喷洗。清洗剂一般呈弱碱性，对工件表面不会产生腐蚀，且具有节省能源、使用安全、操作条件好、污染少、清洗成本低、适用于机械化和自动化清洗等优点，大有以水代油（有机溶剂）、以水代碱（碱溶液）的发展趋势。轨道车辆绝大部分零部件的清洗均可用水基清洗剂清洗。

4）气相清洗

气相清洗主要用于除去油污。它的突出优点是在除油过程中，与工件接触的清洗液总是经汽化后变成干净的清洗液蒸气，从而使工件表面获得较高的清洁度。

蒸气除油的基本原理是：加热清洗液，使之变为蒸气而形成气相区，工件在此区内，黏附在其表面的油脂被蒸气溶解、冲洗，当蒸气被冷凝时，连同油脂、污垢落回到槽内。清洗液随后再经加热汽化为蒸气，蒸气再与工件接触、发生作用，如此循环作业，直至工件被清洗干净。

蒸气除油使用的溶剂有氯乙烯、过氯乙烯、三氯乙烷及四氯化碳等，其中三氯乙烯使用最多，其清洗装置如图 2-18 所示。

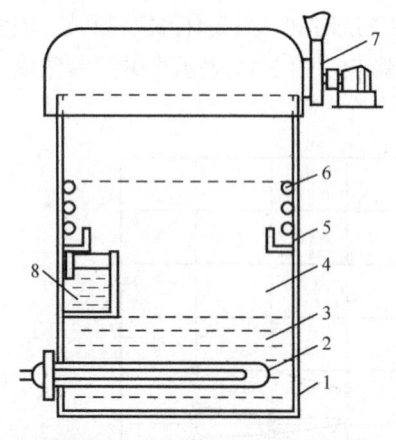

1—清洗槽；2—加热器；3—三氯乙烯液体；
4—三氯乙烯蒸气；5—集液槽；6—冷凝管；
7—通风装置；8—浸洗罐

图 2-18　三氯乙烯清洗装置

实操训练

一、车厢侧面的清洗

车辆大多采用不锈钢结构或合金结构的一次挤压成形的材料。由于轨道车辆的运行环境比较恶劣，大多数车厢表面做了防腐涂装处理。附着在车厢侧面外表的污垢主要有油污、空气中的尘埃、刹车形成的微细铁粉混合物、车顶的碳垢，以及以上这些垢质在雨水作用下形成的混合污垢流纹等。国外将这类污垢概括称为"路膜"。去除"路膜"的传统方法一般选择酸性或强碱性的清洗剂，但是，如果长期使用，无论酸性清洗剂还是碱性清洗剂都会对车厢侧面外表的漆膜、玻璃、橡胶、铝合金等材质造成不同程度的损害。

当今工业清洗行业内主流观点认为，针对"路膜"的物化特性而精心筛选的、由特定表面活性剂复配而成的中性清洗剂，由于具有较好的润湿、软化、分散、乳化的能力，以及优良的生物降解性能，被认为是传统清洗剂替代品的比较理想的选型。

轨道车辆侧面的清洗一般以自动洗车机为主，人工清洗、补洗为辅。洗车机是机械清洗轨道车辆的主要设备。洗车机的一般工艺流程是预湿（降温）→端面（清洗剂+竖刷滚动清洗）→侧面（清洗剂+竖刷滚动清洗）→侧面（水刷洗）→预冲（回用水池）→清水冲洗（净水）。运行环境好的地区可以增加上光程序。增加上光程序，不仅可以提高车厢的外观视觉效果，由于防护层的抗静电作用，还可延缓被处理表面再度污染的速度。

二、车厢内部的清洗

车厢内部的污垢大多与人的活动有关。第一类为手脂、发脂、口鼻呼出物、少量含矿物的油脂，并有灰尘黏附其上；第二类为胶渍垢，如冰激凌垢、果汁垢、口香糖余物，包括车厢内广告招贴的不干胶残留物等。

对第一类污垢，传统的清洗剂选型一般以无机碱为主，或使用普通的民用产品。这样做既污染环境，又不能直接排放，还会给车厢内部带来污染（有害残留物多），不符合公共场所的卫生要求；长期使用，对车厢内装饰材料、塑胶地板、铝合金等均有损害。考虑到清洗这类污垢的效率和效果及对车厢内表各种材质的保护，继续用传统的以无机碱为主或含磷量超标的民用产品，显然是不适宜的。合理的清洗产品选型应该是多元表面活性剂的科学配比、溶液呈中性、漂洗性好（便于水冲洗），且具有一定消毒功能的水基产品，且长期使用，其安全、环保、效率的指标均能得到保证。

对第二类污垢，即胶渍类残留物，传统的办法往往是采用人工擦拭的物理方法去除。去除此类污渍，比较合理的清洗产品选型应是对车厢内表漆膜、装饰材料表面均无损伤，以超强的渗透、溶解能力为其特点的溶剂型产品，其产品本身应当无毒。为便于人工操作，清洗产品最好做成喷罐形式。

三、车厢顶部污垢的清洗

受电弓的碳刷与接触网的高速摩擦产生碳火花、碳粉及铜粉，这些物质在与空气的长期接触过程中发生复杂的氧化反应。这类污垢的固化结合现象十分严重。加之大气的尘埃（主要是无机盐）和挥发性的油性污垢，形成了顽固性混合污垢，称为"道路氧化物"。去除这类氧化物，单纯靠碱性的或总游离碱度很高的材料清洗，将会给车顶漆膜带来严重的损伤。如因操作不慎，将此类高碱性材料泄入客室空调中，将会对后者造成更为严重的后果。对清洗的合理选择应该能确保去除碳垢能力的同时，对整个车顶（含客室空调顶盖）

的漆膜构建一个抑制腐蚀的化学保护层。

去除"道路氧化物"的清洗剂的有效选择应该是路膜类清洗剂。在受电弓区域，高温条件下形成的碳火花形成了一种炽热的碳微粒射流，在与漆膜接触的过程中"咬"进漆膜内部，与漆膜融合在一起。对这部分碳垢的去除，应该以渗透功能为主，咬合功能为辅。渗透功能与咬合功能的协同作用，构成了去除这类特殊碳垢的清洗剂的主要功能。

强力渗透功能是由有机碱与无机碱协同实现的，又因为无论怎样优质的碱性材料都会对漆膜、铝合金有损害作用。所以，必须兼顾碳垢的清除能力与清除碳垢过程中对漆膜的保护。这是一对矛盾，主要是碳垢的去除能力与漆膜、铝合金保护能力两者之间的矛盾。如何认识、把握并处理好这对矛盾，是解决整个车厢顶部碳垢清洗的关键。另外，络合剂对碳垢的最终清除也起着至关重要的作用。

对车顶瓷瓶的清洗剂选型，可以参照上述内容。但是，不能仅仅追求满意的清洗效果和速度，更要考虑清洗剂对瓷瓶材料的保护。否则，会对瓷瓶的电气使用性能产生不良影响，甚至对瓷瓶造成损伤。

四、轮对部件的清洗

轮对的车轴、车轮、一端的轴箱及滚动轴承、动力转向架的齿轮箱等都是架修、大修清洗的重要部分，也属于具有多项技术要求和操作难度的精密工业清洗。

对轮对车轴等部件的清洗，包括脱漆、洗净、探伤、修复、涂装等工序。各工序中与工业清洗有关的是脱漆、洗净、探伤，以及维护后到涂装前的再次洗净。其工序与清洗产品选型对应如下。

脱漆：脱漆剂应有渗透、溶解、疏松油漆的功能，且黏附力强，在不同形状的表面都能有效地发挥作用。

探伤前洗净：应选用对脱漆后的表面残留有优良的去除效果，并能自行挥发且有防锈功能的溶剂型产品。该产品挥发、反应后应无残留物（不可影响探伤作业）。

修复后到重新涂装前的清洗：该道清洗工序的清洗产品选型主要满足涂装前的要求，要求亲水性好、洗净力强、洗后无残留物。

五、牵引缓冲装置的清洗

牵引缓冲装置在架修、大修时基本上分解为零部件。其首要难度为对中心销、钩舌板、钩舌杆等铸钢零部件的脱漆探伤。一般的面漆较易脱除，有些底漆却是极难脱除的。架修、大修实践中遇到极难用化学方法脱除的底漆，只能采用物理（人工铲凿）方法。其效果和效率往往不理想。通常，碱性的脱漆剂对顽固的底漆无能为力，而酸性的脱漆剂又难以克服对钢铁和铝合金的化学腐蚀。

解决问题的思路是：筛选合适结构的有机酸组合物，对特定聚合物有溶胀作用的极性溶剂，以及对聚合物的解聚具有催化作用的助剂等物质，进行合理复配，并通过进行正交实验进行配方优化。通过这个思路，最终形成的脱漆剂不仅对底漆具有优异的脱除能力，在对钢铁和铝合金的缓蚀保护方面也不会存在任何问题。对该装置其他零部件的清洗，无论是从成垢条件还是从材质(钢铁、铜、铝合金、橡胶、涂层)保护的需求来看,基本和制动装置的清洗相同。缓冲装置中橡胶材质的零部件通常耐酸碱能力较强,如果要清洗,则要注意避免使用溶解能力过强的溶剂型清洗产品。

任务五　检测轨道车辆零部件

工作情景

轨道车辆零部件检测,是检修过程中的一个重要环节。正确地检测零部件的缺陷和故障性质、程度和位置,是轨道车辆维修的前提。零部件的检测工作将直接影响轨道车辆的维修质量。

工作环境

在轨道交通车场或车辆段开展轨道车辆零部件检测实践操作;在带有仿真软件的多媒体教室完成学习零部件检测模拟操作的工作内容。

器材准备

工　　具:铁刷、砂纸、锉刀等。
设　　备:荧光探伤仪、磁粉探伤仪、超声波探伤仪、探头等。
材　　料:溶剂清洗型着色液及同族组的清洗剂及显像剂、香蕉水、丙酮、A型灵敏
　　　　　度试片、焊缝试板、耦合剂等。
劳保用品:工作服、安全帽、劳动手套、防砸鞋。

素质培养

(1)培养学生观察能力。
(2)培养学生动手能力。
(3)培养学生精益求精的工作精神。
(4)培养学生严谨细致的工作态度。
(5)培养学生刻苦钻研的工匠精神。

学习目标

(1)掌握各种零部件检测技术的方法。
(2)能够根据零部件选择不同的检测方法。
(3)能够独立完成对小型零部件的无损探伤检测工作。
(4)能够根据个人或团队的操作内容完成测试报告的填写。

基础知识

一、检查类型

在轨道车辆检修过程中,一般零部件须经过以下3种检查。

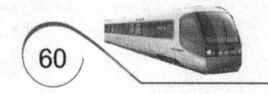

（1）修前检查。这是在轨道车辆分解解体成零部件后进行的。其目的在于确定修复工作量，确定零部件的技术状态，并将零部件分成可用的、不可用的和需要维修的3类。

（2）中间检查。这是在零部件维修过程中进行的检验，应用各种检测工具和设备对零部件按技术要求进行仔细检查。其目的在于检查经过维修的零部件是否符合技术要求，以决定零部件的合格程度，避免组装后返工维修。

（3）落成检查。这是零部件组成后的性能检测，要核对性能和参数是否符合技术要求；这是较全面系统的检查，只有检验合格才允许装车和使用。

二、检测内容

零部件的检测内容主要包括以下几个方面。

（1）几何精度：零部件的尺寸、形状、位置精度，如直径、长度、宽度、圆度、同轴度、垂直度、平行度等。

（2）表面质量：如粗糙度、零部件表面的损伤和其他表面缺陷。

（3）隐蔽缺陷：零部件内部的空洞、夹渣及表面微观裂纹。

（4）零部件之间的关系：如配合部位的间隙等。

（5）零部件的性能检测：如弹簧的弹力，密封件的漏泄、压力，高速旋转件的平衡、重量等。

三、常用检测方法

检测工作只有方法得当，才能判断正确。由于被检测对象和内容的不同，一般所采用的检测方法也不同。

1. 感官检测法

通过检测者的眼、手、耳、鼻等感觉器官来对被检验零部件进行检测，以确定其损伤类别及程度。

（1）目检：用眼睛或者借助放大镜来检查零部件表面的状态。例如，查看空压机缸内壁的刮痕、活塞顶部破损、齿轮轮齿的剥落与折断，以及透油、透锈等迹象。

（2）听检：从发出的声响和振动判断机械运转是否正常，是动态听检的主要内容。例如，检测者用检查锤轻轻敲击检查部位，可听出螺栓或铆钉的连接情况，完好的零部件发音清脆，有缺陷的零部件发音哑浊。

（3）触检：通过触检可大致判断运转的部分零部件的温度，油管、水管内液体流速的脉动，也可通过配合部件的晃动量对运动间隙做出粗略的检查。

感观检测法简单、方便，用处广泛，但这种检测方法与检测者实践经验有很大关系，不够精确，一般只作为初检（如日常检查），对于精确度要求较高的如间隙、圆度等，还必须用量具仪器来检测。

2. 量具仪器检测法

（1）用通用量具、量仪测量零部件的尺寸、形状及位置。通用量具和量仪是指游标卡尺、百分表、内外径千分尺、塞尺、压力表、万用表等测量工具，其种类很多，使用也很广泛。零部件的平行度、垂直度、同轴度、对称度、圆度、圆柱度、跳动量、配合间隙与过盈量等诸多形、位误差，均可通过通用量具检测；电气组件的电压、电流等参数值，也可用量仪进行检测。

（2）用专用量规、样板测量零部件的形状和尺寸。在实际工作中，经常会遇到一些表面形状用通用量具无法检测的零部件，如齿轮轮齿外形、凸轮外形、轮箍外形，这些零部件的尺寸和形状用通用量具都不能将其真实性表示得很完整，因此，采用专用样板（或测尺）、专用量规来测量就具有特殊重要的意义。用样板测量不但方法简便，而且误差较少。轨道车辆维修工作中，常见的样板很多，如压气机活塞环环槽测量卡规、凸轮形状样板、轮箍踏面形状样板等。

（3）用机械仪器检测零部件的性能，如弹簧弹力、平衡重量、严密性、承压能力等性能。

3. 隐蔽缺陷的检测方法

隐蔽缺陷是指零部件内部的空洞、夹渣、微观裂纹等不易发现的损伤，这些隐蔽缺陷像定时炸弹一样埋伏在工件内部，在运用工作中随时会导致故障的产生。因为是隐蔽缺陷，所以检测方法也大都带有探测性质，又称无损探伤检测。

无损检测（Non Destructive Testing，NDT）是基于材料的物理性质，采用非破坏性手段，通过测定变化量，对材料或构件的组织结构、不连续性、缺陷等进行定性、定量和定位的检测技术。

常见的无损检测方法包括荧光探伤、涂色探伤、电磁探伤和超声探伤等。下面介绍几种轨道车辆检修企业常用的无损检测法。

四、无损检测

1. 荧光探伤法

荧光探伤是利用紫外线对某些物质的激发来检测零部件表面缺陷的技术。它主要用于检测一些较高技术要求和不导磁材料，如不锈钢、铜、铝、镁合金、塑料和陶瓷等制成的零部件。

荧光探伤的基本原理是基于物质的分子可吸入光和放出光能，即每一个分子都能吸收一定数量的光能，反之也可以释放出一定数量的光能。分子在正常情况下，具有一定的能量，若分子所具有的能量较正常情况下大时，则该分子处于受激状态。要把分子从正常状态转为受激状态，需要消耗一定的能量，这种能量称为激发能。荧光探伤的原理就是利用紫外光源照射某些荧光物质，使这些物质转化为受激状态，于是向外层跳越，而处于不平衡状态的分子要恢复到平衡状态时，就会释放出一定的能量，这个能量是以光子的形式放射出来的,这种放射出来的可见光称为荧光。

荧光探伤时,将经过去脂除油的零部件浸入荧光渗透剂或涂上一层荧光渗透剂。经过10～30min,渗透剂就会渗入最细微的裂纹中。从零部件表面擦去渗透剂,用冷水清洗吹干,再涂以具有良好吸收性能的显像剂,从而将荧光剂从零部件缺陷中吸附出来。荧光渗透剂在紫外光源的照射下会发出鲜明的本身固有的辉光,即荧光。根据荧光就可以确定缺陷的形状和所在位置。荧光探伤仪主要由紫外光源组成。荧光剂由二甲苯二丁酯、二甲苯、石油醚、荧光黄和增白剂组成。显像剂由苯、二甲苯、珂珞酊、丙酮、无水酒精和氧化锌组成。

由于荧光探伤设备简单、成本低廉、使用方便,可用于各种材质,因此获得较为广泛的使用。

2. 涂色探伤法

涂色探伤法也是一种探测零部件表面裂纹的简便方法。与荧光探伤相仿,涂色探伤法也是利用液体渗透原理,只是不用紫外线照射,方法更为简便。

涂色探伤的工艺方法是:先将零部件表面去脂除油,然后再涂上一层渗透液(一般为红色),零部件表面若有裂纹,则渗透液即渗入;10～20min 后将零部件表面擦净,再涂以乳化液,稍候擦净再涂一层吸附液(一般为白色)。由于吸附液的作用,裂纹处的红色渗透液即被吸出,即可显示裂纹。

渗透液由红色颜料(如苏丹红三号)、硝基苯、苯和煤油组成。吸附液则由氧化锌、珂珞酊、苯和丙酮组成。

涂色探伤和荧光探伤一样,不受零部件材质的限制,方法简便,反应正确,但只能发现表面缺陷。几乎不受材料的组织或化学成分的限制,在最佳检测条件下,能发现的缺陷宽度约为 0.3μm,能有效地检查出各种表面开口的裂纹、折叠、气孔、疏松等缺陷。

3. 电磁探伤法

电磁探伤检测能比较灵敏地检测出铁磁性材料(铁、钴、镍、镝),以及它们的合金(奥氏不锈钢除外)的表面裂纹、夹杂等缺陷。对于表面下的近表缺陷(2～5mm 以内)在一定条件下也可检测出。在最佳检测条件下可检测出长度 1mm 以上、深度 0.3mm 以上的表面裂纹,能检测出的裂纹最小宽度约为 0.1μm。

1)电磁探伤的基本原理

电磁探伤的基本原理是,利用缺陷所引起的材料中磁导率的改变来发现缺陷。众所周知,电磁材料所制成的零部件,如果把它磁化,那么该零部件就有磁力线通过。如果该零部件材料组织均匀,那么磁力线的分布也是均匀的,也就是说,各处的导磁力均相等。如果零部件内部出现了缺陷,如裂缝、气孔、非磁性夹渣等,那么磁力线通过时,将遇到较大的磁阻而发生弯曲现象。如果缺陷接近零部件表面,磁力线还会逸出缺陷而暴露在空中,形成所谓漏磁通。散逸的磁力线向外逸出,而后又穿入零部件,在缺陷两侧磁力线出入处即形成局部磁极,如图 2-19 所示。

如果在零部件表面撒以磁粉，那么这些磁粉就会很快地被吸聚在裂缝处，顺着裂缝形成一条黑线。根据黑线位置，便可确定裂纹位置。由于裂纹的长度和深度不同，磁力线外逸程度也不相同，吸聚的磁粉粗细也不一样，因此，从吸聚的磁粉黑线形象便可大致判断裂纹的深度和长度。

2）电磁探伤的基本方法

先将零部件表面上的锈蚀、油垢、灰尘及水分除净，露出金属本色；再确认探伤器是否良好（将有裂纹的样板作为检测对象，观察显示是否清晰来确认探伤器是否灵敏）；然后即可正式开始检测。金属内部的缺陷大小、位置、方向都会直接影响磁力线的分布，当缺陷方向与磁力线垂直时，磁力线弯曲程度最大，如图2-20所示。

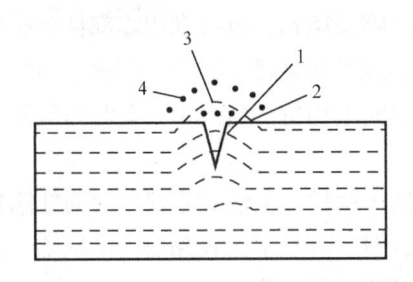

1—裂纹；2—局部磁极；3—漏磁通；4—磁粉

图2-19 因裂纹而出现的漏磁通

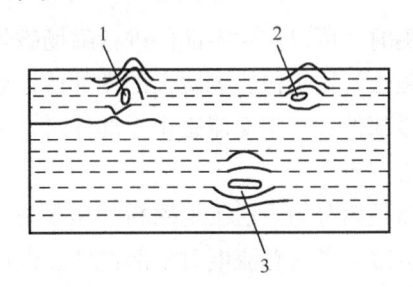

1—横向裂纹；2—靠近表面的气孔；3—纵向裂纹

图2-20 金属存在缺陷时磁力线的分布情况

缺陷靠近表面，也会引起少量磁力线外溢，而当缺陷方向与磁力线相同（平行）时，弯曲变化很小，不易发现。因此在探伤操作时，要采取不同的磁化方法，使形成的磁力线与裂纹走向垂直或成一定的夹角。探伤操作时，如果发现有磁粉聚集成线状，则将磁粉擦净，再度探查、确认。

检测零部件的纵向裂纹时，可将零部件直接通电（见图2-21），将一芯棒（用铜或铝）通电，使芯棒通过空心零部件及靠近零部件表面。如图2-22所示，利用电流周围的磁场在零部件上产生一个周向磁场。这种方法称为周向磁化法。检查零部件的横向裂纹时，可用电磁铁或通电的螺管线圈在零部件上产生一个纵向磁场，如图2-23和图2-24所示。这种方法称为纵向磁化法。采用直流纵向和交流周向同时磁化的复合磁化法内摆动的磁场，可同时检测出不同方向的缺陷。

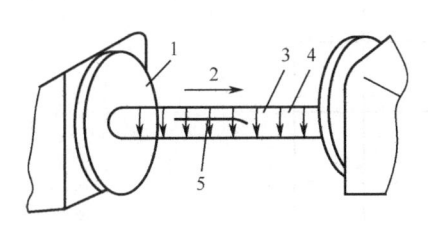

1—夹头；2—磁化电流方向；3—磁力线方向；
4—被检零部件；5—缺陷（裂纹）

图2-21 零部件直接通电周向磁化法示意图

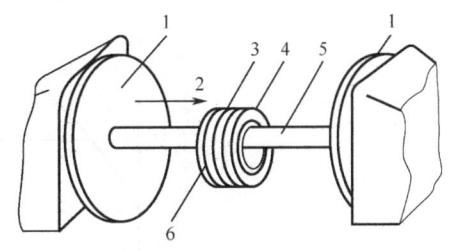

1—夹头；2—磁化电流方向；3—磁力线方向；
4—被检零部件；5—铜棒；6—裂纹

图2-22 周向磁化法示意图

1—电磁铁；2—线圈；3—零部件

图 2-23　用电磁铁纵向磁化示意图

（a）零部件置于固定线圈内　（b）在零部件外绕线圈

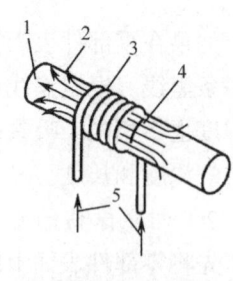

1—零部件；2—磁力线；3—线圈；4—缺陷；5—电流

图 2-24　螺线线圈纵向磁化法示意图

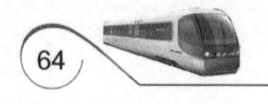

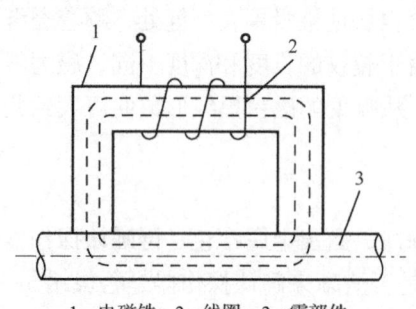

检测时，可以在对零部件进行磁场磁化的同时喷撒磁粉，也可利用零部件剩磁进行检验。剩磁法可用于检验剩磁大的零部件，如高碳钢或经热处理（淬火、回火、渗碳等）的结构钢零部件；当用交流磁化零部件时，在不控制断电相位的情况下，有时因剩磁很小会造成漏检。

喷撒磁粉分为干法（干磁粉）和湿法（磁悬液）两种。干法对零部件表面缺陷检出能力差，但结合半波直流电对零部件外加磁场法检验时，可显示出较深的内部缺陷。湿法容易覆盖零部件表面且流动性好，对检测表面微小缺陷灵敏度高。

磁悬液分为油磁悬液和水磁悬液。油磁悬液常用 40%～50%的变压器油与 50%～60%的煤油混合。磁粉含量为 15～30g/L。水磁悬液中常加入浓乳、亚硝酸钠、三乙醇胺等成分。

磁粉有黑色（主要成分是 Fe_3O_4）、红褐色（主要成分是 Fe_2O_3）等。荧光磁粉和某些有色（如白色）磁粉采用磁性氧化铁或工业纯磁粉为原料在其上包覆一层荧光物质或其他颜料而成。采用各种有色磁粉是为了增强磁粉的可见度及与零部件表面的衬度。荧光磁粉与非荧光磁粉相比，在紫外线灯照射下，缺陷清晰可见，工作人员眼睛不易疲劳，因此不易漏检。荧光磁粉若配备光电转换装置，可实现自动或半自动化检验。国外目前多采用荧光磁粉。

缺陷的尺寸、位置（是否与磁力线垂直）及距表面的深度，对于探伤效果有显著的影响，如图 2-25 所示。

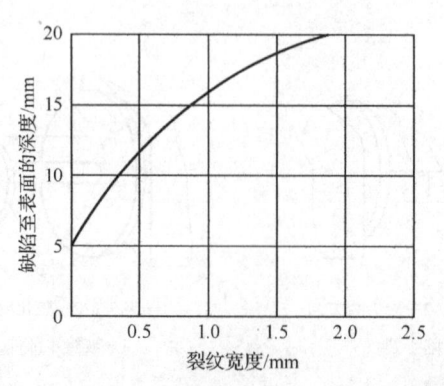

图 2-25　电磁探伤器对于不同裂纹宽度所能发现的深度范围

只有在图 2-25 所示曲线下方的缺陷才能被电磁探伤器查出。另外，不规则的零部件外形也会使磁力线分布不均匀，因此，应根据零部件外形选用不同形式的探伤器。常用的探伤器有马蹄形和环形。

零部件经电磁探伤后，会或多或少留下一部分剩磁，因此必须进行退磁，否则零部件在使用过程中会吸引铁屑，造成磨料磨损。最简单的退磁方法是逐渐地将零部件从交流电的螺管线圈中退出，或直接向零部件通以交流电，并逐渐减少电流强度直到为零。但采用交流电退磁时，仅对零部件表面有效。所以，用直流电磁化的零部件仍应用直流电退磁。向零部件通以直流电退磁时，应不断改变磁场的极性，同时将电流逐渐减到零。

电磁探伤具有探测可靠、操作简便、设备简单等优点，因此在轨道车辆检修探测工件中应用最为广泛。

4. 超声波探伤法

一般情况下，人耳能听到的频率为 50～20 000Hz，频率大于 20 000Hz 的声波称为超声波。用于探伤的超声波，频率一般为 0.4～25MHz，其中用得最多的是 1～5MHz。由于超声波的波长比可闻声波的波长短，因此它具有类似光直线传播的性质，并且容易发现材料中微小缺陷的反射。

1) 超声波探伤的基本原理

超声波探伤原理是利用超声波通过不同介质的接触面，产生折射和反射现象来发现零部件内部缺陷的。它不仅可以探测金属及非金属材料缺陷，还可以测定材料厚度。超声波探伤具有灵敏度高、穿透力强、检测灵活、结构轻便、对人身无害等优点，而且现代超声波探伤已逐步向显像法及自动化方向发展。在检修工作中，主要应用超声波探伤的脉冲反射法和脉冲穿透法。

2) 超声波探伤的基本方法

超声波探伤的方法大致分为两种：一种是将声波发射到被检零部件，接收从缺陷反射回来的声波；另一种是测定声波在零部件中的衰减。目前生产中应用的最多的是脉冲 A 型反射显像法。它用荧光屏上反射波的波高来确定缺陷大小；用反射波在横轴（称为距离轴）上的位置来确定缺陷的位置；根据探头扫描范围来确定缺陷面积等。图 2-26 所示为其工作原理。

探伤时将探头放到零部件表面上，为了更好地传播声波，通常用机油、凡士林或水作为传播介质。探头发出超声波并穿过零部件，在底面反射后，再穿过零部件，又回到同时作为接收用的探头。在仪器荧光屏上与发射脉冲 S 相距一定的距离内出现了所谓的底面反射波片。发射脉冲和底面反射波之间的距离，与声波穿过零部件的时间是相应的。根据零部件中存在缺陷的大小，相应的缺陷反射波 F 直接在缺陷处返回，而不能到达底面。缺陷的反射波位于底面的反射波和发射脉冲之间的位置，与缺陷在零部件中探伤面和底面之间的位置是相对应的。因此可以很容易地计算出缺陷在深度方向的位置。

当超声波碰到缺陷时，就产生反射和散射；但当这些缺陷的尺寸小于波长的一半时，由于衍射作用，波的传播就与缺陷是否存在没有什么关系了。因此，超声波探伤中缺陷尺

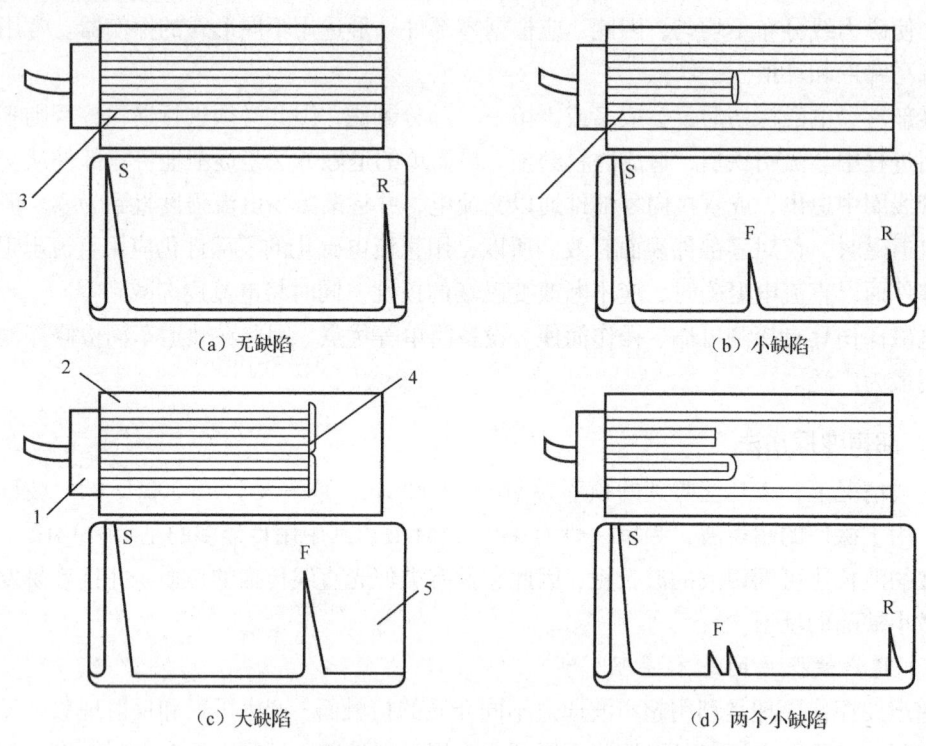

寸的检测极限为超声波波长的一半。

(a) 无缺陷

(b) 小缺陷

(c) 大缺陷

(d) 两个小缺陷

1—探头；2—被检零部件；3—声波示意；4—缺陷；5—荧光屏

图 2-26　脉冲 A 型反射法工作原理

超声波频率越高，方向性越好，就更能以很窄的波束向介质中传播，这样就容易确定缺陷的位置。而且，频率越高，波长就越短，能检测的缺陷尺寸就越小。然而频率越高，传播时的衰减也越大，传播的距离就越短，故探伤时频率应适当选择。

超声波探伤除 A 型显示外，还有 B 型显示、C 型显示、立体显示、超声波电视法及超声全息技术等。B 型显示可以在荧光屏上观察到探头移动下方断面内缺陷分布情况，此方法目前多用于医学上检查人体内脏的病变。C 型显示以亮度或暗点的不同在荧光屏上显示探头下方是否有缺陷，即显示缺陷的投影，近年来已有用颜色（如蓝、绿、红）显示缺陷深度的方法。立体显示是 B 型显示和 C 型显示的组合。

超声波检测主要用于探测内部缺陷，也可用于检查表面裂纹。尽管超声波探伤具有很多的优越性，但也有不足之处。例如，对于形状稍复杂工件内部的微小缺陷不易查出；表面要求平坦、缺陷分布要有一定范围等。当遇有这种情况时，应选用其他探伤方式加以弥补。

5．射线探伤法

射线探伤法是指利用放射线对金属有相当的穿透能力来检查零部件内部缺陷。

（1）X 射线探伤。采用 X 射线检测零部件时，如果光路上遇有空隙（裂纹、气孔等），那么在缺陷部位的射线投射率就高，透过的射线就强。若用透视法，在荧光屏上就会有比较明亮的部分,即缺陷的位置和大小。如图 2-27 所示为 X 射线探伤的原理示意图。可用照相法把影像记录下来。

利用 X 射线检查金属的最大厚度一般为 80mm。

(2) γ 射线探伤。γ 射线与 X 射线探伤相仿,只不过用放射性元素或 γ 射线发生器来代替 X 射线管。γ 射线探伤的原理示意图如图 2-28 所示。γ 射线无论是天然的还是人造的,都广泛用于金属内部缺陷的检查。γ 射线的穿透力更强,它可以检查厚度为 150~300mm 的金属。

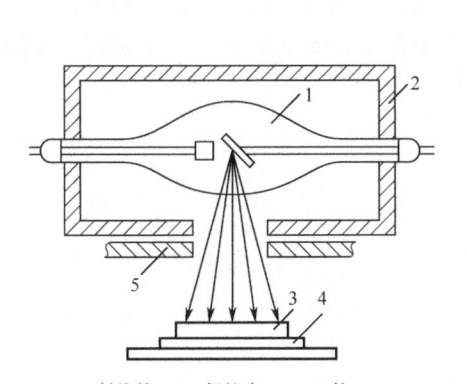

1—射线管;2—保护壳;3—工件;
4—荧光屏或有暗匣的软件;5—隔板

图 2-27　X 射线探伤的原理示意图

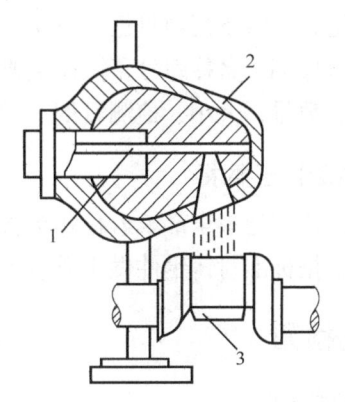

1—同位素;2—铅护壳;3—底片

图 2-28　γ 射线探伤的原理示意图

实操训练

一、渗透检测

对于形状复杂的受力铸件,常采用渗透检测法检测表面缺陷。对于表面较粗糙的铸件,应采用水洗型渗透检测法,为确保一定的检测灵敏度,采用水洗型荧光检测法则更好。对于重要铸件,可使用高灵敏度的后乳化型荧光液进行检测。

1. 测试内容和步骤

(1) 前处理。用丙酮或香蕉水干擦铸钢件及铝合金对比试块表面(受检表面),以去除油脂及污物等附着物,并随后进行干燥处理。

(2) 渗透处理。将"渗透液"刷涂或喷涂于受检表面。在 16~52℃情况下渗透时间通常以 5~25min 为宜。在进行乳化或清洗处理前,铸件表面所覆盖的残余渗透剂尽可能滴干。

(3) 乳化处理。乳化处理前先用水将受检表面予以清洗,然后将乳化剂均匀施加于受检表面。用水基乳化剂的乳化时间在 5min 之内,用油基乳化剂的乳化时间在 2min 之内。

(4) 清洗处理。用水对受检表面进行清洗,水温为 40~50℃。若采用喷嘴清洗时,水压应不大于340Pa。

（5）干燥处理。受检表面的干燥温度应控制在52℃以下。

（6）显像处理。将显像剂刷涂或喷涂于受检表面，然后进行自然干燥或用室温空气吹干。在16～52℃情况下一般显像时间为7～15min。

（7）观察。显像时间结束后，即可在黑光下进行观察，先检查铝合金对比试块表面裂纹显示是否符合要求。如果其显示符合要求，则说明整个渗透系统及操作符合要求。此时，可检测铸钢件表面。在观察前要有5min以上时间，以使眼睛适合暗室环境。

（8）记录。将下列项目记录下来：受检试件及编号、受检部位、检测剂（含渗透剂、乳化剂及显像剂）名称牌号、操作主要工艺参数（含渗透时间、乳化时间、显像时间等）、缺陷类别、数量、大小、检测日期。

2．检测报告要求

（1）将检测记录全部填入检测报告。

（2）根据标准对铸钢件做出质量评定。

二、磁粉检测

1．测试原理

用支杆法对焊缝进行局部检测，其检测灵敏度高，操作方法简便。可根据需要调节电极支杆距离。但支杆法电极接触不良易打火，应注意防火防爆，同时支杆法需要一个较大、较重的电流源，不适于野外现场的便携操作。

马蹄形磁轭法是非电极接触式检测，设备小巧轻便，适合于现场、野外工地的便携式工作。

交叉磁轭旋转磁场探伤仪法的特点是方法可靠、灵敏度高，一次磁化便能检出各方向的缺陷。但使用该设备时必须注意观察检测的全部表面，避免由于磁轭遮挡使缺陷磁痕漏检。

支杆法和马蹄形磁轭法检测都应在检测区域改变几个方向，务必使检测在各个方向的灵敏度达到规定要求。

2．测试方法

（1）对检测试件的焊缝的检测区域进行预处理（除锈、去油污）。

（2）将A1（30/100）的试片贴在焊缝上。

（3）支杆法检测。

检查纵向缺陷，支杆位置布置如图2-29（a）所示。

① 支杆间距调整到200～300mm。

② 两支杆跨在焊缝上，支杆连线同焊缝纵方向夹角为20°～30°。

③ 调整磁化电流直到A试片刻槽磁痕清晰显示。

④ 支杆的每次检查区域必须和上次检查区域有覆盖部分，即重叠区域为40～50mm。

⑤ 根据需要还可将支杆移动方位，其连线和焊缝纵向成 150°～160°夹角，即和以上检测的各位置相对再检测一遍。

检查横向缺陷，支杆位置布置如图 2-29（b）所示。

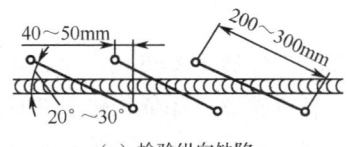

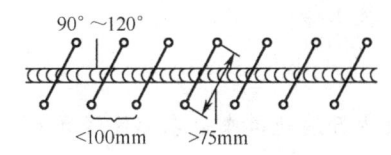

图 2-29 支杆位置布置示意图

① 支杆间距根据焊缝宽窄调整，一般要大于 75mm，但不宜超过 300mm。
② 两支杆跨在焊缝上，支杆同焊缝纵向夹角为 90°～120°。
③ 用 A 型试片调整探伤灵敏度，两支杆移动每次不得超过 100mm。

（4）马蹄形磁轭法检测。
① 调整磁轭间距为 100～150mm。
② 将电磁轭两极跨在焊缝上进行横向磁化，以及将两极直接放在焊缝上进行纵向磁化。调节电流或两极间距，使灵敏度试片（贴于磁轭两极中间的焊缝上）的刻槽磁痕清晰显示。
③ 分别进行纵向和横向检测。纵向磁化时，各检验区域应互相覆盖，覆盖区长度不小于 20mm。横向磁化时，两磁轭连线应垂直焊缝纵方向，并沿该方向移动，每次移动距离为 40～50mm。

（5）用交叉磁轭旋转磁场探伤仪检测时，要求 A 型灵敏度试片的刻槽能显示出完整的清晰的圆形磁痕。设备以行走式进行对焊缝的检测，行走速度小于或等于 3m/min，行走的带状区域应以焊缝为中轴线。

（6）上述 3 种检测方法，磁悬浮液均应在充磁过程中均匀地洒布到工件被检表面。

3．测试报告要求

（1）记录测试数据和结果，内容包括测试设备种类、检测方法、试片的使用和灵敏度确定、测试的条件选择（充磁电流、支杆间距、磁轭间距等）及焊缝试块的自然情况。

（2）根据要求填写测试报告。

任务六　修复零部件

工作情景

零部件的修复是轨道车辆检修工作的重要组成部分。合理地选择和运用修复技术，是提高检修质量、缩短停修时间、节约资源、降低检修费用的有效措施。

目前常用的修复工艺有钳工和机械加工法、压力加工法、金属喷涂法、焊修法、电镀法、刷镀法、气相沉积和黏结技术等。

工作环境

在轨道交通车场或车辆段内开展轨道车辆零部件修复实践操作；在带有仿真软件的多媒体教室完成学习零部件修复模拟操作的工作内容。

器材准备

工　　　具：铰刀、珩磨头、刮刀、钻头、焊枪、气喷涂枪等。
设　　　备：研具、台虎钳、车床、压力机、刷镀设备等。
材　　　料：研磨剂、砂纸、毛刷、焊条、电镀液、刷镀液、黏结剂等。
劳保用品：工作服、安全帽、劳动手套、护目镜、防砸鞋。

素质培养

（1）培养学生正确的价值观。
（2）培养学生动手操作的能力。
（3）培养学生精益求精的工作精神。
（4）培养学生踏实肯干的工作态度。
（5）培养学生刻苦钻研的工匠精神。

学习目标

（1）掌握各种修复手段的机制。
（2）能够根据零部件的损伤确定修复手段的类型。
（3）能够合理运用设备及工具对零部件进行修复。
（4）能够综合判断为一种零部件选择最合适的修复手段。

基础知识

一、钳工和机械加工法

钳工和机械加工法是零部件修复中最主要的工艺方法。

1. 几种精加工方法

1）铰孔

铰孔是利用铰刀进行精密孔加工和修整性加工的方法。它能得到很高的尺寸精度和较小的表面粗糙度，主要用来修复各种配合的孔。

2）珩磨

珩磨是利用 4～6 根细磨料的砂条组成可涨缩的珩磨头，对被加工的孔做既旋转又沿轴向上下往复的综合运动，使砂条上的磨料在孔的表面形成既交叉但又不重复的网纹轨迹，磨去一层薄的金属。由于参加切削的磨料多且速度低，磨屑中又有大量的冷却液，使孔的表面粗糙度变小，精度得到很大的提高。所以珩磨是一种较好的修复内表面的方法，如压气机气缸内表面的珩磨。

3）研磨

用研磨剂和研具对工件表面进行微量磨削的方法称为研磨。研磨剂是由磨料和研磨液混合而成的一种混合剂。研具一般由铸铁制成，它有良好的嵌砂性。研磨常用于修复高精度的配合表面，研磨后的精度可达 0.001～0.005mm。

4）刮削

刮削是用刮刀从工件表面上刮去一层很薄的金属的手工操作。它一般在机加工后进行，刮削后的表面精度较高，表面粗糙度较小，常用于互相配合且需要滑动表面的零部件，如滑动轴承、机床导轨。

2. 局部更换法

若零部件某个局部损坏，而其他部分完好，可把损害的部分除去，换上一个新的部分，从而保证连接的可靠性，这种方法称为局部更换法，如轨道车辆轮对的轮箍部分的更换。

3. 换位法

某些零部件在使用上通常产生单边磨损，而对称的另一边磨损较小。如果结构允许，可以利用零部件未磨损的一边，将它换一个方向继续使用，此为换位法。

4. 附加零部件法

附加零部件法是将磨损零部件的工作表面进行加工，然后装上附加零部件，再加工至所需尺寸的方法。例如，轴颈磨损后，可做成外衬套，以过盈配合装到轴颈上。为了连接可靠，有时还用骑缝螺钉或点焊进行紧固。

二、压力加工法

压力加工法是指在外界压力作用下，使金属发生塑性变形，恢复零部件的几何形状或尺寸的加工方法。它通常分为冷压加工和热压加工两类。其具体方法有镦粗法、扩张法、缩小法、压延法、校正法几种，下面介绍常用的校正法。

零部件在使用中，常会发生弯曲、扭曲等残余变形。利用外力或火焰使零部件产生新的塑性变形，去消除原有变形的方法称为校正。校正分冷校和热校，而冷校又分为压力校正和冷作校正。

1. 压力校正

压力校正就是将变形的零部件放在压力机的 V 形槽中，使零部件凸面朝上，用压力把零部件压弯，弯曲变形量为原来的 10～15 倍，保持 1～2min 后撤除压力。努力做到一次至两次校正成功，切忌加压过大，反复校正。

压力校正简单易行，但校正的精度不易控制。若零部件内部留下较大的残余应力，效果不稳定，则疲劳强度下降（一般降低 10%～15%）。

为了使压力校正后的变形保持稳定，并提高零部件的刚性，校正后需要进行定性热处理。

2. 冷作校正

冷作校正是用手锤敲击零部件的凹面，使其产生塑性变形。被敲击部分的金属被挤压延展，在塑性变形中产生压缩应力，它对邻近的金属有推力作用，弯曲零部件在变形层应力推动下被校正。

冷作校正的校正精度容易控制，效果稳定，一般不进行定性热处理，且不降低零部件的疲劳强度。但它不能校正弯曲量较大的零部件，通常零部件弯曲量不超过零部件长度的 0.03%～0.05%。

3. 热校

热校是将零部件弯曲部分的最高点用气焊的中性火焰迅速加热到 450℃以上，然后迅速冷却，由于被加热部分的金属膨胀，塑性随温度升高而增加，又因受周围冷金属的阻碍，不可能随温度升高而伸展。当冷却时，收缩量与温度降低幅度成正比，收缩力很大，造成收缩量大于膨胀量的情况，以此校正了零部件的变形，如图 2-30 所示。

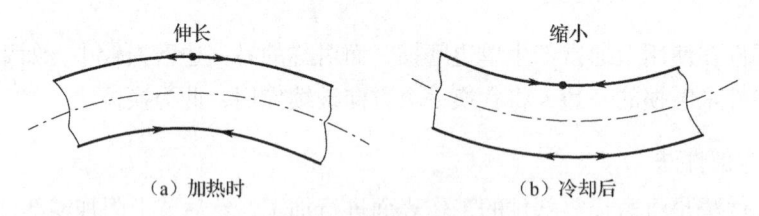

图 2-30 热校示意图

热校时，零部件弯曲越大，需要的加热温度越高，且校正能力随着加热面积和深度增大而增加。当加热深度达到零部件厚度的 1/3 时校正效果较好。超过此厚度，则效果变差，全部热透则校正不起作用。

热校适用于变形量较大、形状复杂的大尺寸零部件，校正保持性好，对疲劳强度影响小，应用比较普遍。

轨道车辆上有许多零部件在工作中受外力的作用会发生弯曲、扭曲变形、损伤，如连杆杆身、曲轴、管道等。对于这类情况，只要结构允许，均可采用压力加工法校正。

三、焊修法

焊接技术应用于检修工作时称为焊修。焊修是通过加热基体及焊条，并使之熔化，使两个分离体结合成一个整体的加工方法。零部件的加热会带来基体组织、性能和形状的改变，这是焊修的关键问题。根据加热方式的不同，焊修可分为电弧焊、气焊和等离子焊等。按照焊修的工艺和方法不同，可分为焊补、堆焊、喷焊和钎焊等。

1. 焊补

1）铸铁

普通铸铁是制造形状复杂、尺寸庞大、防振减磨的基础性零部件的主要材料。铸铁件的焊补，主要应用于裂纹、破断、磨损、气孔等缺陷的修复。焊补的铸铁主要是灰铸铁。

铸铁的可焊性差，在焊补时会产生很多困难如铸铁熔点低，铁水流动性差、施焊困难。焊缝易产生又脆又硬的白口铁，焊缝不熔合、加工困难、接头易产生裂纹，甚至脆断。为此，必须采用一些技术措施，如选择性能好的铸铁焊条；做好焊前准备，清洗、预热等；控制冷却速度（缓冷）才能保证质量。铸铁件的焊补分为热焊和冷焊两种，需根据外形、强度、加工性能、工作环境、现场条件等特点进行选择。

（1）热焊。它是焊前对工件进行高温预热，焊后加热、保温、缓冷。用气焊或电弧焊均可得到满意效果。焊前加预热到600℃以上，焊接过程不低于500℃，焊后缓冷。

这个过程中工件温度均匀，焊缝与工件其他部位之间温差小，有利于石墨析出，避免白口、裂纹和气孔。热焊的焊缝与基体组织基本相同，焊后加工容易，焊缝强度高，耐水压、密封性能好。比较适合铸铁件毛坯或加工过程中发现形状复杂的基体缺陷的修复。

（2）冷焊。它是在不对铸件进行预热或预热温度低于400℃的情况下进行的，一般采用手工电弧焊或半自动电弧焊。冷焊操作简便，劳动条件好，施焊时间短，具有更大的应用范围，一般铸铁件多采用冷焊。

冷焊时要根据不同的焊补厚度选择焊条直径，按照焊条直径选择焊补规范，包括电流强度、焊条药皮类型、电源性质、电弧长度等，使焊缝得到适当的组织和性能。冷焊操作时，需要较高的焊接操作技能。

2）有色金属

有色金属主要有铜及铜合金、铝及铝合金等。因为它们的导热性强、膨胀系数大、熔点低、高温下脆性较大、强度低、很容易氧化，所以可焊性差、焊补比较困难。因此，必须采用一些技术措施才能保证质量。

铜及铜合金的特点是：在焊补过程中，铜易氧化并生成氧化亚铜，使焊缝塑性降低，从而产生裂纹；导热性强，比钢大5～8倍，焊补时必须用高而集中的热源；热胀冷缩量大，焊件易变形，内应力增大；易在焊缝熔合区形成气孔，这是焊补后常见的缺陷之一。所以要重视以下问题：焊补材料的选择（电焊条、焊粉）及焊补工艺正确。

铝及铝合金的特点是：铝及铝合金的可焊性差，主要是氧化膜问题。铝及铝合金的焊接方法很多。目前焊接质量较好的是钨极交流氩弧焊，其次是气焊、弧焊。无论哪种方法，都要做好焊前清洗工作。

3）钢

对钢进行焊补主要是为了修复裂纹和补偿磨损尺寸。各种钢的可焊性差别很大。低碳钢和低碳合金钢在焊接时发生淬硬的倾向较小，有良好的可焊性。随着含碳量的增加，可焊性降低。高碳钢和高碳合金钢在焊接时发生淬硬的倾向大，易形成裂纹。含碳或合金元素很高的材料一般都经过热处理，损坏后如不经过退火直接焊补则易产生裂纹。

2. 堆焊

堆焊是焊接工艺方法的一种特殊应用。使用堆焊的目的不是形成接头焊缝，而是用焊接的方法在零部件表面堆敷一层金属。使用堆焊可以修复因磨损损坏了的零部件或在零部件的表面得到特殊的性能，如耐磨性、耐腐性。凡是属于熔焊的方法都可以使用堆焊，目前应用最广的方法有手工电弧堆焊、氧-乙炔焰堆焊、振动堆焊、埋弧堆焊、等离子堆焊。

堆焊的特点是堆焊金属与基体金属有很好的结合强度；对基体的热影响小，热变形小；可以快速地得到较厚的金属层，效率高。

在工艺措施中要注意两点：一是耐磨堆焊层一般都有较高的硬度，存在淬硬性，容易产生裂纹，为了减少这种倾向，要采取预热和缓冷措施；二是耐磨堆焊层堆焊材料都含有较多的合金元素，堆焊时由于基体的熔化会冲淡合金元素的浓度，影响堆焊层性能，因此要采取措施予以避免。

3. 喷焊

喷焊是在喷涂的基础上发展起来的。它是将喷涂层再进行一次重熔过程处理，与基体表层达到熔融状态，进一步形成紧密的合金层。与喷涂相比，它具有结合强度高、硬度高，同时使用高合金粉末之后可使喷焊层具有一系列的特殊性能。喷焊时工件表面产生熔化剂敷层。

喷焊不仅可以用于表面磨损的零部件，而且当使用合金粉喷焊时，能使修复件比新件更耐磨，而且它还可以用于新零部件的表面强化、装饰等。

4. 钎焊

钎焊的方法是采用比母材熔点低的金属作为钎料，并把它放在焊件连接处与焊件一同加热到高于钎料熔点而低于基体金属的熔点温度，利用熔化的液态钎料润湿基体金属，填充接头间隙，并与基体金属产生扩散作用，而把分离的两个焊件连接起来。

钎焊适用于焊接薄板、薄管、硬质合金刀头焊修、铸铁件及电气设备等。钎焊根据钎料熔点的不同分为如下两类。

（1）软钎焊：钎料熔点在450℃以下进行的钎焊，如锡焊等。常用的钎料是锡铅焊料。它主要用于电气元件的维修。

（2）硬钎焊：钎料熔点在450～800℃进行的钎焊，主要用于有色金属材质的维修，如空调维修中的热交换器铜管的焊修。

根据采用的热源不同，钎焊可分为火焰钎焊、高频钎焊。为使焊接牢固，钎焊时必须使用溶剂，其作用是溶解和清除零部件钎焊部分表面的氧化物，保护钎焊表面不受氧化，改善液态钎料对焊件的润湿性。

四、电镀法

电镀法是利用电解的方法将金属以分子的形式逐渐沉积到待修零部件的表面上，以形成均匀、致密、结合力强的金属镀层的过程。

电镀时，温度都在100℃以下，零部件不会发生变形；镀层厚度可以控制，随电流密度和时间的增加而变厚。电镀不仅可以恢复磨损零部件表面的尺寸，还能改善零部件表面的性质，提高耐磨性、防腐性，形成装饰性镀层和需要某种特殊性能的镀层。电镀法主要用于修复磨损量不大、精度要求高、形状结构复杂及适合批量较大的情况。电镀法的缺点是电镀时需要有特殊设备，镀层厚度有一定的限制。在维修中，最常用的电镀层有镀铬、镀铁、镀铜。下面仅介绍镀铬。

镀铬是使用电解法修复零部件的最有效的方法之一，它不仅能修复磨损的零部件表面，而且在相当大的程度上能改善零部件的质量，特别是提高零部件表面耐磨性。

1．镀铬层的特点

（1）镀铬层的化学稳定性好，摩擦系数小，其硬度为400～1200HV，比零部件淬火硬度还硬，具有较高的耐磨性。

（2）通过调节可以得到不同的镀铬层，镀铬层与金属结合强度高。

（3）镀铬层具有较高的耐热性，在480℃下不变色，500℃以上才开始氧化，700℃以上硬度才显著下降。

（4）抗腐蚀能力强，能长期保持光泽，外表美观。

（5）镀铬层脆，不宜承受分布不均的载荷，不能抗冲击，当镀铬层厚度超过0.5mm时，结合强度和疲劳强度降低。

（6）沉积率低，润滑性能差，工艺复杂，成本高。

2．镀铬层的种类

镀铬层可分为硬质镀铬层和多孔性镀铬层。在一定电解浓度的条件下，改变电流密度和电解液温度，可获得不同颜色、不同性能的硬质镀铬层。

在零部件获得硬质镀铬层的基础上，再将零部件作为阳极进行短时间的反镀，零部件表面就会形成点状或沟状孔隙，这种方法称为多孔性镀铬层。多孔性镀铬层改善了硬质镀铬层的润滑不良性能，更适用于润滑条件差又需耐磨的零部件。沟状铬层和点状铬层比较，在阳极腐蚀规范相同的条件下，点状铬层的细孔容积比沟状铬层的细孔容积大3.5倍以上，即点状铬层的吸油容量大，而储油性能仅次于沟状铬层。零部件的点状铬层形成后，其硬度减少2/3，适用于载荷重、需要储存一定油量又易于磨合的零部件，如空压机第一道活塞环。零部件的沟状铬层形成后，其硬度下降14%～17%，宜用于润滑条件差又需抗腐的零部件，如气缸套等。

五、气相沉积技术

气相沉积技术是从气相物质中析出固相并沉积在基材表面的一种新型表面镀膜技术。根据使用的原则不同,可分为化学气相沉积(CVD)及物理气相沉积(PVD)两大类。前者利用气相化学反应在待沉积的基材表面上成核、长大和成膜;而后者是利用加热或放电等物理方法使固体蒸发后,凝结在基材表面上成膜。近年来,各类气体放电技术诱发某些高温下才出现的气相反应在较低温度下就可以发生。CVD 和 PVD 技术相互渗透而发展出一代新型气相沉积(PVCD)技术。

气相沉积能够在基材表面生成硬质耐磨层、软质减磨层、防蚀层及其他功能性镀层,因而十分引人关注。由于这类技术工艺先进,获得的镀层致密均匀,提高材料的耐磨性效果明显,因此其在改性材料表面工艺中占有十分重要的地位。

六、零部件修复工艺的选择

修复一个零部件可能有若干种方法,但究竟哪一种方法最好,则需要合理地选择。选择的原则是要使所选用的方法在技术上是可行的,在质量上是可靠的,在经济上是合算的。

1. 零部件各种损伤的检修方法

现在从技术角度介绍如何选择各种损伤的检修方法。

(1)磨损的检修。

① 改变公称尺寸:只对零部件的几何形状和表面质量进行加工,配合的正常工作条件通过选配来解决。

② 恢复原公称尺寸:这种方法既可恢复零部件表面质量、几何形状,又恢复了原公称尺寸,使装配工作更方便,如电镀法、镶套等。

(2)腐蚀的检修。

① 恢复零部件的强度。由于零部件受腐蚀使其尺寸减小、结构变弱。若腐蚀深度过大,则可选择堆焊或加焊补强。

② 恢复防腐保护层。

(3)裂纹的维修。根据零部件的深度、长度和零部件的重要性,采用铲、旋、磨等消除,或者采用焊修和补强等方法。

(4)弯曲的维修。变形一般采用调整法处理,并根据情况予以补强。

(5)配合松弛的检修。常见需要检修的为连接件,如螺栓、铆钉等发生松弛,应重新组装;对车轮与轴,则必须分解,重新选配零部件组装。

2. 选择修复方法的原则

以下从技术角度,粗略地、方向性地指出修复方法的选择。修复方法的选择应综合考虑如下各种因素。

选择修复方法的原则

(1)工艺合理性。所谓工艺合理性,就是使零部件的工作性能得到有效的恢复。在工作过程中,零部件工作性能的破坏一般是尺寸、几何形状、表面质量和材料性质等的改变。

修复就是恢复上述的一些变化,但并不是所有的修复方法都能得到同样的效果。例如,活塞销磨损后,可用镀硬铬的方法或喷涂的方法恢复其原形和尺寸。从前面所介绍的检修方法中得知,由于喷涂的方法虽然能恢复零部件的外形尺寸、几何形状,但不能恢复零部件的工作性能,喷涂后的活塞销是不适合用于液体摩擦和受冲击载荷较大的工作条件下的,因此,喷涂后的活塞销在工艺上是不合理的。

(2)保证零部件所需的机械性能。确保修复层达到零部件所要求的机械性能,是选择零部件修复方法的主要依据。评定金属零部件修复机械性能的主要指标是:修复层与基体金属的结合强度;修复层的耐磨性能;修复层对零部件疲劳强度的影响。

(3)经济性。所谓经济性,就是真正做到多、快、好、省,保证修复成本低,零部件修复后使用寿命长。这是评定修复方法选择合理与否的最重要的指标。经济上合算不仅要算成本账,同时要考虑修复后的使用寿命。

(4)结合本单位条件。究竟采用哪种修复方法,应考虑本单位的现实条件。例如,曲轴表面氮化层磨损掉后,本应重新进行氮化处理修复,这在工艺要求上虽然合理,但一套完好的氮化设备不是每个单位都具有的,若改用镀铬修复,条件就变得简单了,又不影响曲轴的工作性能。

选择修复方法时,除根据前述原则外,还应注意以下几点。

(1)采用维修尺寸法能简化修复工艺过程,但不是所有的零部件都能采用此方法。应当选择加工较方便的零部件作为用维修尺寸法进行修复的对象。

(2)要注意某些工艺上的特点。例如,电镀、喷涂等工艺,修复时零部件受热温度不高,不破坏原有的热处理特性;而采用堆焊、压力加工等工艺修复时需进行复杂的热处理过程。

(3)在选择修复方法时,应考虑被修零部件的数量,因为单件维修和成批维修在工艺和经济效果上是不同的。

(4)为修复一个零部件上的各种不同磨损部位,不应选用过多的修复方法和类型,否则会使总的工艺复杂化。

3. 选择修复方法的步骤

(1)查明零部件存在的缺陷(如磨损、变形、弯曲、破裂等),缺陷的部位、性质或损坏的程度,特别是对非正常的磨损和破坏,必须彻底查明原因。

(2)分析零部件的工作条件、零部件材料和热处理情况。

(3)研究各种覆盖层的机械性能。

(4)选择修复方法。

4. 修复方法的经济合理性

为了评定修复方法选择得是否合理,应当进行经济效果的评估。经济上合理的修复方法应该是修复零部件单位走行公里的修复成本低于零部件的制造成本。这一关系可用下式表示。

$$E_{修}/K_{修} < E_{新}/K_{新}$$

式中：$E_{修}$——零部件的修复成本；

　　　$E_{新}$——新制零部件的成本；

　　　$K_{修}$——修复零部件的走行公里；

　　　$K_{新}$——新造零部件的走行公里。

应当指出，修复方法的经济合理性不能只从一个零部件来考虑，而应有整体、全局观点。对于那些修复成本较高的，应采用新技术、新工艺来提高劳动生产率，节约原材料来设法降低成本。修复成本与批量有密切关系，有些零部件的制造成本较低，对其修复在经济上似乎不合理，但如果集中起来大批量维修，其修复成本无疑还是会低于制造成本的。

实操训练

一、钳工修补

1. 键槽

当轴或轮毂上的键槽只磨损一部分时，可把磨损的键槽加宽，然后配制阶梯键。当轴或轮毂上的键槽全部磨损时，应允许将键槽扩大 10%～15%，然后配制大尺寸键。当键槽磨损大于 15%时，可按原槽位置旋转 90°或 180°，重新按标准开槽，开槽前把旧槽用气或电焊填满并修正。

2. 螺孔

当螺孔产生滑牙或螺纹剥落时，可先把螺孔钻去，然后攻出新螺纹。如果损坏的螺孔不允许加大时，可配上螺塞，然后在螺塞上再钻孔，并攻出原规格的螺纹孔。

3. 铸铁裂纹修补

铸铁裂纹修补可采用加固法修复，一般用钢板加固，螺钉连接，并钻出裂孔。

二、维修尺寸法

维修尺寸法的具体做法是对配合件中的一个零部件进行加工，扩大（或缩小）其尺寸以消除不均匀磨损，恢复其原有的正确几何形状，并相应更换与其配合的零部件，从而达到原来的配合要求。维修后的配合件的尺寸和原来的尺寸不同，这个新尺寸称为维修尺寸，这种维修方法就称为维修尺寸法。

此方法适合于修复磨损的零部件，保留零部件中价值高、结构复杂、尺寸较大的零部件作为加工对象，对另一个零部件按照新的尺寸更换。新零部件虽然改变了零部件原来的尺寸，但恢复了原设计要求的几何形状和配合间隙，使其能够重新恢复到正常的工作能力。

通常，把第一次加工的尺寸称为第一次维修尺寸，第二次加工的尺寸称为第二次维修尺寸，以此类推。被加工零部件能进行多少次加工，是根据它的强度（一般轴颈减少量不超过原设计尺寸的 10%）、刚度、工作性能和磨损情况来确定的。同时，为了使修复的零部件具有互换性，以及为了制造备品零部件的需要，也要使每次加工的尺寸标准化。

维修尺寸法具有最小维修工作量、设备简单、经济性好、修复质量高的优点；缺点是

维修某一零部件时，必须同时更换或维修另一组合零部件。维修尺寸法在轨道车辆及机械行业应用非常广泛。

零部件按维修尺寸维修时，应先确定零部件的维修尺寸。

1）确定轴的维修尺寸

如图 2-31 所示，为一轴颈的维修尺寸。设 d_H 为轴颈的名义尺寸，d_1 为运行磨损后的尺寸，由于磨损得不均匀，其一边的磨损量最小为 δ_1'，另一边的磨损量最大为 δ_1''，直径方向的总磨损量为

$$\delta_1 = d_H - d_1 = \delta_1' + \delta_1''$$

设 ρ 为磨损不均匀系数，$\rho = \delta_1'' / \delta_1$。

当磨损均匀时，$\delta_1' = \delta_1''$，则

$$\delta_1 = \delta_1' + \delta_1'' = 2\delta_1'' = 2\delta_1'$$
$$\rho = \delta_1'' / \delta_1 = \delta_1'' / 2\delta_1'' = 0.5$$

当只有单面磨损时，$\delta_1' = 0$，则

$$\delta_1 = \delta_1' + \delta_1'' = \delta_1''$$
$$\rho = \delta_1'' / \delta_1 = \delta_1'' / \delta_1'' = 1$$

由此可知，磨损不均匀系数 $\rho = 0.5 \sim 1$。

用测量统计法，对磨损件进行多次测量，就可以求得该零部件的平均磨损不均匀系数。为确定维修尺寸，在不改变轴心位置的情况下，选定加工方法，并考虑加工系统的刚性和安装误差，确定加工余量为 x，则轴颈的第 1 次维修尺寸为

$$d_{p_1} = d_H - 2(\delta_1'' + x) = d_H - 2(\rho\delta_1 + x)$$

式中 $2(\rho\delta_1 + x)$ 为轴颈的维修间隔，以 I 表示。

根据零部件的刚度和强度要求，假设轴颈的最小容许尺寸为 d_{min}，在所有维修间隔相同的条件下，轴颈的容许维修次数为

$$n = (d_H - d_{min})/I$$

这样，就可以求出各次的维修尺寸：

第 1 次维修尺寸 $d_{p_1} = d_H - I$

第 2 次维修尺寸 $d_{p_2} = d_H - 2I$

第 3 次维修尺寸 $d_{p_3} = d_H - 3I$

第 n 次维修尺寸 $d_{p_n} = d_H - nI$

2）确定内孔表面的维修尺寸

如图 2-32 所示，同理可求得内孔表面的各次维修尺寸

$$D_{p_1} = D_H + 2(\rho\delta_1 + x) = D_H + I$$

设内孔表面的最大容许尺寸为 D_{max}，则内孔表面的容许维修次数为

$$n(D_{max} - D_H)/I。$$

这样，孔的各次维修尺寸为：

第 1 次维修尺寸 $D_{p_1} = D_H + I$

第 2 次维修尺寸 $D_{p_2} = D_H + 2I$

第 3 次维修尺寸 $D_{p_3} = D_H + 3I$

第 n 次维修尺寸 $D_{p_n} = D_H + nI$

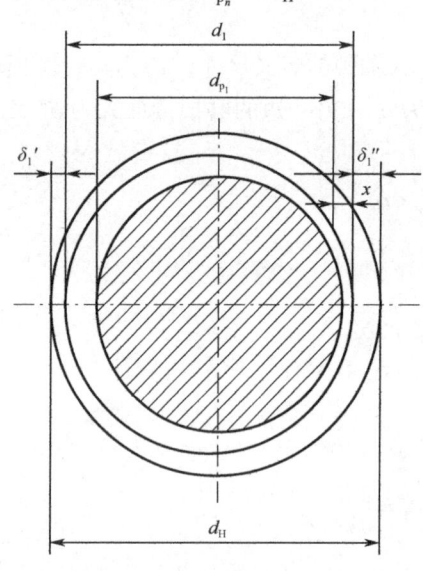

图 2-31 确定轴颈的维修尺寸

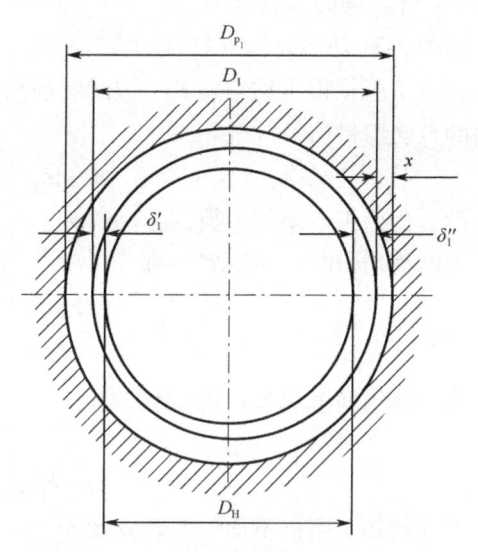

图 2-32 确定内孔的表面维修尺寸

三、金属喷涂法

金属喷涂法是用高速气流将熔化了的金属吹成细小微粒，此微粒以极高的速度喷敷在经过专门处理过的待修零部件表面上，最终形成覆盖层。喷涂的涂料只是机械地咬附在基体上，基体金属并不熔化。

根据热源不同，喷涂工艺又可分为氧-乙炔焰喷涂、电弧喷涂、等离子喷涂等，但其工作原理是一致的。喷涂层的厚度一般为 0.05～2mm，甚至可达 10mm。电弧喷涂工作原理示意图如图 2-33 所示；气喷涂枪的外形如图 2-34 所示。

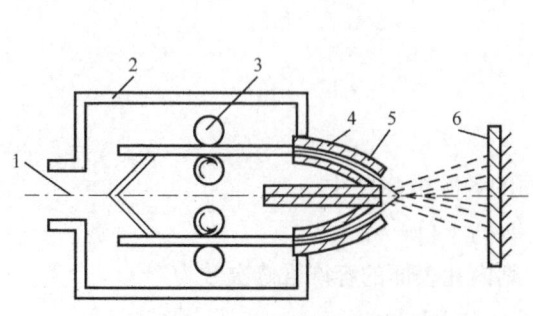

1—调节螺母；2—折合盖；3—空气涡轮室；
4—喷射金属装置；5—喷嘴；6—喷涂层

图 2-33 电弧喷涂工作原理示意图

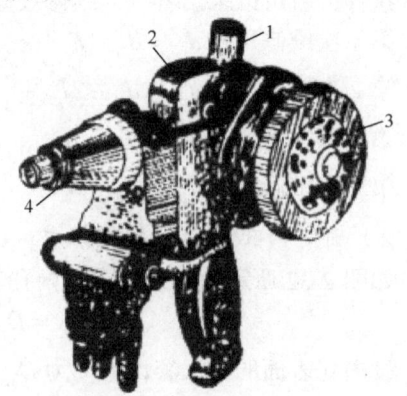

1—金属丝；2—导线；3—滚轮；4—导向头

图 2-34 气喷涂枪的外形

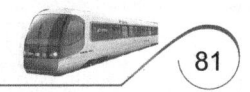

1. 特点

金属喷涂在维修中应用很广，是修复零部件表面的工艺。其主要特点如下。

（1）适应性强，可用于喷涂的材料多，不受可焊性的影响。

（2）喷涂温度只有 70～80℃，零部件热应力小，变形也小。

（3）工艺简单、生产效率高。

（4）喷涂层与基体的结合强度低，不适合压延、滚动、冲击零部件的修复。

（5）喷涂层由细小的微粒堆积和铺展而成，具有多孔性，储油能力强，但降低了抗腐蚀性。

2. 工艺过程

金属热喷涂工艺过程可以分成 4 步：表面预处理→预热→喷涂→涂层后处理。下面分步解释。

（1）表面预处理。为了使涂层与基体材料很好地结合，基材表面必须清洁及粗糙。净化和粗化表面的方法根据涂层要求、基材状况及施工条件等因素而定。

① 净化处理的目的是除去工件表面的所有污垢，如氧化皮、油渍、油漆及其他污物，净化处理的方法有溶剂清洗法、蒸汽清洗法、碱洗法及加热脱脂法等。

② 粗化处理的目的是增加涂层与基材间的接触面，增大涂层与基材的机械咬合力，以提高涂层与基材的结合强度。粗化处理的方法有喷砂、机械加工法（如车螺纹、滚花）、电拉毛等。其中，喷砂处理是最常用的粗化处理方法，喷砂介质的种类和粒度、喷砂时风压的大小等条件必须根据工件材质的硬度、工件的形状和尺寸等进行合理的选择。

（2）预热。预热的目的是消除工件表面的水分和湿气，提高界面温度，以提高涂层与基体的结合强度，减少涂层开裂。一般情况下，预热温度控制在 60～120℃。

（3）喷涂。采用何种喷涂方法主要取决于选用的喷涂材料、工件的工况及对涂层质量的要求。例如，若是陶瓷涂层，则最好选用等离子喷涂；若是碳化物金属陶瓷涂层，则最好采用高速火焰喷涂；若是喷涂塑料，则只能采用火焰喷涂；而如果要在户外进行大面积防腐工程的喷涂，那就非灵活高效的电弧喷涂或丝材火焰喷涂莫属了。总之，喷涂方法的选择一般来说是多样的，但对某种应用来说总有一种方法是最好的。

（4）涂层后处理。

① 封孔处理。为了防止腐蚀介质透过涂层的孔隙到达基材而引起基材的腐蚀，必须对涂层进行封孔处理。用作封孔剂的材料很多，如何选择合适的封孔剂，则要根据工件的工作介质、环境、温度及成本等多种因素进行考虑。

② 对于承受高应力载荷或冲击磨损的工件，为了提高涂层的结合强度，就要对喷涂层进行重熔处理（如火焰重熔、感应重熔、激光重熔以及热等静压等），使多孔的且与基体仅以机械结合的涂层变为与基材呈冶金结合的致密涂层。

③ 有尺寸精度要求的，要对涂层进行机械加工。由于喷涂涂层具有与一般的金属及陶瓷材料不同的特点，因此必须选用合理的加工方法和相应的工艺参数才能保证喷涂层机械加工的顺利进行，以及保证达到所要求的尺寸精度。

四、刷镀法

刷镀法是应用电化学原理，在金属的表面局部有选择地快速沉积金属镀层，从而达到恢复零部件尺寸、保护零部件和改变零部件表面性能的目的。

1. 原理

刷镀是使用不同形式的镀笔和阳极、专门研制的刷镀液，以及专用的直流电源进行的，如图 2-35 所示。

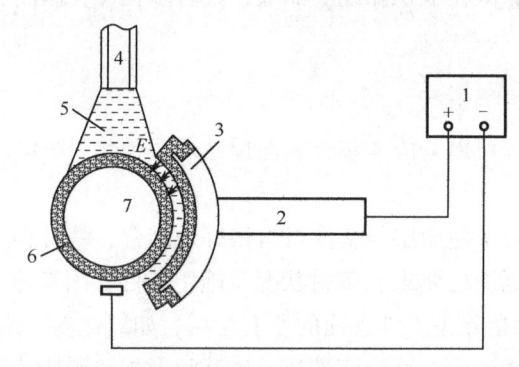

1—电源；2—刷镀笔；3—阳极包套；4—刷镀液喷口；5—刷镀液；6—刷镀层；7—工件

图 2-35 刷镀的原理示意图

如图 2-35 所示，电源的负极与被镀工件相连，刷镀笔接正极，刷镀笔上的阳极（石墨材料）包裹着有机吸水材料（如用脱脂棉或涤纶、棉套或人造毛套等），称阳极包套，浸蘸或浇注专用刷镀液，与待镀工件表面接触，并擦拭或涂抹做相对运动。镀笔和工件接上电源正负极后，镀液中的金属离子在电场力的作用下向工件表面迁移，不断还原并以原子状态沉积在工件表面上，从而形成镀层。随着时间的延长与通电量的增加，镀层逐渐加厚，直至达到需要的厚度。镀层厚度由专用的刷镀电源控制，镀层种类由刷镀液种类决定。

2. 特点

（1）刷镀在低温下进行，基体金属性质几乎不受影响，热处理效果不会改变。镀层与基体结合强度高于常规的电镀和金属喷涂。对于铝、铜、铸铁和高合金钢等难以焊接的金属，以及淬硬、渗碳等热处理层也可以刷镀。

（2）工艺适用范围大，同一套设备可刷镀不同的金属镀层。

（3）设备轻便简单，工艺灵活。

（4）镀层厚度可控制在±0.01mm，适用于修复精密零部件。

3. 应用

（1）修复零部件由于磨损或加工后超差的部分，特别是精密零部件和量具，如曲轴轴颈、滚动轴承外圈的外圆等。

（2）修复大型、贵重零部件，如曲轴、机体等局部擦伤、磨损、凹坑、腐蚀、空洞。

(3)零部件表面的性能改进，提高耐磨性、耐腐性。

(4)电镀的反向操作，有电腐蚀效果。

4．刷镀工艺

(1)零部件表面准备：工件表面应光滑平整、无毛刺。无须机械加工，但疲劳层和原镀层应去除，淬火层、渗碳层和氮化层允许保留。

(2)电净：在上述清理的基础上，再用电净液电化清洗。电净时工件接负极，时间应尽量短，电净后应用流动水彻底清洗零部件。

(3)活化：通过活化液的电化学作用彻底去除零部件表面的氧化膜和其他杂质。活化时零部件可接负极，也可接正极，活化后也应用清水彻底清洗零部件。

(4)刷镀过渡层：根据零部件镀层的情况确定是否需要进行。

(5)电镀工作层：根据零部件的工况，选择合适的刷镀液，刷镀至所需厚度。

五、黏结技术

黏结技术是利用黏结剂把两个分离、断裂或磨损的零部件进行连接、修复或补偿尺寸的一种工艺。它以快速、牢固、经济等优点代替了部分传统铆、焊等工艺。

1．黏结技术的特点

(1)黏结时温度低，不产生热应力和变形（可修复薄件、铸铁件等），不改变机体金相组织，接头的应力分布均匀。

(2)可使黏结面具有密封、绝缘、隔热、防腐、防振、导电等性能。

(3)工艺简单，不需要复杂设备。

(4)黏结剂具有耐腐、耐酸、耐油、耐水等特点。

(5)不耐高温，一般只能在150℃以下长期工作，黏结强度比基体强度低得多，耐冲击力差，易老化，黏结剂有毒、易燃。

2．黏结剂的种类

黏结剂的种类很多，成分各异，一般由基料、固化剂、增塑剂、填料、溶剂等配合制成。

黏结剂按基料的化学成分分为：无机黏结剂，主要有硅酸盐、硼酸盐、磷酸盐；有机黏结剂，主要有天然胶，如动物胶、植物胶；合成胶，如树脂胶、橡胶型和混合型胶。

1）无机黏结剂

无机黏结剂具有较好的黏附性及较高的耐热性。设备检修中常用的有磷酸铝—氧化铜黏结剂。无机黏结剂的特点是适应的温度范围较广，可在 -183~950℃使用，耐湿、耐油、不易老化，成本低；但脆性大，耐酸、耐碱性能差，不抗冲击。它可用于量具及硬质合金刀头等的黏结。

2）有机黏结剂

有机黏结剂分为天然黏结剂和合成黏结剂，目前合成黏结剂约占整个黏结剂的80%。

有机黏结剂的种类繁多、组成各异，按其用途可分为结构黏结剂、非结构黏结剂、特种黏结剂。

（1）结构黏结剂。它具有较高的强度，黏结后能承受较大的载荷，可用于较大零部件的修复。常用品种有环氧树脂、聚氨酯、有机硅树脂、丙烯酸等。

（2）非结构黏结剂。它不能承受较大的载荷，一般用于较小零部件的修复或定位。常用品种有动物胶、植物胶、聚酰胺等。

（3）特种黏结剂。特种胶满足某种特殊功能要求，如导电胶、压敏胶、密封胶、水中固化胶等。

3. 黏结剂的选用方法

（1）了解黏结件的材料类型、性质、需要黏结的面积、线胀系数、表面状态等。

（2）了解黏结剂的黏结强度、使用温度、收缩率、耐腐蚀性等。

（3）确定黏结的目的及用途，主要满足什么功能，是连接、密封，还是定位。

（4）考虑黏结件的受力情况，受力大的选用结构胶；受力不大的选用通用黏结剂；长期受力的选用热固性黏结剂，以防蠕变破坏；作用力频率小或静载荷，可选用刚性黏结剂，如环氧胶；冲击载荷选用韧性胶等。

4. 黏结技术的要点

（1）根据被黏物的结构、性能要求、客观条件，确定黏结方案，选择黏结剂。

（2）设计黏结接头，尽可能增大黏结面积。

（3）对表面进行处理，包括清洗、除油、除锈、增加表面粗糙度的机械处理。

（4）黏结剂配制：对单液型液体黏结剂在使用前摇匀；对多组分黏结剂的配制，一定要严格按规定的条件、配件、配比及调制程序进行，配胶器皿必须清洁干燥，否则将影响黏结质量。

（5）涂胶：按黏结剂的状态（液体、糨糊、薄膜、胶粉）不同，可用刷涂、喷涂、刮涂、粘贴等方法。黏结层厚度一般控制在 0.05～0.35mm 为最佳。

（6）晒置：对含溶剂的黏结剂在涂胶后必须晾置一定时间，以挥发黏结剂，否则固化后胶层结构松散，有气孔，从而削弱黏结强度。不同类型的黏结剂，晾置的温度和时间也不同。

（7）固化：通过一定的作用使涂于黏结面上的黏结剂变为固体，并具有一定强度。固化时通过加压挤出黏结层与被黏物之间的气泡，保证黏结层均匀，以得到理想的强度。

（8）质量检验：检查黏结表面有无翘起和剥离现象、是否固化。

5. 黏结修复的应用

黏结技术在设备检修中应用日益广泛。例如，修复磨损、裂纹、断裂，填堵孔洞，密封管路、接缝；用简单件黏结成复杂件，代替焊接、铆接；黏结与其他技术配合使用，能更加充分发挥各种技术的特点。例如，电动机机座裂纹，可采用钢板加固黏结修复，如用螺钉、钢板、黏结剂进行处理。

工匠楷模——罗昭强

　　罗昭强为中国中车长春轨道客车股份有限公司高速动车组制造中心高级技师，享受国务院政府特殊津贴。作为中国中车首席技能专家，多年来他勇于创新，用高超的技能和创造性的思维，解决了大量生产技术难题，为中国高铁的技术进步做出了突出贡献。他是中国中车第一位获得科技创新成果奖的工人，拥有七项实用新型专利、四项发明专利。荣获"中华技能大奖""全国技术能手""吉林省劳动模范""十大最具影响力的长春工匠"等荣誉称号。

　　罗昭强不仅在科技创新方面取得了突出成绩，而且作为国家技能大师工作室主持人，还充分发挥了高技能领军人才的引领作用和磁石效应，培养出一批技能精湛、德才兼备、职业操守优良的高技能人才。他编写了《维修电工技能进阶培训》《西门子自动化高徒班讲义》《动车组调试应用技能》等教材；开班传艺，人人以能够进入罗昭强开办的技能培训班为荣，书写了一段"黄埔班"的佳话。经他培养的徒弟已有4人成为全国技术能手，2人成为中央企业技术能手，4人成为中车集团拔尖技术能手，6人成为高级技师，15人成为技师，6人成为吉林省首席技师，2人获长春市职工技能大赛状元，拓展了他们的职业成才之路，为企业发展提供了技能人才保证。"一名高铁工人的理想是让我们造的高铁驶向全球，我们也要像当年西门子、阿尔斯通的技术工人一样去传授高铁调试技术"，这是罗昭强对徒弟们最爱讲的一句话。

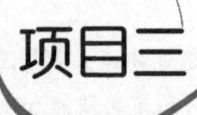

项目三 检修设施与设备

任务一 选择轨道车辆检修常用工具

🛠 工作环境

在轨道车辆检修实训室或轨道交通车场综合检修库开展轨道车辆检修常用工具实践操作。

🧰 器材准备

工　　具：金属直尺、游标万能角度尺、游标卡尺、千分尺、百分表、量块、塞尺、卡钳。

设　　备：工作台。

材　　料：备用工件。

劳保用品：工作服、安全帽、劳动手套、绝缘鞋。

🎯 素质培养

（1）培养学生创新能力和创新精神。
（2）培养学生具备强烈的社会责任感和行为责任心。
（3）培养学生精益求精的工作精神。
（4）培养学生具有较强的社会适应能力、活动能力。
（5）培养学生具有拓宽专业知识面的能力。

📖 学习目标

（1）掌握金属直尺测量工件尺寸的方法。
（2）能熟练使用游标万能角度尺测量给定工件的内、外角度。
（3）掌握游标卡尺的使用方法。
（4）能正确使用千分尺测量所给工件的指定尺寸。
（5）能利用百分表准确测量给定工件的尺寸、形状和位置误差等。

🔧 基础知识

一、金属直尺

1. 用途

金属直尺是常用的量具，用以测量工件的长、宽、高、深、厚等尺寸。

2. 种类

常用的金属直尺有直钢尺、盒尺（卷尺）。它的刻度有米制刻度、市制刻度和英制刻度 3 种。从长度来看，直钢尺有 1000mm、500mm、300mm 和 150mm 4 种规格；盒尺（卷尺）有 50m、30m、20m、15m、10m、5m 6 种规格。金属直尺上的最小刻度为 0.5mm，对 0.5mm 以下的尺寸测量就要使用卡尺、千分尺等有副尺的量具。

二、游标万能角度尺

1. 用途

游标万能角度尺适用于测量工件或样板的内、外角度。

2. 分类

游标万能角度尺按游标刻度值分为 2′ 和 5′ 两种。游标万能角度尺本身的误差分别为 2′ 和 5′。游标万能角度尺可以测量 0°～320° 范围内的任意内角，以及 40° 以上的任意外角。基尺刻线是沿圆周 360 等分刻的，可供使用 120°。游标刻线将主尺上 29° 所占有的弧长等分为 30 格，每格所对应的角度为 $(29/30)°$，因此，基尺 1 格与游标 1 格长度差值 $=1°-(9/30)°=2′$。这个差值就是游标万能角度尺的测量精度。

3. 结构

读数为 2′ 的游标万能角度尺如图 3-1 所示。在游标万能角度尺的扇形板上刻有间隔 1° 的刻线。游标固定在底板上，并可以沿着扇形板转动。用夹紧块可以把角尺和直尺固定在底板上，从而使可测量角度的范围为 0°～320°。

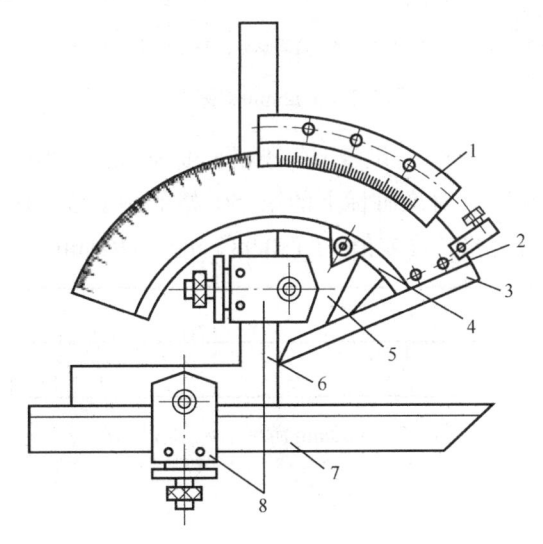

1—游标；2—扇形板；3—基尺；4—制动器；5—底板；6—角尺；7—直尺；8—夹紧块

图 3-1 读数为 2′ 的游标万能角度尺

4. 刻线原理

扇形板上刻有 120 格刻线，间隔为 1°。游标上刻有 30 格刻线，对应扇形板上的度数为 29°，则游标上每格度数=（29/30）°=58′。

三、游标卡尺

1. 种类

游标卡尺有米制游标卡尺和英制游标卡尺两种。经常使用的是米制游标卡尺。米制游标卡尺按精度分，有 0.02mm、0.05mm、0.1mm 3 种。

2. 结构原理

常见的游标卡尺由尺身、内量爪、尺框、紧固螺钉、深度尺、游标、外量爪组成。下面以 0.02mm 游标卡尺为例对游标卡尺的结构和刻线原理进行讲解。

（1）结构。如图 3-2 所示，0.02mm 游标卡尺由尺身，制成刀口形的内、外量爪，尺框，游标和深度尺等组成。它的测量范围为 0～125mm。

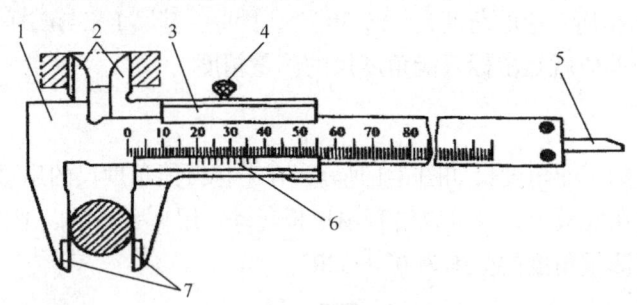

1—尺身；2—内量爪；3—尺框；4—紧固螺钉；5—深度尺；6—游标；7—外量爪

图 3-2　0.02mm 游标卡尺

（2）刻线原理。如图 3-3 所示，尺身上每小格长度为 1mm；当内量爪或外量爪并拢时，尺身上的 49mm 刻度线正好对准游标上的第 50 格的刻度线，游标每格长度=49mm÷50=0.98mm，尺身与游标每格长度差值=（1-0.98）mm=0.02mm。

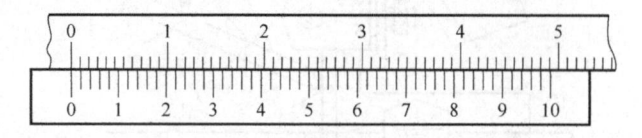

图 3-3　0.02mm 游标卡尺刻线原理

四、千分尺

1. 结构

测量范围为 0～25mm 的千分尺如图 3-4 所示。它由尺架、测微螺杆、测力装置等组成。

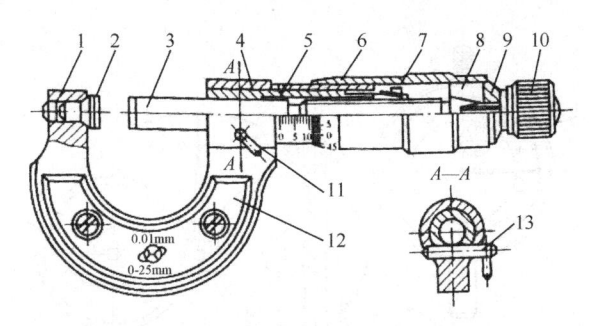

1—尺架；2—测砧；3—测微螺杆；4—螺纹轴套；5—固定套筒；6—微分筒；7—调节螺母；
8—接头；9—垫片；10—测力装置；11—锁紧机构；12—绝热片；13—锁紧轴

图 3-4　千分尺

2．刻线原理

千分尺测微螺杆上的螺纹的螺距为 0.5mm。当微分筒转一周时，测微螺杆就轴向移进 0.5mm。固定套筒上刻有间隔为 0.5mm 的刻线。微分筒圆周上均匀刻有 50 格。当微分筒每转一格时，测微螺杆就移动 0.01mm，故该千分尺的分度值为 0.01mm。

3．千分尺的读数方法

先读出固定套筒上的毫米刻度（在 0.5mm 刻度的千分尺上能读出半毫米），再读微分筒上的（1/100）毫米刻度，然后把两个读数加起来，就是所测量工件的尺寸。

五、百分表

1．结构与传动原理

百分表是利用齿轮、齿条机构制成的钟面式通用长度测量工具，主要用于测量工件的尺寸、形状和位置误差等。

百分表的传动系统由齿轮、齿条等组成。如图 3-5 所示，当带有齿条的测量杆上升时，带动小齿轮 z_2 转动，与 z_2 同轴的大齿轮 z_3 及小指针也跟着转动，又带动小齿轮及其轴上的大指针偏转。游丝的作用是迫使所有齿轮做单向啮合，以消除由于齿侧间隙而引起的测量误差。弹簧是用来控制测量力的。

2．刻线原理

当测量杆移动 1mm 时，大指针正好转动一圈。在百分表的表盘上沿圆周刻有 100 等分格，所以 1 格刻度值=1mm÷100=0.01mm。在百分表测量时，大指针转过 1 格刻度表示工件尺寸变化 0.01mm。该百分表的分度值为 0.01。

六、量块

1．量块的用途

量块是一种精密检验工具，可以检验工具或工件长度，也可以调整测量仪器、量具的尺寸。

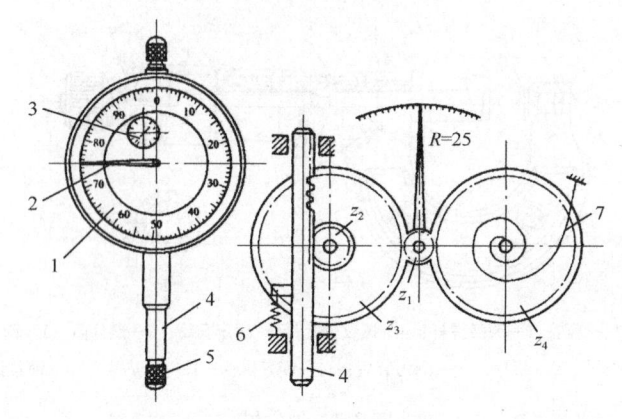

1—表盘；2—大指针；3—小指针；4—测量杆；5—测量头；6—弹簧；7—游丝

图 3-5　百分表

2. 量块的分类及特性

常用的量块形状是精确的长方形。量块是用优质钢经热处理、老化处理、研磨制成的，是厚度极为精确的长方形金属块。量块通常成套生产（每套量块中，包括一定数量的不同基本尺寸的量块）装在一个专用的木盒里，以便保管和取用。

成套量块块数、公称直径范围及精度等级如表 3-1 所示。

表 3-1　成套量块块数、公称直径范围及精度等级

套别	块数	公称直径范围/mm	精度等级	套别	块数	公称直径范围/mm	精度等级
一	87	0.5～100	0,1,2,3	九	12	100～1000	0,1,2,3
二	42	1～100	1,2,3	十	20	0.1～0.29	0,1,2,3
三	116	0.5～100	0,1,2,3	十一	43	0.3～0.9	0,1,2,3
四	10	2～2.009	0,1	十二	23	0.12～3.5	1,2
五	10	1.991～2.0	0,1	十三	20	5.12～100	1,2
六	10	1～1.009	0,1	十四	7	21.2～175	3
七	10	0.991～1	0,1	十五	4	1.5,2	1,2,3
八	10	125～500	0,1,2,3				

七、塞尺

1. 构造

如图 3-6 所示，塞尺由一组不同厚度的薄钢片组成，且这组薄钢片的一端用销钉组合在一起。每片薄钢片上面都刻有自身厚度的尺寸，塞尺在使用时可以展开成扇形。

2. 分类及规格

目前，国产成套塞尺的规格如表 3-2 所示。

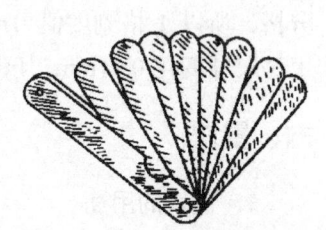

图 3-6　塞尺

表 3-2 国产成套塞尺的规格　　　　　　　　　　　　　　单位：mm

组　别	尺寸范围	尺寸排列
1	0.02～0.10	0.02,0.03,0.04,0.05,0.06,0.07,0.08,0.09,1.10
2	0.03～0.50	0.03,0.04,0.05,0.06,0.07,0.08,0.09,1.10,0.15,0.20,0.25,0.30,0.35,0.40,0.45,0.50
3	0.03～0.50	0.03,0.04,0.05,0.06,0.07,0.10,0.15,0.20,0.30,0.40,0.50
4	0.05～1.00	0.05,0.06,0.07,0.08,0.09,0.10,0.15,0.20,0.25,0.30,0.40,0.50,0.75,1.00
5	0.50～1.00	0.50,0.55,0.60,0.65,0.70,0.75,0.80,0.85,0.90,0.95,1.00

3．用途

在机械制造和修理过程中，塞尺经常用于测量工件配合的间隙大小，或与平尺、等高垫块配合起来，检验工作台台面的不平度。它的工作尺寸一般为 0.02mm，测量时的精度为 0.01mm。

八、卡钳

1．分类

卡钳有测量外径的卡钳和测量内径的卡钳两种，测量外径的卡钳称为外卡钳，用于测量工件的厚度、宽度及外径等。测量内径的卡钳称为内卡钳，用于测量孔及沟槽等尺寸。

2．特性

卡钳一般用工具钢制成。近年来，用不锈钢制成的卡钳正在逐渐被推广使用。

3．调整

在调整卡钳开度时，先用两手对卡钳开度做大致调整，直到卡钳开度接近需要的大小，再如图 3-7 所示，轻轻敲击卡钳的两个卡脚，细心进行调节。在图 3-7（a）、（b）中，1 图是要将卡钳开度由小调大的情况；2 图是要将卡钳开度由大调小的情况。

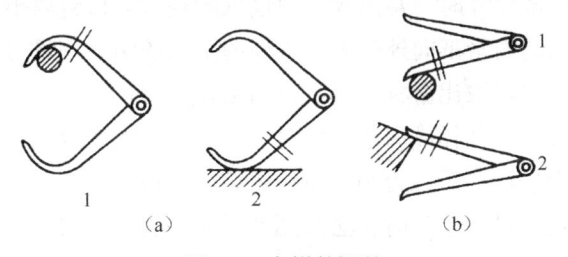

图 3-7　卡钳的调整

实操训练

一、金属直尺的使用方法

（1）在测量方形工件长度时，要使金属直尺和工件的一条边垂直，和工件的另一边平行。

（2）在测量圆柱形工件长度时，要使金属直尺和圆柱的中心轴线平行。

（3）在测量圆形工件顶端的外径和孔径时，要使金属直尺靠着工件一面的边线来回摆动，直到获得最大的尺寸，才是直径。

　　（4）在用金属直尺测量工件尺寸时，可能由于金属直尺的刻线粗细不匀、没有放对金属直尺在工件上的方位、没有看准金属直尺所测量的工件尺寸等原因而产生 0.3～0.5mm 的误差。

二、游标万能角度尺的使用方法

　　（1）在使用游标万能角度尺前，应检查游标万能角度尺零位。

　　（2）在测量时，应使游标万能角度尺的两个测量面与被测工件表面在全长上保持良好接触，然后拧紧其制动器上的螺母读取数值。

　　（3）当测量角度在 0°～50° 范围内时，游标万能角度尺应装上角尺和直尺；当测量角度在 50°～140° 范围内时，游标万能角度尺应装上直尺；当测量角度在 140°～230° 范围内时，游标万能角度尺应装上角尺；当测量角度在 230°～320° 范围内时，游标万能角度尺不用装角尺和直尺。

游标卡尺的使用方法

三、游标卡尺的使用方法及维护保养

1. 使用方法

　　（1）在游标卡尺上读取数值时，应把游标卡尺拿平并朝向亮光，使视线尽可能地和在游标卡尺上所读的刻线垂直，以免因视线歪斜造成读数的误差。为了减小误差，最好在工件的相同位置进行多次测量，取其平均读数。

　　（2）在测量工件外部尺寸时，先把工件放在两个张开的外量爪内，贴靠在固定外量爪上，然后用轻微的压力把活动外量爪推过去，直到外量爪的两个测量刃口都与工件紧靠，即可从游标卡尺上读取工件的尺寸。

　　（3）在测量工件内部尺寸时，要使两个内量爪的测量刃口距离小于所测量的孔或槽的尺寸，然后慢慢地使活动内量爪向外分开，直到内量爪的两个测量刃口都与工件表面相接触，即可把紧固螺钉拧紧再取出游标卡尺，读取数值。

　　（4）在测量工件外径、孔径或沟槽尺寸时，内、外量爪要放正，不能歪斜，并应在垂直于工件轴线的平面内进行测量，否则测量结果就不准确。

　　（5）在用游标卡尺测量大工件时，必须用两手拿住游标卡尺。

　　（6）在用游标卡尺来校准卡钳的测量尺寸时，应先将游标卡尺按所需要的尺寸定位，然后把游标卡尺平放在手掌里，再调准卡钳。

　　（7）在用带有测深度的游标卡尺测量工件孔（槽）深度时，游标卡尺要与工件孔（槽）的顶平面保持垂直，再向下移动量爪，使深度尺和孔（槽）底部轻轻地接触，然后拧紧紧固螺钉，取出游标卡尺读取数值。

2. 维护和保养

　　（1）游标卡尺要轻拿轻放，用完后不应和其他工具放在一起，特别不能和手锤、锉刀、錾子、车刀等刃具放在一起。

（2）游标卡尺要平放，如果随便放在不平的地方，会使主尺变形。对于带有深度尺的游标卡尺，在测量工作完毕后，要及时将侧杆推入，以防止其变形甚至折损。

（3）在游标卡尺不使用时，应将其擦拭干净、涂油，放在专用的盒内。

（4）不能把游标卡尺放在带有磁场的物体附近，以免破坏游标卡尺。

（5）游标卡尺刻度表面生锈或积结污物，不应使用砂布或研磨砂来擦除，只能用极细的研磨膏仔细地进行擦拭。

四、千分尺的使用方法及维护保养

1．使用方法

（1）在测量前，转动千分尺的测力装置，使两测砧面靠合，并检查是否密合；同时看微分筒与固定套筒的零线是否对齐，如有偏差应调整固定套筒对零。

（2）在测量时，用手转动测力装置，控制测力，不允许用冲力转动微分筒。千分尺测微螺杆的轴线应与被测工件表面贴合并保持垂直。

（3）在读取数值时，最好不取下千分尺，但如果需要取下千分尺，应先锁紧测微螺杆，然后轻轻取下千分尺，防止尺寸变动。在读取数值时，要看清刻度，不要错读 0.5mm。

（4）如果测量小型工件时必须使用左手握着工件，则可用右手单独操作千分尺。

（5）在测量较大型工件时，要把工件适当安放后，再用千分尺进行测量。

（6）不能用千分尺对旋转着的工件进行测量。

2．维护和保养

（1）千分尺应经常保持清洁，不能随便放在脏污的地方，更不应和其他工具、刀具混放。

（2）千分尺用完后应擦拭干净放在专用的盒内，以免发生腐蚀现象。千分尺的两个测量面应稍离开一些。

（3）不能把千分尺放在磁场附近，以避免磁化。

五、百分表的使用及维护保养

1．使用方法

（1）在测量前，检查表盘和指针有无松动现象，检查指针的平稳性和稳定性。

（2）在测量时，测量杆应垂直于工件表面。如果测圆柱，测量杆还应对准圆柱轴中心。当测量头与被测表面接触时，测量杆应预先有 0.3～1mm 的压缩量，保持一定初始测力以免由于存在负偏差而测不出数值。

2．维护与保养

（1）当百分表与表架在表座上固定时，必须相当稳固，以免倾斜。

（2）测量杆及测量头不应沾有油污，否则会使测量杆失去原有灵敏性或易把脏物带入表内。

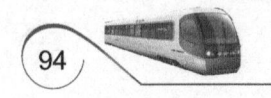

（3）在测量时，百分表的测量杆应与被测量的工件表面相垂直，否则影响尺寸的测量精度。

（4）在用百分表检验工件时，应避免百分表受震动。因为在振动的场合下，百分表的指针不能指示准确位置。

（5）在刻度盘上读取数值时，视线应与盘面垂直。因为指针与盘面之间有距离，视线歪斜会造成读数过大或过小。

（6）在同一检验过程中，不应调换百分表，因为它们本身的制造精度不完全相同，因此中途换表，很难得出完全一致的读数。

（7）在测量时，要注意不要使测量杆移动距离过大，也不能使测量杆突然落到工件上，不要把工件强迫推入测量头下，这样做都会影响百分表的精度，甚至损坏百分表。

（8）当百分表使用完后，要及时将其从表架上取下，并擦干净后放入专用盒中。

六、量块的使用及维护保养

1. 使用方法

长方形的量块有两个相互平行的测量面，这两测量面间的尺寸称为测量尺寸，又称量块的尺寸。

量块的测量面非常光滑、平整。如果将两个量块测量面相接触，再用力推压，即可使其贴在一起。用同样的办法可使几块量块贴在一起，拿起其中一块量块就能把其余几块量块带起来。由于量块具有这种黏合性，因此在使用时，可把不同尺寸的量块组合成量块组。量块组的尺寸就是各块量块尺寸的总和。当把量块组成一定尺寸的量块组时，首先应确定量块组的尺寸，然后再从盒内选出适量的量块进行拼凑。在拼凑量块组时，选取的量块越少越好，一般不超过4块量块。

2. 维护和保养

（1）在组合量块时，不要用力过大（特别是对于小尺寸的量块），否则会使量块扭曲变形。在组合量块的过程中，应避免用手触碰量块测量面，以免影响测量精度。当量块组合完成后，要检查量块之间是否密贴牢固，并要防止量块组在使用中有量块跌落受损。

（2）当量块组用完后，要及时拆开量块组。在拆量块组时，应沿量块的测量面长度边的平行方向滑动分开，并将其擦干净。

（3）注意温度的影响。在桌子上放置量块时，只允许量块的非工作面和桌面接触。

（4）量块要轻拿轻放。量块在使用完后，要用软布擦干净，再涂上凡士林，以防生锈。

（5）不许将量块散放在盒外，更不能将量块和其他工具、刃具堆放在一起。

七、塞尺的使用及注意事项

1. 使用方法

当使用塞尺检验间隙时，可以逐步加厚薄钢片进行测量，也可以组合成数片薄钢片进行测量。

2．维护和保养

因为塞尺很薄，容易折断、生锈，使用时应细心。塞尺在使用完后，要立即擦干净，并及时合到夹板里面去。

八、卡钳的使用及注意事项

1．使用方法

（1）当用卡钳测量工件尺寸时，两个卡脚接触工件的松紧程度，可由手的感觉来判断。使用卡钳很熟练的工人，若配合外径千分尺，可以判断 0.01mm 以内的误差。

（2）当用卡钳测量工件直径及宽度时，应使工件与卡钳成直角状态，并以卡钳自重下垂（不加外力）时两个卡脚接触工件的松紧程度为宜，但也应结合工件的大小来决定这个松紧程度。

（3）外卡钳所测的尺寸要在金属直尺上校量后才能知道。如图 3-8 所示，当用金属直尺量取外卡钳所测的尺寸时，应将卡钳的一个卡脚靠在金属直尺的端面上，另一个卡脚顺着金属直尺边缘平行置于金属直尺上面，并用眼睛正对钳口所指刻线看过去，才能读出正确的测量结果。

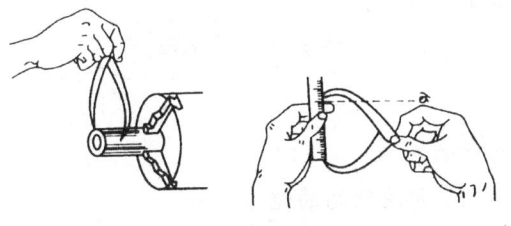

图 3-8　外卡钳的使用

（4）当用内卡钳测量工件内孔时，应先把卡钳的一个卡脚靠在孔壁上，并前后左右摆动卡钳的另一个卡脚进行探试，以便获得接近孔径的最大尺寸。内卡钳的使用如图 3-9 所示。先将金属直尺一端靠在很平的平面上，观察另一个钳口位置并读出尺寸。

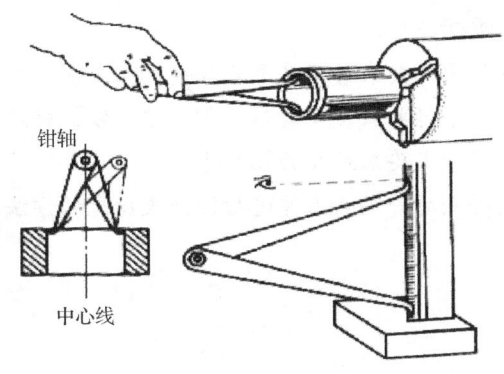

图 3-9　内卡钳的使用

2．卡钳使用的注意事项

（1）在调节卡钳开度时，应轻敲卡脚，不应敲击钳口，因为钳口是工作面，不能损伤。

（2）在检验工件时，不能将外卡钳用力压下，也不能把内卡钳使劲塞入孔或沟槽内，否则会使两个卡脚扭动，从而测不出正确尺寸。

（3）定好尺寸的卡钳不要乱放。

（4）在检验或测量工件时，卡钳必须放正，如果斜歪，测出的尺寸就不正确。

（5）卡钳不能测量在旋转的工件尺寸，因为这样会使钳口磨损，不易测量出正确尺寸，甚至会引起其他事故。

任务二 使用轨道车辆检修基础设备

工作环境

在检修实训室或轨道交通车场综合检修库开展轨道车辆检修基础设备实践操作。

器材准备

工　　具：台虎钳、砂轮机、钻床、电钻、电磨头、电动曲线锯。

设　　备：工作台。

材　　料：各类待加工工件。

劳保用品：工作服、安全帽、劳动手套、绝缘鞋。

素质培养

（1）培养学生沟通协作的能力。

（2）培养学生分析问题、解决问题的能力。

（3）培养学生一丝不苟的工作精神。

（4）培养学生吃苦耐劳的工作精神。

（5）培养学生刻苦钻研的工匠精神。

学习目标

（1）能够正确使用台虎钳夹持工件。

（2）能够使用万能分度头按要求对工件进行分度加工或划线。

（3）能够正确使用钻床进行要求尺寸的钻、扩、锪、铰、镗及攻螺纹等工作。

（4）掌握正确使用电钻加工要求尺寸的孔的方法。

（5）掌握正确使用电磨头对给定的工件进行修磨或抛光的方法。

基础知识

一、台虎钳

1. 用途

台虎钳是检修钳工用来夹持工件进行加工的必备工具。其规格是以钳口的长度来表示的，有10mm、125mm、150mm等几种。

2. 分类、结构及工作原理

（1）分类。台虎钳有固定式台虎钳和回转式台虎钳两种，如图 3-10 所示。回转式台虎钳使用方便，应用较广。

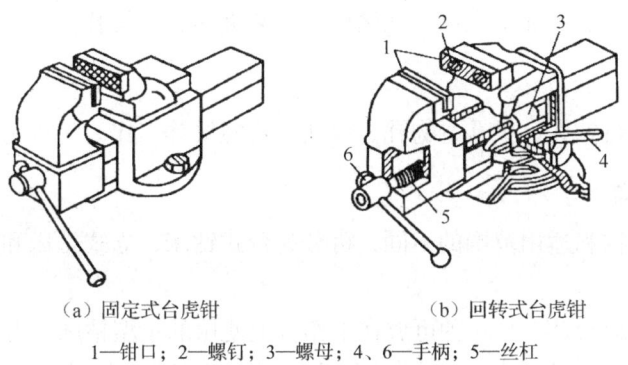

（a）固定式台虎钳　　（b）回转式台虎钳

1—钳口；2—螺钉；3—螺母；4、6—手柄；5—丝杠

图 3-10　台虎钳的结构

（2）结构及工作原理。台虎钳的主要零件有固定钳身、活动钳身、夹紧盘和转盘座，均由铸铁制成。转盘座与钳台用螺栓固定。固定钳身可在转盘座上绕其轴线转动。扳动手柄旋紧螺钉可使固定钳身紧固。螺母固定在固定钳身上，丝杠与之相配合。摇动手柄带动丝杠旋转，从而带动活动钳身前后移动，以夹紧或放松工件。在固定钳身和活动钳身上，各装有经过淬硬的刚质钳口。该钳口可延长固定钳身和活动钳身的使用寿命，且磨损后可以更换。

二、砂轮机

1. 用途

砂轮机主要用于刃磨各种刀具，也可用来清理较小工件上的毛刺和锐边等。

2. 组成

砂轮机主要由机体、电动机和砂轮组成。

3. 种类

砂轮机按外形可分为台式砂轮机和立式砂轮机两种，如图 3-11 所示。

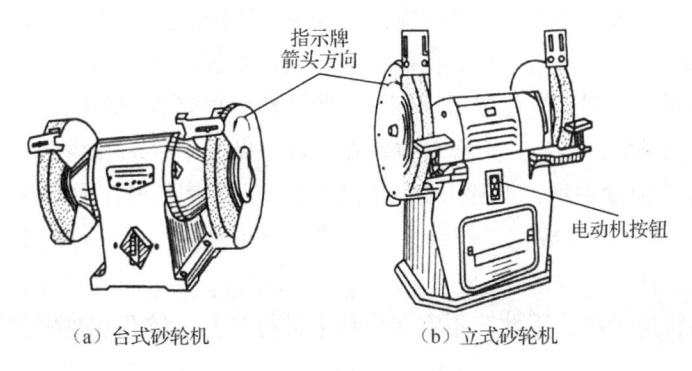

（a）台式砂轮机　　（b）立式砂轮机

图 3-11　砂轮机的结构

三、钻床

1．性能

钻床是一种常用的孔加工机床。在钻床上可装夹钻头、扩孔钻、铰刀、丝锥等刀具。

2．用途

钻床可用来进行钻孔、扩孔、锪孔、铰孔、攻螺纹等工作。

3．种类及结构

钻床根据其结构和适用范围的不同，可分为台式钻床、立式钻床和摇臂钻床 3 种。

1）台式钻床

台式钻床（简称台钻）是一种可放在工作台上使用的小型钻床，占用场地小，使用方便。其最大钻孔直径一般可达 12mm。台钻主轴转速较高。台钻常用 V 带传动，由五级 V 带轮变换台钻主轴的转速，而且一般都具有表示或控制钻孔深度的装置，如刻度盘、刻度尺、定程装置等。当台钻钻孔后，台钻主轴能在弹簧的作用下自动上升复位。

Z512 型台钻是常用的一种台钻，其结构如图 3-12 所示。

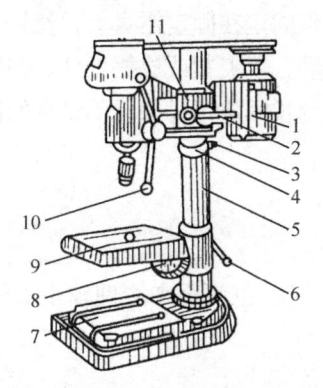

1—电动机；2—手柄；3—螺钉；4—保险环；5—立柱；6—锁紧手柄；
7—底座；8—锁紧螺钉；9—工作台；10—进给手柄；11—本体

图 3-12　Z512 型台钻的结构

电动机可通过五级 V 带轮使台钻主轴变换几种不同转速。本体套在立柱上可做上下移动，并可绕立柱中心转到任意位置，在调整到适当位置后可用手柄锁紧。如果要放低本体时，应先把保险环调节到适当位置后用螺钉锁紧，然后再略放松手柄，靠本体自重落到保险环上，再把手柄锁紧。同样，工作台也可在立柱上做上下移动及绕立柱中心转动到任意位置。是工作台的锁紧手柄。当松开锁紧螺钉时，工作台在垂直平面内还可以左右倾斜 45°。对于较小的工件，可放在工作台上钻孔；对于较大的工件，可把工作台转开，直接放在钻床底座上钻孔。

台钻主轴的转速较高。因此，不宜在台钻上进行锪孔、铰孔和攻螺纹等工作。

2）立式钻床

立式钻床（简称立钻）的钻孔直径规格有 25mm、35mm、40mm 和 50mm 等几种。立钻可进行自动进给运动。立钻主轴的转速和自动进给量都有较大的变动范围，适于对各种中型工件进行钻孔、扩孔、锪孔、铰孔、攻螺纹等工作。立钻由于功率较大、机构也较完善，因此可获得较高的功率及加工精度。

Z535 立钻是目前钳工常用的一种钻床。它的床身固定在底座上。它的主轴变速箱固定在床身的顶部。它的进给变速箱装在床身导轨上，可沿导轨上下移动。为使操作方便，它的床身内装有与主轴箱质量相平衡的重锤。它的工作台装在床身导轨下方，也可沿床身导轨上下移动，以适应对不同高度的工件进行加工。Z535 立钻还装有冷却装置。它的切削液储存在底座的空腔内，使用时由油泵排出。

3）摇臂钻床

摇臂钻床适于加工单独工件、小批量和中等量生产的中等工件、较大及多孔工件的各种孔。由于它是靠移动主轴来对准工件上孔的中心的，因此它在使用时比立钻方便。

摇臂钻床的主轴变速箱能在摇臂上做较大范围的移动，而摇臂又能绕立柱中心回转 350°，并可沿立柱上下移动。所以，摇臂钻床能在很大的范围内工作。当它工作时，工件可以压紧在工作台上或直接放在底座上以备加工。

四、电钻

电钻是一种手提式电动工具，具有体积小、质量小、使用灵活、携带方便、操作简单等特点。常用的电钻有手枪式电钻和手提式电钻两种。

在大型夹具和模具装配及维修中，当受到工件形状或加工部位的限制不能使用钻床钻孔时，就可以使用电钻。电钻的电源电压分单相电压（36V）和三相电压（380V）两种。电钻的规格是以最大钻孔直径来表示的。采用单相电压的电钻规格有 6mm、8mm、10mm、13mm、19mm 等。采用三相电压的电钻规格有 13mm、19mm、23mm 3 种。

五、车床

车床的种类很多，按其用途和结构不同，可分为卧式车床、立式车床、回轮、转塔车床、多刀半自动车床、仿形车床、仿形半自动车床、单轴自动车床、多轴自动、半自动车床，以及各种专门化车床，如凸轮轴车床、曲轴车床、铲齿车床等。在大批量生产的工厂中，还有各种专用车床。

CA6140 型卧式车床的结构如图 3-13 所示。CA6140 型卧式车床的主要部件介绍如下。

CA6140 型卧式车床

1．挂轮变速机构

挂轮变速机构用来把主轴的转动传递给进给箱。

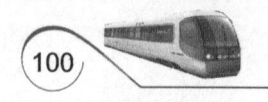

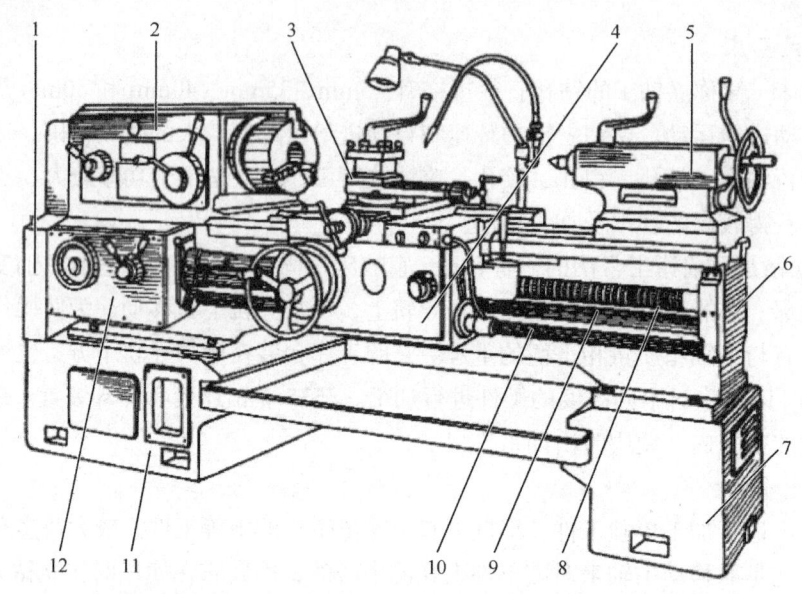

1—挂轮变速机构；2—主轴箱；3—刀架；4—溜板箱；5—尾座；6—床身；
7、11—床腿；8—丝杠；9—光杠；10—操纵杆；12—进给箱

图 3-13 CA6140 型卧式车床的结构

2. 主轴箱

主轴箱固定在床身的左端。主轴的功用是支撑主轴，将电动机输出的回转运动传递给主轴，再通过装在主轴上的夹具盘带动工件回转，实现主运动。主轴箱内有变速机构，通过变换主轴箱外手柄的位置，可以改变主轴的转速和转向，以满足不同车削工作的需要。

3. 刀架

刀架装在床身的床鞍导轨上。刀架的功用是安装车刀，一般可同时安装 4 把车刀。床鞍的功用是使刀架做纵向、横向和斜向运动。刀架位于三层滑板的顶端。最底层滑板就是床鞍，可沿床身导轨纵向运动，既可以机动也可以手动来带动刀架做纵向进给运动。第二层滑板为中滑板，可沿着床鞍顶部的导轨做垂直于主轴方向的横向运动，既可以机动也可以手动来带动刀架做横向进给运动。最上一层滑板为小滑板，通过转盘与中滑板连接，因此小滑板可在中滑板上转动，并在调整好某个方向后，带动刀架做斜向手动进给运动。

4. 溜板箱

溜板箱是车床进给运动的操纵箱。溜板箱内装有将光杠和丝杠的旋转运动变换为刀架直线运动的机构。该机构通过光杠传动实现刀架的纵向进给运动、横向进给运动和快速移动，通过丝杠带动刀架做纵向直线运动，以便车削螺纹。溜板箱固定在床鞍底部。

5. 尾座

尾座安装在床身的尾座导轨上，可沿此导轨纵向调整位置。尾座的功用是用后顶尖支承长工件，以及安装钻头、铰刀等进行孔加工。尾座可在其底板上做少量的横向运动，从而可以在用后顶尖所顶住的工件上车锥体。

6. 床身

床身固定在左床腿和右床腿上。床身用来支承和安装车床的主轴箱、进给箱、溜板箱、刀架、尾座等，使它们在工作时保证准确的相对位置和运动轨迹。床身上面有两组导轨（床鞍导轨和尾座导轨）。床身前方床鞍导轨下装有长齿条，与溜板箱中的小齿轮啮合，以带动溜板箱纵向移动。

7. 丝杠

丝杠的左端装在进给箱上，丝杆的右端装在床身右前侧的挂角上，丝杆的中间穿过溜板箱。丝杠专门用来车螺纹。若溜板箱中的开合螺母合上，丝杠就带动床鞍移动来车螺纹。

8. 光杠

光杠的左端也装在进给箱上，光杠的右端也装在床身右前侧的挂角上，光杠的中间也穿过溜板箱。光杠专门用于实现车床的自动纵、横向进给运动。

9. 进给箱

进给箱固定在床身的左前侧。进给箱内装有进给运动变速机构。进给箱的功用是让丝杠旋转或光杠旋转，从而改变刀架机动进给量和被加工螺纹的导程。

六、铣床

铣床的类型很多，主要有升降台铣床、工作台不升降铣床、龙门铣床、工具铣床等，还有仿形铣床、仪表铣床和各种专门铣床。随着数控技术的应用，数控铣床和以镗削、铣削为主要功能的镗铣加工中心的应用也越来越普遍。

根据主轴的布置形式，升降台铣床可分为卧式升降台铣床和立式升降台铣床两种。X62W 型铣床的结构如图 3-14 所示。X62W 型铣床的主要部件介绍如下。

X62W 型铣床是目前最常用的卧式铣床，机床结构比较完善，变速范围大，刚性好，操作方便。X62W 型铣床与普通升降台铣床区别在于工作台与升降台之间增加一个回转盘，可使工作台在水平面上回转一定角度。

1. 主轴变速机构

主轴变速机构安装在床身内，其功用是将电动机的额定转速通过齿轮变换成 18 级不同的转速，并传递给主轴，以适应铣削的需要。

2. 床身

床身是机床的主体，用来安装和连接机床其他部件。床身正面有垂直导轨，可引导升降台上下移动。床身顶部有燕尾形水平导轨，用以安装横梁并按照需要引导横梁水平移动。床身内部装有主轴和主轴变速机构。

3. 主轴

主轴是一个前端带锥孔的空心轴，锥孔的锥度为 7∶24，用来安装铣刀刀杆和铣刀。

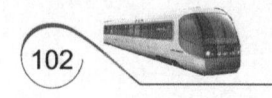

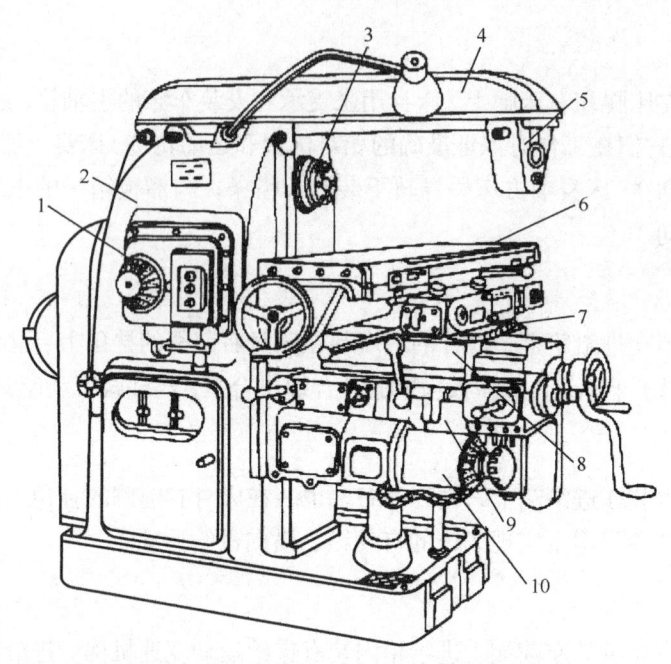

1—主轴变速机构；2—床身；3—主轴；4—横梁；5—刀杆支承；6—工作台；
7—回转盘；8—横向溜板；9—升降台；10—进给变速机构

图 3-14　X62W 型铣床的结构

4. 横梁

横梁可沿床身顶部燕尾形导轨移动，并按需要调节其伸出长度，其上可安装挂架。

5. 刀杆支承

刀杆支承用以支承刀杆的外端，增强刀杆的刚性。

6. 工作台

工作台用以安装需要的铣床夹具和工件，带动工件实现纵向进给运动。

7. 回转盘

工作台安装在回转盘上的床鞍导轨内，可做纵向移动。

8. 横向溜板

横向溜板用来带动工作台实现横向进给运动。横向溜板与工作台之间设有回转盘，可以使工作台在水平面内做-45°～45°范围内的回转。

9. 升降台

升降台用来支承横向溜板和工作台，带动工作台上下移动。升降台内部装有进给电动机和进给变速机构。

10. 进给变速机构

进给变速机构装在升降台内部。它将进给电动机的固定转速通过其齿轮变速机构，变换成18级不同的转速,使工作台获得各种不同的进给速度,以满足不同的铣削需求。

七、刨床

牛头刨床的结构如图 3-15 所示。

1. 床身

床身的作用是支撑刨床各部件。床身顶面是燕尾形水平导轨,供滑枕做往复直线运动用;床身前面垂直导轨供横梁连同工作台一起做升降运动用;床身内部装有传动机构。

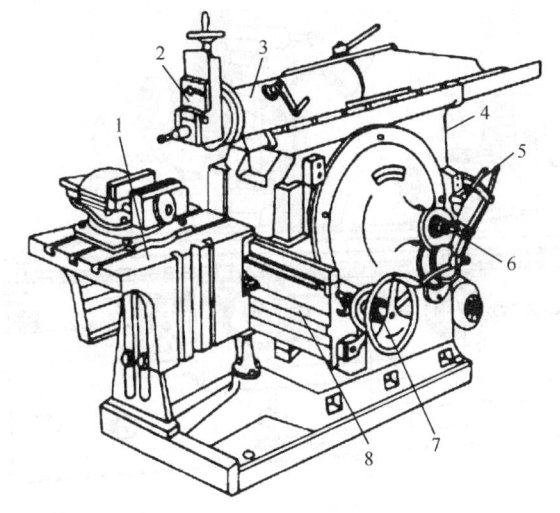

1—工作台;2—刀架;3—滑枕;4—床身;5—变速机构;6—滑枕行程调节柄;7—横向进给手柄;8—横梁

图 3-15　牛头刨床的结构

2. 滑枕

滑枕的作用是带动刨刀做往复直线运动。滑枕前端装有刀架。滑枕的行程长度和位置是可调的。

3. 刀架

刀架的作用是夹持刨刀。它由转盘、溜板、刀座、抬刀板和刀夹等组成。转动手柄可以使刨刀沿转盘上的导轨做上下移动,用以调节切削深度或做垂直进给运动。松开刀座上的螺母可以使刀座在溜板上做-15°~15°的转动;若松开转盘与滑枕之间的固定螺母,可以使转盘做-60°~60°的转动,用以加工侧面或斜面。抬刀板可绕刀座上的轴向上抬起,避免刨刀回程时与工件摩擦。

4. 工作台

工作台的作用是安装工件。它可以随横梁一起做垂直运动,也可以沿横梁做横向水平运动或横向间歇进给运动。

如图 3-15 所示,工件装夹在工作台上的平口钳中或直接用螺栓压板安装在工作台上。

刀具装在滑枕前端的刀架上。滑枕带动刀具的直线往复运动为主运动。工作台带动工件沿横梁做间歇横向移动为进给运动。刀架沿刀架座上的导轨运动为吃刀运动。刀架座可绕水平轴回转一定的角度，以便于加工斜面或斜槽。横梁能沿床身前端的垂直导轨上下移动，以适应不同高度工件的加工。牛头刨床用于加工中、小工件。

八、磨床

磨床的结构如图 3-16 所示。

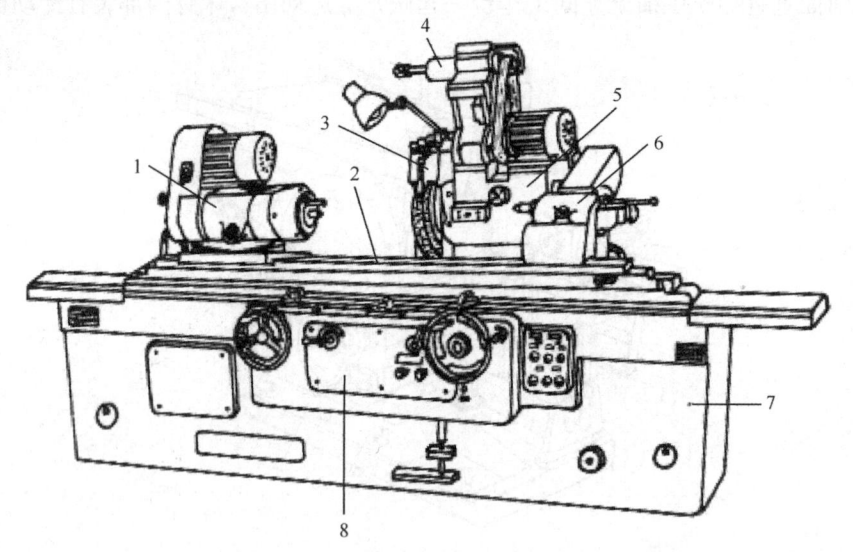

1—头架；2—工作台；3—砂轮架；4—内圆磨具；5—砂轮主轴箱；6—尾座；7—床身；8—液压操纵箱

图 3-16 磨床的结构

1. 床身

床身为 T 形，是机床的基础支承件；在前部有纵向导轨，供工作台纵向进给运动用；在后部有横向导轨，供砂轮架横向进给运动用。床身上部由支架固定着用于工作台液压传动的活塞和活塞杆。床身前侧安装着液压操纵箱。床身内有液压油油箱和切削液储存箱。

2. 头架

头架安装在工作台顶面的左端。头架主轴的前端开有莫氏锥孔，可以安装前顶尖支承工件，也可以安装卡盘夹持工件。头架可以在水平面内逆时针方向回转一个角度（不大于 90°），以适应卡盘夹持工件磨削锥体和端面。

3. 内圆磨具

内圆磨具以铰链方式安装在砂轮架的前上方，在需要磨孔时翻下来，在不用时翻向上方。内圆磨具由单独小型电动机驱动（转速为每分钟几千转到几万转）。

4. 砂轮架

砂轮架用于支承砂轮主轴。砂轮及其主轴由单独的电动机通过带轮直接带动砂轮高速旋转，此即磨削外圆时所需要的主运动。砂轮架可通过手动或液压传动，使其沿床身横向导轨做横向进给运动。砂轮架还可以围绕垂直轴线转动一定角度（-30°～30°），以便磨削较大锥度的内、外圆锥面。

5. 尾座

尾座套筒内装有顶尖，用来支承工件的另一端。尾座在工作台上的位置可视工件的长短加以调整。尾座套筒后端装有弹簧，能自动调节顶尖对工件的轴向压力，不致因工件发热伸长而产生弯曲变形，同时便于工件的装卸。

6. 工作台

工作台分为上下两层。上层工作台可相对下层工作台在水平面内回转一定角度（不大于10°），以便磨削锥度不大的长外圆锥面。下层工作台下面固定着液压传动的液压缸和齿条。下层工作台通过液压传动，可带动上层工作台一起做机动纵向进给运动；通过手轮、齿轮和齿条，可带动上层工作台做手动纵向进给运动或做调节用。

九、镗床

镗床的结构如图 3-17 所示。

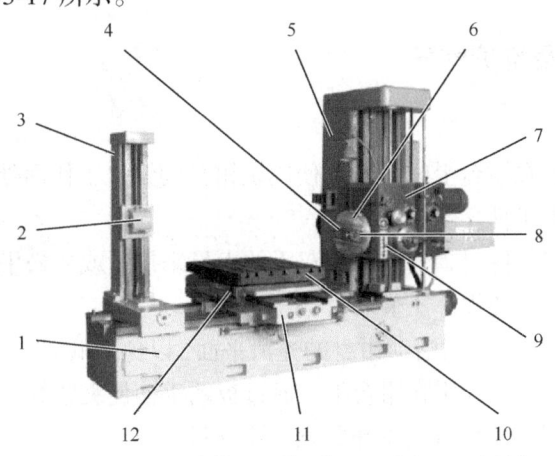

1—床身；2—尾座；3—后立柱；4—主轴；5—前立柱；6—花盘；7—主轴箱；8—刀具滑板；
9—按钮操作板；10—工作台；11—下滑板；12—上滑板

图 3-17　镗床的结构

1. 床身

床身是用来支承镗床各部件的。它的上水平导轨供下滑座（下滑板）带动工作台一起做纵向进给运动。

2. 主轴箱

主轴箱上装有主轴和平旋盘。主轴既可做旋转运动（主运动），又可做直线运动（轴向进给运动）。主轴前端有莫氏 5 号锥孔，用于安装刀具、镗杆或刀夹。平旋盘上有 4～6

条 T 形槽，用于安装刀夹以适应大平面的加工，其上还有带燕尾形导轨的刀架溜板。刀架溜板上的两条 T 形槽也可以安装刀夹。在镗削不深的大孔时，刀夹便安装在刀架溜板上，利用刀架溜板可调节切削深度。在加工孔边的端面时，还可以利用刀架溜板做径向进给运动。主轴箱还可以沿主立柱上的导轨上下移动，既可调节主轴的高低位置，又可实现垂直进给运动。

3．主立柱（前立柱）

主立柱用来支承主轴箱，其上导轨可供主轴箱上升或下降。

4．尾立柱（后立柱）

当镗杆伸出较长时，尾立柱上的支承座可用于支承镗杆的另一端，以增加镗杆的刚性。支承座也可以沿尾立柱上的导轨上升或下降。

5．工作台

工作台是用来安装工件的。它可以由上、下滑座带动做横向或纵向进给运动。工作台还可以绕上滑座的圆导轨回转至所需角度，以适应各种加工情况。

实操训练

一、台虎钳的使用及维护保养

1．使用方法

（1）当台虎钳安装在钳台上时，必须使固定钳身的钳口工作面处于钳台边线缘之外，以保证可以夹持长条形工件。

（2）当台虎钳夹持工件时，只允许用双手的力量来扳紧或放松手柄，决不许用套管接长手柄或用锤子敲击，以免损坏工件。

（3）不准用锤子敲击台虎钳活动钳身的光滑平面，以免降低它与固定钳身的配合性能。

（4）台虎钳必须牢固地固定在钳台上，通过扳动手柄使夹紧螺钉旋紧，工作时应保证钳身无松动现象，否则易损坏台虎钳和影响工作质量。

2．维护保养

台虎钳的丝杠、螺母和其他活动表面都要经常加油润滑，保持清洁，防止锈蚀。

二、砂轮机的使用

由于砂轮质地较脆，使用时转速较高（一般在 35m/s 左右），因此在使用砂轮机时，必须严格遵守安全操作规程，防止砂轮碎裂造成人身事故。使用砂轮机应注意以下事项。

（1）砂轮的旋转方向必须与砂轮罩上的旋转方向指示牌所指示的方向相符，从而使磨屑向下方飞溅。

（2）在启动砂轮机后，应待砂轮达到正常转速时才能进行磨削。

（3）在使用砂轮时，不准将磨削件与砂轮猛撞及施加过大的压力，以防砂轮碎裂。

（4）在使用砂轮机时，若发现砂轮表面跳动严重，应及时用砂轮修整器修整。

（5）砂轮机的搁架与砂轮的距离，一般应保持在 3mm 之内，过大则容易造成磨削件被砂轮轧入而发生事故。

（6）在使用砂轮机时，操作者不可面对砂轮，以防伤人。操作者应站在砂轮的侧面或斜侧位置。

（7）在刃磨各种工具、钢刀具和清理工件毛刺时，应使用氧化铝砂轮；在刃磨硬质合金刀具时，应使用碳化硅砂轮。

三、立钻的使用及维护保养

（1）在使用立钻前，必须空运转试车，且在机床各部分运转正常后方可操作加工。

（2）在使用立钻时，如果不采用自动进给运动方式，必须脱开自动进给手柄。

（3）在变换立钻主轴转速或立钻自动进给运动时，必须在立钻停车后进行调整。

（4）经常检查立钻润滑系统的供油情况。

（5）在立钻使用完毕后，必须对立钻进行清洁、上油，并切断电源。

四、磨床的使用

磨床的使用方法如图 3-18～图 3-20 所示。

1．纵磨法磨外圆

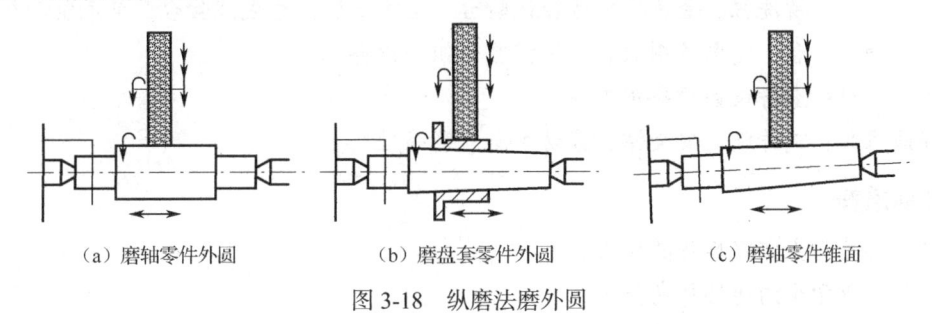

（a）磨轴零件外圆　　　　（b）磨盘套零件外圆　　　　（c）磨轴零件锥面

图 3-18　纵磨法磨外圆

2．横磨法磨外圆

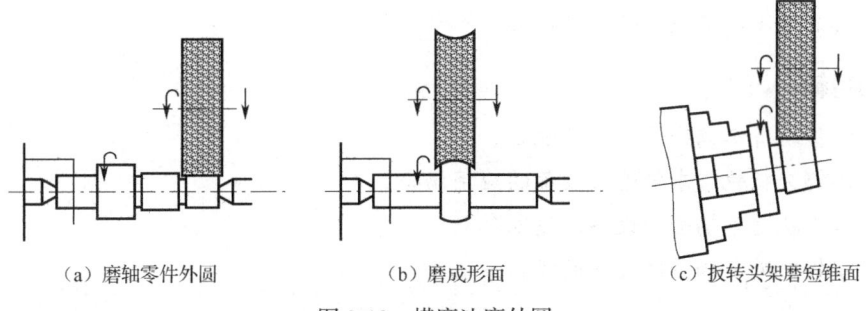

（a）磨轴零件外圆　　　　（b）磨成形面　　　　（c）扳转头架磨短锥面

图 3-19　横磨法磨外圆

3. 磨内圆

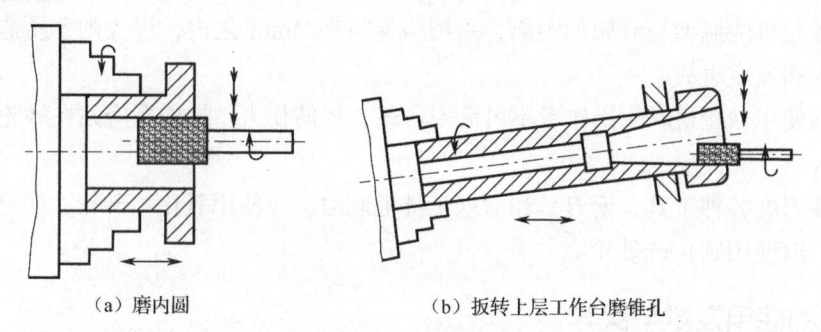

（a）磨内圆　　　　　（b）扳转上层工作台磨锥孔

图 3-20　磨内圆

任务三　操作轨道车辆检修专用设备

工作环境

在轨道交通车场综合检修库开展轨道车辆检修专用设备实践操作。

器材准备

工　　具：棘轮套筒组合、毛刷、抹布、中性清洗剂、润滑油、登高梯。
设　　备：不落轮旋床、列车自动清洗机、地面式架车机、地下式架车机组、转向架清洗机、金属橡胶弹簧试验台、空气压缩机总成试验台、单元制动机试验台、受电弓测试台、救援复轨组合设备。
材　　料：多种设备的备用工件。
劳保用品：工作服、安全帽、劳动手套、绝缘鞋。

素质培养

（1）培养学生实践操作的能力。
（2）培养学生沟通协作的能力。
（3）培养学生精益求精的工作精神。
（4）培养学生爱岗敬业的工作态度。
（5）培养学生刻苦钻研的工匠精神。

学习目标

（1）掌握轨道车辆检修设备的配置。
（2）能够分析轨道车辆检修设备的应用场合。
（3）掌握轨道车辆检修设备的技术参数。
（4）掌握轨道车辆检修设备的操作方法。

基础知识

一、轨道车辆检修设备的配置

1. 配置原则

轨道车辆检修设备的配置应遵循下列基本原则。

（1）按基本需求配置。以各段（场）的功能为依据，配备生产运营的基本设备；满足轨道车辆检修等级的需求，按停车场（定修段）、车辆段两种需求进行配置。

（2）按专业（工艺）需求配置。根据各段（场）的车型、零部件专业检修的特点，配备相应的专用（共享）设备。

（3）按特殊要求配置。以运营安全为依据，配备专业性较强的特种设备；对特殊设备（如起复救援设备）应从多线合用、品种齐全、功能完善的角度考虑，对磨轨车等投资大的特殊专业设备，要在多线运行的基础上配置。

对所配置的轨道检修设备的基本要求：具有先进性、专业性，且必须安全、可靠、高效。

2. 轨道车辆一般检修（定修级别以下）设备的基本配置

轨道车辆检修设备的配置数量、种类主要取决于轨道车辆的配属数量、检修能力、运营线路的长度、行车间隔时间及执行的检修修程标准。

目前，轨道车辆一般检修分为列检（日检）、周检、月检、双（三）月检、临修，均以互换修为主，进行车辆各种零部件的定期检查和更换。一般检修（包括临修），必须对轨道车辆在运行时发生的车轮踏面擦伤、剥离、磨耗进行修正复原，完成车载设备、车下悬挂部件、牵引电动机、电气箱、单元制动机故障修复和更换，完成车顶设备（空调机组、受电弓）的修复，以及完成轨道车辆的日常清洗等工作。轨道车辆一般检修所配置的设备分3种：专用设备、通用设备、特殊设备。

大型专用设备主要有不落轮旋床、地面（移动式）架车机、地下（固定式）架车机、列车自动清洗机等。小型专用设备有车辆蓄电池充放电设备、空调机组专用检测设备、空调机组抽真空充液设备、蓄电池运输车、蓄电池（柴油）叉车、车辆车顶吊装设备（桥式起重机、悬臂吊）、场内调机车组（轨道车和内燃机车）、车辆运行在线检测装置（测量轴温、车体下悬挂物检测等功能）、电气部件检修设备、专用仪器仪表、试验台等。通用设备是指常用的车、钳、刨、铣等金属切削设备、动力设备等。

3. 轨道车辆架修、大修设备的配置

轨道车辆检修等级分为大修、架修、定修、零部件修等。将检修周期确定为轨道车辆运行里程数或使用年限（以先达到的为准）。

大修规程：应对轨道车辆进行架车、解体；对转向架构架进行探伤、整形；对轮对进行分解、检查；对牵引电动机进行分解、检查，更换零部件，性能测试；对车门门叶进行整形；对气缸进行更换；对车体重新进行油漆，以及动态调试、静态调试；最终恢复轨道

车辆的出厂标准。

架修规程：只对车体进行架车、基本解体，对走行部分及牵引电动机等主要零部件进行检查、测试和修理。

根据检修工艺流程，轨道车辆架修、大修所配置的设备如下。

（1）架车、车体分解设备：地下固定式架车机（一组）、移车台（或移车起重机）、小型蓄电池牵引车、液压升降台、空调机组、受电弓起吊设备（悬臂起重机）。

（2）转向架拆装设备：转向架升降台、转向架清洗机、转向架试验台、一系（人字）弹簧试验台、减振器试验台、构架测试台、构架翻转台。

（3）轮对装拆设备：轮对压装机、轴承感应加热器、车轴探伤仪、轴承清洗设备、套齿设备。

（4）牵引电动机检修设备：电动机吹扫清洗设备、直流牵引电动机试验台、交流牵引电动机试验台、动平衡机、空气压缩机电动机试验台。

（5）制动系统检修设备：空气压缩机试验台、空气阀门试验台、制动单元拆装设备。

（6）电气部件检修设备：电气部件综合试验台、功率电子试验台、主逆变器试验台、示波器。

（7）空调检修设备：空调机组试验台、空调制冷剂充放设备、空调检修套装工具、空调焊接专用工具。

（8）蓄电池检修设备：蓄电池的充放电设备、蓄电池拆装设备。

（9）其他检修设备：辅助逆变器试验台、车钩试验台、缓冲器试验台、受电弓试验台、门控装置试验台、安装机。

（10）静态、动态调试的设备：车辆称重装置、静调1500V直流供电柜、八通道示波器、便携式计算机。

（11）油漆工艺的设备：喷漆设备、加热恒温设备、通风设备、油污过滤设备。

（12）动力设备：风、气、水、电动力设备。

轨道车辆架修、大修除了（1）至（9）项必配的检查和测试设备，只需配备少量的金属切削设备即可。

在一般轨道车辆检修中，采用社会化委托方式即可，剪板机、冲剪机、弯管机、锻造设备等以不配为佳，可较大地压缩投资规模，减少用地面积，降低检修成本。

4. 轨道车辆安全运营设备的特殊配置

轨道车辆部件的突然损坏、系统控制失常、运行线路信号故障、道岔隧道故障、线路突发情况及人为的操作指挥失误，均会造成运行的轨道车辆出轨、相撞追尾等恶性事故，进而造成人员伤亡和财产损失。为迅速及时抢救生命、尽快恢复现场、确保交通的畅通、降低损失，要迅速进行救援工作。地铁车辆在运行中由于空间狭小，无法用大型机械进行救援，只能用特殊设计的起复救援设备。

轨道交通线路在开通运行时必须配备一些救援设备以应对紧急情况。此类设备具有小型、集成、轻便等特征，主要有车辆出轨起复设备、车辆倾覆复位设备、横向平移设备、橡胶充气抬升设备、剪切设备、扩张设备、动力控制操作设备、切割设备、应急照明设备、转向架运载小车、通信设备、高压验电设备、接地设备等,以及发电机组、汽油发动机、液压泵、空气压缩机组等动力装置。

为提高救援速度,快速将救援设备送至事故现场,一般情况下,应将所有救援设备集中存放在专业救援车辆内,一旦接到救援命令,立即将其送至事故现场。

地铁车辆的起复救援系统的布置要按网络运营的要求,从路面道路、站台情况,高架、地面、地下线路条件,车辆车型的发展,事故发生的时间、位置等因素综合考虑。地铁车辆的起复救援的布置有以下几方面内容。

(1)布置救援点:包括救援范围(跨度、覆盖半径)。

(2)配置救援人员:一般由专业救援人员实施救援,但要补充一些现场配合搬运的辅助人员和其他人员。

(3)配备救援设备:一般常规的救援设备存放在各救援点,特殊设备可以在救援时进行统一调配,相互补充。救援设备的配备要做到种类和功能齐全。

(4)制定救援预案:及时做好车辆救援应急预案,定期、定时进行模拟演练,做好救援设备的保养。救援预案包括现场指挥协调、现场通信联络、现场封锁、车辆起复方案、救援人员的岗位要求等,确保救援工作有条不紊。

二、主要轨道车辆检修设备的应用

1. 不落轮旋床

1)概述

不落轮旋床用于在轨道车辆整列编组不解体的情况下对车轮轮缘和踏面的擦伤、剥离、磨耗的修理加工,各种数据的测量,车轮形状的恢复。

不落轮旋床安装在标准轨面下,如图3-21所示。进行轮对切削修理的轨道车辆不用进行任何分解,直接驶上不落轮旋床与地面固定轨相连的活动道轨,就能进行轮对的切削修理。

图3-21 不落轮旋床

2）特点

（1）测量和切削精度高。

（2）采用变频技术进行驱动电动机的调速，切削速度平稳、可调。

（3）通过更换不落轮旋床两侧加压的形式，可对不同类型的转向架轴箱进行定位加压，能使各形式的转向架正确定位并对其车轮进行加工切削。

（4）通过预置在计算机内的各种轮缘曲线，实现标准轮缘和经济型轮缘的多种形式切削。

3）功能

（1）能对车轮轮缘进行旋削加工。

（2）能使护轨自动对中。

（3）能进行车轮轮缘形状的测量。

（4）能进行车轮直径的测量。

（5）能进行各种车轮轮缘形状曲线的编程。

（6）具有将铁屑破碎自动密封输送至地面的排屑功能。

（7）不落轮旋床切削时，具有自动防滑功能，即在切削打滑（或卡死）时能自动退刀和停机。

（8）具有各种数据打印和记录存储功能。

（9）具有压下保持装置。

（10）在不落轮旋床切削时，具有自动断屑功能。

（11）能进行切削加工量的自动测算。

（12）能进行不落轮旋床故障检测和查询。

（13）具有完善的防误操作系统。

（14）具有故障的自动诊断及报警显示功能。

4）附属设备

（1）车辆牵引设备：在接触网断电情况下，通过不落轮旋床，能对轨道车辆进行牵引移动，以便逐个对轮对进行加工旋削。

（2）供电接触网连锁装置：旋轮库设计有带供电接触网和不带供电接触网两种形式，早期设计的旋轮库一般带供电接触网，以便让轨道车辆自行通过。高压供电系统以轨道作为回路，不落轮旋床的活动连接轨与固定轨相连，可能会造成供电接触网的高压电直接引入不落轮旋床，对不落轮旋床造成致命的破坏，所以这类旋轮库应有供电接触网与不落轮旋床的连锁保护装置。

2．列车自动清洗机

1）概述

列车自动清洗机用于对车体进行清洗。通过列车自动清洗机端部和两侧不同形式的清洗毛刷组，将水和清洗剂喷射在车体上，再对车体的前后端部、车体两侧、车门、车窗玻璃进行滚刷。列车自动清洗机配有水处理循环回用系统、软水系统、牵引系统（选配项目）等。

列车自动清洗机的清洗方式按清洗地点分为户外型（室外型、露天型）和室内型；按轨道车辆清洗时的牵引方式分为侧刷固定型和侧刷自走型。

（1）侧刷固定型。轨道车辆以低于 3km/h 的速度运行（或被牵引），列车自动清洗机清洗毛刷组对车体的前后端部、车体两侧、车门、车窗玻璃进行清洗。

（2）侧刷自走型。轨道车辆不动，列车自动清洗机清洗毛刷组沿着固定行走轨道移动，对车体的前后端部、车体两侧、车门、车窗玻璃进行清洗。

目前，列车自动清洗机一般采用室内侧刷固定型。

2）特点

（1）具有清洗装置。

由预湿喷管、清洗刷、侧面漂洗刷、初洗管、总洗管和车窗冲洗管等组成清洗装置。清洗装置按程序对车体的前后端部、车体两侧、车窗进行清洗。

清洗装置按清洗部位的不同可分为端头（车头尾）清洗装置和车体侧面清洗装置。

① 端头（车头尾）清洗装置。

端头（车头尾）清洗装置由喷液管（内装化学试剂）、清洗管、清洗旋转滚刷、滚刷上下角度调整装置、机架前后驱动装置等组成，能自动定位，并沿辅助轨前后移动，对车体（固定不动）前后端部车头、车尾进行清洗，安装于清洗架上的清洗旋转滚刷能上下变角移动。清洗旋转滚刷与水平的夹角在-90°～90°之间可调。在清洗时，清洗旋转滚刷与车体表面的接触压力应保持恒定，以达到最佳清洗效果。

② 车体侧面清洗装置。

车体侧面清洗装置对车体两侧、车门、车窗玻璃进行清洗。该装置的侧面漂洗刷是固定的。有些侧面漂洗刷采用特殊设计和程序控制，能对不同形式的车头、车尾进行清洗。

（2）清水清洗/化学清洗自由选择。

根据车体的清洁程度，可自由选择清水清洗和化学清洗。

（3）具有自动/人工两种清洗模式。

在自动清洗模式下，列车自动清洗机按程序对车体进行自动清洗。在人工清洗模式下，可任意操作列车自动清洗机中一个清洗装置对车体进行清洗。

（4）具有水循环系统。

由预湿喷管、清洗管、过洗管、窗洗管等部分组成完整的一个水循环系统。

（5）具有水处理系统。

水处理系统由集水槽、回用水池、沉淀池、过滤网、循环水道和排污管（污水处理管）组成。污水进行处理后可循环利用。

（6）安全保护系统完整、功能齐全、安全可靠。

① 具有保温防冰冻排水装置。

如果冬季气温低于 0℃，可打开该装置水管排放阀，自动排干管内剩水，并用压缩空气吹干管子内壁，防止清水结冰胀裂水管。

② 具有自动故障检测功能，且采用叠式方法处理故障显示。

③ 具有全方位状态检测和保护功能。

全方位状态检测主要包括所有水箱、水池的液位检测；化学清洗剂储量箱液位检测；车辆位置红外线检测；清洗毛刷位置检测；压缩空气压力检测。保护功能主要包括各类状态声光警示；具有紧急按钮；与供电接触网连锁；各类水泵、电动机过载保护显示。

3. 地面式架车机

1）概述

地面式架车机能同步提升 N 节不解钩的车辆单元，以便对车体下部的机械、电气部件进行维修、保养和更换。地面式架车机具有使用方便、操作灵活等特点。地面式架车机的操作控制台能控制整套机组的升降，也能设定机组提升的组合数量。地面式架车机可分为固定式架车机（见图 3-22）和移动式架车机（见图 3-23）两种。

图 3-22　固定式架车机

图 3-23　移动式架车机

移动式架车机又可分为有轨移动架车机和无轨移动架车机。有轨移动式架车机单台机座下有一套完整的液压装置和移动轮，由液压系统控制移动轮的伸缩。当移动轮伸出后，整台机架在辅助轨上移动，随意定位。定位后，液压系统释压，移动轮复位且不承受任何载荷（由机座承载）。无轨移动式架车机则不需要辅助轨，靠其自身带有的万向轮移动定位。

2)特点

(1)机组任意组合。

(2)同步提升误差小:架车机联动时,单台之间的误差范围为±4mm。

(3)保护装置齐全。

① 每台地面式架车机均设有急停按钮。

② 具有安全螺母保护装置:每台地面式架车机均配有安全螺母;一旦升降螺母失效,安全螺母开始启用承载功能,保证提升臂不下垂。

③ 具有电气保护装置:每台地面式架车机有6组限位开关和螺母松动磨损检测开关。

④ 具有负载过电流保护装置。

⑤ 具有故障显示功能:通过操作控制台的指示能显示故障的信息。

4.地下式架车机组

1)概述

地下式架车机组是由两个独立的车体架车机和转向架架车机组成的一套架车系统,能同步架起 N 节车辆单元。在地下式架车机组复位时,其最高平面与地面轨道处于同一水平面。在检修作业中,地下式架车机组的车体架车机和转向架架车机配合使用,能提升车辆,也能轻易落下车辆中任意一个转向架或轮对,并从车辆下轨道中推出,使用极为方便。操作控制台能设定地下式架车机组提升的车辆单元数量(1节车辆为1组),可分别选定1组(1节车辆)、2组(2节车辆)和3组(3节车辆)的提升。

2)应用

地下式架车机组能独立地对车体、转向架进行提升,两套提升机构的提升高度随意控制,并且相互连锁保护。地下式架车机组配合铲车、液压升降台等设备,能对车体下的所有零部件进行维修,如转向架的拆装(包括转向架的中心销、牵引插杆、横向减振器、抗侧滚扭杆等拆装)、牵引电动机的拆装、齿轮箱的拆装、换轮对中的保险杆的拆装以及空气压缩机总成、电阻箱、垂直减振器、车钩、代机架及单个轮对的拆装,是轨道车辆检修工作中不可缺少的重要设备。

3)特点

(1)地下式架车机组的两套提升装置能单独进行转向架和车体的升降,配合使用时功能更强,且落转向架极为方便。

(2)地下式架车机组的安装形式为地下式,设计巧妙、安全;平时,地下式架车机组场地能供其他检修使用。

(3)地下式架车机组的安全保护装置齐全。

① 具有托架防护盖板:当转向架托架和车体托架提升后,原转向架托架和车体托架位置上均有能承载200kg的防护钢板自行升至与地面相平,以防止人或其他物品的下坠,造成其他人身伤亡事故和机械故障。

② 具有托架下降中途安全距离自停功能:当攀升后的车体下降到安全警示位置,一般为转向架托架平面距地面 400mm 时,托架自动停止下降,在现场工作人员确认车体下

无任何人和物品等情况后,再次启动托架下降。

③ 具有操作台两侧安全操作功能:操作台一侧用于主操作,另一侧的视线死角(车体挡住视线)有副操作盒(用于安全监护操作)。当托架上升或下降时,操作台两侧的操作均能紧急停止。当地下式架车机组启动时,必须在操作台两侧进行确认操作。

④ 电气保护装置齐全:每个地下式架车机组有6组限位开关、负载开关、螺母磨损/断裂限位开关等,确保地下式架车机组的安全可靠。

⑤ 具有车轮锁死防滑装置:一旦地下式架车机组离开地面,托架表面防滑装置启用(选配)。

⑥ 任何一个安全装置动作,地下式架车机组系统的主电流将被断开。

⑦ 具有安全螺母:每个升降部件均配有安全螺母,一旦升降螺母失效,安全螺母开始启用承载功能。

(4)同步误差小:同步误差范围为±6mm(上升速度为600mm/min)。

(5)具有负载感应装置:在无负载情况下提升托架时,以编程的模式操作该装置,直到安装在所有托架的负载传感器动作后,并对这种模式再次确认后,才能按编组的方式继续运行托架,有效地保证了提升托架的安全可靠性。

(6)具有故障显示功能:通过地下式架车机组上的显示装置提供地下式架车机组故障的信息。

5. 转向架清洗机

1)概述

转向架清洗机用于转向架的清洗。该设备采用全封闭形式,内部设有封闭的清洗房、喷淋系统、污水处理系统、控制系统、蒸汽加热系统等。转向架从车辆上分解拆下后,因高油污和积尘而对其进行清洗。转向架由该设备上的传送机构送入全封闭的清洗房内,在启动该设备程序后,由清洗喷管喷出被加热到20℃以上的清洗水和漂洗液,对转向架进行自动清洗,并在规定的时间内完成,最后将清洗完的转向架送出清洗房。其中,加热系统一般采用蒸汽加热式。

2)特点

(1)具有完整的清洗工艺:高压清洗、漂洗;干燥工艺完整、连续自动;能根据被清洗转向架上油污程度单独设定冲洗、漂洗、干燥的工作时间。

(2)能进行水温控制:具有蒸气加热清水、漂洗水的功能,且加热温度可调;常用水温为20℃,即可达到清洗效果。

(3)具有污水处理系统:能对清洗、漂洗后的污水进行处理回用。

(4)清洗水嘴能够移动喷射:布置于上下左右四面的水嘴排,能在清洗和漂洗时左右移动、动态清洗。

(5)干燥装置完好:清洗室和水箱采用不锈钢材料焊接而成;顶部装有两台离心式冷凝风机,用于排放蒸气,实现通风干燥。

6. 金属橡胶弹簧试验台

1）概述

金属橡胶弹簧试验台适用于减振的金属橡胶弹簧（一系橡胶弹簧）的试验，能进行金属橡胶弹簧负载变形、刚度的测试，完成金属橡胶弹簧的选配工作，保证转向架一定的轴重分配。

金属橡胶弹簧试验台由传感器、计算机、液压机械三大部分组成，分别完成金属橡胶弹簧加载前后几何形状的变化量检测，数据的传递、放大、计算及液压系统工作。该设备还配有两台专用打印机，供打印不同的数据标签使用。

2）功能

（1）具有测试功能：对金属橡胶弹簧进行分类（动车和拖车）加载试验，测出它的刚度曲线和几何尺寸。

（2）具有配对功能：通过比较存储在计算机中的被测金属橡胶弹簧的刚度特性，选出性能上最相近的一组（2只、4只或8只）金属橡胶弹簧进行配对，保证装车使用的特性。

（3）具有查询功能：通过菜单能查阅出任何一只被测试过的金属橡胶弹簧的性能参数和曲线图。

（4）具有打印功能：可对被测金属橡胶弹簧的性能参数、曲线图、标签进行打印。

7. 空气压缩机总成试验台

1）概述

空气压缩机总成试验台一般为进口专用设备，主要用于对维修后的空气压缩机进行磨合，可检测其排气量、工作温升及压缩机启动性能等。空气压缩机总成试验台由空气压缩机组、操作控制台、电源柜、稳压缸、储风缸等组成。空气压缩机总成试验台的试验数据由计算机进行记录并存储。

2）功能

（1）可进行空气压缩机检修后的磨合试验。

（2）可进行空气压缩机排气量的试验。

（3）可进行空气压缩机工作过程的温升试验。

（4）可进行空气压缩机超负荷试验。

（5）可进行空气压缩机泄漏试验。

（6）可进行空气压缩机启动性能试验。

（7）可进行空气压缩机试验时间的设置和计时。

（8）可进行空气压缩机振动试验。

（9）可进行空气压缩机试验数据的记录、存储、打印。

（10）具有安全保护功能，常用电气连锁装置，能进行高温、气压、油压保护。

8. 单元制动机试验台

1）概述

单元制动机试验台可对轨道车辆单元制动机进行各项性能指标的试验。该设备由左右机架、压力传感器、位移传感器、压力表、控制台等组成。

2）功能

（1）可进行强度试验：检验单元制动机的机械强度。

（2）可进行压力试验。

（3）可进行泄漏试验：检查闸缸规定时间内的泄漏程度。

（4）可进行间隙调整试验：检查间隙调整器的容量和活塞最大行程。

（5）可进行活塞杆推力试验：检验常用制动和弹簧制动是否达到规定压力值和行程。

（6）可进行紧急缓解装置（辅助缓解装置）试验：检验紧急缓解功能。

（7）具有测试数据实时显示的功能：能自动记录、保存、打印、检索各项测试数据。

（8）具有图形曲线实时显示加载压力、位移等数据的功能。

注意：不同轨道车辆单元制动机检测项目会有所不同。

9. 受电弓测试台

1）概述

受电弓测试台用于轨道车辆受电弓弓体试验，能试验升弓情况下受电弓的静态特性。

2）主要特点

（1）受电弓测试台的测力传感器固定于机箱内，有利于传感器保护，延长使用寿命。

（2）受电弓测试台的3个测位传感器可对弓杆位置实施先进的不接触测量，使弓体在测试时处于完全不受外力的自由状态，从而提高了测试精度。

（3）受电弓测试台的测力系统设置"力标定"键，可对受力曲线的原点和斜率进行高精度的标定，从而提高了测试精度。

（4）受电弓测试台可即时显示当前测试数据或完成测试的数据，并可分项显示弓体已测数据的合格情况。

（5）受电弓测试台可显示和存储日期、风压、车型、车号、工号、端号等数据。

（6）受电弓测试台具有数据打印功能。

10. 救援复轨组合设备

1）概述

救援复轨组合设备可对脱离轨道的故障车辆进行现场恢复，保障线路畅通（见图3-24）。救援复轨组合设备包括横向位移设备、液压牵引器、切割扩张设备、气垫复轨装置、应急电源、气割设备及转向架轮对救援运载小车等。

图 3-24　车辆救援现场

2）横向位移设备

横向位移设备是救援设备中主要的、常用的设备。

典型的横向位移设备包括一台带内燃机的有多路输出控制的液压控制器、若干组高压连接油管、各种液压千斤顶、连接板、横向千斤顶、各种规格的垫板。在使用横向位移设备时，通过操纵液压控制器，控制液压千斤顶的升降和横向千斤顶的左右移动，让脱轨车辆复轨。

（1）横向位移设备具有顶升高度可调、顶升方向可变、水平横向移位、顶升部位（点）可变、单点起复、双点起复的功能。

（2）横向位移设备具有轻便、安全可靠、结构形式较新的特点，可以在隧道内或高架上狭小空间条件下进行拆装操作。

3）液压牵引器

在车辆失去动力牵引或现场无法实施其他牵引手段时（如机车牵引），可采用液压牵引器来进行短距离大牵引力的救援。液压牵引器由两个轨道固定夹固定在轨道上，而液压油缸通过单向阀来锁定牵引方向。

4）切割扩张设备

（1）切割：操作液压控制器对切割机械和剪切机械进行操作，对受损变形的车辆外壳和内部材料实施切割，以实施救援。

（2）扩张：操作液压控制器对扩张设备进行操作，对受损变形的车辆外壳（主要是活动部件，如门、窗等）进行扩张，产生救援通道，以实施救援。

5）气垫复轨装置

气垫复轨装置为充气式气囊，用特种橡胶制成，未充气时厚度只有 20mm，是对体积相对较大千斤顶的一种补充，在要实施救援处的位置间距较小时使用相当有效（如采用千斤顶位置不够）。例如，车辆在隧道中倾覆救援，就能快速扶正倾斜的车辆。

气垫复轨装置气源为小型高压钢瓶，由一个两路控制气阀控制充气动作。

6）应急电源

应急电源对救援现场提供电力供应（照明、小型电动工具），一般采用发电机供电的形式。照明则采用蓄电池照明。蓄电池有轻便、安全电压、无噪声等优点，但有电池容量比较小、无法长时间使用的缺点。发电机供电的优点是功率大，能长时间对照明和其他动力进行供电；其缺点是噪声大。

应急电源一般要配齐蓄电池及发电机两种设备。

7）气割设备

气割设备一般为小型气割设备，由气割枪、氧气钢瓶等组成，在救援现场实施气割作业。

8）转向架轮对救援运载小车

轨道车辆在运营中如果走行部分（转向架轮对）发生轴承烧损、齿轮咬死、齿轮箱悬挂装置失效等故障，致使某个轮对不能转动而无法实施牵引，使用转向架轮对救援运载小车，将故障轮对托起，由转向架轮对救援运载小车替代车轮转动，使故障轨道车辆尽快撤离现场，迅速恢复轨道交通线路的运行。

实操训练

一、地下式架车机操作规程

地下式架车机

（1）举升设备工作区域必须定期清洁，不得有任何障碍物、油污等，确保架车作业的安全。

（2）班前认真检查设备，查看是否存在设备损伤、故障或其他安全隐患，并将异常情况立即报告给技术设备科。

（3）在设备举升之前，应目视检查设备的原始状态是否正常（车辆位置是否正确地落在轨道梁举升区域、架车点是否准确地和车体架车单元托头对准等）。

（4）架车过程要严格履行检查责任，设备的架车位置必须和车辆的架车点一一对应并检查无误后方可架车。

（5）在启动设备或落下设备之前，要认真查看，确保没有人或障碍处于工作区域。

（6）在设备启动、停止及工作过程中，应按照操作说明进行操作，并实时注意屏幕上的提示信息和面板上的各种指示是否正确。

（7）在上升、下降过程中遇有任何紧急情况时，应及时按下急停按钮。

（8）在本次操作结束或人员换班时，必须对设备进行有效的监控（如交接记录、故障情况等），坚决杜绝未经授权的人操作该设备。

（9）出于安全考虑，作业人员应根据工作环境的要求或相关法律的规定穿戴工作服、工作鞋、工作帽等。衣服穿戴等不要松散，以免被设备或其移动部件挂住而损伤人体。

（10）确保设备上相关的安全标志、安全警示等的完整、清晰，设备各部位铭牌清洁，各项参数清晰可辨。所有作业人员均应遵守与设备相关的安全说明及警告。

（11）如果在设备操作过程中发生与安全相关的问题，应立即停止设备，并记录故障，报告给技术设备科。

二、洗车线维护保养工序

1．侧刷组、甩干刷组

（1）气压：检查气压的数值是否在额定范围内。

（2）紧固件：检查有无松动。

（3）限位传感器：检查是否正常。

（4）橡胶缓冲块：检查是否完好。

（5）活动限位挡块：检查摆出及回位是否正常。

（6）三联件：进行排污及加油。

（7）轴承：加润滑脂。

（8）刷毛：检查刷毛磨损情况。

（9）减速机：换润滑油。

2．端刷组

（1）气压：检查气压的数值是否在额定范围内。

（2）紧固件：检查有无松动。

（3）拖链：检查拖链往复拖拉是否顺畅。

（4）上导轮：检查导轮转动是否灵活，螺栓有无松动。

（5）小车轮：检查车轮转动是否灵活，螺钉有无松动。

（6）限位传感器：检查是否正常。

（7）橡胶缓冲块：检查是否完好。

（8）活动限位挡块：检查摆出及回位是否正常。

（9）刷子导轮：检查导轮磨损情况及螺栓有无松动。

（10）三联件：进行排污及加油。

（11）轴承：加润滑脂。

（12）刷毛：检查刷毛磨损情况。

（13）减速机：换润滑油。

3．喷水管

（1）喷嘴：检查有无缺少或堵塞，以及喷射角有无变化。

（2）水压：观察有无异常。

（3）水量：观察有无异常。

4．水泵

（1）压力：观察压力表有无异常。

（2）阀门：观察有无变化。

(3)流量：观察有无异常。

(4)电动机：观察有无异常。

5．水池

(1)液位计：观察是否正常。

(2)生化风机：观察运行是否正常。

(3)水质：检查水质情况。

6．过滤器

(1)气动阀门：观察是否正常。

(2)水质：检查水质情况。

(3)活性炭填料：更换填料。

7．空压机

(1)气压：观察有无异常。

(2)压缩机：观察运行有无异常。

8．储气罐

(1)压力表：观察有无异常。

(2)排水：排水是否正常。

9．通风机

观察运行是否正常。

10．电控系统

(1)电气元件：观察有无异常。

(2)自动控制电路：观察有无异常。

三、桥式起重机安全操作规程

(1)开车前应认真检查机械设备、电气部分和防护保险装置是否完好、可靠。如果控制器、制动器、限位器、电铃、紧急开关等主要附件失灵，严禁吊运物件。

(2)必须听从信号员指挥，且当任何人发出紧急停车信号时，都应立即停车。

(3)驾驶员必须在确认指挥信号后方能进行操作，开车前应先鸣铃。

(4)当接近卷扬限位器，大、小车临近终端或与邻近行车相遇时，要使其速度缓慢。不准用倒车代替制动、限位器代替停车开关、紧急开关代替普通开关。

(5)应在规定的安全走道、专用站台或扶梯上行走和上下。除检修外不准在大车轨道两侧行走。严禁在小车轨道上行走。不准从一台桥式起重机跨到另一台桥式起重机。

(6)在工作停歇时，不得将起重物悬在空中停留。在桥式起重机运行中地面有人或落放吊运的物件时，应鸣铃警告。严禁吊运的物件在人头上越过。吊运的物件离地不得过高。

（7）两台桥式起重机同时起吊一个物件时，要听从指挥，步调一致。

（8）在桥式起重机运行时，桥式起重机与桥式起重机之间要保持一定的距离。

（9）在检修桥式起重机时，应将桥式起重机靠在安全地点，切断电源，挂上"禁止合闸"的警示牌，而且在地面要设围栏，并挂"禁止通行"的标志。

（10）在桥式起重机起吊重吨位物件时，应使该物件先稍离地试吊，确认吊挂平稳、制动良好后升高，并缓慢运。

（11）在桥式起重机运行时，严禁有人上下，也不准进行检修和调整。

（12）如果在桥式起重机运行中发生突然停电，必须将开关手柄放置"0"位。在吊运的物件未放下或锁具未脱钩时，不准离开驾驶室。

（13）当由于突然故障而引起吊运的物件下滑时，必须采取紧急措施，将吊运的物件向无人处降落。

（14）当遇有风暴、雷击或六级以上大风时，应使露天桥式起重机停止工作，切断电源，并在车轮前后应塞垫块卡牢。

（15）在夜间作业时，应有充足的照明。

（16）驾驶员必须认真做到"十不吊"。

① 超过额定负荷的不吊。

② 指挥信号不明、重量不明、光线暗淡的不吊。

③ 吊绳和附件捆绑不牢、不符合安全规则的不吊。

④ 直接对桥式起重机吊运的物件进行加工的不吊。

⑤ 歪拉斜挂物件的不吊。

⑥ 物件上站人或物件上浮放着有活动物的不吊。

⑦ 物件如氧气瓶、乙炔发生器等具有爆炸性的不吊。

⑧ 物件带棱角、缺口、未垫好的不吊。

⑨ 埋在地下的物件不吊。

⑩ 盛装过满的液态或流体物件不吊。

（17）工作完毕，应将桥式起重机停在规定位置，升起吊钩，小车开到轨道两端，并将控制手柄放置"0"位，切断电源。

四、移动式架车机的维护和保养

1. 日常保养

1）清理设备表面堆积的灰尘、油污等

（1）清除设备外表，电气设备箱（柜）内外，电动机、减速器和金属结构的可擦拭部分的灰尘、油垢、杂物等。

（2）所有设备运转表面，叉车、运输车辆等的进入区域均应保持干净，确保没有油污造成的任何安全隐患。

（3）设备所有的标记及符号等都应保持原有的位置和状态，且清晰可见。

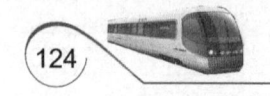

2）功能检查

（1）在设备运行过程中，检查并查找不正常的噪声。

（2）在设备运行过程中，目视检查设备是否运行正常、平稳。

（3）在设备运行过程中，目视检查设备的各项功能是否能够完好、正确地实现。

（4）在设备运行过程中，检查并确认各指示灯和蜂鸣器的功能是否正常。

2．齿轮马达、齿轮箱、设备机壳及润滑组件泄漏检查

（1）目视检查齿轮马达、齿轮箱及设备机壳是否有漏油的现象。

（2）各润滑组件是否牢固，以及是否有损坏的现象。

3．齿轮箱油位检查及换油

（1）打开齿轮箱前后，应清理注油塞及放油塞附近区域，避免带入灰尘或污物。

（2）如果要更换润滑油，应该在润滑油尚未完全冷却时（具体方法：在机械部分未冷却时，用手轻碰最热部分以检查润滑油温度）放润滑油，这样可以将润滑油放得干净。

（3）目视检查减速电动机的下方及箱体表面是否有油迹。必须着重检查油封、密封盖、端盖等箱体接合处；如果怀疑漏油，必须先将减速电动机外表清理干净，在大约24h以后重新检查。

（4）检查减速电动机油位。

① 油位检查只能在减速电动机停止工作且润滑油温度冷却下来时进行。此时，必须确保开关不会意外闭合。

② 旋出相应的油位塞（减速电动机设有红色油位塞标示该减速电动机相应的油位）。

③ 最高油位应位于油位孔的底部。

④ 最低油位比油位孔底部边缘低大约10mm。

⑤ 如果油位塞的螺纹损坏，必须清理螺纹孔，更换新的油位塞，并在螺纹部位涂抹Loctite242或Loxeal54-03螺纹密封胶。

⑥ 油位塞上的密封垫损坏时必须更换。

⑦ 用正确的力矩（M10螺栓力矩为60N·m，M12螺栓力矩为96N·m）将配有密封垫的油位塞拧紧。

⑧ 最后检查先前卸下的放油塞等是否都已正确地拧回。

4．螺纹连接检查

检查所有可视的螺纹连接，且重点检查钢结构部位、举升单元和钢结构连接部位、轨道梁部位等的螺纹连接。

5．钢结构及设备主体部分零部件检查

目视检查钢结构及设备主体部分零部件，且主要检查是否存在明显的变形及裂纹。

6．测量丝杠/螺母传动系统两螺母之间的间隙

用卡尺测量丝杠/螺母传动系统两螺母之间的间隙，每次测量结果均需记录，以便日后

观察；设定的丝杠/螺母传动系统两螺母之间初始间隙为10mm；当丝杠/螺母传动系统两螺母之间的空隙减小到7mm时，必须更换承载螺母。

7．设备润滑

（1）减速箱：通过油浴润滑。
（2）丝杠/螺母传动系统：用单点注油器注油润滑。
（3）丝杠推力轴承部位：用油枪定期注脂。
（4）导向面：涂抹防锈蜡或润滑脂防止生锈。

任务四　识别轨道车辆检修基础设施

工作环境
在轨道交通车场综合检修库开展轨道车辆检修基础设施实践操作。

器材准备
工　　具：水平仪、工具锤、米尺、工具铲、毛刷、抹布、润滑油、记号笔。
设　　备：停车线、出/入段线、牵出线、静态调试线、试车线、洗车线。
材　　料：各线路备用工件。
劳保用品：工作服、安全帽、劳动手套、绝缘鞋。

素质培养
（1）培养学生一丝不苟的工作精神。
（2）培养学生分析问题、解决问题的能力。
（3）培养学生踏实肯干的工作态度。
（4）培养学生沟通协调的能力。
（5）培养学生团队协作的意识。

学习目标
（1）了解轨道车辆检修基地的功能及建设规模。
（2）熟悉轨道车辆检修场地的主要线路。
（3）熟悉轨道车辆检修库、车间及主要设备。
（4）掌握轨道车辆检修基地的选址原则。
（5）掌握轨道车辆检修基地的布置原则。

基础知识

一、轨道车辆检修基地概述

1．轨道车辆检修基地的功能

轨道车辆的各级检修工作必须在专门的车辆检修基地（以下简称"检修基地"）进行，

轨道车辆退出运营后也要进入检修基地进行清扫、洗刷、消毒等工作。因此，检修基地是轨道车辆停放、检查、维修、保养的专门场所，是保证轨道车辆良好的技术状态和城市轨道交通正常运行的重要基础。检修基地根据功能和规模的大小可分为车场和车辆段。

检修基地是以车辆检修、运用为主的。但为满足地铁系统管理需要，方便组织轨道车辆各专业检修工作，将工务、通信、信号、机电设备等专业检修与检修基地一并考虑。这样有利于协调各专业检修工作的衔接及管理，并可以合理规划、统一使用场地和设备，同时有利于实现计算机网络和现代化管理。

1）车场

车场是轨道车辆停放的场所，承担轨道车辆的停放、洗刷、清扫、日常检查和乘务工作。每条轨道线路依据其长度和配属车辆数设置车场，或者根据需要增设辅助车场。辅助车场一般只设置停车设施，并仅承担轨道车辆的停放、清洁工作。

车场配备轨道车辆运用、整备和日常检修及配套设施，主要有停车列检库、调机库、临修库、不落轮旋床库、车辆自动洗刷库，以及出/入段线、试车线、洗车线、车库线、牵出线、存车线、走行线等各种辅助线路。车场主要设备有轨道车（内燃机）、自动洗车机、不落轮旋床、车辆救援设备，以及为车辆临修服务的架车机、起重机等。

2）车辆段

车辆段主要有以下功能。

（1）承担所属线路轨道车辆停放、清洁、列检工作。

（2）承担所属线路轨道车辆定修（年检）以及检查、临修工作。

（3）承担所属线路和由多条联络线路相沟通的线路轨道车辆架修、大修工作。

（4）承担轨道车辆零部件的检测、修理工作。

车辆段要在停车场的基础上增加轨道车辆架修、大修的设施、设备。轨道车辆主要检修方式采用部件互换修。同时，车辆段要具备轨道车辆零部件的检修能力。

车辆段的轨道车辆检修设施主要有架修库、大修库、静调库和部件检修间，一般还设有油漆间、熔焊间、机加工间和必要的辅助间等。轨道车辆架修、大修主要设备有架车机、公路和铁路两用牵引机、移车台或车体吊装设备、轨道车辆油漆设备、轨道车辆静态/动态调试设备，以及转向架、车钩、电动机等。承担轨道车辆转向任务的车辆段还应设置轨道车辆的回转线。

车辆段内无物资总库时还要设置材料库，并配备必要的运输和起重设备。

车辆段划分为检修区和运营区。所有的检修工作集中在检修区进行；轨道车辆的停放、列检、乘务工作均在运营区进行。

车辆段还兼有综合检修基地的功能。综合检修基地是保障线路各系统正常运行的保障基地和管理部门。

综合检修基地包括检修车间、材料总库、特种车辆库、办公楼等设施。

2. 检修基地选址原则和布置原则

1）检修基地选址原则

检修基地位置的选定要从技术、经济和环境等因素综合考虑。

检修基地选址原则

（1）要有足够的场地面积，相邻单位和居民要少，尽量减少拆迁费用，减少对周围环境的影响。

（2）设置于城市轨道交通网络的较佳点，便于轨道车辆的出车和收车，减少轨道车辆空走距离。

（3）要有通畅的道路与外道路相邻，便于各种车辆的进出，邻近铁路，便于各种车辆与铁路之间的接轨和转运。

（4）根据城市轨道交通网络规划，留有远期发展的余地。

（5）避开工程地质不良地段。

（6）场地具有良好的自然排水条件；尽量避开受洪水影响地形；制定切实可行的防洪措施。

（7）检修基地的纵轴尽可能与本地区的主导风向一致或成较小角度。

（8）要有利于电力、通信等线路，供、排水管路的设置。

2）检修基地布置原则

检修基地的总体布置应满足停车功能和检修功能，还要根据占地的形状和地形，因地制宜，综合考虑。

一般来讲，细长的地形便于布置，有利于节约用地，便于管理、减少干扰。一般将检修库和停车库并列布置，这样便于工作的互相联系和减少占地面积。

停车库尽可能布置成贯通式。各种车辆可以由停车库两端进出，大大提升车场道岔处的轨道车辆通过能力，一般还要设置连通两端的联络线，对各种车辆的灵活调度、运用，缩短出/入库时间具有明显的优点。

检修基地的总体布置还要遵循以下基本原则。

（1）根据轨道车辆运行组织和轨道车辆检修规程的要求，保证作业流程顺畅、安全、便利，减少各工序流程间的冗余时间，轨道车辆空走和运输距离。

（2）检修基地内道路尽量避免与生产运输的道路交叉。当需要交叉时，交叉角应在45°～90°；交叉道口不应有影响轨道车辆驾驶员瞭望视线的障碍物，且必要时设置人工监护或自动道口栏杆及报警装置；道口应采用混凝土硬化地面，平整顺畅。

（3）检修基地的布置一般分为车辆运用区、车辆检修区、行政管理区和后勤服务区。各功能区域尽可能集中设置，可以集中考虑水、电、通信等各种线路、管道设施的布置，统一处理废水、废物、废气和噪声等，这样便于设备的统一使用，减少生产运输路程，方便职工的就餐、就医、上下班交通等生活需要。

（4）在满足功能的前提下，尽量减少用地面积，并为长远发展留有余地。

（5）建筑物的纵轴尽可能与主导风向一致或成较小夹角，主要建筑物尽量不要处于被西晒、寒风吹到的不利朝向。

（6）检修基地的布置与建设要与城市的生态环境、文化环境、建筑特色相协调。

二、检修基地的主要线路

1. 停车线

停车线应为平直线路，一般设有车库，可以停放轨道车辆同时兼作检修线。停车线有尽端式和贯通式两种。贯通式便于轨道车辆的灵活调度，因此停车线尽可能采用贯通式。

2. 出/入段线

出/入段线是指供轨道车辆出/入车场或车辆段的线路。出/入段线一般设置为双线，并避免切割正线。根据行车和信号要求，出/入段线要留有必要的段（场）线路与运营正线的转换长度。

3. 牵出线

牵出线供段（场）内调车用。牵出线的长度和数量根据轨道车辆的编组长度、调车作业的方式和工作量确定。

4. 静态调试线

静态调试线设在静态调试库内。轨道车辆在检修完毕到试车之前，要在静态调试库进行静态调试，检查其各部分的技术状态，并对电气设备和控制电路的逻辑动作、整定值进行测试和调整。静态调试线全长设置地沟。地沟内设置照明光带。静态调试线为平直线路，同时设置车间牵引电力电源和有关的测试设备。

车辆段在轨道车辆检修后要进行轨道车辆的尺寸检查，其中在对轨道车辆水平度的检查时，需要轨道高差精度等标准较高的线路（称为零轨）。零轨宜设在静态调试线上。

5. 试车线

试车线供定修、架修、大修后轨道车辆在验收前的动态调试用。试车线的长度应满足远期轨道车辆最高运行速度、性能试验、车辆编组、行车安全距离的要求。试车线还应设置信号的地面装置，可进行车载信号装置的试验。对于一般平直线路，线路中间要设置不小于一单元轨道车辆长度的检查坑，供轨道车辆临时检查用。

试车线旁应设置试车工作间，内设信号控制和试车必需的有关设备、设施和仪器。试车线必须采取隔离措施。

6. 洗车线

洗车线供车辆停运时洗刷车辆用，其中设有洗车库。洗刷线一般为贯通式，尽量和停车线相近，这样可以减少轨道车辆走行时间，并减少对车场"咽喉"地区通过能力的压力。洗车库前后必须设置不小于一辆车长度的直线段，以保证轨道车辆平顺进出洗车库。

7. 检修线

检修线为平直线路，布置在检修、定修、架修、大修库内。架修、大修线的线间距，除根据架修作业需要，还要根据架车机等检修设备、检修平台等的布置，以及检修移动设备、备件运输车辆移位、检修人员作业需要的空间来确定。检修线中要有一条平直度要求较高的线路,用于精确测量车体地板高度。

8. 临修线

当轨道车辆发生临时故障和破损时,要在临修线上完成对车辆的临修工作。临修线度应有能停放一辆轨道车辆,并能满足轨道车辆解编的需要。

以上是保证轨道车辆运行和检修的主要线路。除此之外,检修基地内还要按需设置临时存车线、检修前对轨道车辆清洗的吹扫线,材料装卸专用线,特种车辆(如轨道车、接触网架线试验车、磨轨车、隧道冲洗车等)停车线、联络线,与铁路连通的地铁专用线等。这些线路用道岔互相连接,且道岔和信号设备连锁。设置在站场的中央调度室对电气集中控制设备进行操作,排列和开通车辆的进路,以便进行调车和取送车作业。

三、综合检修基地

综合检修基地承担全线各种设备、设施的定期检修、维护和故障维修。综合检修基地一般都和轨道车辆检修基地设置在一起,也可以单独设置,但必须设置在轨道车辆检修基地的紧邻地区。

如果城市轨道交通运营线路较长或有两条以上运营线路时,检修量大,可以设立综合检修中心。综合检修中心可下设各专业段(或车间)。如果运营线路不长或在城市轨道交通运营的初期阶段,检修量不大,可设立综合检修段(所),下设各专业维修工区。

按照专业,一般可分为下述几个段(区),根据专业特点需要有相应的检修间,并配备必要的检修设备。

通(信)、(信)号段(工区)承担全线通信(包括有线通信、无线通信、车站和车载广播、电视监控系统),以及信号设备、设施的检修、维护工作,必须设立通信检修间和信号检修间。

机电段(机电工区、接触网工区)承担全线主变电站、牵引变电站、降压变电站的运行和设备维护,以及接触网、车站通风、空调等环控设备,自动扶梯、电梯、照明、防灾报警等辅助设备的维护、检修工作,必须设置机电检修间、接触网架线实验车和相关的机械加工设备。

在综合检修基地还要配备相应的生产设施、特种车辆存放线,以及车库和办公、生活设施。

实操训练

一、确定检修基地的规模

检修基地的规模主要取决于配属车辆数和车辆检修模式,同时考虑其他专业设备的检修规模。

配属车辆包括运用车辆、检修车辆和备用车辆。配属车辆数为

$$N=N_y+N_j+N_b$$

式中 N——配属车辆数（列）；
   N_y——运用车辆数（列）；
   N_j——检修车辆数（列）；
   N_b——备用车辆数（列）。

1. 运用车辆数

运用车辆数决定于运行线路的长度、车辆的运行速度、车辆间隔和折返时间，计算公式为

$$N_y = T_z/T_j = (T_y + T_y' + t_z + t_z')/t_j$$

当上、下行线路长度和两端折返时间相同时，运用车辆数为

$$N_y = (2T_y + 2t_z)/t_j$$

即

$$N_y = \frac{2L \times 60 \times 2t_z/t_j}{v}$$

式中 N_y——运用车辆数（列）；
   L——运行线路长度（km）；
   v——运行速度（km/h）；
   t_z——折返时间（min）；
   t_j——行车间隔（min）；
   T_z——车辆周转时间，即车辆在线路上运行一个来回所需要的时间（min）；
   T_y——车辆运行时间（min）；

其中，行车间隔取决于每小时车辆运行对数，即

$$t_j = 60/A$$

式中 A——每小时车辆运行对数（对/h）。

运行对数 A 为

$$A = V_g \lambda_g / q$$

式中 V_g——每小时单向最大断面客流量（人次/h）；
   q——车辆定员数（人/列）；
   λ_g——高峰时段计划满载率，一般取 110%～130%。

2. 备用车辆数

备用车辆数是作为轨道车辆临时发生故障时投入使用的储备轨道车辆数。一般来说，运营线路 20km 及以下，配备两列备用车辆；运营线路每增加 20km，增加一列备用车辆。

3. 检修车辆数

检修车辆数取决于运用车辆数、备用车辆数、检修周期及检修的停库时间。检修车辆数的计算公式为

$$N_j = (N_y + N_b)\alpha$$

式中　N_j——检修车辆数（列）；

　　　N_y——运用车辆数（列）；

　　　N_b——备用车辆数（列）；

　　　α——检修系数。

二、设置停车库线

停车库线数为

$$S_t = (N - N_j)/n$$

式中　S_t——停车库线数；

　　　N——配属车辆数（列）；

　　　N_j——检修车辆数（列）；

　　　n——每线停放车辆数（列）。

停车库长度为

$$L_t = (L + A)N_i + B$$

式中　L_t——停车库长度（m）；

　　　N_i——每线停放车辆数（列）；

　　　L——每列车辆的长度（m）；

　　　A——两列车辆之间通道长度（m），一般为 6m（考虑停车不准确因素）；

　　　B——车辆端部通道长度（m），综合消防、运输及作业需要等因素来确定。

三、布置车场线路

（1）轨道车辆停车、检修、试验及其他作业的线路应为平直线路，其他线路的坡度不应大于 2%。由于在车场内轨道车辆是无载客运行的，且通过的轨道车辆对数较少、行车速度较低，所以线路最小平面曲线半径可根据道岔的导曲线半径及轨道车辆构造允许的最小曲线半径等因素确定。一般线路最小平面曲线半径不小于 150m 为宜。

（2）除架修线、大修线外，车场内轨道车辆可能到达的地方应设置接触网或接触轨（接通至库内）。采用接触轨的线路应有防护设施；采用接触网应在线路交界处设置醒目的标志，防止轨道车辆误入无接触网区段，造成轨道车辆受电弓和接触网的损坏事故。

（3）在线路端部应设置车挡，防止溜车。

（4）对各线路接触网应根据实际情况分区（段）供电，通过设置的隔离开关分别对各区（段）接触网停/送电，便于对轨道车辆进行各种作业。

（5）除架修、大修线外，其他线路的有效长度至少应为按远期规划轨道车辆编组长度与轨道长度之和，再加上满足驾驶员瞭望和行车安全的距离。

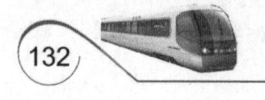

工匠楷模——聂江华

聂江华，中铁四局一公司承德梁板场项目经理。他自 2007 年以海南东环铁路文昌制梁场项目总工身份参与铁路箱梁预制施工以来，带领他的团队用精益求精、务实创新的精神，不断地创新和完善箱梁预制技术，形成了快速制梁技术、工装通用化、绿色高效施工技术等独具特色三大箱梁预制创新技术，先后取得了 2 项国家发明专利和 9 项国家实用新型专利，被授予中国中铁股份公司优秀青年项目经理、全国工程建设优秀项目经理等荣誉称号。

2015 年 10 月，承德梁板场的箱梁预制在全国工业产品生产许可证认证中取得了 95.0 分的最高得分。目前，聂江华带领他的团队承担着我国自主研发的具有国际领先水平的新型轨道板预制施工任务。他们经过优化创新，研发了具有中铁四局自主知识产权的制板台座，并进一步在施工过程中开展《CRTSⅢ型先张轨道板矩阵式张拉台座施工工法》《CRTSⅢ型先张轨道板预制施工工法》等新工艺技术研究，为中国高铁技术的发展做出新的贡献。

项目四 轨道车辆检修修程

任务一 轨道车辆日常检修

工作情景

轨道车辆日常检修是轨道车辆计划检修的重要组成部分,是轨道交通运营企业车辆检修岗位日常工作内容。轨道车辆日常检修知识是检修工上岗后必须掌握的基础内容。轨道车辆日常检修项目种类繁多、检修时间短、检修程度低,是保障轨道车辆每日正常参与运营的基础。

工作环境

在轨道交通车场列检库或列检线开展轨道车辆日常检修实践操作;在带有仿真软件的多媒体教室完成学习轨道车辆日常检修模拟操作的工作内容。

器材准备

工　　具:列检锤、强光手电筒、第四种检查器、"禁止动车"标志、三(四)角钥匙、登高梯、压力计、气压计、吸尘器、计时器。

设　　备:轨道车辆模型或实物一组(至少包含A、B、C车)、便携式计算机或记录仪。

材　　料:抹布、毛刷、清洁剂、画线笔、润滑油、蒸馏水、闸瓦、空调新风、回风滤网、压缩机进风滤网、弹簧垫圈、平垫、开口销、螺纹紧固胶。

劳保用品:工作服、安全帽、劳动手套、绝缘鞋、登高绳。

素质培养

(1)培养学生分析问题、解决问题的能力。
(2)培养学生动手操作的能力。
(3)培养学生一丝不苟的工作作风。
(4)培养学生认真负责的工作态度。
(5)培养学生责任意识。

学习目标

(1)能够实施轨道车辆日检工作。
(2)掌握轨道车辆日常检修的分类。

(3）能够实施轨道车辆月检工作。

(4）掌握轨道车辆检修内容及标准。

(5）能够依据轨道车辆状态正确选择轨道车辆的修程。

基础知识

轨道车辆日常检修按照车辆运营时间或运营里程进行划分，可以分为日检、周检、双周检、月检等修程。其中，日检、月检是轨道车辆日常检修的基础修程；轨道交通运营企业会依据轨道车辆型号的不同，结合自身的生产实际需要，灵活制定其余日常检修的修程。

一、日检

1. 定义

日检是每天必须对轨道车辆进行的检查。日检一般安排在每天的运营结束后、列车入库时进行，是最初级的检查，又称例检。日检的目的是保证轨道车辆的正常运营，且检查时间为1h左右。

2. 原则

（1）当日参与运营的轨道车辆入库后必须进行日检。

（2）当日进行日检以外其他修程的轨道车辆无须重复日检。

（3）轨道车辆断电3min后方可进行高压部件检查。

3. 内容

日检主要是对轨道车辆主电路、控制电路、受流器、牵引电动机等电气设备，走行部分的转向架构架、轮对、齿轮箱及联轴节，车载设备的控制单元及各类信号指示灯等进行检查。其中，除各控制单元的检查以外，其余多以目视检查为主，耳听、鼻嗅检查为辅。

4. 检修

日检后的检修主要完成轨道车辆易损耗件的更换、调整和补充。

（1）通过目视和车载故障诊断系统对轨道车辆技术状态和技术性能进行例行检查、检测，特别是对车下悬吊件的安装情况和转向架工作状况进行重点检查。

（2）处理临时发生的故障。

二、月检

1. 定义

月检是对轨道车辆运营时间达到一个月或运营里程数达到10000km所进行的检修、维护，检查时间为一天或半天。

2. 原则

月检以"不拆开或少拆开"为原则，以"全面检修+专项检修"为工作模式。

3. 内容

月检主要是对主电路中的受电弓、牵引电动机及电气箱，走行部分的转向架构架、轮对、齿轮箱及联轴节，车载设备的控制单元及各类信号指示灯等进行检查，以保证轨道车辆走行部分的安全、电气控制性能的良好及易损耗件具有足够的工作尺寸。

4. 检修

（1）在日检的基础上，增加部分检修项目，同时提高检修程度，并通过车载故障诊断系统对车上所有设备进行检测和性能试验。

（2）按相应检修周期，进行车轴超声波探伤、踏面修形、电气回路绝缘检测、牵引电动机绝缘检测、车下过滤器类部件清扫和除尘等专项检修。

5. 动态调试

月检与日检最大的区别是月检需要做动态调试。动态调试是对轨道车辆运行性能的考核。月检后的动态调试包括牵引试验、制动试验和驾驶室显示屏功能等检查项目。动态调试一般在试车线上进行，主要使用便携式计算机或记录仪。

实操训练

各个城市的轨道车辆的日常检修内容基本相同，只是检查顺序有所不同，下面以长春地铁以及上海地铁为例，介绍车辆日常检修操作内容。

一、长春地铁车辆日检

1. 驾驶室

1）前端

（1）检查遮阳帘；要求遮阳帘动作正常，帘布表面无破损。

（2）检查刮雨器；要求刮臂动作正常，喷水功能正常。

（3）检查前端外观；要求前端外观良好，整体无破损，罩板及裙板无裂纹，防爬器表面无裂纹，安装螺钉紧固无松动。

（4）检查前照灯、尾灯；要求前照灯、尾灯发光正常，灯罩固定螺栓紧固，灯罩无污损、无变形。

（5）检查终点站显示器；要求字幕显示正确清晰。

（6）检查驾驶室挡风玻璃；要求密封胶条完好、无丢失，玻璃无裂纹、无污损。

（7）检查联动电源插座；要求插头保护罩完好、无缺失且处于扣盖状态。

2）紧急疏散系统

（1）检查紧急疏散门；要求门扇无损伤，门窗玻璃无划伤，玻璃胶条无撕裂、破损，门解锁把手应处于"关"位，快拔销完好。

（2）检查紧急疏散梯；要求防护罩表面无损伤。

3）驾驶室门

（1）检查驾驶室门；要求门罩板锁闭状态良好，门板上螺钉无缺失。

（2）检查活动窗；要求分级锁、开口挡圈组成完好，功能正常。

（3）检查门开关；要求门开关动作平稳，无卡滞，无冲击，无异响。

（4）检查门侧扶手；要求门侧扶手紧固状态良好。

4）驾驶室内部

（1）检查壁门；要求壁门开关状态良好，门锁功能正常，门把手紧固，外部紧急解锁装置铅封完好，门挡无缺失。

（2）检查地板布；要求地板布无开裂、无鼓包、无损坏。

（3）检查顶板、内饰板；要求顶板、内饰板无松动、无掉落。

（4）检查电热器；要求外罩锁闭完好。

（5）检查照明；要求照明正常，灯管外罩无破损且锁闭安全可靠。

（6）检查驾驶员座椅；要求驾驶员座椅固定螺栓齐全、紧固，座椅前后移动、自由升降及坐垫翻动功能正常。

（7）检查驾驶员座椅的清洁情况；要求驾驶员座椅表面清洁、无污渍。

（8）检查开关门按钮板；要求开关门按钮板紧固状态良好、功能正常。

（9）检查通风单元；要求通风单元通风功能正常、锁闭状态良好，送风口调节功能正常。

5）驾驶台

（1）检查紧固螺钉；要求紧固螺钉无缺失。

（2）检查操作面板上的开关、按钮；要求其外观良好，开关位置正确，保护罩清洁、完好。

（3）检查受电弓功能；要求受电弓升降过程运动平稳、灵活、无卡滞。

（4）检查指示灯和蜂鸣器；要求指示灯显示正常，指示灯按钮功能正常，蜂鸣器鸣响正常。

（5）检查仪表；要求仪表指针指示正常，外罩无污损、无破裂。

（6）检查驾驶控制器；要求按钮按动灵活、无卡滞，钥匙旋转无卡滞，方向手柄无卡滞，人机交互屏反馈正常。

（7）检查紧急制动按钮；要求按下、旋起紧急制动按钮正常。

（8）检查电笛；要求电笛声音正常、无杂音。

（9）测试应急通风功能；要求应急通风功能正常，开启与关闭该功能的间隔时间不短于3min。

（10）检查驾驶台的清洁情况，要求驾驶台清洁、无污渍。

6）列车广播系统

（1）检查客室和驾驶室内报站声音；要求该声音清晰、音量合适、无杂音。

（2）检查紧急广播功能；要求紧急广播功能正常。

（3）检查驾驶员对客室播音功能；要求驾驶员对客室播音功能正常，声音清晰、音量合适、无杂音。

（4）检查两端驾驶室对讲功能；要求两端驾驶室对讲功能正常，声音清晰。

（5）检查紧急报警功能；要求紧急报警功能正常，蜂鸣器鸣响正常，指示灯报警时显示红色且闪烁，广播控制盒能显示报警位置，监控触摸屏能显示报警车厢画面，客室与驾驶室通话声音清晰、通畅。

（6）检查列车监控触摸屏；要求列车监控触摸屏操作功能正常，画面清晰、无卡滞现象，轮询功能正常，各个摄像头拍摄画面清晰。

（7）检查驾驶室摄像头；要求外罩无污损、无松脱。

（8）检查广播控制盒指示灯；要求列车广播系统工作时，广播控制盒指示灯正确点亮。

7）驾驶室电气柜

检查驾驶室综合柜、控制柜；要求柜体外观良好，锁闭正常，开关、按钮外观良好，开关位置正确，保护罩无损坏。

2. 客室

1）客室门

（1）检查门指示灯及蜂鸣器；要求门关好后的门关好指示灯点亮，开、关门时可听到蜂鸣器蜂鸣声，开门侧指示灯显示正确。

（2）检查开、关门动作；要求动作灵活，无卡滞，机构无异响。

（3）检查各门扇、门玻璃及门胶条；要求门扇无明显变形，门玻璃无碎裂，门胶条状态良好、无撕裂。

（4）检查门罩板锁闭情况；要求门罩板锁闭良好。

（5）检查门防挤压功能；要求门防挤压功能正常。

（6）检查门再开、关功能；要求门再开、关功能正常。

2）电气柜

检查各电气柜；要求四角锁锁闭完好。

3）座椅

（1）检查座椅；要求座椅固定牢固。

（2）检查座椅两侧与挡风板缝隙；要求该缝隙无杂物。

（3）检查座椅靠背胶条；要求座椅靠背胶条无损坏。

（4）检查残疾人区轮椅固定器；要求残疾人区轮椅固定器完好、无损坏。

4）贯通道

（1）检查棚布；要求棚布不漏水、无破损。

（2）检查内饰板及装饰裙；要求内饰板及装饰裙无变形、无破损。

（3）检查踏渡板；要求踏渡板完好，踏渡板的磨耗条无严重磨损，踏渡板间无异物。

5）其他设备

（1）检查各扶手及拉手；要求扶手固定牢固，拉手无松脱、无破损。

（2）检查电热器；要求电热器外罩锁闭完好。

（3）检查座椅下制动隔离塞门罩板；要求该门罩板锁闭良好。

（4）检查窗；要求窗玻璃无裂纹、无破损，窗胶条无塌陷、无破损。

（5）检查设备盒；要求可击碎面板完好无损，安全锤无丢失，设备盒面板锁闭正常，固定螺钉无松动、无丢失。

（6）检查摄像头；要求摄像头外罩完好，无污损、无松脱。

（7）检查照明功能；要求照明功能正常，灯管外罩无破损且锁闭安全、可靠。

（8）检查 LCD 屏；要求画面显示正常，声音播报正常、无杂音。

（9）检查动态地图；要求动态地图显示正确。

（10）检查空调送、回风格栅；要求空调送、回风格栅固定牢固、无松脱且表面整洁、无污渍。

（11）检查客室各内饰板；要求内饰板锁闭良好、无松动、无掉落、无漏水，内饰板下部脚踏板粘接牢固、无脱落。

（12）检查地板布；要求地板布无开裂、无鼓包、无损坏。

（13）检查广告框；要求广告框表面无破损。

（14）检查车体及车漆；要求车体无明显变形，车漆无污损。

（15）检查车体两侧指示灯；要求车体两侧指示灯显示正确。

（16）检查车内各标志；要求车内各标志无损坏、无缺失。

（17）检查客室温度传感器；要求客室温度传感器无损坏、无缺失，HMI 屏显示正常。

3. 车底

1）半自动车钩

（1）检查连挂机构；要求连挂机构无损坏、无异物。

（2）检查风管管路；要求风管管路状态良好。

（3）检查塞门；要求塞门无漏风。

（4）检查接地线；要求接地线安装良好，无松动、无损坏。

（5）检查紧固螺栓；要求紧固螺栓无松动，如螺栓松动或被拉断，则必须将其更换。

（6）检查压溃管；要求压溃管无变形，指示销未触发。

（7）检查手动解钩装置；要求手动解钩装置功能正常。

（8）检查连接环；要求连接环接口处无松动。

2）半永久车钩

（1）检查风管管路；要求风管管路状态良好。

（2）检查接地线；要求接地线安装良好，无松动、无损坏。

（3）检查压溃管；要求压溃管无变形，指示销未触发。

（4）检查紧固螺栓；要求紧固螺栓无松动。

（5）检查连接环；要求连接环接口处无松动。

3）电气箱

（1）检查构架、箱体；要求构架、箱体外观完好，无破损、无变形。

（2）检查进风口和出风口；要求进风口和出风口无杂物。

（3）检查紧固螺栓；要求紧固螺栓紧固，无松动、无缺失。

（4）检查接线；要求接线外观良好、无破损。

（5）检查柜门；要求柜门锁闭状态良好。

（6）检查连接器；要求连接器插头应紧固，无松动、无损坏。

（7）检查电源盖；要求电源盖锁闭状态良好。

（8）检查制动电阻箱；要求制动电阻箱冷却风机叶片完好。

（9）检查箱体底座防尘垫；要求箱体底座防尘垫无丢失、无变形。

4）牵引电动机

（1）检查牵引电动机；要求其外观良好、无油污、无异味。

（2）检查接线盒；要求接线盒完好、固定可靠。

（3）检查紧固螺栓；要求紧固螺栓紧固，无松动、无缺失。

（4）检查电缆；要求电缆无破损。

（5）检查进风口、出风口；要求进风口、出风口无堵塞。

5）转向架

（1）轮对及构架。

① 检查车轮踏面；要求车轮踏面损伤程度符合标准。

② 检查车轮的降噪阻尼环；要求车轮的降噪阻尼环安装牢固、无缺失。

③ 检查车轮封油螺栓；要求车轮封油螺栓无松动、无缺失。

④ 检查车轴；要求车轴状态良好，无锈蚀、划伤或磕碰深度符合标准。

⑤ 检查齿轮箱吊座与横梁之间的焊缝；要求该焊缝无脱焊、无断裂现象。

⑥ 检查牵引电动机吊座与横梁之间的焊缝；要求该焊缝无脱焊、无断裂现象。

⑦ 检查牵引拉杆座与横梁之间的焊缝；要求该焊缝无脱焊、无断裂现象。

⑧ 检查接地线；要求接地线安装状态良好，无破损。

（2）轴箱。

① 检查轴箱；要求轴箱无漏油，端盖无损坏。

② 检查接线；要求接线良好，无松动、无损坏。

③ 检查紧固螺栓；要求紧固螺栓紧固，无松动、无缺失，防松铁丝无断裂、无缺失。

（3）一系悬挂。

① 检查橡胶弹簧；要求橡胶弹簧无断裂、剥离，无油或润滑脂的污染。

② 检查紧固螺栓；要求紧固螺栓紧固，无松动、无缺失，防松铁丝无断裂、无缺失。

③ 检查压盖；要求压盖无损坏。

（4）二系悬挂。

① 检查空气弹簧；要求上面板和车体之间应密贴。

② 检查空气弹簧橡胶气囊；要求空气弹簧橡胶气囊无破损，无油或润滑脂的污染。

③ 检查高度调整杆、高度调整阀、水平杠杆；要求高度调整杆、高度调整阀、水平杠杆状态良好，无损坏，高度调整阀无泄漏。

④ 检查紧固螺栓；要求紧固螺栓紧固，无松动、无缺失，开口销完好。

⑤ 检查压差阀；要求压差阀安装状态良好，无损坏。

（5）齿轮箱。

① 检查齿轮箱吊杆球关节橡胶；要求该橡胶无龟裂、老化。

② 检查注油、放油螺栓；要求注油、放油螺栓紧固，无松动、无缺失，防松铁丝无断裂、无缺失。

③ 检查齿轮箱润滑油；要求齿轮箱润滑油无变色、乳化变质、泄漏现象，油位位于油窗高、低刻度线之间。

④ 检查紧固螺栓；要求紧固螺栓紧固，无松动、无缺失。

（6）联轴节。

检查联轴节；要求其外观无损伤，各连接螺栓无松动、无损坏。

（7）天线安装梁、天线盒。

① 检查天线安装梁、天线盒；要求其外观良好，无裂纹。

② 检查紧固螺栓；要求紧固螺栓紧固，无松动、无缺失。

（8）牵引装置。

① 检查中心销下端紧固螺栓；要求中心销下端紧固螺栓紧固且无松动、无缺失，防松铁片状态良好。

② 检查横向止挡；要求螺栓紧固且无松动、缺失，橡胶无老化、无龟裂。

③ 检查牵引拉杆；要求其外观良好，螺栓紧固且无松动、无缺失。

④ 检查横向油压减振器；要求螺栓紧固且无松动、无缺失，球关节橡胶无龟裂、无老化，减振器无漏油。

（9）防侧滚拉杆。

① 检查防侧滚拉杆；要求其外观良好，无裂纹。

② 检查紧固螺栓；要求紧固螺栓紧固，无松动、无缺失。

③ 检查球关节橡胶；要求球关节橡胶无龟裂、无老化。

（10）排障器。

① 检查排障器；要求其外观良好，无损坏。

② 检查紧固螺栓；要求紧固螺栓紧固，无松动、无缺失。

（11）轮缘润滑装置。

① 检查轮缘润滑装置；要求喷嘴处无污垢、无堵塞、无磨损，安装座与安装板之间的焊缝无脱焊、无断裂现象。

② 检查油箱；要求油箱无漏油、破损，管路无漏气且无异常接触摩擦。

③ 检查紧固螺栓；要求紧固螺栓紧固，无松动、无缺失。

④ 检查接线；要求接线外观良好，无松动、无脱落。

6）制动系统

（1）风源装置。

① 检查风源装置；要求其外观无破损，紧固螺栓无松脱、无丢失，安全吊绳无破损、无脱落。

② 检查接线；要求其外观无破损、无松脱。

③ 检查空压机，重点检查注油孔、排油孔，要求空压机无漏油，空气过滤器进气口无异物、无堵塞，干燥器排水管口无异物。

（2）空气制动管路。

① 检查管路；要求其外观无破损，无漏气。

② 检查防滑集成板；要求其外观无破损，部件无缺失。

③ 检查截断塞门；要求截断塞门处于正常位。

④ 检查风缸；要求其外观无破损、变形且无漏气，紧固螺栓无松脱、丢失。

（3）制动控制装置。

① 检查制动、辅助控制箱；要求制动、辅助控制箱外观无破损、锁闭状态良好且无漏气，紧固螺栓、开口销无松动、无缺失。

② 检查接线与连接器；要求接线与连接器外观无松动、无破损，接地线无松脱、无破损。

（4）踏面制动单元。

① 检查踏面制动单元；要求踏面制动单元外观无破损、无变形且无漏气，紧固螺栓无松动、无丢失。

② 检查停放制动缓解手拉环；要求停放制动缓解手拉环无破损、无松脱。

③ 检查呼吸塞；要求呼吸塞无破损、丢失。

④ 检查闸瓦；要求闸瓦外观良好、无裂痕、无剥离，制动状态正常，且紧固螺栓无松动、无缺失，闸瓦厚度在规定标准内。

⑤ 检查防尘套；要求防尘套无损坏、无缺失。

4．车漆

检查全部车漆；如车漆有脱落，记录车漆脱落的位置。

二、上海地铁车辆月检

1．车顶电气

1）受电弓

（1）目测检查构架、连接电缆、连接螺栓和弓头羊角。

（2）清洁并检查支持绝缘子；要求支持绝缘子表面无破损、无裂纹（清洁时应使用软布类材料）。

（3）测量受电弓与接触网间的接触压力。

（4）测量滑块的炭块厚度，检查滑块的炭块与底架的固定状况。

（5）检查受电弓销及轴承并加润滑脂以充分润滑。

重点检查受电弓与接触网间的接触压力及滑块的炭块厚度。

2）避雷器

（1）清洁并检查绝缘瓷绝缘子。

（2）检查连接线及连接螺栓。

3）空调机组

（1）更换空气过滤材料；要求空气过滤材料安装良好。

（2）清洗排水孔；要求排水孔排水顺畅，蒸发器箱内无积水。

（3）检查蒸发器及其翅片；要求蒸发器两侧无异物，翅片无变形。

（4）检查过渡风道；要求风道表面无裂纹、无损伤。

（5）检查管路表面及接口；要求管路表面无损伤、无油污，接口无漏液、无松动。

（6）检查冷凝器及其翅片；要求冷凝器两侧无异物，翅片无变形。

（7）检查冷凝风机；要求叶片完好、可自由转动。

2. 客室

1）车门电气性能

检查车门灯、蜂鸣器的外观和功能。

2）照明功能

检查客室灯具、格栅，客室照明功能（包括应急照明功能）。

3）各控制单元

（1）确认各控制单元状态正常，对故障进行记录、排除及删除。

（2）以北京时间为标准，校正控制单元的系统时间。

（3）根据轮径尺寸设置标准，在相关控制单元中检查或重新设置轮径代码。

4）设备柜

检查设备柜门、锁、灯具，以及设备柜内各开关、电气设备。

3. 驾驶室

（1）进行逆变器应急启动功能测试；要求受电弓能正常升起，逆变器能正常启动。

（2）进行受电弓升弓操作；要求所有受电弓能正常升弓，网压表有指示，相应指示灯显示正确。

（3）对驾驶台显示屏进行检查。

① 按下故障显示确认按钮，检查各指示灯是否亮。

② 检查或重新输入轮径代码。

（4）检查头灯、尾灯、各运营灯和两侧指示灯的外观及功能；要求它们无损坏、功能正常。

（5）检查驾驶员控制器；要求各手柄间的连锁正常。

(6)检查目的地、列车号指示灯;要求该灯能亮且显示正确。

4. 车下

1)牵引电动机

(1)检查交流电动机的进、出风口及速度传感器。

(2)对直流电动机除进行上述检查外,还要检查并清洁其内部、换向器和刷握部分。

2)空气压缩机

(1)清除电动机内部的碳粉、灰尘。

(2)检查换向器表面状态和电刷工作长度。

3)主接触器箱

(1)检查主接触器(重点检查制动接触器、牵引接触器)的触头与灭弧罩;如果触头表面有小面积烧损结瘤,要将其刮去;如果触头表面烧损结瘤表面积大于触头表面积一半或触头顶部磨耗超过3mm,必须更换触头;灭弧罩导弧角无积瘤、无积尘;灭弧罩罩壁烧损深度应小于3mm。

(2)手动检查主接触器动作是否灵活。

(3)检查各辅助电路熔丝是否完好。

4)制动电阻箱

(1)使用干燥压缩空气清洁电阻、进/出风口和箱体。

(2)检查电阻有无变形或发热痕迹。

(3)检查通风冷却电动机。

(4)检查差压开关和风速传感器等。

5)蓄电池

(1)清洁蓄电池表面污迹。

(2)检查蓄电池接线和紧固状态是否良好。

(3)检查每个蓄电池单体的液面高度;要求每个蓄电池单体的液面离最高液位标志线距离小于20mm,否则必须补加蒸馏水至最高液面标志线处。

(4)给所有蓄电池单体连接板均匀涂覆凡士林;要求涂覆的凡士林完整覆盖该连接板。

(5)检查保护熔丝、隔离开关及辅助开关。

6)各类电气箱

(1)检查前后箱盖及电气接插件;要求箱盖锁紧,作用正常。

(2)检查连接螺栓及悬挂处;要求连接螺栓及悬挂处无锈蚀、无松动、无损坏、无裂纹,安装牢固。

(3)检查箱盖和盖板的密封性、警告标记。

(4)检查箱盖锁舌标记。

7)牵引箱

(1)清洁并检查冷却系统,保持风道、各模块、电气件的清洁及冷却风机的作用良好。

(2)检查线路接触器与预充电接触器。

（3）检查各类高压接线。

8）辅助逆变器

（1）清洁逆变器箱内部。

（2）打开盒盖，拆下应急电池，清洁应急电池盒内外及排气孔并检查各连接点；要求连接点无腐蚀。

（3）测量应急电池电压；要求应急电池电压大于105V。

9）电源盖板

为了保证轨道车辆在运营中电源盖板不会弹出，应将电源盖板锁紧后再用尼龙扎带紧固。

10）接地系统

（1）检查线缆及线缆夹；要求线缆及线缆夹完好、无松动。

（2）必须检查线缆与构架的距离；要求该距离符合标准。

11）速度传感器

（1）检查电缆夹；要求电缆夹完好、无松动。

（2）检查与车体的接口插座；要求该插座无松动、密封完好。

（3）检查电缆软管；要求电缆软管无裂纹、无擦伤。

12）电缆布置

（1）检查所有电缆；要求电缆连接无松动、无绞缠、无磨损。

（2）检查电缆固定夹；要求电缆固定夹无变形、无松动。

13）ATC接收装置

检查机架、线圈及紧固件。

5. 转向架

1）轮对

（1）目测检查车轴；要求轴身无裂纹、无碰伤。

（2）目测检查车轮踏面；要求车轮踏面的擦伤、剥离和沟状磨耗状况在允许范围内。

（3）检查轮径；要求轮径在允许范围内。

（4）测量轮缘；要求轮缘在允许范围内。

（5）测量轮对内侧距；要求轮对内侧距在允许范围内。

（6）目测检查车轮注油孔螺堵；要求车轮注油孔螺堵无丢失。

2）轴箱

（1）检查紧固螺栓、油脂及密封情况。

（2）检查轴箱止挡。

3）轴箱拉杆

检查紧固螺母、开口销及拉杆套；要求紧固螺母、开口销及拉杆套无松动、无脱落。

4）构架

检查构架内外侧、牵引电动机悬挂座、牵引拉杆座；要求构架内外侧、牵引电动机悬挂座、牵引拉杆座无裂纹、无锈蚀、无损伤，附件完好。

5）一系悬挂

（1）检查橡胶件及弹簧座；要求橡胶件及弹簧座无明显裂纹、无变形。

（2）测量轴箱与构架的距离；要求该距离符合标准。

6）二系悬挂

（1）检查空气弹簧及其部件；要求空气弹簧无损坏、无老化、无裂纹，各部件无结构性损伤，附件齐全。

（2）检查空气弹簧的密封性。

7）中央牵引装置

（1）目测检查心盘座与车体底架的连接、牵引拉杆及所有附件。

（2）测量中心盘与中心销套筒的距离。

（3）检查中心销槽形螺母及开口销。

（4）测量架车保护螺栓与下心盘上部的距离。

（5）检查横向止挡缓冲橡胶。

8）齿轮箱

（1）检查齿轮箱及其附件；要求齿轮箱及其附件无漏油、无松动。

（2）检查齿轮箱与悬挂装置连接螺栓；要求该螺栓无松动。

（3）检查齿轮箱油位；要求该油位在上、下两油位线之间。

（4）检查齿轮箱紧急止挡及紧固螺栓；要求齿轮箱紧急止挡无损伤、无裂纹，紧固螺栓无松动。

9）联轴节

目测检查紧固件状态；要求紧固件无松动。

10）抗侧滚扭杆

目测检查抗侧滚扭杆松紧螺套；要求抗侧滚扭杆松紧螺套防松标记清晰、无错位。

11）液压减振器

（1）目测检查紧固件及密封情况。

（2）目测检查连接套筒。

12）高度调节阀

（1）检查高度调节阀；要求高度调节阀完好，无松动、无损伤。

（2）目测检查高度调节阀联动装置；要求高度调节阀联动装置完好、无损伤，高度阀调节杆应垂直、不准倾斜。

13）垂向及横向止挡

检查垂向及横向止挡；要求垂向及横向止挡完好、无损伤。

14）牵引拉杆

（1）检查所有螺栓及衬垫；要求螺栓、衬垫完好、无损伤，衬垫橡胶件无松动。

（2）检查扭矩。

15）转向架上的气管路

（1）检查管路、托架、夹子；要求管路、托架、夹子完好、无遗失、无松动。

（2）检查管路接头密封性。

16）地板高度调整

在充气状态下测量地板面距轨面高度；要求该高度在允许范围内。

6. 车门

1）客室车门

（1）检查滑动导轨、底部导轨、滑轮、连杆、紧急排气装置、活塞杆和门叶；要求它们清洁、无污垢。

（2）目测检查客室车门外观、橡胶件、紧急手柄及玻璃；要求它们完好、无损坏。

（3）检查所有紧固件和车门止挡块；要求它们无松动、无脱落。

（4）检查客室车门开、关功能；要求客室车门开、关动作灵活、整齐。

（5）润滑紧急排气装置、活塞杆。

（6）检查、清洁并润滑门锁机构，调整安全钩与门销间隙；要求门锁机构清洁、无损坏、动作灵活。

（7）检查门槛条滑槽及门叶，要求门槛条无松动，滑槽内无异物，门叶在门槛条内滑动正常。

（8）检查并调整钢丝绳张紧力、防跳轮和承载轮的间隙。

（9）检查并调整各限位开关的状态；要求各限位开关位置正确、紧固、可靠、无松动。

2）安全门

检查安全门电气连锁功能及阻尼杆功能。

7. 客室

1）扶手、立柱及紧固螺钉

检查扶手、立柱及紧固螺钉；要求扶手、立柱无转动，紧固螺钉无松动。

2）座椅

检查各座椅的外观及固定情况；要求各座椅无破损、无松动。

3）贯通道渡板与折篷

检查贯通道渡板及折篷；要求贯通道渡板无严重磨耗，折篷无破损、无脱线、无斜撑、断裂。

4）墙面

检查墙面；要求墙面无破损、无裂纹。

5）地板

检查地板；要求地板无破损。

6）窗户

检查窗户；要求窗户完好、无损，窗户玻璃夹层无积水。

8. 驾驶室

（1）检查座椅、顶棚、各墙面和左、右风窗；要求它们完好、无损坏。

（2）检查遮阳帘、刮水器、左右滑动门及其紧固件、通客室门及其观察孔、隔离布帘；要求它们功能正常，无损坏、无松动。

（3）检查灭火器；要求在原位，铅封及外观完好，日期在有效期内。

（4）检查辅助工具；要求在原位、齐全。

9. 车钩

1）全自动车钩

（1）清洁并润滑机械车钩。

（2）检查全自动车钩各部件、橡胶托架、电缆和电缆夹、气管密封环、各紧固件等；要求它们无破损、无松动。

（3）检查电气车钩盖板，并对电气触头表面进行防腐处理。

（4）检查车钩压溃管；要求车钩压溃管无移位。

（5）清洁并润滑电气触头保护罩转动轴的表面。

（6）测量全自动车钩中心至轨面的距离。

（7）进行对接模拟及自动对中试验。

2）半自动车钩

（1）检查半自动车钩各部件、橡胶托架、电缆和电缆夹、各紧固件等；要求它们无破损、无松动。

（2）检查电气车钩盖板、电气车钩密封橡胶；要求它们无损伤。

（3）检查电气车钩；要求电气触头表面要进行防腐处理，各弹性触头要保证有足够的弹力，电气车钩端面应凸出机械车钩端面2～3mm。

3）半永久车钩

（1）检查半永久车钩、橡胶托架、电缆和电缆夹、各紧固件等；要求它们无破损、无松动。

（2）检查车钩压溃管；要求车钩压溃管无位移。

（3）检查气管连接处；要求气管连接处无泄漏。

10. 空气管路及制动系统

1）空气压缩机及空气干燥器

（1）检查空气压缩机及空气干燥气的工作状况；要求紧固件无松动，空气压缩机工作正常、无异声。

（2）检查油位；要求油位在游标的上、下限之间。

（3）检查电磁阀；要求电磁阀完好。

（4）检查排泄管；要求排泄管排水、排气正常且出口无异物。

（5）检查滤清器，清除其积灰。

2）各类气管及阀

（1）检查各类气管；要求各类气管无泄漏。

（2）检查可见阀门；要求阀门位置正确。

3）单元制动机

（1）检查锁紧片、橡胶保护套、扭簧轴销卡簧、闸瓦卡簧及其螺栓；要求它们无异常，卡簧无断裂、脱落。

（2）检查管路及紧固件；要求管路无漏气，紧固件完好、无松动。

（3）检查闸瓦；要求闸瓦未磨损到限定程度。

11. 动态调试

动态调试一般在试车线上进行，主要使用便携式计算机或记录仪。动态调试时，牵引试验和制动试验交替进行。

1）牵引试验

牵引试验的考核指标是牵引加速度。牵引加速度要在允许范围内。

2）制动试验

制动试验分为常用制动试验和快速制动试验。制动试验考核指标是制动距离。制动距离要在允许范围内。

3）驾驶室显示屏功能检查

驾驶室显示屏功能检查是指检测驾驶室显示屏显示功能和逻辑是否正常。一般通过拉任意一扇客室门的紧急手柄检查驾驶室显示屏显示是否正确。

在上述试验完成后，确认驾驶室显示屏和其他控制单元状态正常，并对故障进行记录、排除及删除。

任务二　轨道车辆定期检修

工作情景

轨道车辆计划检修的另一部分重要的工作内容即为定期检修。定期检修是轨道车辆的高级别修程，检修项目广泛、检修内容深入、检修方法复杂、检修时间长，对于检修岗位工作人员的业务能力要求较高。定期检修是轨道车辆运营安全的重要保障。

工作环境

在轨道交通车场定修库或定修线开展轨道车辆定修实践操作，在轨道交通车场大修、架修库开展架修、大修实践操作；在带有仿真软件的多媒体教室完成学习轨道车辆定期检修模拟操作的工作内容。

器材准备

工　　具：列检锤、强光手电筒、第四种检查器、"禁止动车"标志、三（四）角钥匙、登高梯、压力计、气压计、吸尘器、定时器、电弧焊工具组合、磁粉

项目四 轨道车辆检修修程

探伤仪、超声波探伤仪等。
设　　备：轨道车辆模型或实物一组（至少包含A、B、C车）、便携式计算机或记录仪、移动式或地坑式架车机、桥式起重机。
材　　料：抹布、毛刷、清洁剂、画线笔、润滑油、蒸馏水、螺纹紧固胶、螺纹密封胶、全车常用零部件等。
劳保用品：工作服、安全帽、劳动手套、绝缘鞋、登高绳。

素质培养

（1）培养学生团队协作的能力。
（2）培养学生团结一致的工作态度。
（3）培养学生踏实肯干的工作态度。
（4）培养学生吃苦耐劳的工作精神。
（5）培养学生刻苦钻研的工匠精神。

学习目标

（1）能够实施轨道车辆定期检修工作。
（2）掌握轨道车辆定修的检修内容。
（3）掌握轨道车辆架修的检修内容。
（4）能够正确划分轨道车辆定期检修的类型。
（5）能够依据轨道车辆状态正确选择修程。

基础知识

轨道车辆定期检修按照轨道车辆运营时间或运营里程可分为定修、架修、大修3个修程。在轨道车辆定期检修中，定修是基础修程，大修为最高级别修程。伴随修程等级依次增高，检修内容也逐渐加深。

一、定修

1. 定义

定修是对运营时间达到1年或运营里程达到100 000km的轨道车辆所进行的检修、维护。定修的检修时间为10天。其中，前5天主要进行无电状态下的检修；后5天进行有电状态下的检修，以及静态、动态调试作业。

定修在轨道车辆计划检修中是周期最短、级别最低的一种检修。虽然定修不像架修、大修那样对轨道车辆及其所有零部件做彻底检查和修理，但定修在轨道车辆的日常维护与架修、大修之间起到了承前启后的过渡性作用。定修对保证轨道车辆长期运行安全有着重要而不可替代的作用。

2. 原则

定修以"以检查为主，修理为辅"为原则，完成轨道车辆主要部件的架车检修。

3. 内容

定修的主要内容是局部分解轨道车辆和架车，对重点部分如走行部分、受流器、电气控制系统、牵引部件、制动部件等进行检查、修理、测试，修后对轨道车辆进行静态、动态调试。

定修是在完成月检的基础上，再更换转向架，并对更换下来的转向架及其主要零部件分解检修。

4. 检修工艺

定修是在定修线上进行的。轨道交通运营企业车辆段或车场均设有一条专门的定修线，而车辆修理工厂甚至会设两条定修线。定修线上配备架车机，定修线下面配置地沟，以便对车底做检查。在定修线上空配备桥式起重机，以便吊起空调机组、转向架、车钩等重型部件。

在定修中，应做好电气的防水密封工作并选用合适的清洗剂（防止对车厢外表及橡胶件产生腐蚀）。

5. 检修步骤

（1）每节车与每节车解钩后要分开一定距离。

（2）用架车机逐一架起每节车，推出转向架，对其进行检查。

定修线一般配置 3 组架车机，一次可架起 3 节车。

6. 特点

（1）由于零部件未到修理极限，不采用互换修，而采用现车修。

（2）采用分空间（车前、车后、车上、车下）、分专业同时作业的方法组织定修，充分利用空间和时间。

（3）专门成立定修组负责定修工作，既充分利用劳动力，又能实现检修专业化。

7. 静态调试

定修在月检的基础上增加了对轨道车辆的静态调试。静态调试主要包括车辆初始状态调试、驾驶室得电调试、脚踏升弓调试、驾驶室指示灯调试、升/降弓调试、停车制动调试、逆变器应急启动调试、客室照明调试、驾驶室各种照明灯及标志灯调试、辅助电源调试、门控调试、故障模拟调试、客室内指示灯调试、牵引控制单元（TCU）调试、高速开关功能调试、制动施加释放操作调试等内容。

8. 动态调试

动态调试在试车线上进行；如果试车线长度足够，应进行 80km/h 试验；如果受试车线条件限制，必须进行 60km/h 试验。动态调试包括原地启动和关车试验、低速牵引及制动试验、牵引曲线试验、制动试验和 ATC 试验。

二、架修

1. 定义

架修是对运营时间达到 5 年或运营里程达到 500 000km 的轨道车辆所进行的检修、维护。架修的时间为 20 天。其中，前 10 天主要进行无电状态下的检修；后 10 天进行有电状态下的检修和静态、动态调试作业。架修的周期控制与备品备件的供应密切相关，建议对关键零部件采用更换修。

2. 原则

架修以"以检查为主，修理为辅"为原则，完成轨道车辆全面的架车检修。

3. 内容

架修的主要内容是对转向架、受流器、牵引电动机、制动系统、车钩缓冲装置、车门、各种电气控制装置等进行分解、检查、修理、互换、试验，对仪器仪表进行校验，对车体及其余零部件的技术状态进行检查修理，并在重新组装后对轨道车辆进行静态和动态调试。

架修要求对车顶、车顶部件和车下部件（如受电弓、空调、避雷器、电气箱、转向架及牵引电动机等）进行外表清洁。

4. 检修工艺

架修主要是恢复性的修理。架修时，要对轨道车辆进行全面检查，且重点检查轨道车辆的走行部分（转向架）、车钩缓冲装置和空气制动系统等。

架修要求对轨道车辆在运营中已经发现的各种故障和损伤进行彻底修复，按架修限度规定更换磨损过限的零部件，保证各零部件作用良好，以减少架修后轨道车辆在投运中的临修作业，并提高轨道车辆的使用效率。

5. 检修步骤

（1）每节车与每节车解钩后要对每节车进行大部件（如转向架、牵引电动机、车钩、空调机组、车门、制动控制单元和单元制动机等）拆卸。

（2）拆卸下来的大部件分别送入各个专业班组进行检查和修理。

（3）无法拆卸的大部件（如牵引斩波器（逆变器）、辅助逆变器等）留在车上进行检查。

（4）只能在现场作业的大部件（如地板、内饰等）也在车上修理。

（5）组装、调试。

6. 静态调试

架修静态调试与定修静态调试内容基本相同。

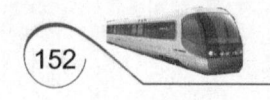

7. 动态调试

动态调试在试车线上进行，包括库内试车、慢行试验、紧急牵引试验、常用制动试验、快速制动试验、紧急制动试验、制动失效试验、牵引特性试验和后退试验等内容。

三、大修

1. 定义

大修是对运营时间达到 10 年或运营里程达到 1 000 000km 的轨道车辆所进行的检修、维护。大修的时间为 25 天。其中，前 20 天主要进行无电状态下的部件拆卸、检修和安装；后 5 天进行有电状态下的检查、静态测试和动态测试。大修的周期控制与备品备件的供应密切相关，应对零部件主要采用更换修。

大修是最高级修程。在大修中，许多的电气部件和机械部件都将从轨道车辆上拆下送检修车间进行分解、维修或直接报废。

2. 原则

大修以"恢复新车出厂时的功能和标准"为原则，完成轨道车辆全面彻底的检查和修理。

3. 内容

大修内容除覆盖架修内容外，还包括更换车轮、轴承、内饰和橡胶件等零部件。此外，如果轨道车辆通过长期运营后发现个别部件设计有问题，则应修改该部件的设计并重新制造该部件，并在大修过程中将该部件更换。最后，车体还要在大修中进行整修和油漆。

4. 检修工艺

大修是在大型轨道车辆修理工厂内进行的，也有送回原车辆制造厂进行的。

大修要求对轨道车辆进行全面细致的检查，并对主要零部件按大修限度进行更换或彻底修理。

若轨道车辆零部件的应用技术经过 10 年后已经被淘汰，要对轨道车辆进行必要的现代化技术改造，以提高现有轨道车辆的质量。

5. 检修步骤

（1）办理轨道车辆交接手续。

（2）对轨道车辆进行全面清扫。

（3）对轨道车辆进行外观检查。

（4）制订轨道车辆检修计划。

（5）对轨道车辆进行分解。

（6）对轨道车辆的零部件进行清洗、检查并确定修理范围。

（7）对轨道车辆的零部件进行修理、装配和调试。

（8）对轨道车辆进行组装、油漆。

（9）对轨道车辆进行连挂。

（10）对轨道车辆进行静态调试。

（11）对轨道车辆进行动态调试。

（12）对轨道车辆进行技术鉴定并交付使用。

6．静态调试

大修静态调试与定修、架修静态调试内容基本相同。

7．动态调试

大修动态调试与架修动态调试内容基本相同。

实操训练

由于各个城市的轨道车辆车型不同，轨道车辆定期检修的内容也不尽相同。下面以长春地铁车辆、长春轻轨车辆为例，介绍轨道车辆定期检修的内容。

一、长春地铁车辆定修

1．驾驶室

（1）检查驾驶室通风单元；要求配线连接良好，送风机、变压器螺栓按力矩要求紧固。

（2）检查驾驶控制器；要求驾驶控制器内部无灰尘，驾驶控制器接线无松脱，驾驶控制器控制功能良好。

（3）检查座椅前后移动调节手柄弹簧；要求该弹簧性能良好，并在磨损严重或失效时更换。

（4）检查座椅连接螺栓及其拧紧力矩值；要求座椅连接螺栓无松动、无缺失，其拧紧力矩值正确。

（5）检验速度表和电压表；要求其显示准确。

（6）检查电气柜内紧固螺钉；要求其无松动、无缺失。

（7）检查驾驶室前端钢结构；要求其无变形。

（8）检查驾驶室前端骨架螺栓拧紧力矩值及螺母安装情况；要求该力矩值在运行范围内，螺母安装良好。

（9）检查驾驶室前端车顶导流罩及车下裙板的安装螺栓；要求其无松动、无脱落。

（10）检查驾驶室前端照灯发泡密封胶；要求该密封胶在出现自然老化或密封性能降低时更换。

（11）检查紧急疏散门功能；要求该疏散门在打开回收功能时正常，无卡滞。

（12）检查紧急疏散系统紧固件；要求其完好，牢固、可靠。

（13）检查紧急疏散门锁机构；要求其动作正常、行程到位。

（14）检查紧急疏散系统吊带；要求其缝制处完好、连接可靠。

（15）检查紧急疏散系统密封条；要求其完好且密封性能可靠。

（16）检查紧急疏散系统行程开关；要求其功能正常。

（17）清洁紧急疏散系统润滑门锁机构锁舌；要求其无污渍且润滑均匀。

2. 列车广播系统

（1）检查视频服务器操作系统；要求其软件运行正常。

（2）检查监视器；要求其无坏点。

（3）检查动态地图；要求其无坏点。

（4）检查客室 LCD；要求其能播放广播节目且无坏点。

3. 空调

（1）检查制冷回路中的螺栓连接；要求其连接紧固。

（2）检查并清洗冷凝器与蒸发器；要求其表面无异物、无污垢。

（3）检查排水槽；要求清洗排水槽，底部排水口无异物，排水顺畅。

（4）检查高压开关；要求其功能正常。

（5）检查低压开关；要求其功能正常。

（6）检查冷凝风机；要求其工作正常。

（7）检查送风机；要求其工作正常。

（8）检查控制面板；要求其功能正常，接地线连接良好，螺栓按力矩要求重新紧固。

（9）检查视液镜；要求其表面清洁。

（10）检查保温材料；要求其保温棉无龟裂及破损。

（11）检查制冷剂管路；要求其焊接接头处无油污。

（12）检查通风机；要求通风机外观无明显损坏，轴承无卡滞，电动机运转时无异常噪声，电动机轴和叶片无松动且表面无异物、无污渍。

（13）检查电控盒；要求电控盒内部无灰尘，各电气件的接线无松动，电控盒表面无烧毁、腐蚀痕迹，各连接器连接紧固且无缩针现象。

（14）检查螺栓防松标记；要求螺栓紧固，防松标记无错位。

4. 客室门

（1）检测防跳轮上面与上导轨之间的间隙；要求该间隙在允许范围内（3年一次）。

（2）清洁承载滚轮组件以及防跳滚轮组件；要求其表面无灰尘。

（3）清洁门板前部密封胶条；要求该胶条无灰尘、无油污。

（4）更换密封毛刷（3年一次）。

（5）更换机构上的橡胶止挡（3年一次）。

（6）检查客室门关门拉力；要求该拉力在允许范围内。

（7）清洁并保养左、右门扇前挡护指胶条、后部搭接胶条。

（8）清洁并保养内滑道。

（9）检查缓冲支架；要求其无松动。

（10）清洁并润滑承载轮组件和防跳轮组件的滚轮。

（11）检查左、右旋螺母组件。

（12）润滑中间支撑处球轴承。

（13）润滑螺母扭簧。

（14）清洁并润滑上导轨。

（15）清洁并润滑丝杆。

5. 驾驶室门

（1）检查旋转立柱与车体连接的螺钉；要求其紧固、无松动。

（2）检查门板安装螺钉及内六角止动螺钉；要求其紧固、无松动。

（3）检查关键零部件裂纹、紧固情况；要求其筋骨状态良好、无裂纹。

（4）清洁并润滑上滑道。

（5）清洁并润滑下滑道。

（6）加润滑脂润滑直线轴承。

（7）清洁并润滑压轮。

（8）润滑螺母扭簧。

（9）清洁并润滑长导柱。

（10）清洁并润滑丝杆。

（11）清洁并保养周边胶条及前门框胶条。

（12）检查摆臂滚轮、平衡轮滚轮、关到位开关撞块紧固螺钉。

6. 贯通道

（1）检查贯通道磨耗件的磨损情况；要求将磨损严重的贯通道磨耗件更换。

（2）检查贯通道弹簧；要求其无损坏。

（3）检查贯通道金属部件；要求其无损坏、无变形、无锈蚀或腐蚀现象。

（4）检查贯通道密封条；要求其无渗漏。

（5）检查贯通道螺钉；要求其无松动。

（6）检查贯通道紧固件和锁紧装置；要求其无损坏。

（7）检查贯通道橡胶件；要求其在老化破损时更换。

（8）检查贯通道棚板和侧护板；要求在其破损表面进行粉末喷涂处理。

（9）检查贯通道踏板、渡板；要求其无破损、无变形。

（10）清洁贯通道内部；要求其无大量灰尘及杂物。

（11）检查客室制动塞门；要求箱体牢固、无破损，四角锁状态良好，塞门把手转动灵活。

（12）检查电气柜内紧固螺钉；要求其无松动、无缺失。

（13）清洁客室内出风口、回风口；要求其无灰尘。

（14）检查受电弓控制柜截断塞门 U01 的功能及气密性；要求其在功能失效或发生泄漏时更换。

（15）检查电弓控制柜单向阀 U02 的功能及气密性；要求其在功能失效或发生泄漏

时更换。

（16）检查电弓控制柜过滤器 U03 的功能及气密性；要求其在功能失效或发生泄漏时更换。

（17）检查电弓控制柜测试接头 U04 的功能及气密性；要求其在功能失效或发生泄漏时更换。

（18）检查电弓控制柜电磁阀 U05 的功能及气密性；要求其在功能失效或发生泄漏时更换。

（19）检查电弓控制柜压力开关 U08 的功能；要求其在功能失效时更换。

（20）检查电弓控制柜压力开关 U09 的功能；要求其在功能失效时更换。

（21）检查电弓控制柜安全阀 U10 的功能；要求其在规定的压力下功能正常，若不能正常工作，则对其进行调整或更换。

（22）检查电弓控制柜压力表 U14 功能；要求其能够恢复零位，若不能恢复，则将其更换。

（23）检查电弓控制柜接触器；要求其功能正常，动作灵活、无卡滞。

（24）检查电弓控制柜端子排；要求其在接触不良或不能导电时更换。

（25）更换电弓控制柜过滤干燥器内的滤芯（2 年一次）。

（26）清洗电弓控制柜辅助压缩机空气过滤器的滤芯；要求其干净、无灰尘。

7. 受电弓

（1）更换拉杆轴承外部密封润滑脂（2 年一次）。

（2）检查气囊连板组装中的销轴及轴承；要求其无损伤、无变形，并对轴承进行润滑（2 年一次）。

（3）更换所有规格的软连线（2 年一次）。

（4）更换升弓用钢丝绳（2 年一次）。

8. 制动系统

（1）清洗冷却器；要求其干净、无异物。

（2）更换超精密过滤器的滤芯。

（3）检查空气压缩机电磁阀；要求其外观无损坏，功能正常（2 年一次）。

（4）检查空气压缩机安全阀；要求其外观无损坏，功能正常（2 年一次）。

（5）更换空气压缩机润滑油（2 年一次，第一年增加一次）。

（6）更换油细分离器（2 年一次）。

（7）更换中间继电器（2 年一次）。

（8）检查空气压缩机压力开关；要求其功能正常。

（9）更换凝聚过滤器的滤芯（2 年一次）。

（10）更换颗粒过滤器的滤芯（2 年一次）。

（11）清洁踏面制动单元呼吸塞；要求其无堵塞。

（12）检查踏面制动单元；要求其间隙调整功能、动作及闸瓦间隙正常。
（13）检查电磁阀；要求其功能正常。
（14）检查中继阀；要求在试验台上对其进行功能测试（3 年一次）。
（15）检查空重阀；在试验台上对其进行功能测试（3 年一次）。
（16）检查塞门；要求手柄转动正常，电信号输出正确。
（17）检查止回阀；要求其外观良好。
（18）检查减压阀；要求其外观良好，功能正常。
（19）检测溢流阀；要求其外观良好，功能正常。
（20）检查双向止回阀；要求其外观良好，功能正常。
（21）检查停放制动功能；要求该功能正常。
（22）检查平衡阀；要求其外观良好，功能正常。
（23）检查防滑排风阀；要求其外观良好，排风动作正常。
（24）检查制动系统维护终端；要求其功能正常，CF 记录功能正常。
（25）检查常用制动、紧急制动功能；要求这些功能正常。
（26）检查三种压力开关；要求其外观良好，设定值正常。

9．牵引系统

（1）清洁制动电阻箱电阻片；要求其表面无灰尘、无异物。
（2）清洁制动电阻箱瓷绝缘子；要求其表面无灰尘、无异物。
（3）检查制动电阻箱螺栓和螺母；要求其紧固状态良好。
（4）清洁制动电阻箱风机；要求其无灰尘。
（5）清洁 MCM 电抗器（3 年一次）。
（6）检查并清洁 PH 箱变流器箱外部（6 个月后首次，以后每年一次）。
（7）检查并清洁 PH 箱变流器箱排水过滤器；要求其干净、无异物。
（8）检查 PH 箱高电压部分基本线路断路器；要求其连接紧固、无电蚀点。
（9）检查 PH 箱高电压部分车间电源接触器；要求其连接紧固、无电蚀点。
（10）检查 PH 箱中间部分并清洁 PH 箱外部风扇；要求其干净、无异物。
（11）检查 PH 箱 MCM 部分隔离接触器；要求其连接紧固、无电蚀点。
（12）检查 PH 箱 MCM 部分充电接触器；要求其连接紧固、无电蚀点。
（13）检查并清洁 P 箱变流器箱外部；要求箱体无变形、干净、无异物（6 个月后首次，以后每年一次）。
（14）检查并清洁 P 箱变流器箱排水过滤器；要求其干净、无异物。
（15）清洁 P 箱变流器箱散热板；要求其干净、无异物。
（16）检查 P 箱 MCM 部分充电接触器；要求其连接紧固、无电蚀点。
（17）检查 P 箱 MCM 部分分离接触器；要求其连接紧固、无电蚀点。
（18）检查 P 箱中间部分并清洁 P 箱外部风扇；要求其干净、无异物。
（19）检查并清洁 P 箱中间部分；要求其干净、无异物。

（20）检查并清洁 PA 箱变流器箱外部；要求箱体无变形、干净、无异物（6 个月后首次，以后每年一次）。

（21）检查并清洁 PA 箱变流器箱排水过滤器；要求其干净、无异物。

（22）检查 PA 箱 MCM 部分充电接触器；要求其连接紧固、无电蚀点。

（23）检查 PA 箱 MCM 部分隔离接触器；要求其连接紧固、无电蚀点。

（24）检查并清洁 PA 箱中间部分；要求其干净、无异物。

（25）检查 PA 箱中间部分并清洁 PA 箱外部风扇；要求其干净、无异物。

（26）检查 PA 箱 ACM 部分隔离接触器；要求其连接紧固、无电蚀点。

（27）检查 PA 箱 ACM 部分充电接触器；要求其连接紧固、无电蚀点。

（28）检查并清洁电动机变流器模块 MCM 外部；要求箱体无变形、干净、无异物。

（29）润滑牵引电动机轴承；要求将其润滑均匀。

10. 辅助系统

（1）检查应急通风逆变器的输入/输出连接器；要求其无松动。

（2）检查应急通风逆变器箱的密封胶条；要求其密封状态良好、无脱落、无松动。

（3）检测蓄电池组；要求其 5h 容量在允许范围内。

（4）清洁 ACM 电抗器（3 年一次）。

（5）检查并清洁 AB 箱变流器箱外部；要求箱体无变形、干净、无异物（6 个月后首次，以后每年一次）。

（6）检查并清洁 AB 箱变流器箱排水过滤器；要求其干净、无异物。

（7）清洁 AB 箱变流器箱散热器；要求其干净、无异物。

（8）检查 AB 箱中间部分并清洁 AB 箱外部风扇；要求其干净、无异物。

（9）检查 AB 箱 ACM 部分充电接触器；要求其连接紧固、无电蚀点。

（10）检查 AB 箱 ACM 部分隔离接触器；要求其连接紧固、无电蚀点。

11. 车体、转向架

（1）齿轮箱换油；要求齿轮箱换油后无泄漏。

（2）检查轮缘润滑装置；要求轮缘润滑装置管路状态良好。

12. 车钩

（1）检查半自动车钩对中装置的紧固螺母和螺栓；要求其紧固状态良好、无损坏。

（2）检查半自动车钩位置；要求半自动车钩对中良好。

（3）检查半自动车钩压溃管下端排水口；要求其无堵塞。

（4）检查半自动车钩连接环下端排水口；要求其无堵塞。

（5）检查半自动车钩水平和垂直旋转车钩；要求其无卡滞。

（6）检查半永久车钩对中装置的紧固螺母和螺栓；要求其紧固状态良好、无损坏。

（7）检查半永久车钩位置；要求半永久车钩对中良好。

（8）检查半永久车钩压溃管下端排水口；要求其无堵塞。

（9）检查半永久车钩连接环下端排水口；要求其无堵塞。

二、长春轻轨车辆架修

1. 基础制动系统

1）转向架上的制动管路

（1）将转向架上的制动管路分解、拆卸，并保护好接头处，然后对各零部件进行清洁、除锈，并清洗该制动管路内部。

（2）直接更换变形的不锈钢管。

（3）更换全部制动软管。

（4）更换状态不良的紧固件。

（5）更换橡胶板。

（6）各阀、接头等若有裂纹、损坏等缺陷则要更换。

（7）更换该制动管路及软管的O形密封圈。

（8）更换全部截断塞门行程开关。

2）制动盘

（1）对制动盘进行车削，并对制动盘摩擦表面波浪磨耗、凹槽磨耗等对称修平；要求制动盘摩擦面划痕及凹陷磨损在允许范围内。

（2）检查制动盘整体厚度；要求若制动盘整体厚度超过允许范围，则更换该制动盘。

（3）摩擦面内的裂纹不能超过规定的要求，其他部位不能有裂纹。

（4）去除制动盘非摩擦面锈蚀，并在散热筋上涂刷红油。

（5）更换紧固件。

3）磁轨制动装置

（1）将磁轨制动装置整体从车上拆卸下来，并对其进行清洁。

（2）更换紧固件。

（3）检修轨道靴；如有必要对其进行更换，且在更换时要将轨道靴和导轨作为套件一起更换。

（4）更换耐磨板；在更换耐磨板时必须使用非磁性材质。

（5）对于悬挂装置，要更换螺杆调节螺母、锥形垫片、塑料衬套、悬挂装置防尘套及损坏的弹簧。

（6）更换损坏的电缆密封接头，以及老化、破损电缆。

（7）使用专用螺纹密封剂密封接线盒紧固螺栓。

（8）焊修安装支架裂纹。

（9）将磁轨制动装置重新喷漆。

4）主、被动制动器夹钳

（1）将主、被动制动器夹钳整体从车上拆卸下来，并对其进行清洁、除锈、喷漆，更换其内部全部橡胶密封件。

（2）在被动制动器夹钳销轴处加注润滑脂。

（3）用液压油清洗制动及手动缓解腔室内。

（4）检测主、被动制动器夹钳的功能；要求其功能测试正常。

（5）更换安装螺栓等紧固件。

（6）更换被动制动器夹钳的线圈弹簧。

（7）制动闸片厚度应在允许范围内，否则将其更换；若制动闸片出现偏磨现象，要对主、被动制动器夹钳进行调整，并同时更换相应闸片。

2．车体制动系统

1）车体上的制动管路

（1）将车体上的制动管路分解、拆卸，并保护好接头处，然后对各零部件进行清洁、除锈。

（2）直接更换变形的不锈钢管。

（3）更换制动软管。

（4）更换紧固件。

（5）更换橡胶板。

（6）各阀、接头等若有裂纹、损坏等缺陷则要更换。

（7）更换该制动管路及软管的O形密封圈。

2）液压系统

（1）更换液压单元过滤器、液压油，并检测液压单元内电动机电刷、碳刷长度（要在允许范围内）。

（2）检查单元连接电缆及保护套，老化、破损的修复，而无法修复的要更换。

（3）检测液压控制系统现车功能，功能不良的要更换。

（4）检测蓄能器初始压力，该压力不足时要补充氮气，补充氮气后该压力仍不足时要更换蓄能器。

3）撒砂系统

（1）更换撒砂橡胶软管、进风金属软管。

（2）焊修箱体裂纹。

（3）更换撒砂系统空气压缩机进风过滤器，检查撒砂加热系统，检查撒砂系统空气压缩机功能。

3．救援钩、上下铰接、减振器、棒式车钩

1）救援钩装置

（1）将救援钩装置从车上拆卸下来，并对其进行细分解、检修，清除各零部件的锈蚀和尘垢。

（2）更换 M30 安装螺栓、M16 连接环螺栓、开口销、弹簧垫圈、平垫、螺母开口销等紧固件，以及磨耗板、安装座的套。

（3）对钩头、拉杆组件、安装座、钩尾销外表面进行磁粉探伤；这些零部件不能有长度超过 5mm 的横向发纹和 12mm 的纵向发纹，如果超限则应更换，且每个零部件发纹数量不能超过 5 条，如果超过 5 条则应更换。

（4）对钩舌探伤；要求钩舌如果有裂纹则应更换。

（5）对其他零部件进行外观目测检查；它们如果有明显的变形或肉眼可见的裂纹则应更换。

（6）橡胶支撑如果变形量超过 10mm 则应更换。

（7）更换橡胶关节轴承。

（8）检查救援钩和各紧固件；要求救援钩组装必须良好，各紧固件安装必须牢固。

（9）各磨损部位要涂润滑脂。

（10）安装螺母各部位必须使用螺纹锁固胶紧固。

2）上下铰接

（1）将固定铰接从车上拆卸下来，对其进行分解露出球铰作用副；检查球铰作用副（损毁或变形时应更换）；对铰接接头底座除锈、探伤（存在裂纹的应检修或更换）；对固定铰接球铰作用副涂二硫化钼润滑脂。

（2）将弹性铰从车上拆卸下来，对其进行细分解；更换关节轴承、卡簧及橡胶件；检修或更换其他零部件；对铰接接头底座除锈、探伤（存在裂纹的应检修或更换）；对弹性铰机构磨耗部位涂黄干油润滑脂。

3）减振器

（1）将减振器从车上拆卸下来，送专业厂家检修。

（2）对减振器固定座焊缝处进行除锈、探伤（焊缝开裂的应检修或更换）。

4）棒式车钩

（1）将棒式车钩从车上拆卸下来，对其进行细分解、检修，清除各零部件的锈蚀和尘垢。

（2）更换 M30 安装螺栓、M16 连接环螺栓、弹簧挡圈、平垫、弹簧垫圈、螺母、开口销等紧固件。

（3）对左、右拉环及壳体组件、中心轴组件外表面进行磁粉探伤；各零部件不能有长度超过 5mm 的横向发纹和 12mm 的纵向发纹，且每个零部件发纹数量不能超过 5 条，若超限则应更换。

（4）对其他零部件进行外观目测检查；其他零部件如果有明显的变形或者肉眼可见的裂纹则应更换。

（5）中心轴与铜套接触部分的表面磨耗应在允许范围内，若超出规定限度则应更换。

（6）测量铜套内径；铜套内径应在允许范围内，若超出规定限度则应更换。

（7）当隔板变形时，允许将其冷压调平；隔板若变形严重无法修复则应更换。

（8）目视检查弹性体；弹性体若有裂痕，则应测量该裂痕尺寸（应在允许范围内）；若弹性体的裂痕尺寸超出规定限度，则更换该弹性体。

（9）保持板的磨耗板离开拉环表面不能超过 5mm；当保持板的磨耗板离开拉环表面超过 5mm 时，允许冷压校正保持板；保持板若难以校正则应更换。

（10）磨耗板在其厚度小于 3mm 时应更换。

（11）更换橡胶套。

（12）钩尾销拆卸造成其划伤深度不能超过 2mm，其划痕数量不能多于 5 条；若钩尾销拆卸造成其划伤深度和划痕数量超限则应更换钩尾销。

（13）若与轴承配合的小零部件产生局部挤压变形，可修复，但不能对小零部件进行焊补；小零部件难以修复时应更换；若对小零部件进行修复，则应进行探伤。

4．风挡、渡板、踏板

1）风挡

（1）将风挡一端与车体分离，可更换分离端紧固件；恢复风挡安装后，要保证各部位连接牢固、不得松动，并对分离端重新涂打密封胶。

（2）修复破损的风挡软连接；对变形的风挡软连接进行调整；更换无法修复的风挡软连接。

（3）对风挡进行淋雨试验；要求风挡不渗漏。

2）渡板、踏板

（1）渡板在变形及其作用不良时要调修；渡板在开裂时要焊修，且更换渡板紧固件。

（2）踏板在变形及其作用不良时要调修；踏板在开裂时要焊修，且铆钉重新铆接，更换踏板固定销（更换后重新注油）。

（3）更换磨耗条。

5．转向架

（1）对转向架进行整体分解、打砂（打磨）、探伤、检修、组装、落成、静载试验。

（2）对构架（包括动车构架和拖车构架）进行打砂、探伤（裂纹焊修）、考线（调形）、油漆等处理。

（3）检查安全吊链座外观；安全吊链座出现开裂等不良现象时要焊修或更换。

（4）端梁组件。

① 对端梁组件进行打砂、探伤（裂纹焊修）、考线（调形）、油漆等处理。

② 更换端梁橡胶节点。

（5）一系悬挂。

① 更换全部叠层橡胶弹簧。

② 对轴端接地装置进行细分解；对弹簧进行压力动作检查；接地碳刷磨耗到限时要更换；轴端接地装置无法修复时要更换。

③ 更换防尘密封圈。

（6）中央悬挂装置。

① 更换定位导柱组件。

② 更换垂向止挡。
③ 对钢弹簧进行打砂、除锈，探伤，压吨试验；钢弹簧不符合要求时要更换。
④ 对安全吊链进行除锈、状态检查；安全吊链开裂时要焊修。
（7）对摇枕进行打砂、探伤（裂纹焊修）、考线（调形）、油漆。
（8）牵引拉杆及弯轴拉杆。
① 对牵引拉杆及弯轴拉杆进行除锈、探伤；要求它们不得有裂纹。
② 更换两端弹性橡胶节点。
（9）更换横向止挡。
（10）油压减振器要送专业厂家进行检修。
（11）动车轮对。
① 对轴颈及轴身外露可探部分实施磁粉探伤；对全轴施行超声波穿透探伤；对轮座镶入部分进行超声波探伤；对空心套筒（除橡胶块安装立面和套筒内表面外）外露表面实施磁粉探伤。
② 更换楔形橡胶块。
③ 检修车轴轴颈、轴端，并对其涂打防松标记。
（12）拖车轮对。
① 对短轴轴颈外露可探部分实施磁粉探伤，镶入部分超声波探伤，短轴施行超声波穿透探伤。
② 检修短轴轴颈、轴端。
③ 对弯轴进行脱漆、探伤检查、重新喷涂油漆。
（13）弹性车轮。
① 分解并清洁弹性车轮。
② 旋修轮箍踏面，并对旋修部位探伤；对轮辋进行超声波探伤，同时采用踏面样板检查；轮辋应符合要求。
③ 对扣环内外侧表面可探伤部位探伤；扣环内外侧表面不得存在明显的磕碰伤，并对其局部凹坑进行打磨；对轮心、轮箍外露可探部位实施磁粉探伤。
④ 清洁轮心螺纹孔，并对其进行过丝处理。
⑤ 更换橡胶圈。
⑥ 更换弹性车轮接地电缆及紧固件。
（14）滚动轴承及轴箱。
① 将滚动轴承及轴箱从轴颈上拆下来。
② 对滚动轴承进行细分解、清洗、探伤、检测；滚动轴承若尺寸超限则应成套更换；将滚动轴承重新组装；圆锥轴承滚子和保持架不分解；对内、外圈进行清洗、探伤、检测；目视检查轴承内圈、外圈及滚柱，若它们的表面出现剥离、擦伤、麻点、电蚀、裂纹、严重锈蚀等现象，则应将它们成套更换。
③ 对轴箱体进行打砂、检修、探伤、尺寸测量。

④ 对轴箱附件进行清洗、外观检查、尺寸检测、裂纹焊修、变形调修。

⑤ 对防尘挡圈进行清洗、检查，若尺寸超限则应更换。

⑥ 组装轴承及轴箱装置。

⑦ 对轮对轴箱装置跑合试验；要求不得有异声、温升等异常现象。

（15）检修轮缘润滑装置，调修发生变形的支架，焊修裂纹。

（16）对上、下心盘进行除锈、探伤，更新紧固螺栓；检修上、下心盘钢套；更换动力转向架心盘垫及旁承；轨道车辆落成时，对上、下心盘及摇枕接触部位涂抹中性润滑脂。

（17）更换转向架的所有紧固件（除齿轮箱及弹性车轮安装螺栓以外）。

（18）对组装后的转向架进行静压试验，并在静压状态下检测各部位尺寸（应符合要求）。

6．车顶电气箱

将锁扣有损坏或卡滞的车顶电气箱进行修复或更换。

7．车下电气设备

（1）动车轴端速度传感器应保持验车时的状态。

（2）拖车速度传感器应保持验车时的状态。

（3）磁轨制动器续流二极管箱。

① 清除该箱内灰尘及杂物。

② 检查箱体；箱体若变形应调修；箱体密封状态应良好；密封条若有损坏应更换。

③ 检查箱内各接线端子状态是否良好；箱内各接线端子若锈蚀应打磨，若烧熔应更换。

④ 各电缆应连接正确，压接紧固、不得松动。

⑤ 检查续流二极管外观状态是否良好；检测续流二极管是否具有正确的单向导电性；续流二极管不得发生击穿短路现象，否则应更换。

（4）牵引电动机接线箱。

① 清除该箱内灰尘及杂物。

② 检查箱体；调修变形的箱体；保持箱体良好的密封状态。

③ 检查箱内各接线端子状态是否良好；箱内各接线端子若锈蚀应打磨，若烧熔应更换。

④ 检查各电缆绝缘层状态是否良好；各电缆不得与箱体有摩擦；绝缘层有损坏的电缆应检修或更换。

（5）检查车下各接地线是否齐全；车下各接地线若缺失应补齐。

（6）接地汇流排若锈蚀应打磨；接线柱若烧损应更换。

（7）更换车体与构架编织地线。

8．空调机组

（1）必须将空调机组须从车上拆下来，做全面清洗；将空调机组在试验台上做性能试验；若试验空调机组制冷量达到设计参数的 90%以上，则空调机组制冷系统不做分解，并按下列要求进行检修；若试验空调机组制冷量达不到要求，则空调机组制冷系统必须分解检修。

① 清洗或清扫空调机组各零部件；压缩机、干燥过滤器、汽液分离器外部要清洁，无局部锈蚀（若有锈蚀应除锈补原色油漆）；冷凝器、蒸发器要清洁；其他各零部件无积尘、无油垢。

② 压缩机接线端子应无烧损、无松动、无虚焊或脱焊；压缩机安装座螺栓要紧固。

③ 空调机组运转无异常、转动灵活。

④ 空调机组电气绝缘要达到要求。

⑤ 制冷系统各部分无泄漏。

⑥ 各防震器、盖密封条、送回风口密封胶垫、盖及内部保温层完好、无缺欠。

⑦ 空调机组各连接插头良好。

⑧ 压力继电器应安装牢固、动作无误。

⑨ 对空调机组壳体检修应做到：金属部分若裂损应补焊，隔热层密封条无缺欠、无破损、无老化，各零部件安装牢固，管路或零部件间无摩擦或碰击。

⑩ 将压缩机、干燥过滤器、汽液分离器涂刷原色油漆。

⑪ 压缩机电动机绝缘值应在允许范围内。

⑫ 将各风机及电动机分解、检修。

⑬ 蒸发器、冷凝器翅片若变形应矫正，且片距要保持均匀。

⑭ 各管路及接头无泄漏。

⑮ 各配线无老化、无破损，排列整齐，线号清晰，绝缘良好。

⑯ 对高、低压继电器、进行检修、校验；高、低压继电器整定值应符合规定。

（2）机组冷凝排水管路连接完整。

（3）更换空气过滤网。

（4）检查空调机组制冷剂；若其液位低，则应补充制冷剂。

（5）对空调机组进行开盖检查。

① 压缩机应无漏油现象；压缩机的制冷量或排气量应不低于原设计参数的 90%；压缩机对壳体绝缘电阻值应不低于 5MΩ；压缩机三相绕组电阻值平衡。

② 冷凝风机叶片若有损坏、变形，则应更换；电动机驱动轴连接应无松动；清除电动机上的灰尘和油垢。

③ 空调机组内各零部件应安装牢固；制冷管路若泄漏，则应紧固接头或补焊漏点；空调机组内隔热层完整、无脱落。

④ 风机在运转时应无异常震动及噪声，否则应更换；风机叶片旋转方向应正确；离心风机叶轮若破损或锈蚀严重则应更换离心风机；必须对轴流风机叶片焊缝进行探伤、清洗，并涂防锈底漆、面漆；更换新的轴承。

⑤ 风扇电动机的安装螺栓应紧固。

⑥ 空调开机后，确认空调机组制冷、制热、通风等各项功能是否正常，各运动部件有无异常响声及震动。

（6）测试空调机组内温度传感器功能。

（7）测试空调机组内空气预热器的恒温继电器功能。

（8）测试、检修、校验空调机组压力开关、压力传感器功能。

（9）对空调机组新风入口格栅、各阀进行清洁。

（10）更换所有密封件。

（11）过热保护元件、过电流保护元件、插座等电气设备若老化、破损则应更换。

（12）对各电动机按标准进行检修。

（13）对冷凝器、蒸发器分别进行内外部清洗、干燥，并做保压、抽空试验，保证其符合 TB/T 1804—2017 的要求。

（14）换热器若有腐蚀或破损而大面积堵塞则应更换。

（15）组装检修完后的各零部件；要求充氮气焊接，组装后进行压力试验、真空试验、运转试验、性能试验，保证其符合 TB/T 1804—2017 的要求，并提供试验报告。

9. 受电弓

（1）清洁受电弓框架、底架。

（2）检查受电弓弓头、碳滑板；碳滑板若磨耗超限或断裂则应更换，且其接触压力要调整以符合要求，并进行阻尼器检测。

（3）软编织线应全部更换；软编织线应安装牢固、无松动；安装螺栓应无锈蚀、无缺失，且接触良好。

（4）气囊及钢丝绳应全部更换，并进行气囊内连接检查，加润滑油脂。

（5）绝缘子应清洁，如有损坏则应更换，并做绝缘和耐压试验。

（6）受电弓轴承（拉杆关节轴承、平衡杆关节轴承、上/下臂杆关节轴承、下臂杆关节轴承）应全部更换。

（7）平衡杆应转动灵活，加注润滑脂。

（8）受电弓在检修后应进行试验及检验。

10. 受电弓气源箱

（1）箱体及箱体内部应清洁并更换减振底座；箱体若损坏无法修复则应更换，若出现裂缝则应补焊。

（2）空气压缩泵电动机的接线要牢固；空气压缩泵外观要良好，并更换碳刷、碳刷弹簧、电动机轴承、附件；空气压缩泵应进行通电试验，且应功能正常，不存在异声现象。

（3）检查风缸；风缸应无裂纹及破损。

（4）检查各接触器、继电器、压力开关；它们应外观良好，无破损，功能正常。

（5）加热电阻片、安全压力阀接线应牢固；调压阀、电控阀应功能正常。

（6）箱内线束应安装、固定到位，无老化、无破损；箱外线束保护套若损坏则应更换。

（7）清理箱内过滤器。

（8）受电弓气源箱应安装牢固；安装螺栓应重新紧固，并涂打防松标记。

（9）更换箱内全部风管；更换受电弓气源箱与气囊间连接风管。

（10）对受电弓 ADD 功能进行测试。

11. 制动电阻箱

（1）箱体及箱体内部应清洁；检查制动电阻，制动电阻的电阻值若不符合要求则应更换。

（2）检查制动电阻绝缘瓷瓶外观；要求其表面清洁，安装牢固，无破损。

（3）检查制动电阻安装骨架状态及接线；要求其不得有松动、开裂现象。

（4）对制动电阻进行对地绝缘检测、耐压试验；接线柱及接线端子无锈蚀；重新紧固螺栓，并涂打防松标记。

12. 高、低压接线箱及熔断器箱

（1）清洁箱体内部；箱体密封条若密封不良则应更换。

（2）检查箱内接线及器件；要求接线无松动、无损坏，且标识清晰，器件不得有缺失。

13. 插头、插座

（1）检查各插头、插座外观状态是否良好；各插头、插座若损坏则应更换。

（2）检查各插头、插座内插针是否完好；要求该插针不得有缩针、退针、断针、烧蚀现象，否则更换。

（3）各插头、插座要连接到位，不得松动。

（4）检查网络通信线及插头、插座；保证接线处完好且连接紧固；屏蔽线状态良好；各紧固件不得有缺失、损坏，否则更换。

14. 内饰

（1）松动的客室内立柱应重新固定。

（2）松动的客室座椅把手、坐垫、靠背应重新紧固。

（3）松动的贯通道内扶手应重新固定。

（4）松动的门旁边扶手应重新固定。

（5）客室内饰漆若脱落则应补漆（允许有色差）。

（6）开裂的地板布应修补。

（7）裙板应全部进行重新喷涂。

15. 塞拉门

（1）塞拉门门板若变形则应调修，若掉漆则应补漆（允许有色差）。

（2）塞拉门玻璃若破损、漏气则应修复，无法修复的则应更换。

（3）塞拉门密封条应全部进行更换并调整车门，保证车门正常开、关，无卡滞。

三、大修项目管理

1. 进度管理

编制大修进度计划即指导大修项目的具体实施,以保证大修项目实现时间目标。在大修进度计划实施过程中,必须要持续监控大修项目的进程,尽可能按大修进度计划执行,要实时掌握大修项目的实施情况,并与大修进度计划进行对比分析,及时采取措施,使大修项目的时间目标能如期实现。

1)大修进度计划的贯彻

(1)检查大修进度计划。检查大修进度计划的完整性、逻辑性,包括整车计划、部件修理计划、设备维护计划、材料计划等是否协调一致,能否互相衔接,然后由负责生产调度的管理人员以生产任务书的形式下达各班组及物流部门。

(2)明确责任。项目经理、管理人员、技术人员、作业人员按照拟定的大修进度计划目标即时间、进度、质量目标,明确各自职责,以及必须承担的经济责任、权限。

(3)大修进度计划交底。通常采用两个层次的大修进度计划交底。第一层次是管理层次,每个管理人员必须明确整车修理进度计划、零部件修理进度计划及材料计划。第二层次即作业层次,就是班组作业人员明确零部件修理计划及装配计划,并可采用进度公告牌的方式在整个大修项目现场予以明示。

2)大修调度

大修的时间只有 25 个工作日,实际大修进度与大修进度计划的比较分析必须每天进行,要协调好各个班组作业关系及外部合作单位的协作关系。大修调度常用手段是由大修调度人员现场跟踪及监督各班组作业完成情况,同时进行现场协调,每天召开调度会议,根据职责范围决定对策或向项目经理汇报,每周撰写大修进度报告,报告内容要包括大修进度概要、实际大修进度及说明、材料供应情况、下周的趋势及存在的影响因素、困难等。

3)控制与调整

若整个大修进度因材料、人员、工艺或设备的原因而延误,则应按照原先预定的对策进行纠偏。纠偏可以以天或周为单位,更新大修进度计划,整个大修项目的时间目标不变。此项工作由大修调度完成,项目经理来确认、批准,后续工作按照新的大修进度计划实施。

2. 质量管理

质量管理即针对大修质量方面进行的指挥和控制的协调活动。它包括制定质量方针、质量目标、质量策划、质量控制、质量保证和质量改进。大修项目前期准备时,已明确了质量方针、质量目标并根据大修作业的特点进行了质量策划。大修项目具体实施时,主要考虑质量控制、质量保证及质量改进的内容。

1)质量控制

质量控制的目标为确保大修车辆的各项指标能恢复原出厂时的标准。质量控制的工作内容包括专业技术及管理技术两个方面。

(1)专业技术是指各类工艺文件或者作业指导书,解决为何干、如何干的问题。

（2）管理技术是指班组职责范围，各工种的岗位职责、生产作业管理流程等管理标准，解决由谁干、何时干、何地干等问题。

质量控制要全面控制大修作业过程，重点控制作业工序及工作质量，尤其是关键工序的交接检验，如齿轮箱装配、单元制动机的试验、轮对的压装等，要有质量预控对策方案。质量处理必须复查，即出现质量事故按"三不放过"原则处理后，必须对整改结果进行复查并做好记录，必要时行使质控否决权。当质量与时间进度及成本发生冲突时，坚持以质量为主。所有的质量文件，主要是测试报告、作业记录必须归档。

2）质量保证

质量保证是完善质量控制、准备客观依据，并根据用户的要求有计划、有步骤地开展提供证据的活动。其作用是从外部向质量控制施加压力，促使其有效运行，并向用户提供信息，以便及时改进，从而防止故障或事故的发生。

（1）手段。根据大修作业特点，对所有产品及工序进行合格控制，合理设置合格控制点，如零部件总成，静、动态调试等，同时设立专门的质量检验部门，并建立检验网络，以及三检、三自检的检验制度。

三检：

自检——对照工艺，自我把关。

互检——同工序及上下交接验。

专检——全过程抽检。

三自检：

自检——判断产品及工序合格与否。

自分——合格品、不合格品分放。

自做标记——完工签名。

（2）期限。大修质量保证期限一般为 12 个月。若零部件在这 12 个月发生质量问题，则这些部件的质保期可延长至 24 个月。

3）质量改进

为提高大修质量，作业过程中技术人员及管理人员必须对工艺文件、工艺流程及管理流程不断进行分析，并持续改进与不断创新，以使大修车辆投入运营后取得很好效果。

3. 费用管理

1）费用分析

根据大修费用的构成比例，分别采取不同的费用控制对策。材料费用约占大修费用的 90%，人工费用、设备费用、管理费用约占大修费用的 10%。

根据大修进度计划及材料计划，在关键节点判断经费是否超支，并分析超支的原因。如因材料型号不对、培训不够而造成质量事故、材料消耗增加等问题，则应制定解决对策。对人工、设备、管理费用等，根据定任务、定目标的方式进行控制，力争使各项费用在计划范围内。

2）协调

大修费用控制与大修进度、大修质量是密不可分的。加快大修进度、提高大修质量必然导致大修费用提高。在运营轨道车辆紧缺的情况下，可追加人手，加快大修进度。当大修前某些零部件频繁出现问题时，在大修过程中需追加大修费用对其进行改造。大修费用、大修进度、大修质量3者必须协调一致。

4．综合管理

1）信息管理

（1）轨道车辆零部件编号。

根据轨道车辆资产管理系统，要求对重要的零部件进行编号。

轨道车辆零部件编号的基本原则是以大修最小维修单元为基本编号，根据总成、部件、零件的层次，制定编号规则，登录到以车号为根目录的计算机管理系统内，以确保轨道车辆上的每个零部件都有系统的编号。有了轨道车辆零部件编号，就便于跟踪、检查和分析其运用情况，便于作业人员保管、检验及采购等。轨道车辆零部件编号可作为材料的库存号和采购编号。

（2）作业记录。

设置完各类作业记录表式后，给作业记录表进行编号。作业人员做完作业记录，作业记录表汇总到质检小组，由质检小组汇总、分类、登录。此类信息供项目经理及其他部门检索。

（3）故障信息。

故障信息分为两类。一类故障信息由内部检查产生，并由质检部门按规定处理后，在项目内部流传，以达到通报的功能；另一类故障信息由外部检查产生，即当大修后的轨道车辆投入使用后发生故障时，外部必须提供详尽的故障信息（包括发生地点、发生状况、驾驶员处理方式、现场修理人员处理方式等），然后这类故障信息流传至项目内部，按内部发生的故障信息进行处理、流传。

（4）项目信息。

项目信息包括项目进展报告、质量周报、特别报告等。项目信息主要在项目的直接领导及外部相关单位之间进行流传，使他们及时掌握项目动态，及时调整与项目相关的计划及资源。

2）现场管理

现场管理要做到规范场容、文明作业、安全有序、整洁卫生、不损害公众利益。

（1）管理内容。

设计各作业现场的平面图，以不同颜色标示设备、区域、道路、周转件使用场地、待修及合格件放置场地，并定期进行检查、监督，做到"工完、料净、场清"。

（2）管理方法。

现场管理主要采用标准化管理方法，根据大修场地大、设备多、人员广、流程多的特点，制定管理标准，以此对执行的结果进行考评，并与个人的绩效挂钩。

（3）管理措施。

① 开展"6S"活动。

"6S"的含义是"整理、整顿、清扫、清洁、素养、安全"。开展"6S"活动是指对大修现场的人、事、物及时合理调整，人、机、物、料按照平面布置图定点放置，始终保持场地、设备、物品的清洁，确保良好的作业环境及职工生活环境，提高大修作业人员及生产人员的素质，始终做到自我管理、自我实施和自我控制。

② 目视管理。

目视管理是指利用各种图片、标志等信息组织实施大修作业，从而达到提高生产效率和大修质量的目的。目视管理主要内容是把各类计划制成图表公布于众；把各项工艺规程制成挂板挂在各个作业区域；把各项安全操作规程置于设备旁边；各项规章制度张贴在墙上；安全、防火及交通标志张贴在相应位置；用标牌显示管理人员及班组长的岗位责任等。

5. 项目评价

项目评价即对大修的总目标、实施过程、产生的效益、作用进行系统的客观分析。通过大修作业的检查总结，确定项目的总目标是否达到、为大修所做的各项规划工作是否有效，通过客观分析总结经验教训，并通过信息反馈为提高类似于大修项目的决策水平及管理水平提供基础，同时对大修过程中出现的问题提出建议，从而使以后的大修作业取得更好的效果。

1）项目评价内容

项目评价主要对大修整个管理进行评价，包括进度、质量、安全、费用、综合管理，以及外部因素等内容。

2）项目评价程序

首先是确定项目评价的范围，如大修规程、大修工艺规程、大修进度计划、大修质量计划等；其次是选择评价咨询组织及专家，可选择外部的专业管理咨询公司，也可选择同行业的专家；最后撰写项目评价报告。

3）项目评价报告

项目评价报告是项目评价结果的汇总，包括大修的情况介绍、项目实施概况、项目评价内容、实施过程的主要变化和存在的问题、原因分析、实施过程的经验和教训、结论和建议等。

任务三　轨道车辆临时检修

工作情景

在轨道车辆参与运营过程中，经常突发临时故障，且其种类、难易程度及处置方法随机性较高。轨道车辆临时检修工作考验着轨道车辆检修岗位工作人员的综合技术技能及临场应变能力，并具有较大的挑战性。

🔧 工作环境

在运营线路或轨道交通车场检修库开展轨道车辆临时检修实践操作；在带有仿真软件的多媒体教室完成学习轨道车辆临时检修模拟操作的工作内容。

🔧 器材准备

工　　具：列检锤、强光手电筒、棘轮、套筒工具组合、万用表、插针、吸尘器等。
设　　备：轨道车辆模型或实物一组（至少包含A、B、C车）。
材　　料：抹布、毛刷、清洁剂、画线笔等。
劳保用品：工作服、安全帽、劳动手套、绝缘鞋、登高绳。

📖 素质培养

（1）培养学生动手实践的能力。
（2）培养学生沟通协作的能力。
（3）培养学生精益求精的工作精神。
（4）培养学生严肃认真的工作态度。
（5）培养学生的大局意识。

📋 学习目标

（1）能够实施轨道车辆临时检修工作。
（2）掌握轨道车辆临时检修认定方法。
（3）能够判断轨道车辆故障类型。
（4）能够实施轨道车辆故障统计分析。
（5）能够依据轨道车辆故障选择正确的修复方法。

⛄ 基础知识

一、定义

临时检修是指在正常计划修程的规定时间内或正常检修力量配备下无法完成，并且超出修程规定项目内容范围或超出修程计划成本的检修任务，以及正线运营列车非正常下线产生的检修任务。

二、认定

临时检修是由正常计划修程派生出来的检修任务。轨道车辆检修任务在满足以下条件之一的情况下被认定为临时检修。

（1）轨道车辆检修任务超出本次修程规定项目内容范围。
（2）实施轨道车辆检修任务将超出本次修程计划成本。
（3）实施轨道车辆检修任务将使本次修程无法在规定时间内完成。
（4）正线运营列车非正常下线产生的检修任务。

三、来源

1. 直接被确定的临时检修

当正线运营列车由于列车故障而掉线、清客、救援入库时，由计划部门直接安排相关部门对其实施临时检修。

2. 常规计划修程演变而来的临时检修

当在轨道车辆实施常规计划修程过程中，发现超计划的检修项目时，计划部门将该检修项目确定为临时检修。

四、分类

轨道车辆临时检修分为一般临时检修和重大临时检修。

1. 一般临时检修

一般临时检修是指可以在一般检修线上实施，并无须使用架车机、旋床、桥式起重机、铲车等大型设备就能完成的临时检修。

2. 重大临时检修

重大临时检修是指必须在专用检车线上实施，并且要借助架车机、旋床、桥式起重机、铲车等大型设备完成的临时检修。

实操训练

一、一般临时检修

由日检而产生的临时检修大多数为一般临时检修。

1. 日检故障统计、分析

日检人员在每天的日检作业时将所有当日运营列车读取的 CCU、TCU、BECU、ACU 和 DBU 故障通过各种途径传递到各相关部门或单位，然后各相关部门或单位的专业人员对故障内容进行分析研究。

正线运营列车由于各类故障引起的掉线、清客、救援，理论上绝大多数均可避免。掉线、清客、救援往往都是前期相关微小故障的积累而引发的。对日检人员每天读取的故障进行如下分类。

（1）直接影响正线列车运营的故障。此类故障直接实施临时检修。

（2）绝大多数未影响当天的正线列车运营的故障。

① CCU 中的 BECU 故障。

② 高速开关（HSCB）故障（如 CCU 中 B 车高速开关故障、C 车高速开关故障等）。

③ 联络故障（如 CCU 中 TCU 联络失败、BECU 联络失败、显示屏无法联络等，TCU 与 CCU 无法联络、与其他 TCU 无法联络、与 BECU 无法联络等）。

日检人员每天对列车发生的三类故障次数进行统计累加，一段时间后，重点对发生故障次数多的列车进行检查、分析，必要时填报"临时检修单"，由计划部门及时安排扣车并组织有关部门进行临时检修作业。

2．客室车门故障

1）双叶内藏式移动门

（1）单个车门不能正常开启、关闭。

① 驾驶员准确填报当天运营报表，明确故障车门位置。

② 日检人员注重车门各尺寸的检查，若发现某项尺寸超标，必须将其重新调整至技术规程所规定的范围。

③ 对各传动部件进行清洁和润滑。

（2）门控或传动零部件损坏。

① 直接更换已经损坏的零部件。

② 对易损零部件严格检查，发现其稍有异常便将其更换。

2）塞拉门

针对关门数次后仍未关上、关门时碰到障碍物后门控计算机系统死机等故障，通过适当调整门控计算机软件的方法（如适当加大关门压力、增加车门受阻后的再关门次数、调整最后一次车门受阻后的受控状态等）进行修复。

客室车门的临时检修应根据各自门控系统的特性，具体问题具体分析，采取有针对性的检查处理方法，及时准确地排除故障。

3．空调故障

1）空调冷凝水滴入客室

该故障主要是由于空调机组内冷凝水排放不畅而引起的。只要疏通排水口即可排除该故障。

2）制冷剂泄漏

检修人员确定制冷回路的泄漏部位，将泄漏部件更换即可。

3）零部件损坏

检修人员根据 ACU 的故障代码显示，对具体受损零部件进行修理或更换。

二、重大临时检修

由月检、定修而产生的临时检修很多属于重大临时检修。重大临时检修多数为机械部分维修作业。

1．零部件尺寸超标

零部件如有尺寸超标必须填报"故障临时检修单"送计划部门，然后计划部门遵循技术规程，结合生产实际情况，合理安排相关部门进行零部件的更换。

2. 走行部故障

如发现轨道车辆走行部的轮对车轴裂纹、转向架裂纹、橡胶联轴节裂纹超标、一系橡胶弹簧裂纹超标、电动机受损、空气压缩机异声等严重威胁运营安全的隐患，必须立即转入专用临时检修线，启用架车机、桥式起重机、铲车等大型设备，对发生裂纹的轮对车轴、转向架，受损电动机，故障空气压缩机等进行更换。

3. 制动系统

1）微机控制的防滑和防空转系统故障

在实际临时检修中，防滑和防空转系统的控制电路及各控制模块很少出现故障，而作为采集最原始车轴速度信息的重要部件——速度传感器却经常损坏，导致系统异常无法正常工作。防滑和防空转系统本身具有故障自诊断及故障储存功能。检修人员可以通过事后读取制动微机控制单元（EBCU）的故障记录情况，及时发现故障，分析判断车轴速度传感器的位置，及时采取临时检修措施予以处理。另外，由于速度传感器损坏，采集的轮对速度和减速度信号就会出错。当此信号与设定的规范数值相比较时，就会形成错误的排气控制指令。列车在运行时，防滑阀由于接收了错误的排气控制指令会频繁动作而不断产生放气声音。检修人员可以通过正线运行列车的走行部是否有频繁的放气声来判断防滑和防空转系统的异常情况，及时采取临时检修措施，也可以通过事后查看列车中央控制系统（CCU）所记录的 BECU 发生次数，来判断防滑和防空转系统的车轴速度传感器是否发生故障。一般情况下，如果 CCU 中记录的每节车当天发生的 BECU 故障次数有几十次（正常情况为 5 次以下），那么就可以初步断定此类故障。随后，检修人员可以进一步读取当天该节车的 BECU 故障记录，来判断故障发生的具体位置，从而采取临时检修措施及时处理。此外，在车轮旋削、更换轮对和转向架等重大临时检修后，通过对防滑和防空转系统的人工轮径调整装置及时、准确地重新设置轮径尺寸是确保防滑和防空转系统正常运作的必不可少的首要条件。

2）空气悬挂装置故障

在实际临时检修中，根据 BECU（BCU）的相关故障记录情况，会碰到两种故障现象：同一节车的一个转向架上的 2 个空气弹簧无气而另一个转向架上的 2 个空气弹簧正常；同一节车 2 个转向架上的 4 个空气弹簧均无气，地板面高度明显下降。当控制一个转向架上的 2 个空气弹簧充气状态的高度调节阀 L07 出现异常，使此高度阀 L07 处于排气状态，而控制另一转向架上的 2 个空气弹簧充气状态的高度阀正常，就会导致前一种故障现象。对于前一种故障现象，检修人员只要重新调节高度调节阀 L07，恢复对这个转向架供气，调整地板面高度后即可恢复正常。后一种故障现象多数是由于溢流阀损坏，截断了对整个空气悬挂装置的供气，从而使同节车的 4 个空气弹簧都无气。对于后一种故障现象，检修人员必须及时采取临时检修措施，在切断相关气路后更换该溢流阀，以确保空气悬挂装置的正常供气。

工匠楷模——宁允展

宁允展，1972年出生，中国共产党党员，南车青岛四方机车车辆股份有限公司车辆钳工高级技师，高铁首席研磨师，中国南车技能专家；自幼出身工匠家庭，在耳濡目染中对手艺活产生浓厚兴趣，1991年铁路技校毕业后进入南车四方股份有限公司（原四方机车车辆厂）从事车辆钳工工作。他是国内第一位从事高铁列车转向架"定位臂"研磨的工人。由他研磨的定位臂，精度小到0.05mm，比头发丝还细，被同行称为"鼻祖"。经他手中的转向架从来没有出过次品。他发明的工装每年可为公司节约创效近300万元。此外，宁允展还是个多面手，既是钳工，又是焊工，还会机加工。这些技能都是宁允展在上班之余自学的。他的工作室也被大家称为厂里的"第二工具间"。在他的工具室里几乎能找到各个工种的工具。多年来，宁允展一直将自己的经验无私地传授给身边的同事。他的徒弟目前均是生产一线的骨干，其中1人成为高级技师，2人成为技师，5人成为高级工，2人成为中级工。宽严并济的教授方式也让他成为徒弟们敬佩喜爱的好"师傅"。

宁允展身上所体现出来的刻苦钻研、精益求精、坚韧不拔的品质和敬业奉献、执着追求、实事求是的精神，正是传统工匠精神的现实表达。也正是因为有许许多多像宁允展一样的产业工人，才有一大批享誉全球的"中国制造"走出国门，领先世界水平。

项目五　机械部件检修

任务一　检修车体

工作情景

车体作为轨道车辆的重要组成部分，担负着运载乘客的职责。车体作为乘客乘车的主体，其运营质量直接关系着车辆运行及乘客人身的安全。车体检修工作是保障车体质量的关键。按照车体检修工序定期进行车体检修操作是轨道车辆检修工的一项重要工作内容。

工作环境

在轨道交通车场综合检修库开展车体检修实践操作；在带有仿真软件的多媒体教室完成学习车体检修模拟操作的工作内容。

器材准备

工　　具：棘轮、套筒组合、开口扳手、划格仪、内六角组合。
设　　备：车体模型或车体实物、移动式架车机或地坑式架车机、打磨机、高压吹风机。
材　　料：泥子、抹布、砂纸、毛刷、胶带、美工刀、清洁剂、画线笔。
劳保用品：工作服、安全帽、劳动手套、绝缘鞋。

素质培养

（1）培养学生团队协作的能力。
（2）培养学生动手操作的能力。
（3）培养学生精益求精的工作精神。
（4）培养学生踏实肯干的工作态度。
（5）培养学生刻苦钻研的工匠精神。

学习目标

（1）能够实施车体油漆工作。
（2）掌握车体内部设施检修内容。
（3）能够分析车体变形损伤类型。
（4）能够实施车体内部检修工作。
（5）能够正确选择车体架车位置。

基础知识

一、车体的特征

（1）城市轨道交通一般采用电动车组。电动车组有单节式、双节式、三节式等，并有头车（带有驾驶室的轨道车辆）和中间车，以及动车与拖车之分。电动车组的车体结构也是多样的。

（2）电动车组服务于城市内的公共交通。城市内的公共交通具有乘客数量多，旅行时间短，上、下车频繁的特点。因此，对于电动车组，车内设置的座位数量要少，车门数量要多而且开度要大，服务于乘客的车内设备要简单。

（3）对轨道车辆的质量限制较为严格，特别对于高架轻轨，要求轨道车辆质量小，以降低线路设施的工程投资。

（4）为减轻电动车组自重，轨道车辆采用整体承载筒形车体结构；车体承载结构一般采用大型中空截面挤压铝型材、高强度复合材料或不锈钢等轻型材料；轨道车辆的其他辅助设施也尽量采用轻型材料和轻量化结构。

（5）电动车组一般运营于城市人口稠密地区，并用于乘载旅客，所以对轨道车辆的防火要求严格。通常其车体的结构采用防火设计，材料必须经过阻燃处理。

（6）对轨道车辆的隔音和噪声有严格要求，以最大限度降低噪声对乘客和沿线居民的影响。

（7）轨道车辆主要用于城市内交通，所以轨道车辆外观造型和色彩必须与城市文化、城市环境、城市景观相协调。

二、车体的结构

1. 基本结构

车体是由底架、侧墙、车顶和端墙等部件组成的封闭筒形结构，如图 5-1 所示。

车体的结构

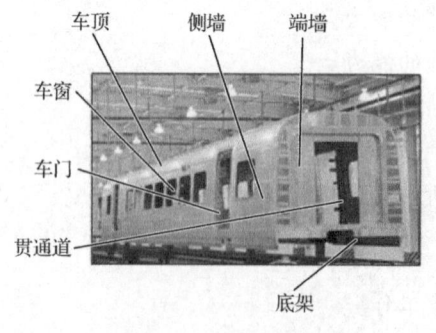

图 5-1 车体的结构

底架由地板、侧梁、枕梁和牵引梁组成。其中，枕梁用于连接走行部；牵引梁设在底架的两端，用来安装车钩缓冲装置。

侧墙由杆件、墙板、车门、车窗组成。其中，杆件包括侧立柱、端立柱、上弦梁、大横梁、小横梁和其他辅助杆件，并与底架的上侧梁连接成一体。

以 A 车为例，车体的左、右侧墙各有 5 扇车门和 4 个车窗，侧墙被分隔成 6 块分部件（全车共 12 块分部件）；各块分部件为整体的挤压铝型材或焊接部件，在组装时分别与底架、车顶拼接。

端墙的结构与侧墙的结构基本相同，除包括弯梁、贯通道立柱和墙板，还包括角柱、端立柱、上端梁等。

车顶包括弯梁、横梁、端弯梁及车顶板等。车顶两侧小圆弧部分采用形状复杂的中空截面挤压铝型材。车顶中部大圆弧部分为带有纵向加强杆件的挤压成型的车顶板。车顶组装时仅留下几条与车顶等长的纵向长焊缝。

墙板包括蒙皮和内饰板。其中，蒙皮是用钢板、不锈钢板和铝合金板制成的；内饰板具有车内装饰的功能，经过阻燃处理。

贯通道主要由波纹折篷、框架、活动侧墙、连接顶板及渡板装置组成。

2．结构形式

按照车体结构承受载荷的方式不同，车体可分为底架承载结构、侧墙和底架共同承载结构及整体承载结构 3 类。

（1）底架承载结构。全部载荷由底架来承担的车体结构称为底架承载结构，又称自由承载结构。

（2）侧墙和底架共同承载结构。由侧墙、端墙与底架共同承担载荷的车体结构称为侧墙和底架共同承载结构，又称侧墙承载结构。其侧墙、端墙与底架等通过固接形成一个整体，具有较高的强度、刚度。

（3）整体承载结构。在板梁式侧墙、端墙上固接由金属板、金属梁组焊接而成的车顶，使车体的底架、侧墙、端墙、车顶连接成一个整体，成为开口或闭口箱形结构，这种结构称为整体承载结构。此时，车体各部分结构均参与承受载荷。

三、车体的内部设施

车体的内部设施主要有地板、顶板、客室侧墙、端墙、车窗、座椅、立柱、扶手、拉杆、拉手、贯通道、位于客室座椅下面的空气弹簧储气缸、B 车受电弓升弓脚踏泵、灭火器和风笛等。

四、车体的材料

车体按使用的主要材料可分为钢制车体、不锈钢车体、铝合金车体。

1．钢制车体

20 世纪 80 年代以前的钢制车体主要采用普通碳素钢，自重较大，使用过程中易受腐蚀，其强度由于腐蚀而降低，增大了维修工作量和维修成本。后来，车体采用了含有铜或镍、铬等金属元素的耐大气腐蚀的低合金钢系列，使车体的自重减轻了 10%～15%，同时在工艺上也采取了一定的防腐措施,使车体的寿命有所延长,但在减轻车体自重和防腐蚀等方面仍然不能尽如人意。

2. 不锈钢车体

不锈钢车体的耐腐蚀性较好,强度高。在保证强度和刚度的前提下,不锈钢车体钢板的厚度可以减薄,其结构形式与钢制车体的相似,从而实现了车体的薄壁化和轻量化,使车体的自重比钢制车体的减轻20%~25%。另外,不锈钢车体的车顶板、侧墙板和底板一般都采用成型的波纹板制成,克服了薄板平整度难以保证的缺点,同时满足了强度要求。

3. 铝合金车体

铝合金具有密度小、耐腐蚀、容易挤压成型的优点。在解决了铝合金焊接的难点后,尤其是大型空心铝型材研制成功后,使利用铝合金制造车体成为可能。为了进一步实现车体的轻量化,国外许多国家采用铝合金车体,其自重相比钢制车体的可减轻30%~40%。但铝合金在积水状态下的耐腐蚀性能将降低,这是铝合金的一个缺点。因此,在采用铝合金车体的轨道车辆的维护和维修过程中,要注意采取排水措施,避免积水。

五、车体的制造工艺

车体的制造工艺一般采用焊接和铆接。随着车体的模块化设计和制造,焊接工艺在铝合金车体制造上受到了制约。铝合金材料的可焊性较差。同时,铝合金材料焊接以后产生的变形很难控制。因此,在铝合金车体上,焊接和铆接两种工艺交替使用。

实操训练

一、车体变形的检修

车体常见的故障是车体变形,原因是目前的车体由大型铝合金挤压型材焊接制造而成,焊接加热过程使铝合金车体的强度损失达40%~60%,从而使车体容易变形。

车体变形有以下两种形式。

1. 无碍车体外形或设备功能的车体永久变形

无碍车体外形的车体永久变形对轨道车辆的动态限界无影响;无碍设备功能的车体永久变形对轨道车辆的正常运营不影响。

对于无碍车体外形或设备功能的车体永久变形,应对车体采取挖补、截换方法进行焊修,然后进行表面平整,使其外观恢复原状,并补涂同色油漆。

2. 妨碍车体外形或设备功能的车体永久变形

妨碍车体外形的车体永久变形对轨道车辆的动态限界有影响;妨碍设备功能的车体永久变形对轨道车辆的正常运营产生影响。

对于妨碍车体外形或设备功能的车体永久变形,应和车体供货商进行联系,由供货商或对铝合金焊接有经验的厂商进行处理。

二、车体的架车

车体在进行具体检修工作前,应先实施架车。焊接结构的车体容易产生变形。因此,在轨道车辆检修作业中,应注意选用合适的架车点组合架车,以免车体翘曲变形。

常用的架车点如图 5-2 所示。

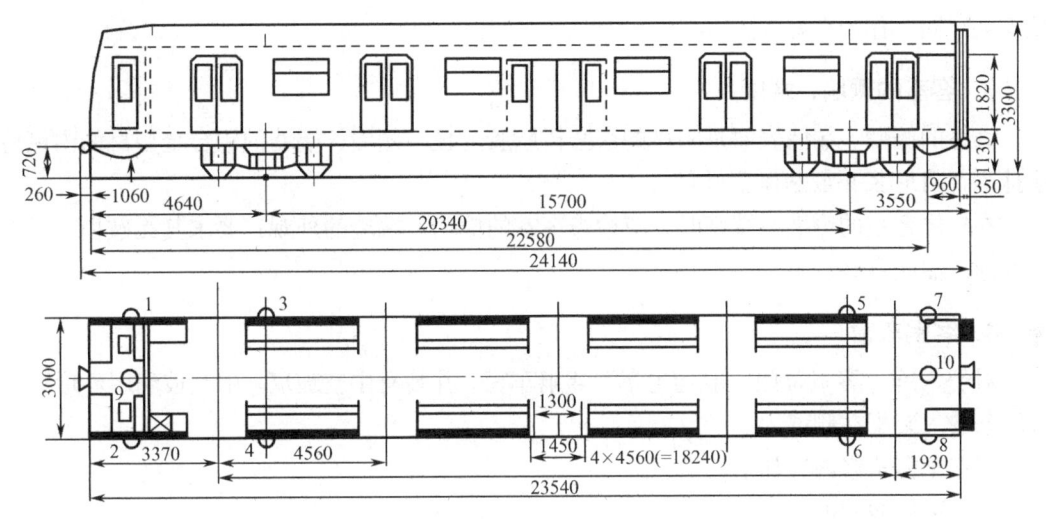

1~8:边梁架车点;9~10:牵引梁架车点

图 5-2 常用的架车点

(1)带转向架整车架起的架车点号为 3、4、5、6。

(2)无转向架整车架起的架车点号为 1、2、7、8,或 1、2、5、6,或 3、4、7、8,或 3、4、5、6。

在列车脱轨后的复轨作业中,可用三点架车,其架车号为 1、2、10,或 3、4、10,或 7、8、9,或 5、6、9。

三、车体内部设施的检修

1. 地板

地板的底层是铝合金中空型材,并在铝合金型材表面黏结 2.5mm 厚的 PVC 塑料地板。此种地板具有耐磨、阻燃和防滑的性能。

在检修地板时,应检查 PVC 塑料地板与铝合金型材黏结是否牢固,PVC 塑料地板层是否有明显划痕。全车 PVC 塑料地板层允许有直径小于 150mm 的鼓包或破损一处;全车 PVC 塑料地板层允许有直径小于 80mm 的鼓包或破损两处;否则,将原整块 PVC 塑料地板层揭掉后重新与铝合金型材黏结。

2. 顶板

顶板即天花板,由三部分组成:中间为平板;平板两侧为多孔的空调通风口;最外侧为客室照明灯的灯箱和门控驱动机构的弧形盖板。

顶板检修内容如下。

（1）清洁空调通风口和灯罩的格栅。

（2）更换照明灯。

（3）检查顶板；要求顶板安装良好、无破损、无严重变形。

（4）检查弧形盖板及盖板锁的安装和功能；要求盖板安装牢固、开闭作用良好，盖板锁安装牢固、作用良好。

3．客室的侧墙、端墙

客室的侧墙、端墙表面是阻燃的密胺树脂胶合板。侧墙、端墙的铝合金型材的内侧应涂抹隔音阻尼浆并敷贴保温材料。

在检修客室的侧墙、端墙时，应检查客室的侧墙、端墙的外观；要求其无破损、无严重变形，油漆良好。

4．客室车窗

对于 A 车，客室每侧一般均匀布置 4 扇车窗，并装有中空玻璃。中空玻璃用环形氯丁橡胶条嵌入装配在侧墙内。

客室车窗检修内容如下。

（1）更换橡胶框。

（2）检查中空玻璃；要求中空玻璃无裂纹和严重划伤，中空玻璃夹层中无进气和进水现象。

（3）检查客室车窗是否安装良好。

5．主驾驶台上的车窗

主驾驶台上的车窗安装有约 12mm 厚的风挡玻璃。在该玻璃内预设电加热丝（在冬季可进行加热除霜）；在该玻璃外侧装有刮水器。

主驾驶台上的车窗检修内容如下。

（1）检查风挡玻璃的状态和除霜功能。

（2）更换刮水器橡胶刮板。

（3）检查刮水器，确保其安装良好、功能正常。

6．驾驶室座椅

驾驶室座椅是按人机工程学原理专门为驾驶员设计的专用座椅，可根据驾驶员的体重、身高等进行上下和前后调节。

在检修驾驶室座椅时，应检查驾驶室座椅机械机构各零部件是否完好无损，各螺栓连接处是否紧固良好；检查调节座椅和靠背的升降和旋转机构是否动作灵活自如；检查座椅、靠背软垫外表面是否无破损；清洁并润滑驾驶室座椅活动部位。

7．客室座椅

轨道车辆采用靠侧墙纵向布置的方式，在每节车厢两侧车门之间设置有一条长条客室座椅。根据城市气候特点和车厢内的空调条件,客室座椅的壳面采用玻璃钢材料。

客室座椅检修内容如下。

(1)检查客室座椅是否安装牢固;检查座椅壳与座椅框架间的隔垫是否安装良好、无破损;检查橡胶止挡是否安装良好、无破损;检查座椅外观是否油漆良好、清洁、无尘垢。

(2)检查客室座椅下盖板及其锁的安装状态;要求客室座椅下盖板锁开闭功能良好。

8. 立柱、扶手

为了给站立乘客提供方便,在客室内设有立柱及纵向的扶手。立柱与扶手都是铝合金圆管型材的。立柱、扶手的外表面进行了阳极氧化处理。

在检修立柱和扶手时,应检查立柱和扶手是否安装牢固、无松动;若立柱和扶手的表面划痕严重,则应进行立柱、扶手的表面翻新。

9. 贯通道

在车厢与车厢之间设有贯通道。设置贯通道的作用:可以自动调节车厢内的客流密度;当某节车厢的空调出现故障时,各车厢内的空气通过贯通道可以流动;当晚间车厢内乘客较少时,可以抑制一些暴力犯罪。

贯通道检修内容如下。

(1)检查折篷;要求其应安装牢固、完好无损。

(2)检查过渡板;要求其应无裂纹、无严重磨损、翻转灵活,磨耗条厚度必须大于或等于2mm,否则应更换。

(3)检查活动侧墙;要求活动侧墙及其机构各部件应安装牢固、完好无损、功能良好。

(4)检查连接顶板;要求连接顶板各部件应安装牢固、完好无损、翻转灵活。

(5)清洁贯通道处各部件。

10. 其他设施

对客室座椅下面安装的空气弹簧储气缸、受电弓升弓脚踏泵及灭火器等都应进行检查;要求升弓脚踏泵应功能良好,灭火器应安放到位、安装牢固并在有效期内。风笛各部件应完好无损、安装牢固、鸣叫响亮。

四、车体油漆

当车体油漆出现划痕且其破损面积达到$4cm^2$时,应当进行补漆。

车体油漆

1. 油漆前处理

(1)打磨和清除原油漆层局部的龟裂、老化和破损处。

(2)将车体或底架下箱体外表的局部凹凸不平处用泥子灰涂刮找平,并用砂纸打磨平整。

(3)在露出金属的车体表面处,将锈垢清除干净,并涂金属底漆。

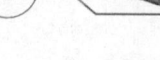

2. 遮蔽

用纸和不干胶等将车体外非油漆部位进行遮蔽。

3. 油漆

（1）用打磨机打磨车体外侧油漆部位，按原有面漆用泥子找平。

（2）用高压风吹扫车体外侧各打磨区域。

（3）用干净湿抹布清洁车体外侧各打磨区域的油漆粉尘并使其自然晾干。

（4）喷涂中涂层。

（5）打磨中涂层，用干净湿抹布清洁中涂层的油漆粉尘并使其自然晾干。

（6）使中涂层厚度和光泽度符合相关技术要求。

（7）依照不同部位的油漆色标选择面漆进行喷涂。

（8）使面漆厚度和光泽度符合相关技术要求。

（9）按上述工艺打磨和清洁喷涂色带和各种标记部位的局部面漆，然后喷涂色带和各种标记。

4. 整理

对车体油漆结束后，揭除遮蔽纸和胶带等，将车体外表整理干净。

5. 测试和试验

对车体油漆质量应进行以下试验。

（1）中涂层面漆附着力试验：用 2mm 划格仪检测粘贴 3m 胶带纸的油漆表面，检测结果应不超过 1 级标准或符合道格拉斯工艺标准。

（2）湿热、烟雾试验：试验方法按 GB/T 1733—1993 标准执行。

（3）人工老化试验：试验方法按 GB/T 1766—2008 标准执行。

（4）油漆阻燃性试验：在 1000℃ 环境温度下，喷涂的油漆应不燃烧起火，只起壳剥离。

任务二　检修车门

工作情景

车门作为乘客及驾驶员上下车的通道，由于使用频率高，发生故障的频率一直居于轨道车辆故障的首位。车门故障不仅对车体强度、轨道车辆整体形象影响甚大，而且直接影响乘客乘车安全。因此，车门检修是轨道车辆检修的一项重要工作。

工作环境

在轨道交通车场综合检修库开展车门检修实践操作；在带有仿真软件的多媒体教室完成学习车门检修模拟操作的工作内容。

器材准备

工　　具：棘轮、套筒组合、开口扳手、活口扳手、水平仪、方钢、橡皮锤、卡簧钳。
设　　备：车门模型或车门实物、登高凳、叉车。
材　　料：锂基脂、抹布、甲基硅油、螺纹紧固胶、画线笔。
劳保用品：工作服、安全帽、劳动手套、绝缘鞋。

素质培养

（1）培养学生沟通协作的能力。
（2）培养学生分析问题、解决问题的能力。
（3）培养学生一丝不苟的工作精神。
（4）培养学生吃苦耐劳的工作精神。
（5）培养学生刻苦钻研的工匠精神。

学习目标

（1）能够实施车门日常检修工作。
（2）掌握车门检修内容。
（3）能够分析车门常见损伤。
（4）能够依据车门损伤选择正确的修复方法。
（5）掌握车门常见故障的修复方法。

基础知识

一、车门的特征

（1）车门具有足够的有效宽度。
（2）轨道车辆的车门是均匀分布的，以方便乘客上下车。
（3）车门具有足够的数量，以使乘客上下车时间满足运行密度的要求。
（4）车门附近具有足够的空间，以方便乘客上下车。
（5）车门具有较高的可靠性，以确保乘客的安全。

二、车门的分类

1．按驱动方式分类

1）电控风动式车门

电控风动式车门是由压缩空气驱动传动气缸，再通过机械传动系统和电气控制系统完成车门开关动作的。机械传动系统的作用是将传动气缸活塞杆的运动传递至车门，使车门动作。电气控制系统包括气动门控制电路、再开门控制电路、车门动作监视电路和列车控制电路等。电气控制系统的作用是保证车门动作可靠和行车安全。

2）电动式车门

电动式车门由电动机、传动装置、控制器、闭锁装置和紧急开门装置组成。传动装置有齿形带传动和螺杆螺母传动等形式。在齿形带传动中，齿形皮带与两个门翼相固定，而闭锁和解锁所需的扭矩由电动机提供。在螺杆螺母传动中，电动机通过一根左右同步的螺杆和球面支撑螺母驱动滚珠摆动导向件及与其固定的门翼。

2. 按开启方式分类

1）内藏嵌入式车门

当内藏嵌入式车门开关门时，门翼在车辆侧墙的外墙与内护板之间的夹层内移动，传动装置设于车厢内侧车门的顶部，装有导轮的门翼可在导轨上移动并与传动装置的钢丝绳或皮带相连接，借助气缸或电动机驱动传动机构，从而使钢丝绳或皮带带动门翼动作。内藏嵌入式车门如图 5-3 所示。

2）外挂式车门

外挂式车门与内藏嵌入式车门的主要区别仅在于开关车门时，门页和悬挂装置始终处于侧墙的外侧。外挂式车门驱动机构的工作原理与内藏嵌入式车门的相同，如图 5-4 所示。

3）塞拉门

塞拉门是借助于车门上端的传动机构和导轨开关门的。在塞拉门开启状态时，门翼贴靠在侧墙的外侧；在塞拉门在关闭状态时，门翼外表面与车体外墙成一平面。这样不仅使塞拉门外表美观，而且有利于减少列车在高速行驶时的空气阻力。塞拉门不会因空气涡流而产生噪声，也便于自动洗车装置对车体的清洗。塞拉门如图 5-5 所示。

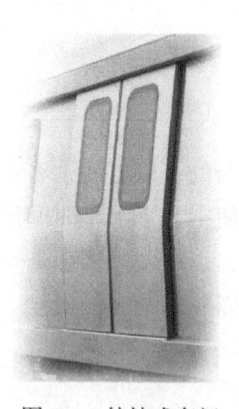

图 5-3　内藏嵌入式车门　　　图 5-4　外挂式车门　　　图 5-5　塞拉门

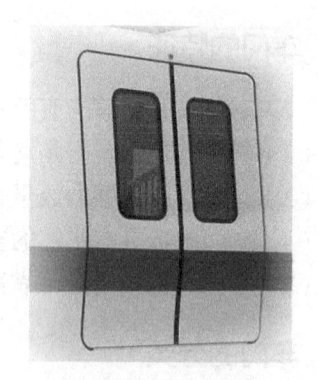

3. 按车门功能分类

1）驾驶室侧门

驾驶室侧门多为单扇的内藏式手动移动门，并分别设置在驾驶室两侧墙上。驾驶室侧门由人工控制，没有气动或电动驱动装置，以供乘务人员上下车。地铁驾驶室侧门依照运动方式不同一般分为 3 类：塞拉门（手动、电动、气动、单扇）、内藏门（手动、电动、气动、单扇）、折页门（手动、单扇）。

2）驾驶室后端门

驾驶室后端门是在驾驶室后端墙中间设有一个与客室相通的通道门。驾驶员可以由驾驶室后端门进入客室车厢，并可通过客室车厢、驾驶室后端门进入另一端驾驶室。驾驶室后端门在客室一侧没有开门把手，但设置了紧急开门装置，正常情况下不允许乘客开启。乘客在发生危险性事故的特殊情况下可以启用紧急开门装置，开启驾驶室后端门。

3）紧急疏散门

紧急疏散门和紧急疏散梯如图 5-6 所示。紧急疏散门是轨道车辆必须配备的紧急备用装置，安装在轨道车辆最端头位置。若列车在隧道内运行时一旦发生火灾等危险事故，驾驶员则可打开紧急疏散门，释放紧急疏散梯，引导乘客通过紧急疏散梯走向路基中央，然后向两端的车站疏散。

图 5-6　紧急疏散门和紧急疏散梯

4）客室车门

轨道车辆客室车门在每节车厢两侧，呈对称布置。长春三期轻轨车辆的客室侧门采用双扇电控电动齿带传动塞拉门。该车辆客室门的电控电动装置采用微处理器控制的电动机驱动装置。该装置具有自诊断功能和故障记录功能，还具有与列车总线网络进行通信的功能，并采用硬连线控制。该车辆客室门采用齿带传动方式，上部导向装置、驱动装置和锁闭装置集中为一个紧凑的功能单元，以便于用户安装和维修。

三、车门的结构

1. 内藏嵌入式车门

上海地铁 1 号线 AC01 型电动车采用的车门即为内藏嵌入式车门。下面以上海地铁 1 号线 AC01 型电动车车门为例，分析内藏嵌入式车门结构及工作原理。

1）结构

内藏嵌入式车门由驱动气缸、滚轮、门叶、导轨、钢丝绳等部件组成，如图 5-7 所示。

（1）驱动气缸。驱动气缸是执行开关门动作的执行部件，由压缩空气推动其活塞运动，再通过机械传动系统将推力传递至门叶。驱动气缸的性能好坏将直接影响车门的开关动作是否可靠。

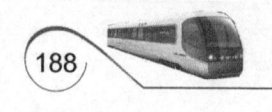

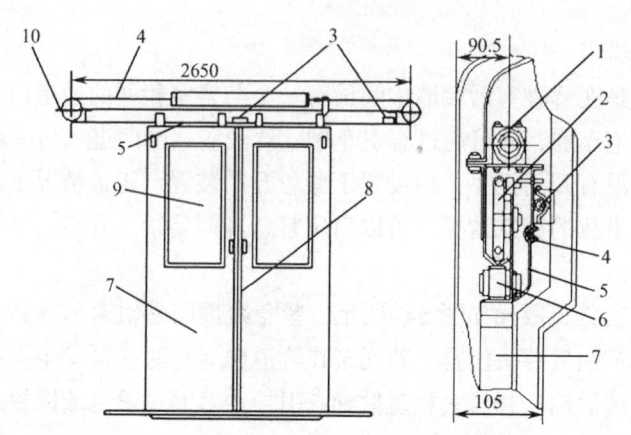

1—驱动气缸；2—滚轮；3—行程开关；4—钢丝绳；5—导轨；6—小滚轮；
7—门叶；8—橡胶密封条；9—车门玻璃；10—定滑轮

图 5-7 内藏嵌入式车门的结构

驱动气缸为双重活塞双作用式结构，采用对称的带有台阶的非等直径的活塞（活塞两侧直径为 20mm，中部为 40mm）。驱动气缸的内径也是非等直径的，两端头的内径为 20mm，中间为 40mm。这样的结构可使活塞做变速运动，可以降低车门打开和关闭瞬间的速度，从而形成缓冲，防止夹伤乘客，降低冲击噪声。

驱动气缸的尾座是铰接的，活塞杆的头部是球铰连接的，因此整个驱动气缸处于浮动状态，不会因车体变形而使活塞在驱动气缸内产生卡死现象。

（2）门控电磁阀。门控电磁阀由 3 个二位三通电磁阀、4 个节流阀和 2 个快速排气阀的集成阀组成，如图 5-8 所示。

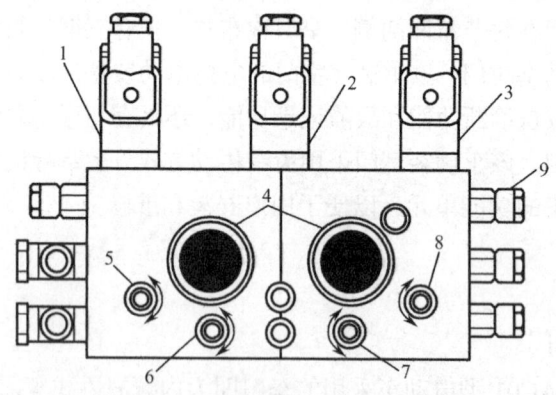

1—关门电磁阀；2—解锁电磁阀；3—开门电磁阀；4—排气孔消声片；5—关门速度节流阀；
6—开门速度节流阀；7—关门缓冲节流阀；8—开门速度节流阀；9—气路连接器

图 5-8 门控电磁阀的组成

3 个电磁阀分别为开门电磁阀、关门电磁阀和解锁电磁阀。

4 个节流阀分别为开门速度节流阀、关门速度节流阀、开门缓冲节流阀和关门缓冲节流阀。

驱动气缸两端排气管通过快速排气阀排气。快速排气阀相当于一个双向选择阀，它的排气口是常开的。当驱动气缸通过快速排气阀充气时，快速排气阀阀芯将排气口关闭。

（3）机械传动系统。机械传动系统的作用是将驱动气缸活塞杆的运动传递至两扇门叶，使车门动作。机械传动系统主要由钢丝绳、绳轮、防跳轮、滚轮和上下导轨组成。活塞杆的端头与一扇门叶及钢丝绳的一边相连接，而另一扇门叶与钢丝绳的另一边相连接，这样门叶在活塞杆运动时，能同步反向移动。每扇门叶的顶部装有两个尼龙防跳轮和两个尼龙滚轮，通过滚轮吊嵌在 C 字形的导轨内。只要调整好防跳轮与导轨的间隙，就可使门叶平稳地灵活滑动。

（4）门叶。门叶内、外表面为 1mm 厚的铝合金板，而其内部采用铝箔构成的蜂窝结构，以提高门叶的抗弯刚度并减小质量。面板与这个蜂窝结构通过加温加压黏结成一体。门叶上部装有由钢化玻璃及氯丁橡胶密封条组成的玻璃窗。在门叶的中心处可承受 90kg 的横向载荷，而其挠度不大于 6.2mm。门叶的前后边装有橡胶密封条，保证门叶关闭时有良好的密封效果。门叶前边的橡胶条又称护指橡胶，在车门关闭瞬间起保护乘客免于被夹伤的作用。

（5）行程开关。行程开关是反映车门开关动作的限位开关。当车门进行开关动作时，行程开关把车门的机械动作变成电信号反映到车门的监控电路，使驾驶员随时了解车门的开关状态。

S_1、S_2、S_3、S_4 4 个行程开关，分别对门钩位置、门叶行程、门控切除及紧急手柄位置进行监控和显示。

S_1 为门钩位置开关。S_1 用于指示门钩锁定与否的信息。

S_2 为门叶行程开关。S_2 用于指示门叶关闭与否的信息。

S_3 是门控切除开关。当某扇车门由于故障而不能正常开关时，使用方孔钥匙将 S_3 的 3/4 触点合上，1/2 触点断开，从而将该扇门的监控电路短接，即将该扇门的控制电路切除，使该车门处于关闭状态而不能开启，以确保列车还能正常运营。

S_4 为紧急手柄位置开关，有以下两种情况。

① 在 ATP 系统开通时，当客室内的紧急手柄被拉下时，S_1 和 S_4 同时动作；列车将自动紧急停车，车门可由人工开启；S_4 的 3/4 触点合上，向驾驶员报警客室里有异常情况。

② 在 ATP 系统关闭时，当客室内的紧急手柄被拉下时，S_4 的 3/4 触点合上，则向驾驶员报警客室里有异常情况，但是列车不会自动停车。

2）工作原理

上海地铁 1 号线 AC01 型电动车的客室车门采用气动门，开关门动作的动力来自驱动气缸。该车门动作原理：压缩空气经过门控电磁阀的控制，作用于驱动气缸活塞，再由活塞杆带动由钢丝绳、绳轮、防跳轮、滚轮和导轨组成的机械传动系统，使两门叶同步反向移动，完成车门的开关动作。

2. 塞拉门

1）结构

对于不同类型的塞拉门，其结构略有不同，但都包括车门悬挂装置及导向机构、车门驱动装置、门叶、内部紧急解锁组件、乘务员钥匙开关（又称外部紧急解锁组件或紧急入口装置）、一套安装在车体上的密封框组件等机械部件，以及电子门控单元（或气动控制单元）、电气连接、负责监测的各类行程开关、指示灯等电气部件。客室塞拉门的结构如图 5-9 所示。

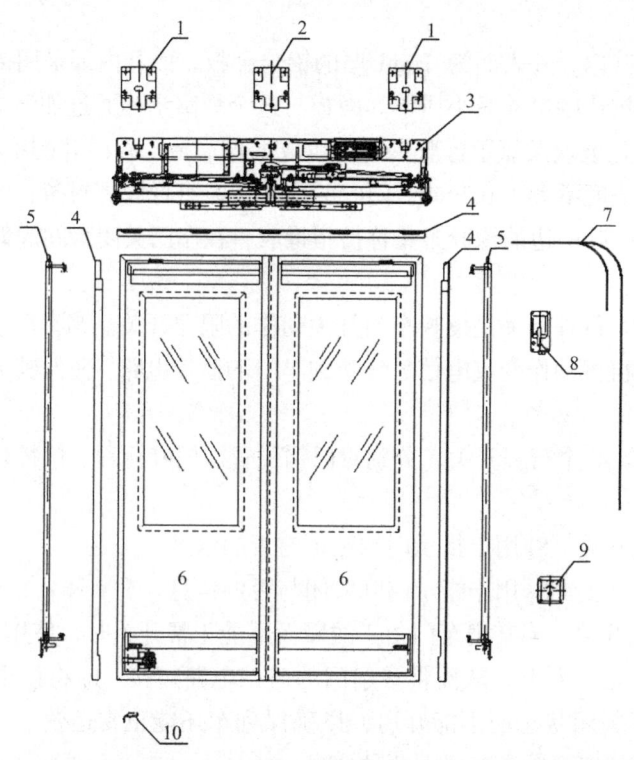

1—吊装架；2—吊架；3—驱动机构组件；4—密封框组件（上、左、右三边）；5—旋转立柱组件（分左、右组件）；6—门板总成（分左、右门板）；7—钢丝绳组件；8—内紧急解锁组件；9—外紧急解锁组件；10—隔离锁开关组件

图 5-9 客室塞拉门的结构

2）工作原理

长春轻轨 3 号线 CCQG 型电动车的客室车门采用的就是塞拉门，且每组车门由直流电动机驱动，通过丝套在丝杆上的横向移动来带动安装在光杆上的门叶在导轨上滑动。其最大特点是门叶在将要完全关闭时有一个明显的向内拉紧的动作。塞拉门采用先进的电子门控单元控制，从而对车门零部件的安装尺寸有非常高的要求，任何车门零部件的安装尺寸稍有偏差，将直接引起程序控制的计算机处理能力的失效，以及开关车门的故障。

实操训练

一、内藏嵌入式车门的检修

1. 驱动气缸的检修

驱动气缸比较容易出现的故障是漏气。对驱动气缸的检修如下。

（1）清洗缸体及其所有零部件。

（2）检查缸体和活塞组件的滑动接触部位。

（3）更换所有橡胶圈、橡胶垫。

（4）更换所有缓冲弹簧。

（5）检查连接气管的接头及其密封套。

（6）检查润滑缸体内壁、活塞杆、活塞、橡胶圈的滑动接触部位。

（7）将驱动气缸接入检测试验台，检查驱动气缸的动作和缓冲功能。

（8）检查驱动气缸是否漏气。

2. 门控电磁阀的检修

门控电磁阀比较容易出现的故障是漏气、各部件损坏及调节功能失效等。对门控电磁阀的检修如下。

（1）用无油压缩空气对阀体及其零部件进行清洁。

（2）更换所有阀芯的橡胶密封件。

（3）检查所有调节螺栓的磨损情况；调节螺栓若磨损严重，则应更换。

（4）检查所有阀芯的磨损情况；阀芯若磨损严重，则应更换。

（5）检查钢丝挡圈是否损坏；钢丝挡圈若损坏，则应更换。

（6）检查快速排气阀的消声板、塑料垫圈和弹簧是否损坏；它们若损坏，则应更换。

（7）将维修后的门控电磁阀在试验台上进行试验，以检测其功能是否正常。

3. 机械传动系统的检修

机械传动系统容易出现导轨磨损、变形、松动等故障。对机械传动系统的检修如下。

（1）用抹布和中性清洁剂清洁导轨和所有其他零部件。

（2）检查导轨工作表面是否磨损或腐蚀，导轨安装是否松动或变形。

（3）更换所有尼龙防跳轮、滚轮和绳轮。

（4）检查钢丝绳是否有断股或拉毛的情况，检查钢丝绳头部的螺纹是否损坏。

（5）用专用润滑剂润滑钢丝绳。

4. 门叶的检修

门叶容易出现扭曲变形、密封刷损坏、锁销磨损等故障，对门叶的检修如下。

（1）用抹布和中性清洁剂清洁门叶。

（2）检查门板是否损坏；门板若损坏严重，则应局部修补。

（3）检查门板是否扭曲变形；门板若扭曲变形，则应采取校正措施。
（4）检查门板上下侧的密封刷是否损坏；门板上下侧的密封刷若稍有损坏，则应更换。
（5）检查门锁销的磨损状况，并酌情对其更换。
（6）更换门叶前后侧的密封橡胶条。
（7）更换门窗玻璃安装橡胶条。
（8）更换门叶下侧的尼龙磨耗条。

5．行程开关的检修

行程开关为易损件，容易出现内部弹簧老化或其他故障而使触头接触不到位等，若损坏只能更换。

6．其他零部件的维修

对车门易损件要进行检查和更换，具体检修方法如下。
（1）用抹布和无油压缩空气清洁安装门控系统的车体部位。
（2）清洁和检查解锁气缸动作的灵活性，并润滑其活塞杆。
（3）清洁和检查解锁气缸的节流阀。
（4）更换门钩复位弹簧和门钩复位弹簧销。
（5）更换门钩限位销。
（6）更换开关门橡胶止挡。
（7）清洁和检查紧急开门装置。
（8）检查车门外侧防挤变形限位滚轮是否损坏。
（9）检查车门防挤变形导向磨耗板是否松动。
（10）检查内外侧门槛条是否松动、损坏或变形。

7．客室车门的调试

1）调整钢丝绳
（1）距门钩中心向左 165mm 测量秤砣悬挂处上下钢丝绳之间尺寸应为（15±3）mm。
（2）调整钢丝绳六角头螺栓或螺母，且使上下两根六角杆的露头部分的长度基本一致，以便今后检修和调节方便。

2）调整车门两护指橡胶侧边的间距
（1）车门两护指橡胶侧边的间距：在距车门上端不超过 150mm 的范围内测量时应为 84mm；在距车门下端不超过 150mm 的范围内测量时应为 82mm。
（2）调节左右门叶滚轮的最大轮径处均须偏向右侧（观察者在客室内面向车门）。

3）调整偏心防跳轮
（1）在两门叶接近关闭时，应调整两端头两扇门叶偏心防跳轮上缘与导轨的间隙为 0.1~0.3mm。在门叶移动的整个过程中，应保持偏心防跳轮与导轨的间隙为 0.1~0.5mm。
（2）调节左右门叶上偏心防跳轮的最大轮径处均须偏向左侧（观察者在客室内面向门）。

4）调整门锁钩与门锁销之间的间隙

要使车门开闭正常，一个重要的参数就是门锁钩与门锁销之间的间隙要适当。门锁钩与门锁销之间的间隙过小，将导致门锁钩下落困难，S_1 行程开关检测不到位，列车检测到有车门没有锁闭而无法制动。

门锁钩与门锁销之间的间隙的调整方法如下。

（1）在无电状态下，松开钢丝绳夹，使左门叶与右门叶脱离；同时，将驱动气缸活塞杆与左门叶的连接拆开，用手关上左门叶并锁闭，用力使左门叶与关门止挡压紧，用塞尺检查左门锁钩与左门锁销之间的间隙（该间隙应为 1mm）；调整关门止挡直至该间隙满足要求，然后拧紧关门止挡的锁紧螺母。

（2）手动关闭两门叶，拧紧左门叶拉臂上钢丝绳夹的锁紧螺钉。

（3）在有电状态下检查左右门锁钩与门锁销之间的间隙；要求该间隙为（1±0.5）mm。

5）调整车门开度

根据车门型号不同，车门开度也不尽相同。例如，AC01 型车门开度为（1400±4）mm；长春轻轨 CCQG 型车门开度为（1300±5）mm。

6）调整开关车门速度（有电作业）

（1）车门开关时间均为（2±0.5）s。

（2）在距车门完全开关前 140~170mm 的位置上车门要有缓冲动作。

7）调整 S_1 行程开关

调整 S_1 行程开关，使得其滚轮与安装于 S 钩上的扇形板接触面之间的间隙不大于 1mm，且扇形板必须在滚轮中间。

8）调整 S_2 行程开关

调整 S_2 行程开关，使其满足：关车门时，在车门两护指橡胶条中央距地板面 1m 的位置处放置尺寸为 30mm×60mm（30mm 宽度边置于水平位）的木块，S_2 必须断开；正常关车门时，S_2 必须接通。

9）调整客室门槛条

调整客室门槛条，使其满足：车门下滑槽与门板间隙为 1~2mm；开关车门时车门不能与门框发生摩擦。

10）空气管路泄漏的检查

用肥皂水检查所有空气管路连接处是否有泄漏。

11）检查车门夹紧力

根据车门型号不同，车门夹紧力也不尽相同，例如，AC01 型车的车门夹紧力为 150~200N；长春轻轨 CCQG 型车的车门夹紧力不超过 150N。

12）全面检查

检查各部分电气连接以及 S_1~S_4 行程开关，保证插头接触良好、功能正常；门叶滑动时与各电气线路、气管没有擦伤、碰撞现象及其他异声。

二、塞拉门的检修

1. 检查与维修

（1）车门各装配部件的螺钉应紧固良好，无松动，防松线标记明显。如果螺钉松动，必须拆除、清洁，再涂上乐泰胶进行紧固，并重新画上防松线标记。

（2）上下导轨应清洁，无异物，无变形。

（3）丝杆螺母、导柱与轴承配合良好。

（4）门叶外观整洁，玻璃无破损，门叶胶条无异常磨损。门叶无变形，无损伤。开车门后门叶上下部摆出尺寸满足 52～58mm（左右门叶摆出距离最大相差±2mm）的要求，如图 5-10 所示。

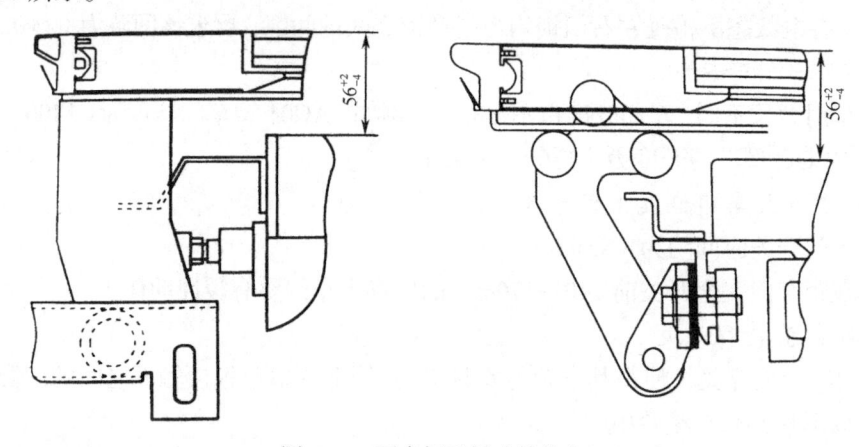

图 5-10 开车门后门叶的状态

（5）检查车门电路部分及地线接线是否牢固（应无松动及虚接），电线表面无破损。

（6）检查门控单元各插头是否安装到位，通信插头紧固螺栓是否松动，连接控制线是否紧固良好（应无松动）。

（7）使用手动润滑枪，用润滑油对以下部位润滑。

① 润滑导柱和两个携门架中的直线轴承。每个直线轴承及导柱用 4～6g 润滑油。

② 对整个丝杠和短导柱进行润滑。将润滑油均匀涂抹在丝杠和短导柱表面，完成后手动开关车门 2～3 次。

③ 对上滑道圆弧处、下滑道内侧、平衡压轮周边进行润滑。

（8）用甲基硅油对门周边胶条进行润滑，完成后用干净的布擦干护指胶条。

2. 测试与调整

（1）检查测量客室车门的车门开度（应符合规定标准）。

（2）检查门叶"V"形情况，即在车门完全关闭后，两门叶下部紧密接触，两门叶上部存在 2～5mm 的间隙。若该尺寸不符合要求，必须松开两个下滑道，保证门叶没有被滚轮摆臂组件夹持着，通过转动每个门叶上方靠近外侧的悬挂偏心轮进行调整，如图 5-11 所示。

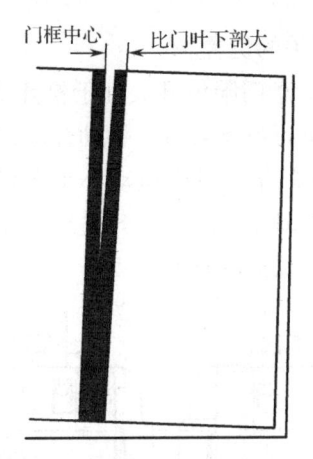

图 5-11 门叶"V"形情况

（3）操作车门的紧急解锁组件后，确认制动装置的齿间间隙满足 1.5~2mm 的要求，如图 5-12 所示。

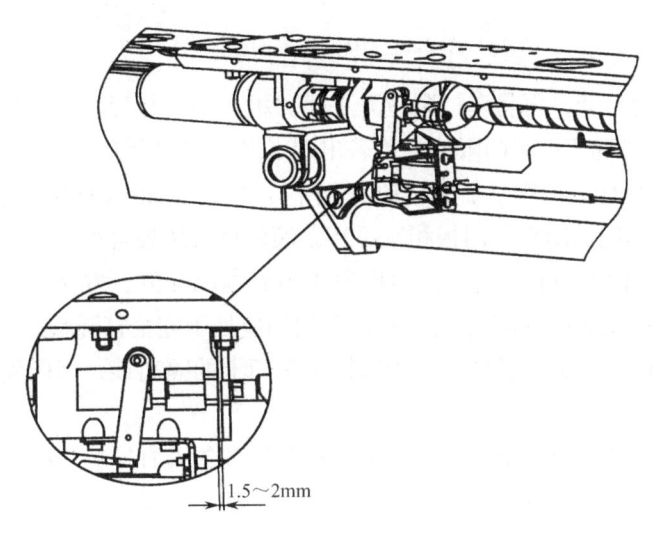

图 5-12 制动装置的齿间间隙

（4）检查铰链板上开口销；要求该开口销装配正确，无脱落，且调节锁紧螺母无松动。

（5）检查紧急解锁钢丝绳和套管、夹头等情况；要求它们应正常，无损坏；若更换钢丝绳，则要求钢丝绳每个拐角处的半径不小于 200mm。

（6）将门槛下挡销槽清理干净，避免关车门时影响下挡销的进出。在车门关闭且锁紧后，检查门板下挡销与门槛的位置（底部间隙应为 2~3mm，侧面间隙应为 0.5~1mm），并且在车门开关过程中，下挡销不应与门槛上的挡块碰撞。最后分别将下挡销及挡销固定螺栓画上防松线标记。检查挡块及门槛的安装、固定情况，若出现松动，需重新涂上乐泰胶，将其紧固。

（7）将所有客室车门下摆臂滚轮拆下，重新涂上乐泰胶，将其紧固。将所有下摆臂滚轮重新画上防松线标记。

（8）检查及调整车门限位开关的位置。

① 当车门处于关闭位置时，车门限位开关处于松开状态。测量车门处于关闭位置时左右携门架组件中运动小车之间的距离为 x。手动开车门，再手动慢慢使车门处于关闭位置，车门限位开关应在左右携门架组件中运动小车之间的距离约为（$x+3.5$）mm 时动作，若不能满足这个要求，就要调整车门限位开关组件安装板的位置。在车门关闭后，可以手动移动车门限位开关，如图 5-13 所示。

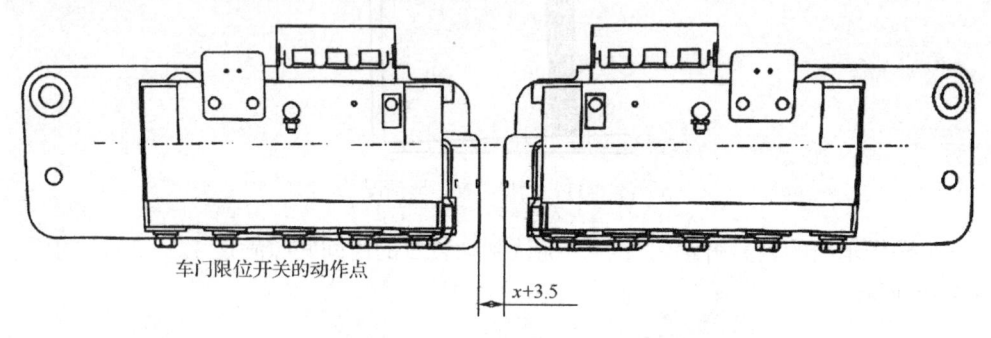

图 5-13　限位开关调整图

② 手动将车门打开，再将车门限位开关用力扳到最大行程位置，检查其是否能平滑地复位，是否有卡滞现象；车门限位开关若出现卡滞，则应更换。

（9）检查平衡压轮。检查平衡压轮轴的台阶与门扇上压轮槽的台阶之间的间隙，使其为 1~2mm，并且车门关闭后，门板相互平行，滚轮接触压板且很难转动。

（10）检查障碍检测功能。若将截面积为 30mm×60mm 的长方体或直径为 30mm 的圆柱体测试物三次放入即将关闭的车门中间，车门均应处于完全打开状态。

（11）检查隔离锁功能。通过方形钥匙操作车门上的隔离锁，当门隔离指示灯亮时，可以手动开车门。

（12）若手动和电动开关车门时车门机构有卡滞现象或有异响，则要对车门机构进行调整。

（13）检查客室车门下部门槛固定螺栓，若有松动，应重新涂乐泰胶，然后将其紧固。

三、驾驶室侧门的检修

（1）检查和清洁车门导轨。车门导轨滑动面应清洁、光滑。车门导轨外侧面与车体侧墙外侧面距离应为（48±1）mm。紧固所有车门导轨安装螺栓。

（2）检查门锁。更换门锁钩板的复位弹簧。清洗干净门锁后，润滑其滑动摩擦部位。

（3）清洁和检查门叶。门叶应外观平整，油漆良好，毛刷完好无损。

（4）清洁和检查门槛条。门槛条应完好无损，安装牢固，无污垢。门叶与门槛条之间的间隙为 1~2mm。

四、紧急疏散门的检修

（1）清洁紧急疏散门及该门上各部件。

（2）检查门叶、气缸和该门上各部件；要求它们必须完好无损，安装牢固。

（3）检查行程开关的功能。

（4）润滑扶手各转动支点、钢丝绳和弹簧锁。

五、驾驶室通道门的检修

（1）检查驾驶室通道门及其门锁；要求它们必须完好无损，安装牢固，开闭作用良好，且驾驶室通道门下通风板无破损。

（2）检查、清洁和润滑门铰链；要求门铰链功能良好，安装牢固，并对其适当润滑。

任务三 检修车钩

工作情景

车钩是轨道车辆间实现互相连接的直接作用部件。为保证轨道车辆运行过程中突发故障时车钩能够正常使用，顺利完成轨道车辆连挂救援工作，车钩的定期保养与检修是十分重要且必不可少的。

工作环境

在轨道交通车场综合检修库开展车钩检修实践操作；在带有仿真软件的多媒体教室完成学习车钩检修模拟操作的工作内容。

器材准备

工　　具：钩舌拆卸专用工具、钩锁间隙量规、注油枪、棘轮套筒组合、水平仪、卷尺。

设　　备：车钩实物、磁粉探伤仪、叉车。

材　　料：润滑脂或黄油、抹布、中性清洁剂。

劳保用品：工作服、安全帽、劳动手套、绝缘鞋。

素质培养

（1）培养学生实践操作的能力。

（2）培养学生沟通协作的能力。

（3）培养学生精益求精的工作精神。

（4）培养学生爱岗敬业的工作态度。

（5）培养学生刻苦钻研的工匠精神。

学习目标

（1）能够实施车钩检修工作。

（2）掌握车钩钩体检修内容。

（3）能够分析车钩缓冲装置损伤类型。

（4）能够实施车钩缓冲装置检修工作。

（5）能够正确选择车钩修复方法。

基础知识

一、车钩的作用

车钩是连接车辆的基本部件，其作用是连接轨道车辆，使得单节轨道车辆能连挂成一列编组轨道车辆，并使其之间保持一定的距离，传递动车牵引力、缓和轨道车辆之间的纵向力和冲击力。车钩包括车钩钩体及缓冲装置两部分。其中，车钩钩体用于实现牵引连挂；缓冲装置用于缓冲轨道车辆牵引连挂时所产生的冲击和震动。车钩如图5-14所示。

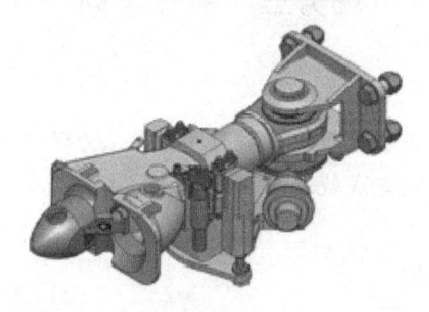

图 5-14　车钩

二、车钩的分类

根据轨道车辆连挂的特点可将车钩分为 3 类：全自动车钩、半自动车钩和半永久牵引杆。

全自动车钩和半自动车钩都是依靠相邻车钩钩头上的凸锥和凹锥孔相互插入紧密连接的。这两类车钩使轨道车辆的电路和气路同时连接；其优点是节省人力，保证安全；其缺点是构造较复杂，强度较低。所以，这两类车钩仅能用于地铁、轻轨等轻型轨道车辆上。

半永久牵引杆则利用上下两个套筒联轴节把两个钩杆的法兰紧密地连接在一起；其优点是构造简单；其缺点是耗费人力，不易拆装。所以，它仅适用于固定编组轨道车辆的连挂。

三、国产密接式全自动车钩

1. 结构组成

国产密接式车钩如图 5-15 所示。它主要由钩头（密接式的）、缓冲器、风管连接器、电气连接器和风动解钩系统等几部分组成。其中，缓冲器位于钩头的后部。轨道车辆连挂时是依靠相邻车钩钩头上的凸锥和凹锥孔的相互插入实现车钩紧密连接的；同时自动将轨道车辆之间的电路和空气通路接通。在将连挂的轨道车辆分解时，可自动解钩，并自动切断轨道车辆之间的电路和空气通路。

国产密接式全自动车钩

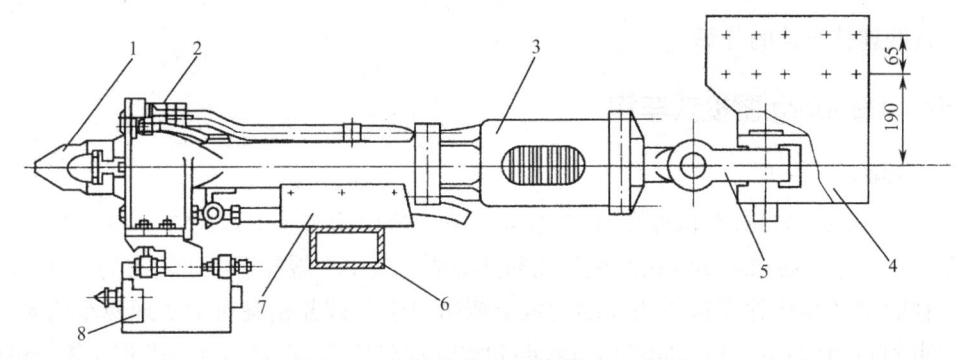

1—钩头；2—风管连接器；3—缓冲器；4—冲击座；
5—十字头连接器；6—托架；7—磨耗板；8—电气连接器

图 5-15　国产密接式车钩

在车钩下面有托架，在缓冲器尾部通过十字头连接器与车体上的冲击座相连，并可以实现水平和垂直方向的摆动。

2．工作原理

车钩有待挂、连挂和解钩 3 种状态，如图 5-16 所示。

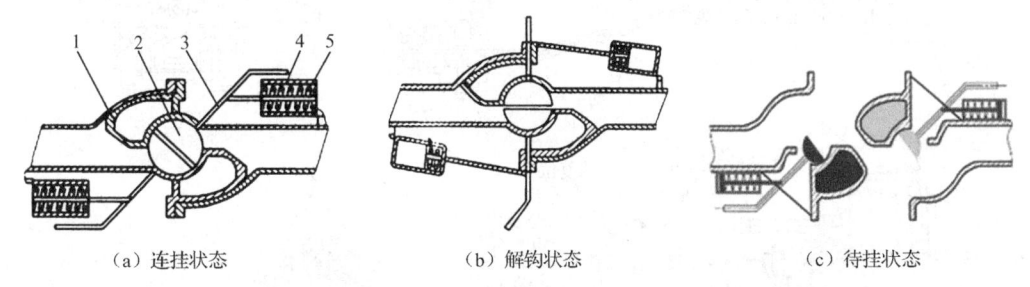

（a）连挂状态　　（b）解钩状态　　（c）待挂状态

1—钩头；2—钩舌；3—解钩杆；4—弹簧；5—解钩风缸

图 5-16　国产密接式车钩工作原理

（1）待挂状态。待挂状态为车钩连挂前的准备状态。此时，钩舌定位杆被固定在待挂位置，解钩风缸活塞杆处于回缩状态，半圆形钩舌的连接面与水平面的夹角为 40°。

（2）连挂状态。在两车钩连挂时，凸锥插进对方车钩相应的凹锥孔中。这时，凸锥的内侧面在轨道车辆前进中压迫对方的钩舌转动，使解钩风缸的弹簧受压，钩舌沿逆时针方向旋转 40°。当两车钩连接面相接触后，凸锥的内侧面不再压迫对方的钩舌，并由于弹簧的作用，使钩舌恢复到原来的状态，即处于闭锁位置。

（3）解钩状态。解钩分为自动解钩和手动解钩。如果采用自动解钩使两连挂车钩分解，需要驾驶员操纵解钩阀，压缩空气由总风管进入前车（或后车）的解钩风缸，同时经解钩风管连接器进入相连挂的后车（或前车）解钩风缸，活塞杆向前推并带动解钩杆，使钩舌转动至开锁位置，此时两连挂车钩即可解开。两连挂车钩分解后，解钩风缸的压缩空气迅速排出，解钩弹簧得以复原，并带动钩舌顺时针方向转动 40°恢复到原始状态，为下次车钩连挂做好准备。如果采用手动解钩，只要用人力扳动解钩杆，使钩舌转动至开锁位置，

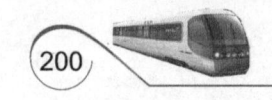

即可实现两连挂车钩的分解。

四、Scharfenberg 密接式车钩

1. 结构

Scharfenberg 密接式车钩如图 5-17 所示。它主要由钩头（密接式的）、缓冲器、风管连接器、电气连接器和风动解钩系统等几部分组成。其中，缓冲器位于钩头的后部。轨道车辆连挂时是依靠相邻车钩钩头前端的锥形喇叭口引导彼此精确对中实现两车钩紧密连接的；同时自动将轨道车辆之间的电气线路和空气通路接通。在将连挂的轨道车辆分解时，可由驾驶员控制解钩电磁阀自动解钩，并自动切断轨道车辆之间的电气线路和空气通路。欧洲地铁大都采用这种车钩，上海、广州、深圳地铁等也有采用这种车钩的轨道车辆。采用这种车钩的轨道车辆的车钩钩头结构基本相同，只是电气连接箱位置略有区别。

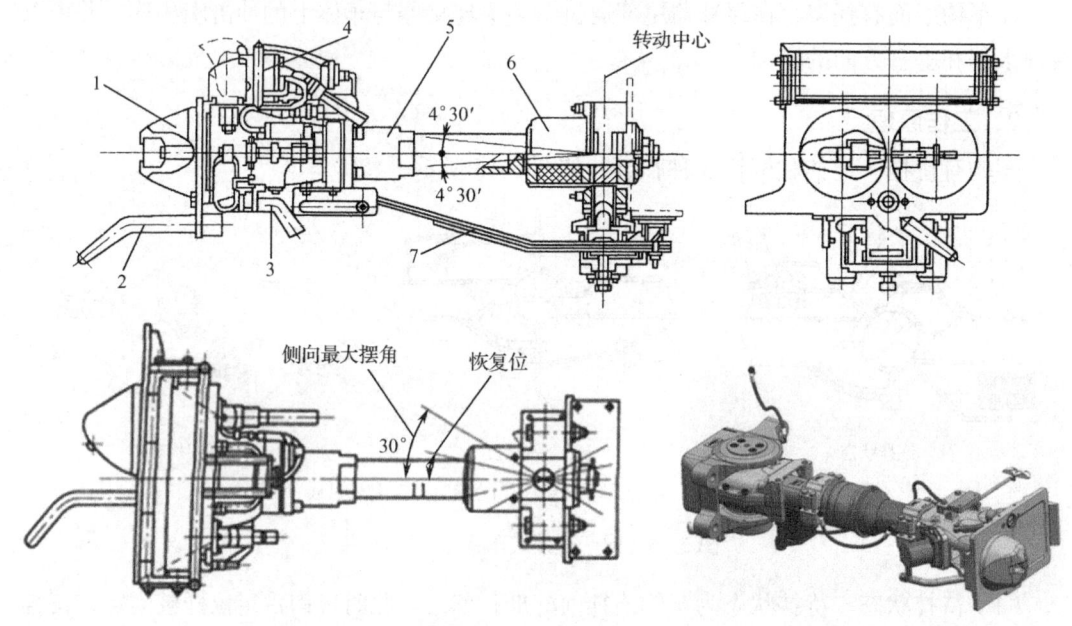

1—钩头；2—引导对准爪把；3—气路连接器；4—电气连接器；5—钩身；6—橡胶弹簧；7—支撑弹簧

图 5-17 Scharfenberg 密接式车钩的结构

1）机械钩头

全自动车钩的机械钩头由壳体、心轴、钩舌板、钩舌板连杆、钩舌弹簧、钩舌板定位杆（又称棘爪）、弹簧、撞块、弹簧和解钩气缸组成。

壳体的前部一半为四锥体的钩头，另一半为钩头坑（又称凹坑）。当车钩连挂时，两车钩的四锥体的钩头和钩坑相互插入。

固定在心轴上的钩舌板在钩舌板弹簧的作用下可绕心轴转动，并带动钩舌板连杆动作。钩舌板按功能需要设计成不规则几何形状，设有供连挂时定位和供解钩气缸活塞杆作用的凸舌，以及与钩舌板连杆连接的定位槽、钩嘴等。钩舌板是车钩实现动作的关键零部件。

钩舌板连杆在连杆弹簧拉力的作用下使车钩可靠地连接起来。

钩舌板定位杆上的两个凸齿使钩舌板处于待挂或解钩状态。

撞块可在车钩连挂时解开钩舌板定位杆与钩壳的锁定位,从而使两车钩实现连挂。

半自动车钩的机械钩头与全自动车钩的机械钩头基本相同。半永久车钩的机械钩头采用半环箍型联轴器连接,一般仅在架修和大修时才进行检修。

2)电气连接箱

全自动车钩的电气连接箱设于机械钩头的左右侧或上下侧。其中,一侧连接低压电缆,另一侧连接信号和通信电缆。全自动车钩的电气连接箱通过机械操纵机构实现自动连挂和解钩。当机械钩头连挂时,钩头内心轴转动带动顶端的凸轮一起转动,从而推动一个二位五通阀将压缩空气作用于电气连接箱的气缸,然后气缸活塞杆通过杠杆机构和弹簧使电气连接箱迅速连挂。

半自动车钩的电气连接箱连挂和解钩是由人工实现的,即通过手动转动齿轮,使得齿轮和齿条机构动作,从而带动杠杆和弹簧使电气连接箱连挂和解钩。因此,半自动车钩的电气连接箱运动不随机械车钩同时动作。

3)气路连接器

气路连接器设在机械钩头法兰下侧的中间,并具有两个风管弹簧阀。当一个风管弹簧阀的阀芯管压迫另一个风管弹簧阀的阀芯时,这两个风管弹簧阀被打开,使总风管和解钩风管接通。而一旦一个风管弹簧阀撤离,也就是两个机械钩头的法兰面分离,则另一个风管弹簧阀将被关闭。这样设计的气路连接器可使总风管和解钩风管的接通和断开随车钩的连挂和解钩自动进行。风管弹簧阀的结构如图 5-18 所示。

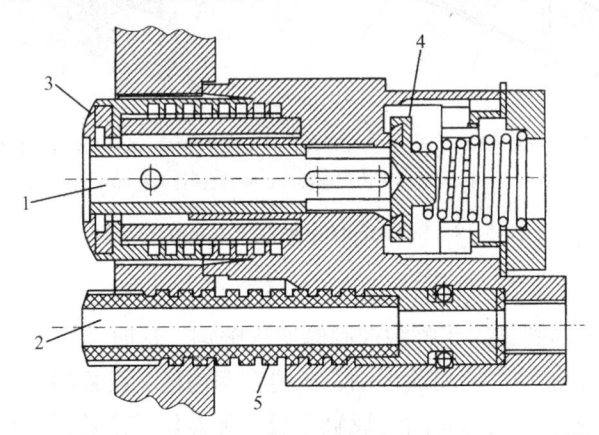

1—主风管接头;2—解钩风管接头;3—密封条;4—阀芯;5—压簧

图 5-18 风管弹簧阀的结构

2. 工作原理

Scharfenberg 密接式车钩的工作原理如图 5-19 所示。

(1)待挂状态。这时,钩头中的钩锁连接杆轴线平行于车钩的轴线;钩锁连接杆的连接销中心与钩舌中心销连接线垂直于车钩的轴线;弹簧处于松弛状态。该状态为车钩连挂前的准备状态。

(2)连挂状态。欲使两车钩连挂,就要使待挂状态的两车钩相互接近并碰撞,并在钩头前端的锥形喇叭口引导下彼此精确地对中;两车钩向前伸出的钩锁连接杆由于受到对方钩舌的阻碍,各自推动钩舌绕顺时针方向转动,直至在弹簧拉力作用下钩锁连接杆滑入对方钩舌的嘴中,并推动钩舌绕逆时针方向返回原来位置为止。这时,两车钩的钩锁连接杆与两车钩的钩舌构成一个平行四边形,两车钩刚性地无间隙地彼此连接,处于连挂状态。钩舌和钩锁连接杆的位置在连挂状态时与在待挂状态时完全相同,钩舌在弹簧作用下力图保持处于闭锁位。当两车钩受牵拉时,拉力均匀地分配在由钩锁连接杆和钩舌组成的平行四边形两对边(钩锁连接杆)上。当两车钩冲击时,冲击力由两钩壳体喇叭口凸缘传递。

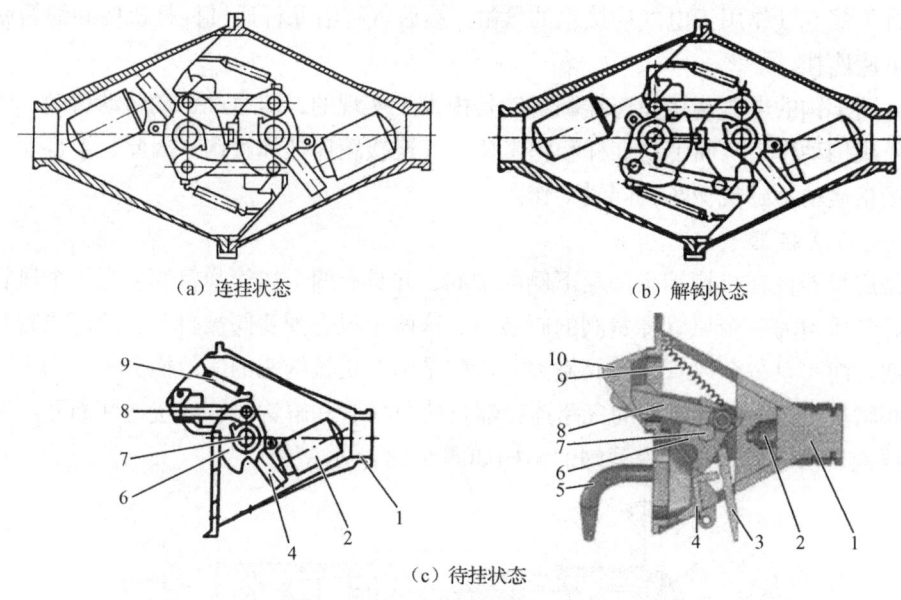

(a)连挂状态　　　　　　　　(b)解钩状态

(c)待挂状态

1—钩头;2—解钩风缸;3—钩舌定位杆;4—定位杆顶块;5—手动解钩曲柄;
6—钩舌;7—中心杆;8—钩锁连接杆;9—钩锁弹簧;10—钩头凸锥

图 5-19　Scharfenberg 密接式车的工作原理

(3)解钩状态。

① 气动解钩:由驾驶员操作解钩控制阀实现解钩。这时,压力空气经过解钩管充入钩头中的解钩风缸中,推动活塞向前运动,压迫在解钩杆上设置的滚子上,两钩头中的钩舌被同时推至解钩位置。实现解钩后,风缸中受压弹簧使活塞返回原始位置。

② 手动解钩:通过拉动钩头一侧的解钩手柄,经钢丝绳、杠杆和解钩杆使两车钩的钩舌转动,直至钩锁杆脱出钩舌的嘴口,由此使两车钩脱开。

五、半自动车钩

半自动车钩用于轨道车辆连挂。通常,半自动车钩与自动车钩不但钩头连接形式相同,连挂方式和锁闭方式也相同。两个相同的半自动车钩可以在直线线路和曲线线路上自动连挂。半自动车钩可以自动实现列车单元之间的机械连接和风管连接，但只能手动实现轨道车辆之间的电气连接。两个半自动车钩解钩可自动操作，也可手动操作，但不能在驾驶室集中控制。在半自动车钩上设有贯通道支撑座，用于轨道车辆在运行过程和解钩之后支撑贯通道。该支撑座可以承受贯通道及贯通道所承受的载荷。

六、半永久牵引杆

半永久牵引杆由连接座、十字头连接器、缓冲器、牵引杆、磨耗板以及车钩托梁组成。如果将轨道车辆的连接方式由车钩改用半永久牵引杆代替，则车钩钩体被取消，牵引杆的两端直接与两个缓冲器相连，同时取消了风路、电路的连接。地铁车辆半永久牵引杆的结构如图5-20所示。

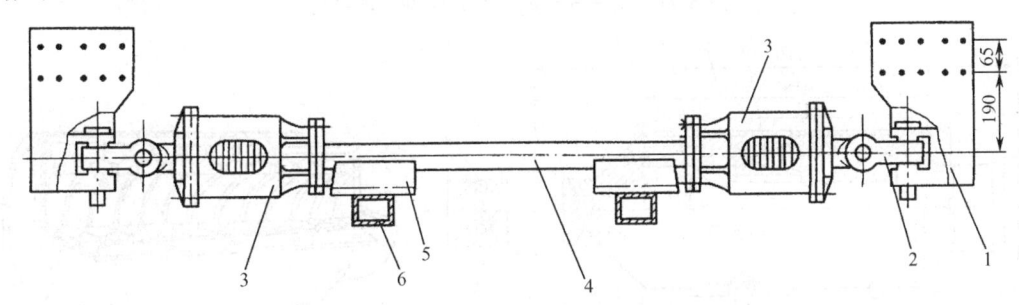

1—连接座；2—十字头连接器；3—缓冲器；4—牵引杆；5—磨耗板；6—车钩托梁

图5-20 地铁车辆半永久牵引杆的结构

七、缓冲装置

1. 层叠式橡胶金属片缓冲器

层叠式橡胶金属片缓冲器的结构如图5-21所示，当轨道车辆受到压缩载荷时，缓冲器体和牵引杆受压后，力的传递方向为后从板→橡胶金属片→前从板和缓冲器体的前端。其中，橡胶金属片起到缓冲作用。当轨道车辆受到牵引载荷时，缓冲器体和牵引杆受拉后，力的传递方向为前从板→橡胶金属片→后从板和缓冲器后盖。此种缓冲器用于国产地铁车辆上。

2. 环弹簧缓冲器

环弹簧缓冲器的结构如图5-22所示。环弹簧缓冲器由弹簧盒、弹簧前从板、弹簧后从板、7片外环弹簧、5片内环弹簧、1片开口弹簧、2片半环弹簧、端盖、球形支座、牵引杆等组成。当车钩受冲击时，牵引杆推动弹簧前从板向后挤压内、外环弹簧；当车钩受牵拉时，拧紧在牵引杆后端的预紧螺母带动弹簧后从板向前挤压内、外环弹簧。所以，无论车钩受冲击或牵拉，内、外环弹簧均受压缩作用。由于内、外环弹簧相互接触的接触面均成V形锥面，所以当内、外环弹簧受压缩时，外环弹簧扩张，内环弹簧压缩，这样就产生了轴向变形，从而起到缓冲的作用。同时，内、外环弹簧的接触面产生相对滑动，摩擦力做功消耗了部分冲击能量。

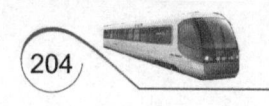

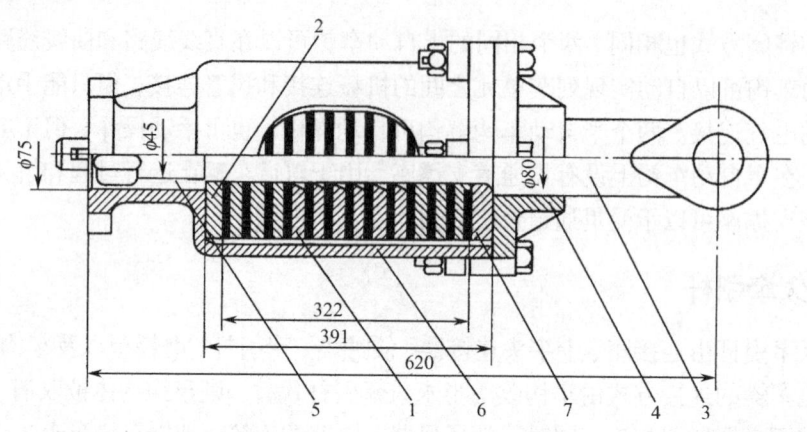

1—橡胶金属片；2—前从板；3—牵引杆；4—缓冲器后盖；5—滑套；6—缓冲器体；7—后从板

图 5-21　层叠式橡胶金属片缓冲器的结构

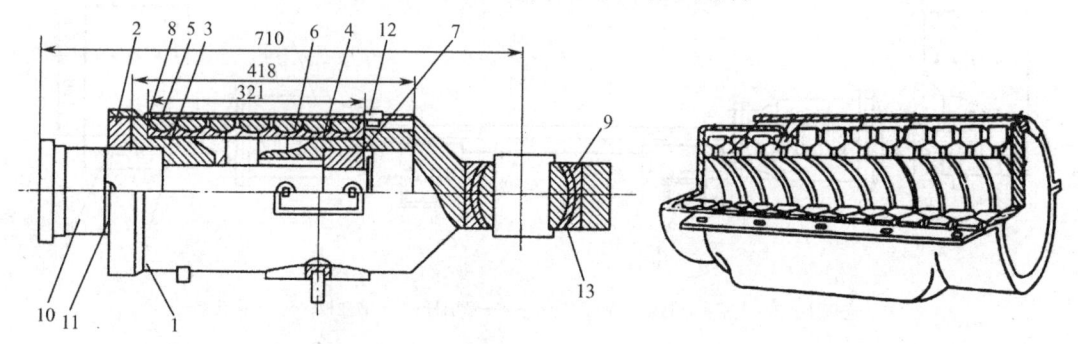

1—弹簧盒；2—端盖；3—弹簧前从板；4—弹簧后从板；5—外环弹簧；6—内环弹簧；7—开口弹簧；
8—半环弹簧；9—球形支座；10—牵引杆；11—标记环；12—预紧螺母；13—橡胶嵌块

图 5-22　环弹簧缓冲器的结构

环弹簧缓冲器的前端通过一组对开连接套筒与钩头连接，而其后端的球形支座通过销轴与车钩支撑座相连接。整个环弹簧缓冲器在水平面内可绕销轴左右摆动 40°，在垂直面内可借助球形轴套嵌的橡胶件上下摆动 5°，以满足轨道车辆运行于水平曲线和垂直曲线的要求。上海地铁 1 号线车辆就采用了这种缓冲装置。

3. 环形橡胶缓冲器

环形橡胶缓冲器主要由牵引杆、缓冲器体、环形橡胶弹簧等几部分组成，属于免维护的橡胶缓冲装置。环形橡胶缓冲器安装在车钩安装座上，可以吸收拉伸和压缩能量，而半自动车钩钩体和牵引杆均用相同的方法安装固定，如图 5-23 所示。环形橡胶缓冲器不存在间隙，在承受拉伸和压缩载荷的同时，可以承受较大的剪切力。环形橡胶缓冲器允许车钩做垂向摆动和扭转运动。环形橡胶缓冲器的支撑座用 4 个螺栓固定在车体底架上。

4. 弹性胶泥缓冲器

弹性胶泥缓冲器与传统意义上的缓冲器类似，在列车运行过程中起到吸收冲击能量、缓和纵向冲击和震动的作用。弹性胶泥缓冲器的后端通过钩尾销连接在安装座上，而其前端通过连接环与连挂系统连接。弹性胶泥缓冲器性能先进,可靠性和动态吸收性能较好。弹性胶泥缓冲器的结构如图 5-24 所示。其中,弹性胶泥芯子是接受能量的部件。从图 5-24 中可以看出,车钩受拉时纵向力传递方向为牵引杆→内半筒→弹性胶泥芯子→弹簧盒→车体;车钩受压时纵向力传递方向为牵引杆→弹性胶泥芯子→内半筒→弹簧盒→车体。由此可见,无论车钩受拉或受压,弹性胶泥缓冲器始终受压。

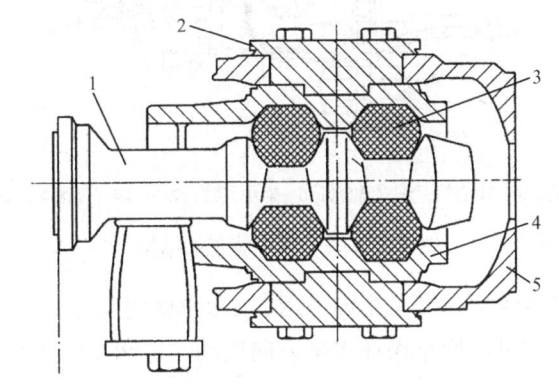

1—牵引杆;2—安装座;3—环形橡胶弹簧;4—缓冲器体;5—支撑座

图 5-23 环形橡胶缓冲器的结构

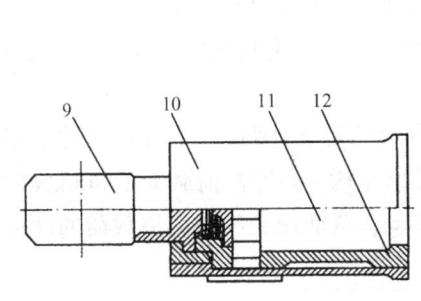

(a)密接式车钩用的弹性胶泥缓冲器的结构　　(b)KC15 弹性胶泥缓冲器的结构

1—大套筒;2—弹性挡圈;3—碟形弹簧;4—套筒;5—半环;6、11—弹性胶泥芯子;
7—箱体;8—插入件;9—牵引杆;10—弹簧盒;12—内半筒

图 5-24 弹性胶泥缓冲器的结构

5. 对中装置

对中装置分为水平对中装置和垂向对中装置。水平对中装置一般简称对中装置,可分为气动对中装置和机械对中装置。垂向对中装置一般称为垂向支撑装置,通过调整垂向支撑处的调节螺栓可以实现调节车钩端面中心线到轨道上表面的距离。

上海地铁 AC01 电动车车钩采用的是气动对中装置。气动对中装置的工作原理:在缓冲器的尾部下方左右侧各设有一个对中气缸,该气缸的活塞头部装有一个水平滚轮,当对中气缸充气活塞杆向外伸出时,能自动嵌入固定在球铰座下方的一块呈桃子形凸轮板左右两个缺口内,从而达到使车钩自动对中的目的,也就是使车钩缓冲装置的中心线与车体中心线在同一个垂直平面内,以便使一方的车钩钩头对准对方的车钩钩坑。

气动对中装置的结构如图 5-25 所示。

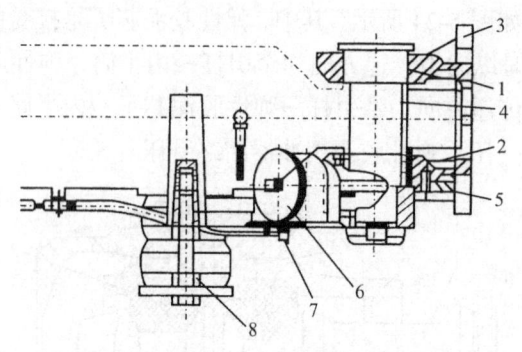

1，2—轴套；3—安装座；4—中心销；5—凸轮盘；6—对中气缸；7—活接式气接头；8—垂向支撑橡胶弹簧

图 5-25　气动对中装置的结构

上海地铁 1 号线 AC04 型电动车车钩采用的是机械对中装置。机械对中装置的工作原理：机械弹簧因挠度较大可以使车钩在水平方向摆动一定角度，从而实现车钩在直线段和曲线段的正常连挂。

6．钩尾冲击座

缓冲器的尾部是通过一个球铰与车体底架相连的，其中球铰部分称为钩尾冲击座。钩尾冲击座可使整个车钩缓冲装置在水平面内摆动±40°，在垂直面内摆动±5°，从而满足轨道车辆在水平曲线和竖曲线上运行的要求。

通过钩尾冲击座将车钩缓冲装置安装在车体的底架牵引梁上，并在钩尾冲击座与牵引梁之间安装过载保护螺栓。过载保护螺栓采用鼓形结构。当冲击荷载大于 800kN 时，鼓形结构被破坏，车钩与车体分离并沿着导轨向后移动，从而避免超过容许载荷的冲击力加载到车体底架上。

实操训练

一、车钩的检修

车钩常见的故障有钩头的磨损、变形及裂纹（如钩舌、连接杆、中心销等的裂纹），解钩气缸活塞杆的磨损，弹簧的折损等。

1．车钩从车体上的分解

（1）将液压升降小车置于车钩下方，将车钩存放支架放在液压升降小车的工作台面上，并将该工作台面调整到适当高度。

（2）将电气车钩与机械车钩连接的销轴组件拆除，再将电气车钩与机械车钩分离。

（3）将车钩底座部件中的 M36 螺栓组拆除。

（4）将与车体连接的风管分离。

（5）用液压升降小车将车钩运走。

2. 车钩磨损的检测

在将全自动车钩或半自动车钩分解之前,应该用专用的测量工具——间隙规测量机械钩头内机械连挂机构的间隙,从而判定钩锁的磨损情况。间隙规如图 5-26 所示。

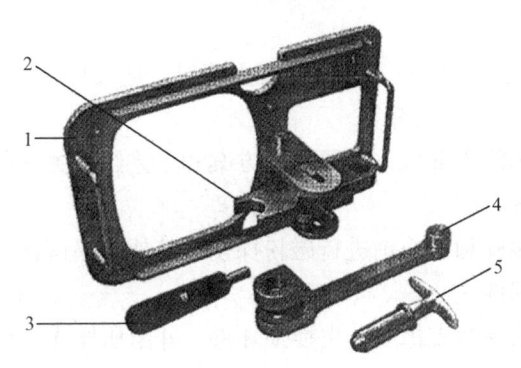

1—规体;2—钩舌板;3—手柄;4—连接杆;5—连接杆销

图 5-26 间隙规

测量机械钩头内机械连挂机构的间隙前,先将机械车钩上的电气零部件和阀类部件拆除,用中性的清洗剂将车钩外表面的污垢洗净,以便于机械钩头内机械连挂机构的间隙的测量和零部件的拆卸。要求机械钩头内机械连挂机构的间隙小于 1.4mm,若大于 1.4mm,则应更换钩舌板总成。

测量步骤如下。

(1) 将钩锁转至连挂位。

(2) 从间隙规的钩舌板中取下连接杆销。

(3) 使间隙规定位,即将规体表面与机械钩头表面贴合。

(4) 使车钩连接杆钩住间隙规的钩舌板。

(5) 使间隙规的连接杆钩住车钩的钩舌板。

(6) 通过转动棘轮手柄调节间隙规钩舌板的位置,以便可以插入连接杆销。

(7) 顺时针转动棘轮手柄,使间隙规处于张紧状态,调节扭矩(不超过 100N·m)。

(8) 间隙规上的游标尺可读至 0.1mm。

(9) 钩锁机构的磨损极限为 1.4mm,如果超过磨损极限,必须拆下钩头并分解,以检查钩锁零部件的损坏和磨损情况,如有必要则将钩锁零部件更换。

3. 车钩零部件的分解

(1) 将车钩中所有的零部件分解。

(2) 将车钩的钩舌板置于连挂的位置。

(3) 先将盖板拆除,再拆除电气连接器的连接销轴和动作执行气缸、主风管部件、对中装置的风管以及车钩连接环。

4．钩头的检修

机械钩头的各零部件通过相互的连接配合完成三态作用，并传递纵向的牵引力和制动作用力，从而在运用时会出现磨损、裂纹及变形等损伤。

（1）机械钩头的检修。

① 清洁和检查下述钩锁机构零部件的磨损情况：连接杆、连接杆销、钩舌板、中心销、撞块、棘爪、导向杆、张紧弹簧。

② 更换磨损或损坏的零部件，按照润滑方案和工艺给相关零部件涂油。

③ 更换部分弹簧件。

④ 对钩舌板、连接杆和中心销进行磁粉探伤或其他无损探伤。

⑤ 重新油漆各零部件。

⑥ 用压缩空气清洁弹簧支撑座，更换损坏件，并给压簧涂点润滑脂。

⑦ 在螺栓螺纹表面涂润滑脂。

⑧ 在机械车钩表面涂 HS300 涂层。

（2）解钩气缸的检修。

① 用无油压缩空气和抹布清洁零部件。

② 用刚性金属丝清洁气缸盖板上的排气孔。

③ 检查活塞 O 形密封圈和气缸盖板上的防尘圈有无裂痕，若有，则将其更换。

④ 检查活塞杆的磨损情况，若磨损严重，则将其更换。

⑤ 检查活塞复位弹簧是否断裂，若断裂，则将其更换。

⑥ 用润滑脂润滑气缸活塞杆和气缸内侧壁。

⑦ 将润滑脂涂于螺栓端部。

（3）电气连接箱的检修。

电气连接箱只有在损坏的情况下才有必要分解检修。一般地，对电气连接箱进行如下检修。

① 用干布和无油压缩空气清洁触头和绝缘块。

② 更换个别已损坏触头，且更换可动触头和更换固定触头的方法相同。

③ 检查接线柱，用绝缘电阻表测量接线柱的绝缘性能。

④ 更换密封橡胶框。

⑤ 修复电气连接盒的塑料绝缘涂层。

（4）电气连接箱的操纵机构的检修。

① 更换密封件。

② 清洁零部件并检查零部件磨耗情况，更换磨耗件，用无油压缩空气清洁软管和风管。

③ 必要时重新油漆该操纵机构。

④ 用润滑脂润滑滑动接触表面和衬套。

⑤ 用润滑脂润滑螺栓端部。

⑥ 用密封胶密封插接式软管的螺纹件，但不必密封活螺母。
⑦ 用润滑脂润滑气缸内侧表面和活塞杆。
（5）气路连接器的检修。
① 清洁和检查零部件是否有损坏，若损坏，则将其更换。
② 更换主风管和解钩风管弹簧阀对接口的橡胶密封件。
③ 更换主风管和解钩风管的橡胶管。
④ 用白色酒精清洁橡胶件，不得用润滑脂处理橡胶件。
⑤ 用润滑脂保护螺栓端部。
⑥ 用密封胶密封气管上的螺纹件，但不必密封活螺母。

5．车钩的组装与测试

车钩各零部件检修完成后，要按照与分解相反的顺序组装，并进行相关测试。

（1）电气车钩的调试。利用电气车钩的调整模板对每个电气车钩进行调整；要求每个电气车钩盒内的触头座不得歪斜。

（2）车钩连挂和气密性试验。将全部拼装好的车钩安装在试验台上，将车钩进行连挂。车钩连挂时要听其声音是否清脆，以判别机械钩头安装的质量如何。用肥皂水喷在管路接头处，以判别气路是否有泄漏。

二、缓冲装置的检修

1．压溃管和橡胶缓冲器的检修

（1）若压溃管变形超过规定标准，则将其更换。用塞尺测量压溃管，以检测其尺寸是否在要求范围内，如图 5-27 所示。

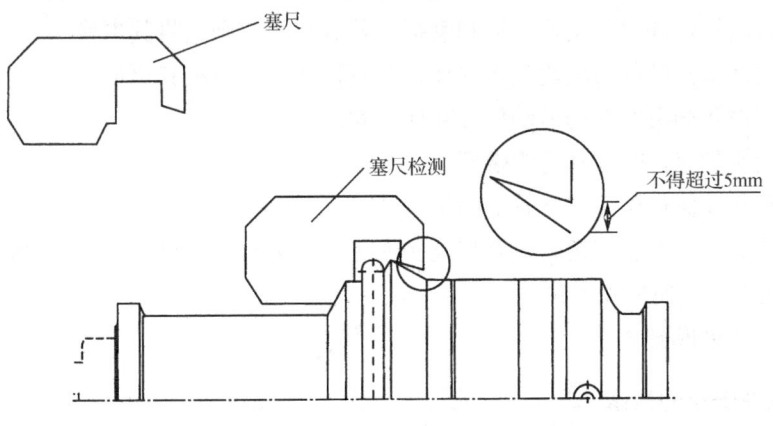

图 5-27　塞尺检测压溃管

（2）对于橡胶缓冲器，应将所有的气管拆除，再将接地线拆除。

① 将橡胶缓冲器下部的对中装置拆卸下来，再将上部转轴上的螺栓、方形垫片和塑料盖取下，并用桥式起重机吊起转轴，更换密封环，检查衬套。清洗橡胶缓冲器内部，并在其内部与转轴处涂油脂，再装上方形垫片、塑料盖、螺栓。

② 检查橡胶堆有无裂纹，若裂纹深度大于 3mm 或长度大于 50mm，则应将其更换。
③ 用刷子清扫橡胶堆，用酒精清除橡胶堆上的杂质。
④ 用润滑脂润滑磨耗环和抗摩擦盘的座。
⑤ 用润滑脂润滑轴颈座以及上下壳体的连接座表面。

2. 双作用环弹簧缓冲器的检修

（1）对双作用环弹簧缓冲器进行分解检修之前和装配之后，用缓冲器压力试验机对双作用环弹簧缓冲器逐渐加载压力至 550kN，缓冲行程为 55mm，则双作用环弹簧缓冲器的能量吸收率应大于 66%，且缓冲曲线应与给定的弹性曲线一致。
（2）打开双作用环弹簧缓冲器后检查环弹簧是否在正常位置，然后放松预紧环。
（3）清洁环弹簧和双作用环弹簧缓冲器的内腔。
（4）检查和更换有裂纹的环弹簧片。
（5）用专用油脂对环弹簧片进行润滑。
（6）清洁和检查双作用环弹簧缓冲器两侧的磨耗板的磨损情况，若磨损严重，则应将其更换。
（7）检查双作用环弹簧缓冲器端部的球铰橡胶件有无裂纹，若有裂纹且深度超过 5mm，则应将其更换。

3. 对中装置的检修

对中装置都是通过调整橡胶支撑垫的预紧力来调整车钩在垂向距轨道上表面的距离（一般为 720mm）的。
（1）用无油压缩空气和抹布清洁各零部件。
（2）用刚性金属丝或螺钉旋具清洁气缸排气孔。
（3）检查凸轮板和衬套是否损坏和磨损，若有损坏，则应将其更换。
（4）检查活塞杆端部的滚轮是否损坏，若有损坏，则应将其更换。
（5）用润滑脂润滑所有的滑动件和壳体内侧。
（6）用润滑脂保护螺纹和螺栓端部。
（7）用密封胶保护插接式软管上的螺纹件。
（8）清洁和检查橡胶弹簧是否有裂纹和损坏，如果有裂纹且深度超过 3mm 或长度超过 10mm，则必须更换橡胶弹簧。
（9）清洁和更换衬套。

4. 钩尾冲击座的检修

（1）当车钩受到 850kN 以上的冲击载荷或严重的碰撞事故后，必须检查过载保护螺栓和衬套是否损坏，若有损坏，则必须将其更换。
（2）清洁和检查底架的尼龙导轨轨板是否损坏，若有损坏，则必须将其更换，并对其进行润滑，但是不允许对过载保护螺栓和衬套的接触表面进行润滑。
（3）清洁和检查球铰结构的橡胶件是否损坏，若有损坏，则必须将其更换。

（4）自锁螺母重复使用不得超过5次。

5．其他附件的检修

1）连接环的检修

（1）清洁连接环的内外表面。

（2）用磁粉或其他无损方式对其进行探伤。

（3）用防锈剂涂连接环内侧底部，但不得涂连接环和车钩钩头法兰环的工作表面。

（4）用润滑脂保护螺纹和螺栓端部。

（5）安装时连接环的排水孔必须朝下。

2）监测和控制元器件的检修

（1）检查行程开关的动作是否良好，否则将其更换。

（2）在安装行程开关时，确保其行程触点的正确角度和位置，并检查其功能。

（3）清洁和检查二位五通阀。

三、探伤

对钩舌板总成、钩舌板中心销、缓冲器颈、钩头颈、牵引杆和车钩连接环进行磁粉探伤；要求各部分不得有裂纹，若有裂纹，则必须将其更换。

四、试验

1．车钩连挂解钩

将全部组装好的全自动或半自动车钩安装在试验台上，进行车钩自动连挂和解钩试验。车钩连挂时要听其声音是否清脆，以判别机械钩头安装的质量。通过操纵手动解钩装置，检查手动解钩的性能是否正常。

2．气密性

在车钩处于连挂状态下，用肥皂水喷在所有阀和管路接头处以检查气路是否有泄漏。

任务四　检修转向架

工作情景

转向架是轨道车辆的重要组成部分，起着支撑车体，负担走行任务，承受和传递与车体、轨道间各种力的作用。转向架的质量关系着轨道车辆运营状态，也直接关系着乘客乘车安全，因此检修转向架是轨道车辆检修中一项重要的工作。

工作环境

在轨道交通车场综合检修库开展检修转向架实践操作；在带有仿真软件的多媒体教室完成学习检修转向架模拟操作的工作内容。

器材准备

工　　具：棘轮、套筒组合、加力杆、数字压力计、卷尺、钢皮尺、第四种检查器、尖嘴压杆油枪、轮对内侧距尺、轮径尺、空气压缩机、风管及风表、轮对测量仪、轮缘形状专用量具。

设　　备：转向架模型或转向架实物、移动式架车机或地坑式架车机、不落轮旋床、磁粉探伤仪、超声波探伤仪、桥式起重机、转向架试验台、转向架清洗机、轮对压装机。

材　　料：抹布、砂纸、毛刷、清洁剂、记号笔、开口销、O形圈、润滑脂、齿轮箱油、煤油（汽油、柴油）。

劳保用品：工作服、安全帽、劳动手套、绝缘鞋。

素质培养

（1）培养学生一丝不苟的工作精神。
（2）培养学生分析问题、解决问题的能力。
（3）培养学生踏实肯干的工作态度。
（4）培养学生沟通协调的能力。
（5）培养学生团队协作的意识。

学习目标

（1）能够实施转向架检修工作。
（2）掌握车轮踏面的损伤形式。
（3）能够分析车轮损伤类型。
（4）能够实施转向架附件检修工作。
（5）能够正确选择转向架的修复方法。

基础知识

一、转向架的作用

（1）车辆采用转向架增加了车辆的质量、长度和容积，提高列车运行速度。

（2）保证在正常运行条件下，车体都能可靠地坐落在转向架上。通过轴承装置使车轮沿着钢轨的滚动转化为车体沿线路的平动。

（3）转向架能支撑车体，承受并传递从车体至轮对之间或从轮轨至车体之间的各种载荷及作用力，并使轴重均匀分配。

（4）保证车辆安全运行，并顺利地通过曲线。

（5）采用转向架的结构便于弹簧减振装置的安装。弹簧减振装置使转向架具有良好的减振特性，以缓和车辆与线路之间的相互作用，减小振动和冲击，减小动应力，提高车辆运行的平稳性和安全性。

（6）转向架能充分利用轮轨之间的黏着力，传递牵引力和制动力。

（7）对地铁车辆的转向架来说还要便于安装牵引电动机及传动装置，以驱动车辆沿着钢轨运行。

二、转向架的分类

轨道车辆所采用的转向架，有动力转向架和非动力转向架两种，分别用于动车和拖车。为方便检修时相同零部件的互换，动力转向架和非动力转向架的结构基本相同，主要区别在于动力转向架上设有动力驱动装置，而非动力转向架没有动力驱动装置。

目前，轨道车辆转向架采用二轴构架的形式。

三、转向架的组成

由于轨道车辆的用途、运行条件、制造和检修能力及历史传统等因素，使转向架的类型非常多且结构各异。但它们的基本作用和基本组成部分是相同的。转向架的基本组成可以分为以下几个部分，如图5-28所示。

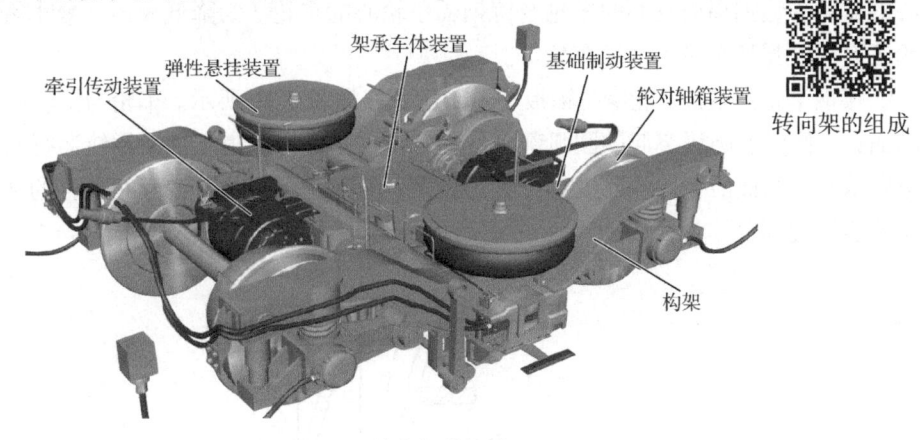

图 5-28 转向架的组成

1. 构架

构架是转向架的安装基础。它把转向架的零部件组成一个整体，承受和传递各种作用力及载荷。它的结构形状、尺寸和大小都应满足各零部件的结构、形状及组装的要求（如应满足基础制动装置、弹簧减振装置、轴箱定位装置的安装要求）。

构架由左右侧梁、一根或几根横梁及前后端梁组焊而成。没有端梁的构架称为开口式构架；有端梁的构架称为封闭式构架。

侧梁是构架的主要承载梁，是传递垂向力、纵向力和横向力的主要构件，并用于确定轮对位置。横梁和端梁可以保证构架在水平面内的刚度，使两轴平行并承托牵引电动机等。构架上还设有空气弹簧座、中心安装座、轴箱吊框、电动机安装座、齿轮箱吊座、制动吊座、牵引拉杆安装座、高度调整阀座、抗侧滚扭杆座、减振器座和止挡座等，用于安装相关设备。构架的强度和刚度对转向架的性能十分重要。破坏构架的强度和刚度的主要形式是裂纹和变形。

2. 轮对轴箱装置

轮对沿着钢轨滚动，除了传递轨道车辆质量，还传递轮轨之间的各种作用力，包括牵引力和制动力。轴箱装置是联系构架和轮对的活动关节。轮对由一根车轴和两个相同的车轮采用过盈配合牢固地结合在一起，是组成转向架的重要部分之一。

1）车轴

车轴一般采用优质碳素钢加热锻压成型，再经热处理（正火或正火后再回火）和机械加工制成。车轴为转向架的簧下部分。降低簧下部分的质量对改善轨道车辆运行品质和减少对轮轨动力作用有很大影响。轨道车辆使用的车轴绝大多数为圆截面实心轴。由于车轴各部位受力状态不同，车轴各部位直径也不一致。

2）车轮

车轮的结构、形状、尺寸、材质是多种多样的。车轮按结构可分为整体车轮和带箍车轮两种。整体车轮按材质又可分为辗钢车轮和铸钢车轮等。带箍车轮又可分为铸钢辐板轮心的车轮、辗钢辐板轮心的车轮及铸钢辐条轮心的车轮。为降低噪声，减小簧下质量，车轮还有橡胶弹性车轮、消声车轮等。

辗钢车轮由踏面、轮缘、辐板和轮毂组成，如图5-29所示。车轮与钢轨的接触面称为踏面；一侧沿着圆周突起的圆弧部分称为轮缘，是保持轨道车辆沿钢轨运行及防止脱轨的重要部分；踏面沿径向的厚度部分称为轮辋；轮毂是车轮与车轴互相配合的部分；轮辋与轮毂连接的部分称为辐板。

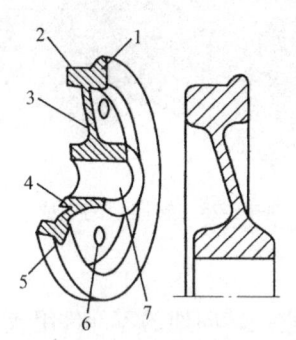

1—轮辋；2—踏面；3—辐板；4—轮毂；5—轮缘；6—工艺孔；7—轮毂孔

图5-29 辗钢车轮

3）轴箱装置

轴箱装置将轮对和构架联系在一起，并把轨道车辆质量以及各种载荷传递给轮对，且将轮对沿钢轨的滚动转化为车体沿钢轨的平动。轴箱装置采用的滚动轴承可降低轨道车辆的启动阻力和运行阻力，改善轨道车辆走行部分的工作条件，减少燃轴的惯性事故，减轻轨道车辆维护和检修工作，降低轨道车辆运行成本。

一般地铁车辆用的滚动轴承按滚动体形状可分为圆柱滚动轴承、圆锥滚动轴承、球面滚动轴承。滚动轴承的结构如图5-30所示。

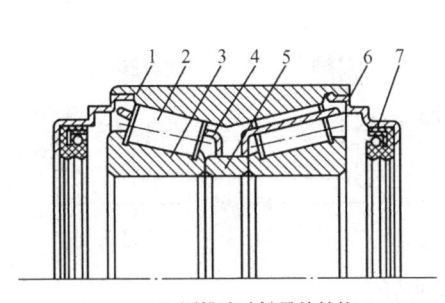

（a）圆锥滚动轴承的结构　　　　（b）圆柱滚动轴承的结构

1，12—外圈；2—滚子；3，14—内圈；4—保持架；5—中隔圈；6—密封圈；
7，10—密封座；8—车轴；9—防尘挡圈；11—滚柱；13—轴箱；15—内圈压板；16—轴箱盖

图 5-30　滚动轴承的结构

3. 弹性悬挂装置

为了减少线路的不平顺和轮对运动对车体的各种动态影响（如垂向振动、横向振动和通过曲线等的影响），在轮对与构架之间或者构架与车体之间，设有弹性悬挂装置。其中，设置在轮对与构架之间的弹性悬挂装置称为轴箱悬挂装置（又称一系悬挂）；设置在构架与车体之间的弹性悬挂装置称为构架（有的构架还带有摇枕）悬挂装置（又称二系悬挂）。

轨道车辆上采用的弹性悬挂装置按作用，大体可分为3类：第一类为主要起缓和冲击作用的弹簧装置，如空气弹簧和钢制弹簧；第二类为主要起衰减振动（消耗振动能量）作用的减振装置，如垂向减振器、横向减振器；第三类为主要起弹性约束作用的定位装置，如轴箱定位装置，心盘与构架的纵向缓冲止挡、横向缓冲止挡等。

轨道车辆用的弹簧装置如下。

1）扭杆弹簧

扭杆弹簧不同于螺旋弹簧，只承受扭转变形。在载荷相同的情况下，扭杆弹簧比螺旋弹簧质量小。扭杆弹簧为一根直杆，它的两端支撑在轴承支座上，端部固定两个曲柄，支座固定在构架上，如图5-31（a）所示。当两个曲柄相反转动时，扭杆则产生抵抗扭矩。

2）环弹簧

环弹簧由多组内环弹簧、外环弹簧组成。当环弹簧受到轴向载荷后，内环弹簧被压缩，外环弹簧被拉伸，从而使内环弹簧与外环弹簧的锥面产生轴向变形和摩擦力（摩擦力做功吸收能量）。环弹簧常用于缓冲器中，如图5-31（b）所示。

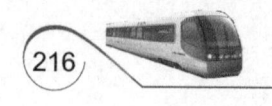

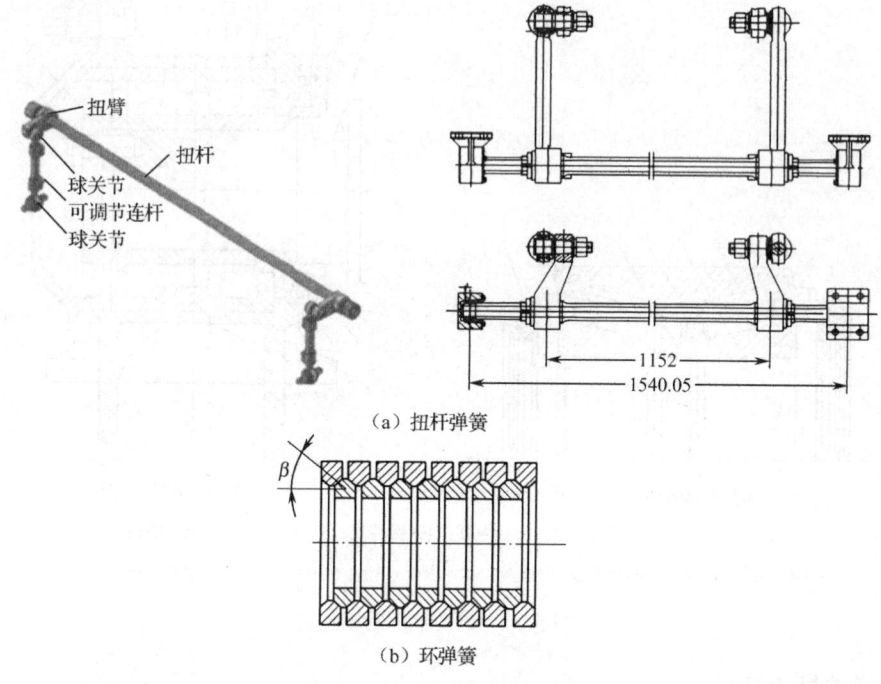

图 5-31　扭杆弹簧和环弹簧

(a) 扭杆弹簧

(b) 环弹簧

3）橡胶弹性元件

橡胶弹性元件的力学性能不同于一般的金属元件。橡胶的弹性模量比金属的弹性模量小得多，因此橡胶弹性元件可以获得较大的弹性变形，容易实现预想的非线性特性。橡胶弹性元件可以自由确定形状，可以根据设计要求达到在各个方向上不同刚度的要求；具有较高的内阻，对衰减高频振动和隔音有良好效果；相对密度小，自重轻。由于这些特性，橡胶弹性元件在轨道车辆上获得越来越广泛的应用，如常用于转向架弹簧装置和轴箱定位装置，弹簧支撑面上的缓冲垫、衬套、止挡等。

4）空气弹簧

空气弹簧大体上可分为囊式空气弹簧和膜式空气弹簧两类。

（1）囊式空气弹簧。囊式空气弹簧可分为单曲、双曲和多曲等形式。双曲囊式空气弹簧使用寿命长，制造工艺比较简单，但刚度大，振动频率高，所以轨道车辆上已不采用。

（2）膜式空气弹簧。目前，应用较多的是膜式空气弹簧。它有两种形式，即约束膜式空气弹簧［图 5-32（a）］和自由膜式空气弹簧［图 5-32（b）］。

约束膜式空气弹簧的结构由内筒、外筒和将两者连接在一起的橡胶囊组成。这种形式的空气弹簧刚度小，振动频率低，其弹性特性曲线容易通过约束群的形状来控制，但橡胶囊工作状况复杂，耐久性差。

自由膜式空气弹簧由于没有约束橡胶囊变形的内、外筒，所以可以减少橡胶囊的磨耗，从而延长了自由膜式空气弹簧使用寿命。它本身的安装高度比较低，从而可以明显降低轨道车辆地板面距轨面的高度。自由膜式空气弹簧质量小，并且其弹性特性可以通过改变上盖板边缘的包角加以适当调整，使弹簧具有良好的负载特性。所以，自由膜式空气弹簧在无摇动台装置的空气弹簧转向架上应用较多。

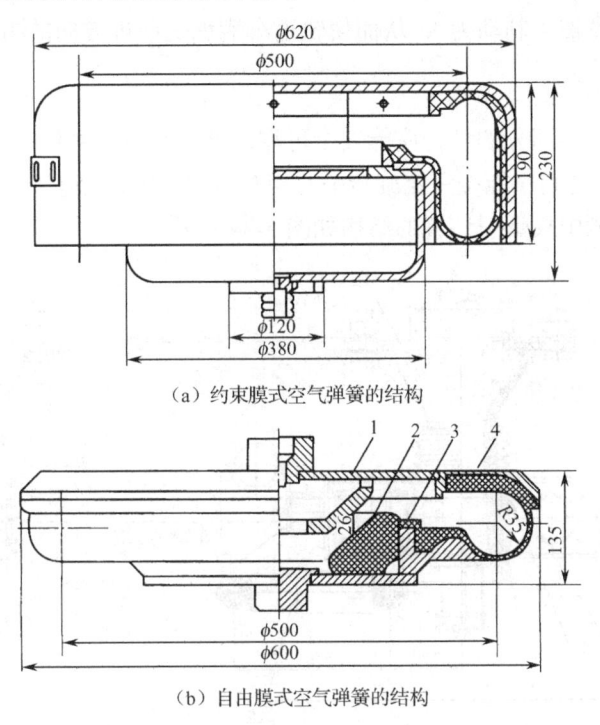

(a) 约束膜式空气弹簧的结构

(b) 自由膜式空气弹簧的结构

1—上盖板；2—应急层叠弹簧；3—下盖板；4—橡胶囊

图 5-32　膜式空气弹簧的结构

（3）空气弹簧的橡胶囊。空气弹簧的橡胶囊由内层橡胶、外层橡胶、帘线和成型钢丝圈组成，如图 5-33 所示。

内层橡胶主要用于密封，要采用气密性和耐油性较好的橡胶材质。外层橡胶除了用于密封，还起到保护作用。因此，外层橡胶应采用能抗太阳辐射和臭氧侵蚀并耐老化的橡胶材质（一般为氯丁橡胶），还应满足环境温度的要求。

帘线层数应为偶数，一般为两层或四层，一层一层的帘线相交叉，并与空气囊的经线方向成一定角度布置。由于空气弹簧上的载荷主要由帘线承受，而帘线的材质对空气弹簧的耐压性和耐久性起着决定性的作用，因此帘线采用高强度的人造丝、维纶或卡普隆材质。

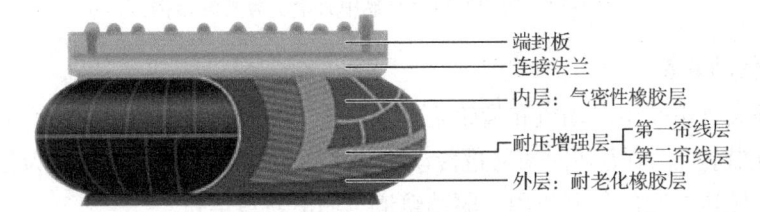

图 5-33　空气弹簧的橡胶囊的结构

4．基础制动装置

为了使轨道车辆在规定的距离内停车，必须安装基础制动装置，其作用是传递制动缸产生的制动力或单元制动机产生的制动力，使闸瓦与轮对之间产生的转向架的内摩擦力转换成轮轨之间的外摩擦（制动力），从而使轨道车辆承受前进方向的阻力，产生制动效果。

5. 支撑车体的装置

车体与转向架连接部分的结构应能安全可靠地支撑车体，并传递各种载荷和作用力。同时，车体与转向架之间应能绕一定旋转中心相对转动，以使轨道车辆顺利通过曲线轨道。

典型的轨道车辆中央牵引装置的结构如图 5-34 所示。

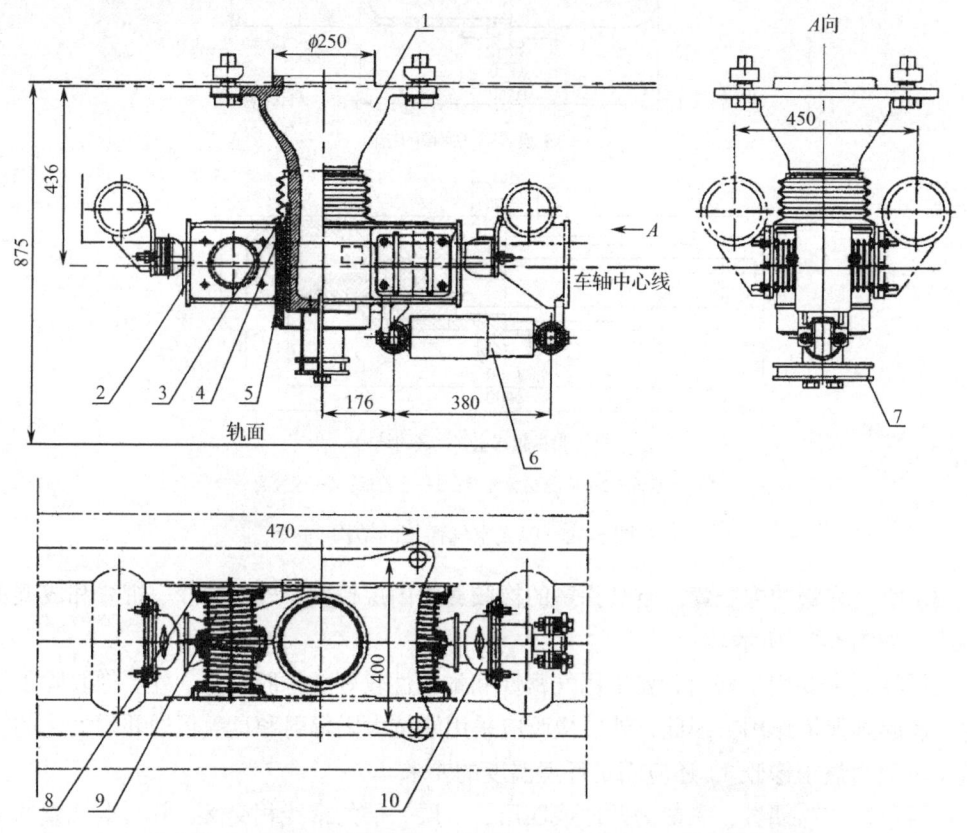

1—中心销；2—牵引梁；3—防尘罩；4—衬套；5—中心销套；6—横向油压减振器；
7—空气弹簧异常上升止挡；8—安装板；9—牵引层叠橡胶；10—横向缓冲橡胶

图 5-34 典型的轨道车辆中央牵引装置的结构

6. 牵引传动装置

牵引传动装置由牵引电动机和齿轮箱组成，是动力转向架所特有的一套装置（非动力转向架没有此装置）。动力转向架通过传动装置将牵引电动机的扭矩转化为轮对或车轮上的转矩，利用轮轨之间的黏着作用，驱动轨道车辆沿轨道运行。

典型的架悬式牵引传动装置的结构如图 5-35 所示。该装置是通过空心轴和高弹性的联轴器驱动减速齿轮箱的。牵引电动机质量由转向架构架全部承担。

项目五　机械部件检修

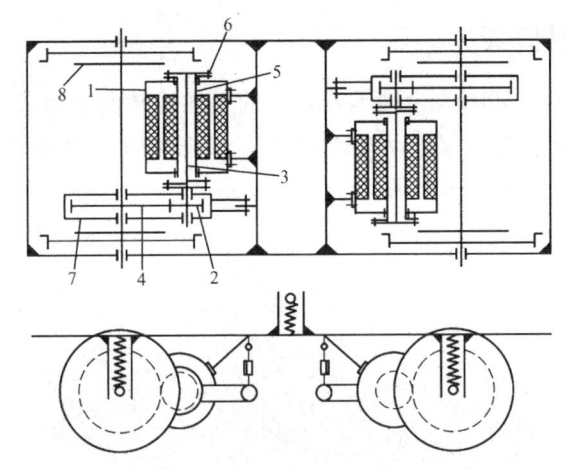

1—牵引电动机；2—小齿轮；3—驱动轴；4—大齿轮；5—空心轴；6—联轴器；7—减速齿轮箱；8—制动盘

图 5-35　典型的架悬式牵引传动装置的结构

四、长春轻轨车辆转向架

长春轻轨车辆转向架采用摇枕焊接结构，并具有圆锥叠形橡胶弹簧、液压盘形制动和磁轨制动装置、垂向减振器、弹性车轮等，如图 5-36 所示。

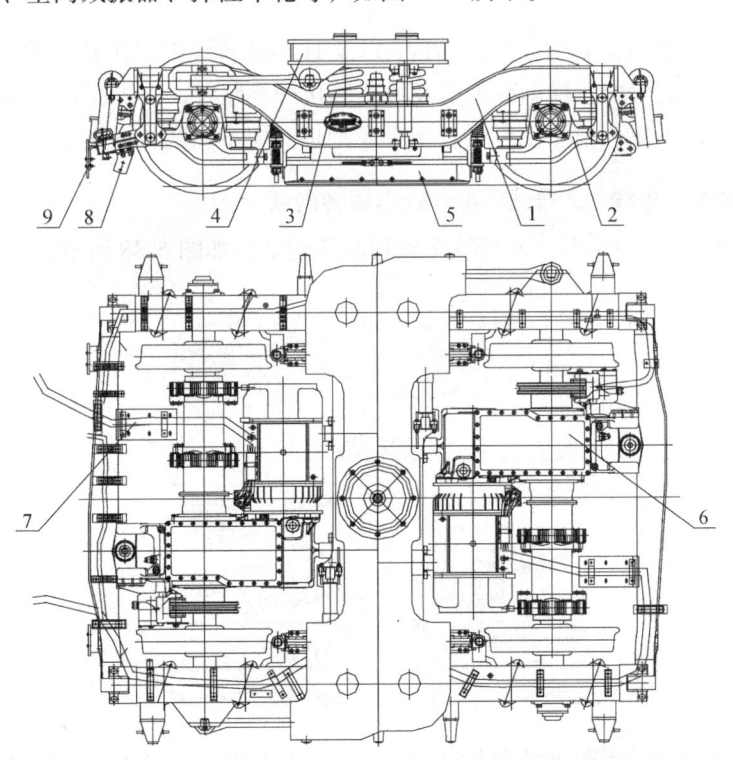

1—构架组成；2—轮对轴箱定位装置；3—中央悬挂装置；4—摇枕组成；5—基础制动装置；
6—驱动装置；7—转向架管线布置；8—撒沙和轮缘润滑装置；9—裙板安装与排障器

图 5-36　长春轻轨车辆转向架的结构

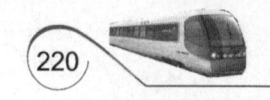

五、南京地铁车辆转向架

南京地铁车辆的走行部由两台轴承外置式的无摇枕转向架组成。该转向架主要由构架、轮对和轴箱、驱动装置（仅限动车转向架）、减振装置、中央牵引装置、基础制动装置和其他辅助装置组成，如图 5-37 所示。

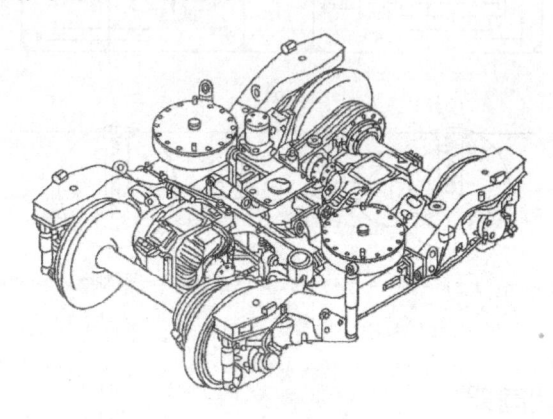

图 5-37　南京地铁车辆转向架的结构

六、上海地铁车辆转向架

上海轨道车辆转向架采用无摇枕结构，以及 H 形低合金钢焊接箱形构架。该转向架设有弹性悬挂装置，配垂向、横向减振器及抗侧滚扭杆等装置，以提高列车运行的稳定性和舒适性。转向架除动车、拖车不同外，每种车型也对应不同的转向架。

1. 上海地铁 1 号线、2 号线、4 号线车辆转向架

上海地铁 1 号线、2 号线、4 号线车辆转向架的结构如图 5-38 所示。

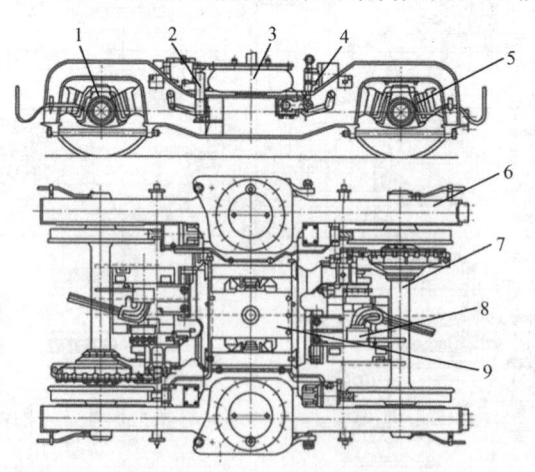

1—轴箱；2—减振器；3—空气弹簧；4—抗侧滚扭杆；5—人字形弹簧；6—构架；7—轮对；8—牵引电动机；9—中心销

图 5-38　上海地铁 1 号线、2 号线、4 号线车辆转向架的结构

2. 上海地铁 3 号线车辆转向架

上海地铁 3 号线车辆转向架的结构如图 5-39 所示。

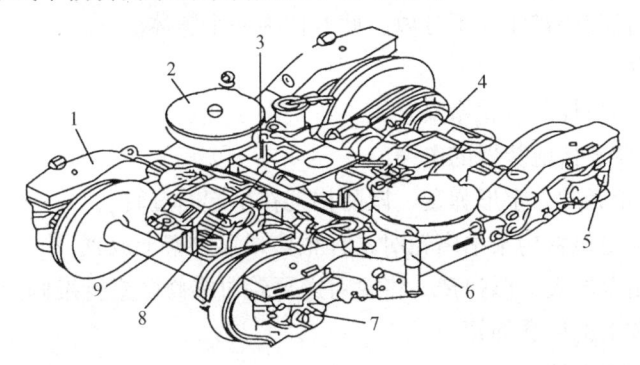

1—构架；2—空气弹簧；3—抗侧滚扭杆；4—轮对；5——系减振器；6—二系垂向减振器；
7—轴箱；8—横向减振器；9—牵引电动机

图 5-39 上海地铁 3 号线车辆转向架的结构

3. 上海地铁 1 号线转向架

上海地铁 1 号线北延伸线车辆转向架的结构如图 5-40 所示。

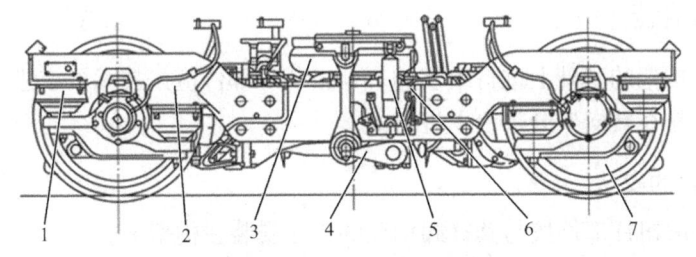

1—锥形橡胶弹簧；2—构架；3—空气弹簧；4—抗侧滚扭杆；5—垂向减振器；6—高度调整装置；7—轮对

图 5-40 上海地铁 1 号线转向架的结构

实操训练

一、转向架的拆卸

转向架拆卸前，先要用转向架清洗机完成清洗除锈工作，然后分别从构架上拆下牵引电动机、联轴节、制动单元、层叠弹簧、横向止挡、垂向止挡、中央牵引装置、横向减振器、抗侧滚扭杆、齿轮箱悬挂装置、轴箱拉杆、一系弹簧、轮对。

转向架拆卸的具体步骤如下。

（1）松开连接牵引电动机侧半联轴节与齿轮箱侧半联轴节之间的螺栓。

（2）拆下牵引电动机与构架间的所有连接螺钉及接地线缆，将牵引电动机吊离构架，并送至电动机维修区域进行维修。

注意：当拆卸牵引电动机时，转向架必须在转向架升降台上被升降几次。

（3）将转向架升至不影响维修人员站在转向架下进行操作的高度。

（4）拆下横向减振器。

（5）通过液压升降车将牵引拉杆连同心盘座与构架分离。

注意：牵引拉杆与心盘座并不分离，此时作为一个整体。

（6）拆下轴箱拉杆。

（7）拆下齿轮箱吊杆及齿轮箱安全销。

（8）拆下传感器及接地装置的电缆。

（9）支撑好轴箱旁的人字形弹簧，以防构架在吊起时旋转。

（10）用桥式起重机将构架吊离轮对，移至构架存放架上放置。

（11）拆下轴箱上的人字形弹簧，将轮对送至轮对维修区进行维修。

（12）拆下构架上的层叠弹簧。

（13）拆下垂向减振器。

（14）拆下单元制动机与构架管路间的连接弯管，将构架上的 4 台单元制动机拆下，并送至单元制动机维修区进行维修。

（15）拆下构架上的抗侧滚扭杆总成，并将其分解。

（16）拆下构架上的横向止挡座及横向止挡橡胶块。

二、转向架的组装

转向架是在构架的基础上进行组装的。预组装的部件应按技术要求进行调整、组装。转向架组装工作是在转向架升降台上进行的。

1. 构架部件的安装

（1）将抗侧滚扭杆部件按与其拆卸相反的顺序安装在构架上。

（2）将单元制动机安装在构架上，注意呈斜对角位置关系的单元制动机类型应一致。

（3）将横向止挡与横向止挡座组装在一起，并安装在构架上。

2. 轮对的安装

（1）在组装好的轴箱体上安装选配好的或新的人字形弹簧，注意拖车轮对与动车轮对上的人字形弹簧型号不同，要求同一个转向架上的人字形弹簧型号完全一致。

（2）将轮对吊放或推到转向架升降台上，构架吊放在轮对上。升起转向架，安装轴箱拉杆。

3. 中央牵引装置的安装

（1）在构架上安装架车保护螺栓。

（2）将组装好的下心盘座及牵引拉杆安装在构架上。

4. 驱动系统的安装

（1）对于动车转向架，安装牵引电动机。

（2）安装、调整联轴节。

(3)安装齿轮箱保险杆。
(4)安装、调整齿轮箱吊杆。

5. 二系悬挂的安装

在构架上预安装应急弹簧。

6. 落车后的组装

(1)将定位套、复合弹簧、下压板等按顺序进行安装,并对中心销螺母以规定扭力进行紧固,最后加开口销。

(2)若空气弹簧胶囊、盖板固定在车体上,则将空气弹簧胶囊与应急弹簧连接,注意要对其进行密封(一般为自密封);若空气弹簧胶囊、盖板与应急弹簧为一体,则将盖板与车体连接,注意要接通通气孔。

(3)将上球铰、调节螺筒、下球铰连接在一起。

(4)将垂向减振器上、下两端分别安装在车体和构架上的支座上。

(5)将高度阀下端与构架上支座连接,高度阀上端与高度阀控制杆连接。

(6)连接电源线、接地装置、传感器导线等线缆。

(7)安装轴箱限位垫片或限位块。

(8)在组装完成后及静态调试时,测量与调整有关的尺寸。

① 对层叠弹簧垫圈、固定垫片及一系弹簧补偿垫片进行调整。

② 在空气弹簧未充气时,对扭杆连杆进行调整;在空气弹簧充气后,对扭杆连杆进行调整。

注意:下球铰中心线至扭杆中心的垂向距离为 10m±1mm(扭杆应处于自由状态);球铰的六角槽形螺母扭力为 320N·m。

③ 在充气状态下,调整地板高度(在零线轨道上);在无电状态下调整齿轮箱与电动机位置尺寸。

注意:空气弹簧盖板上表面至轨顶面的距离为 869mm±8mm;在无气或充气状态下,车体地板面高度差为 18mm±4mm。

三、转向架台架试验

转向架在组装完成后、落车前,必须按要求进行台架试验。台架试验是在转向架试验台上进行的。在台架试验中,主要测量轮载、车轴平行度及构架至轨面距离。

1. 轮载的测量

1)轮载测量的工况

轮载测量的工况有零载荷、AW_0 载荷、AW_1 载荷、AW_2 载荷、AW_3 载荷、零载荷(卸载后)。

2)测量与计算

在上述工况下分别测量每个车轮的轮载,进而分别计算出轴重、轮载偏差、轴重差。

3）技术要求

在任何工况下，轮载偏差、轴重差均应不超出技术要求范围。

（1）若轮载偏差、轴重差超出技术要求范围，则将转向架调转180°，重复第2）条内容。

（2）若轮载偏差、轴重差仍然超出技术要求范围，则必须对一系弹簧按技术要求进行调整。

2. 车轴平行度的测量

1）车轴平行度测量的工况

车轴平行度测量的工况有零载荷、AW_0载荷、AW_1载荷、AW_2载荷、AW_3载荷、零载荷（卸载后）。

2）测量与计算

在上述工况下分别测量每个车轮的轮载，进而分别计算出轴距和每个车轮的位移变化量。

3）技术要求

在任何工况下，轴距、车轮的位移变化量均应不超出技术要求范围。

（1）若轴距、车轮的位移变化量超出技术要求范围，则将转向架调转180°，重复第2）条内容。

（2）若轴距、车轮的位移变化量仍然超出技术要求范围，则必须对一系弹簧按技术要求进行调整。

3. 构架至轨面距离的测量

1）构架至轨面距离的测量的工况

构架至轨面距离的测量的工况是AW_0载荷。

2）测量与计算

在AW_0载荷下，测量每侧构架至轨面距离，进而计算两侧构架的高度差。

3）技术要求

构架至轨面距离、两侧构架的高度差应不超出技术要求范围。

（1）若构架至轨面距离、两侧构架的高度差超出技术要求范围，则将转向架调转180°，重复第2）条内容。

（2）若构架至轨面距离、两侧构架的高度差仍然超出技术要求范围，则必须对一系弹簧按技术要求进行调整。

4. 齿轮箱吊杆高度的调整

在AW_0载荷下，对动车转向架的齿轮箱吊杆高度进行调整。对于可调式齿轮箱吊杆，通过调整螺筒将其至合适长度；对于固定式齿轮箱吊杆，通过加垫片将其调整到合适长度。

四、构架的检修

1. 清洗

用抹布和清洁剂彻底清洗构架表面污垢,然后将其晾干或烘干,以便构架的进一步检修。

2. 检查

常见的构架故障有变形、裂纹、腐蚀等。

1)目测检查

当转向架被分解后,首先目测检查构架的各悬挂点、焊接点有无裂纹、变形,焊缝是否良好,然后重点检查牵引电动机悬挂座、牵引拉杆座、一系弹簧座等受力部位(要求这些受力部位无裂纹、无腐蚀、无变形、无冲击损伤)。

2)采用内视镜聚光灯检查

采用内视镜聚光灯检查横梁是否被腐蚀和有无裂纹。

3)堵塞器(孔塞)的检查

(1)目视检查所有构架的开口是否被堵塞。

(2)如果堵塞器损坏,在重新封堵构架的开口之前,应该排出构架中所有残留水。

(3)如果怀疑任何堵塞器有问题,应该更换堵塞器。

注意:由于设计和制造的原因,构架存在一些孔洞。为尽量减少水和灰尘的进入和腐蚀构架,应在其孔洞处安装各种尺寸的堵塞器。

3. 探伤

对构架进行无损探伤,以检查构架重点受力部位和关键焊缝。

4. 尺寸检查

测量构架一系弹簧座和测试台支座间的间隙,以检查构架是否变形;测量构架对角线尺寸以检查该尺寸是否满足有关标准。

5. 维修

针对构架出现的变形、裂纹、腐蚀等损伤,应采用相应方法进行维修。

6. 油漆与涂油

对构架重新油漆或对脱漆部位进行补漆,并在不能油漆的部位涂上符合要求的防锈油。

7. 记录

记录检修好后的构架有关信息,包括构架的检修内容、检查数据,并将这些信息进行登记入档或做成数据库。

五、轮对轴箱的检修

1. 车轮的检修

1）车轮的损伤

车轮的损伤主要有踏面磨耗、踏面擦伤、踏面剥离、轮缘磨耗、车轮裂纹等。这些损伤都直接威胁行车的安全。因此，必须认真、及时地对车轮进行日常检查及定期检修。

（1）踏面磨耗。

踏面磨耗是指车轮踏面在运用过程中车轮直径减小量。踏面磨耗可以改变踏面标准轮廓。

踏面磨耗是一种不可避免的自然损耗。踏面磨耗的速度随车轮对材质、运用及线路情况的不同而不同。在一般情况下，新车轮在使用的开始阶段走行 5000km 左右就会形成 0.5～1mm 的踏面磨耗，以后每走行 5000km 就会形成 0.1mm 左右的踏面磨耗。

车轮在轨道上运动的主要形式是滚动，但在通过曲线轨道等情况下，车轮与轨道之间存在着相对滑动，从而产生滚滑混合的复杂摩擦。在轨道车辆制动时，闸瓦与踏面之间也会产生滑动摩擦，从而引起踏面磨耗。

踏面磨耗有以下危害。

① 踏面磨耗破坏了踏面的标准外形，使踏面与轨道经常接触部分的磨耗变大，轮对蛇形运动的波长减小且频率增高，从而影响轨道车辆运行的平稳性。

② 踏面磨耗造成轮缘下垂。当轮缘下垂严重时，轨道连接螺栓会被压坏，从而引起脱轨。

③ 当踏面磨耗严重时，踏面外侧会下垂；当轨道车辆通过道岔时，踏面外侧会陷入基本轨与尖轨之间，从而把基本轨推开，造成轨道车辆脱轨，如图 5-41 所示。

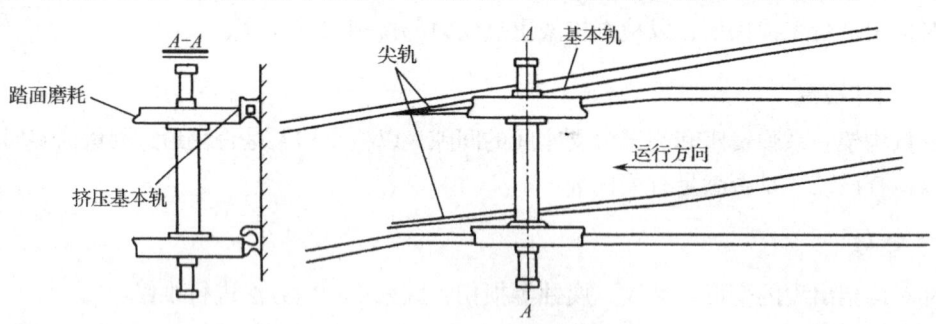

图 5-41　挤压基本轨示意图

④ 增大轨道车辆运行阻力。

⑤ 当产生踏面磨耗后，车轮与轨道的接触面积增大，踏面与轨道接触的各点与车轴中心的距离是不相同的，如图 5-42 所示的 a、b 两点。当车轮滚动一圈时，a 点和 b 点的滚动距离是不相同的，而轨道各处纵向长度是相同的，这样车轮与轨道之间必然会产生局部滑动摩擦，使踏面磨耗加剧。踏面与轨道接触各点与车轴中心距离偏差越大，则车轮与轨道之间产生的摩擦越大。

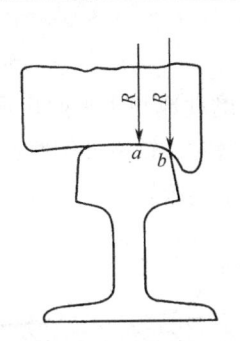

图 5-42 踏面磨耗

（2）踏面擦伤。

当轨道车辆制动力过大，抱闸过紧时，车轮在轨道上滑行，从而把圆锥形踏面磨成一块或数块平面的现象，称为踏面擦伤。造成踏面擦伤的原因有车轮材质过软，制动力过大，制动缓解不良，同一轮对的两个车轮直径相差过大等。踏面擦伤会引起轨道车辆震动（运行时），从而使轨道车辆零件加速损坏，轴箱发热，轨道损坏。踏面擦伤越深，引起的轨道车辆震动越大。当车轮在踏面擦伤处与轨道接触时，车轮转动的阻力增大，更易引起车轮在轨道上滑行而扩大擦伤。

（3）踏面剥离。

车轮踏面表面金属呈片状剥落而形成小凹坑或片状翘起的现象，称为踏面剥离。造成踏面剥离的原因：由于车轮材质不良，踏面在车轮与轨道发生多次挤压作用下而被破坏；当车轮在轨道上滑行时，摩擦热使踏面局部金属组织发生变化而发生金属剥落。踏面剥离会引起较大的轨道车辆震动。踏面剥离深度一般较大，且踏面凹下处与轨道不会接触。为了限制踏面剥离对轨道车辆震动的影响，对踏面剥离长度规定了限度。踏面剥离长度是指沿车轮圆周方向测量踏面剥离最长处的尺寸。

（4）踏面局部凹下。

踏面局部凹下是车轮由于局部材质过软，在轨道车辆运行中与轨道挤压造成的。

（5）轮辋过薄。

在踏面磨耗超过限度或因其他故障而旋修车轮后，轮辋厚度会变薄。当轮辋过薄时，其强度减弱且容易出现裂纹；车轮直径也变小，从而影响转向架各部分配合关系。若轮辋过薄超过限度，则应更换车轮。

（6）轮缘磨耗。

当产生轮缘磨耗后，轮缘外形会发生变化，从而影响行车安全。

① 轮缘过薄。

如果轮缘过薄，当车轮过道岔时，轮缘顶部会压伤尖轨或爬上尖轨而造成轨道车辆脱轨；会使车轮与轨道之间横向游隙增加；当车轮通过曲线轨道时，车轮在内轨上的搭载量就会减少，从而使轨道车辆容易脱轨；当车轮通过曲线轨道时，增加了轨道车辆的横动量，使轨道车辆运行平稳性变差；会降低轮缘的强度，从而使轮缘容易出现裂纹。

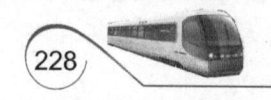

② 轮缘垂直磨耗。

如图 5-43 所示，轮缘外侧面被磨耗成与水平面相垂直的现象，称为轮缘垂直磨耗。轮缘垂直磨耗的危害是当车轮通过道岔时，轮缘外侧磨耗面容易与基本轨密贴，轮缘顶部更易压伤尖轨或爬上尖轨而造成轨道车辆脱轨。

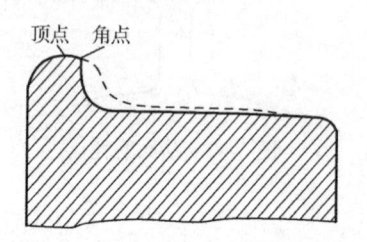

图 5-43 轮缘垂直磨耗

（7）车轮裂纹。

车轮裂纹多出现在使用时间过久、轮辋较薄的车轮上。车轮裂纹的部位多在辐板与轮辋交界处、轮辋外侧、踏面及轮缘根部。车轮裂纹一旦出现，必须更换车轮。

（8）轮毂松弛。

如果在组装前车轮轮毂孔和车轴轮座的机械加工精度不够，表面粗糙度不符合要求，组装压力不符合标准等，且在车轮与车轴相互作用力下，就会出现轮毂松弛的现象。

2）检修车轮

（1）踏面磨耗的检修。

标准车轮直径为 840mm。轮径差必须满足：同一个车轴上的车轮直径差不大于 1mm；同一个转向架上的车轮直径差不大于 3mm；同一个轨道车辆上的车轮直径差不大于 6mm。轮径尺测量车轮直径如图 5-44 所示。如果车轮直径超过限度，必须更换车轮。通过轮辋侧面的沟槽就可判断车轮是否达到磨耗极限。

图 5-44 轮径尺测量车轮直径

（2）踏面擦伤的检修。

当踏面擦伤长度达到以下限度时，必须旋修车轮或更换轮对。可以利用钢皮尺沿踏面圆周方向测量踏面擦伤长度，如图 5-45 所示。

① 1 处以上大于 75mm。

② 2 处以上为 50～75mm。

③ 4 处以上为 25～50mm。

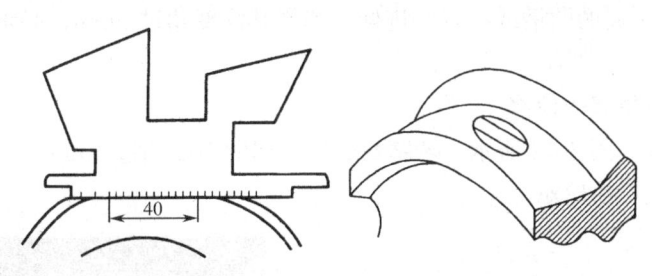

图 5-45　踏面擦伤长度的测量

（3）踏面剥离的检修。

当踏面剥离长度达到以下限度时，必须旋修车轮或更换轮对。可以利用钢皮尺沿踏面圆周方向测量踏面剥离长度，如图 5-46 所示。

① 1 处不大于 30mm。

② 2 处（每处）不大于 20mm。

图 5-46　踏面剥离长度的测量

（4）踏面刻痕和凹槽的检修。

踏面刻痕和凹槽损伤如图 5-47 所示。

图 5-47　踏面刻痕与凹槽损伤

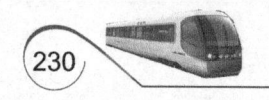

① 检查踏面圆周的刻痕和边缘的尖锐卷边，如果其深度超过 2mm，必须旋修车轮或更换轮对。

② 检查踏面圆周的凹槽或波状凹进处，如果其深度超过 5mm，必须旋修车轮或更换轮对。

（5）踏面金属鼓起的检修。

踏面金属鼓起如图 5-48 所示。若踏面金属鼓起的厚度超过 1mm 或长度超过 60mm，则必须旋修车轮或更换轮对。

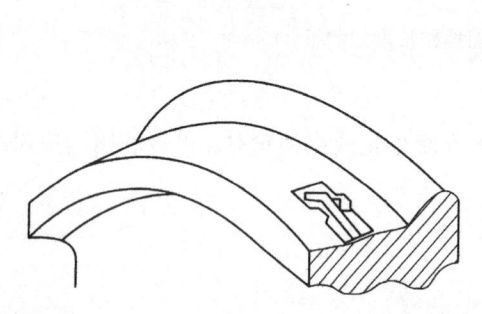

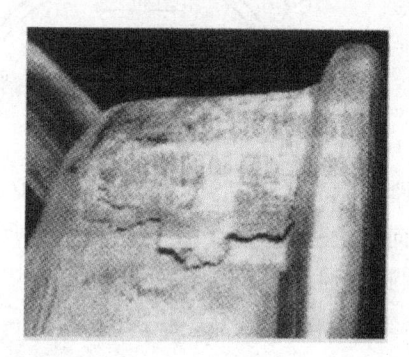

图 5-48　踏面金属鼓起

（6）轮缘缺损的检查。

① 对于轮缘的刃口（图 5-49 中从 A010 到 Aq0 区域），如果出现金属凹口或被撕开，当深度小于 1mm 时，则可继续使用车轮；当深度大于 1mm 时，必须旋修车轮或更换轮对。

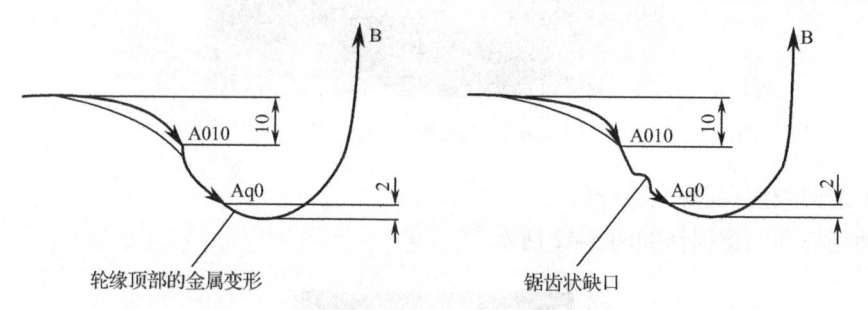

图 5-49　车轮轮缘缺损

② 对于轮缘的非刃面（图 5-49 中从 Aq0 到 B 区域），如果出现金属凹口或被撕开，当深度小于 2.5mm 时，则把尖锐部分向周围展平，可继续使用车轮；当深度大于 2.5mm 时，必须旋修车轮或更换轮对。

（7）车轮几何尺寸的检查。

当对车轮几何尺寸进行检查时，应采用专用的检查工具进行测量。车轮几何尺寸检查的参考点如图 5-50 所示。

① 在距离车轮内侧面 70mm 处，利用轮径尺测量车轮直径（d）。

项目五 机械部件检修

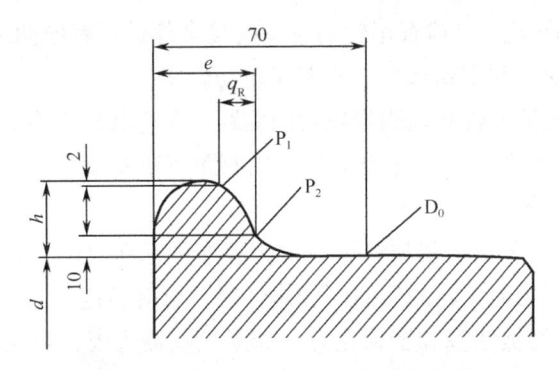

图 5-50 车轮几何尺寸检查的参考点

② 轮缘根部的最小厚度为 26mm，轮缘角为 70°。利用轮缘尺测量的 q_R 值应在 6.5~13.5mm 范围内，否则应旋修车轮或更换轮对。

③ 当车轮因踏面磨耗或踏面损伤而被旋修后，轮缘高度（h）会增大，从而会引起轨道车辆脱轨。因此，必须使用轮缘尺测量轮缘高度。最大轮缘高度为 34mm。

④ 使用轮缘尺测量轮缘厚度（e）。最小轮缘厚度为 26mm。

⑤ 利用轮缘尺可在车轮的合适位置精确测量 q_R 值、轮缘高度和轮缘厚度，如图 5-51 所示。轮缘尺在车轮上的测量位置如图 5-52 所示。

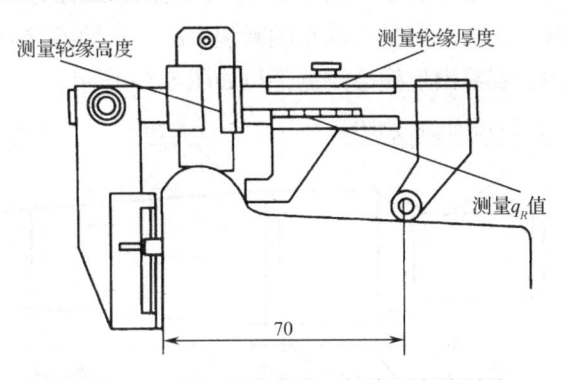

图 5-51 q_R 值、轮缘高度、轮缘厚度的测量

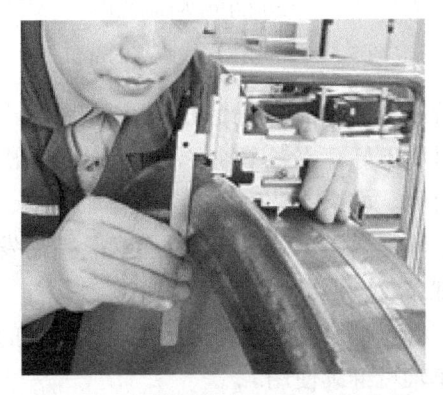

图 5-52 轮缘尺在车轮上的测量位置

⑥ 测量轮对内侧距离，以检查车轮与轮座的接合部是否有松动。若该接合部有松动，应将该接合部进行分解，并重新选配、压装车轮与轮座。

如果车轮有过热现象，就必须测量轮对内侧距。在空载条件下，轮对内侧距的测量值应为 1353～1355mm（注意：不同车型的轮对内侧距有所差异）。

（8）轮毂部分的检修。

① 检查轮毂部分有无放射状裂纹。如果轮毂部分存在放射状裂纹，则会削弱车轮在车轴上的夹紧力，从而会造车轮的扭曲。如果怀疑，可对其进行电磁探伤检查。

② 检查注油孔是否被堵塞和密封完好。如果堵塞器丢失，应先清洁注油孔，然后在注油孔处安装新的堵塞器并密封。

2. 车轴的检修

1）车轴的损伤

车轴的损伤包括车轴裂纹、车轴磨伤、车轴弯曲等。这些损伤能引起轨道车辆脱轨、颠覆或燃油事故。因此，必须认真检查处理车轴的损伤，才能保证行车安全。

（1）车轴裂纹。

车轴裂纹分为横裂纹和纵裂纹。若车轴裂纹与车轴中心线夹角大于 45°，则该裂纹称为横裂纹；若车轴裂纹与车轴中心线夹角小于 45°，则该裂纹称为纵裂纹。车轴横裂纹会使车轴的有效截面积减少，从而容易引起车轴断裂事故。车轴各部分都可能产生横裂纹。以拖车转向架车轴为例，容易出现横裂纹的部位如图 5-53 所示。

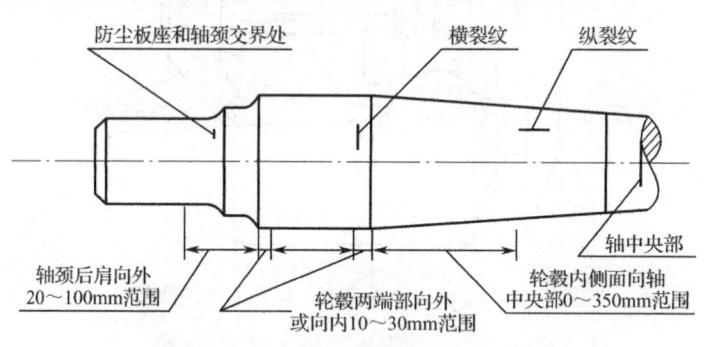

图 5-53 容易出现横裂纹的部位

通常，车轴断裂为疲劳断裂。车轴使用十几年后一般都会出现裂纹。如果车轴过早出现裂纹，则常是因为车轴材质不好，或者车轴在制造和使用中出现伤痕。一般车轴从出现裂纹至断裂要经过较长的时间。如果能及时检查处理车轴裂纹，则可以防止车轴断裂。在车轴裂纹发展的过程中，车轴金属组织结构先发生变化，然后发展成车轴裂纹。所以，车轴裂纹末段的金属虽未出现裂纹，但已经受到影响。

当车轴出现裂纹时，应将车轴裂纹旋去，再旋去一定深度的影响层，这时如果车轴直径还符合限度要求，则该车轴可继续使用。

将车轴断口分为 4 个区域：第一区域是车轴裂纹开始的区域，非常光滑，呈浓褐色（空气氧化的结果）；第二、第三区域是裂纹发展区域，呈淡褐色至灰色；第四区域是折损区域，呈灰白色。

（2）车轴磨伤。

车轴磨伤包括纵、横向划痕，凹痕，擦伤，锈蚀等。

当转向架上零部件安装不当与车轴接触时，就会造成车轴磨伤。在车轴磨伤及磕碰伤处，容易引起应力集中，从而造成车轴裂纹。

（3）车轴弯曲。

车轴受到剧烈冲击会引起车轴弯曲。当车轴弯曲时，轨道车辆在运行中的震动会增大，从而会造成轴箱发热、轮缘偏磨，甚至引起轨道车辆脱轨。

2）检修车轴

（1）外观检查。

车轴轮座表面不得有任何影响车轮安装或通过手工操作留下的损伤，如裂纹、冲击痕迹或脏物等。车轴的外观检查如图 5-54 所示。

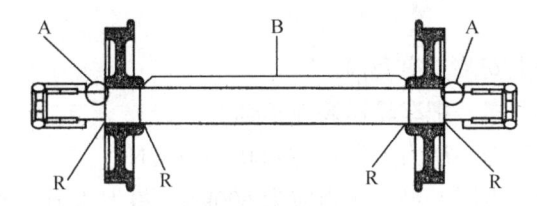

图 5-54　车轴的外观检查

① 检查车轴可见区域 A 和 B 处是否有腐蚀、凹痕和刻痕等。

② 检查车轴的各过渡圆弧 R 处是否有裂纹等。

（2）故障检修。

① 在车轴轴身上，小于 1mm 深度的凹痕可以用粗砂纸打磨去除，并按纵向方向（沿着车轴中心线）打磨；打磨后，用磁粉对相关区域（不允许有裂纹）进行探伤检测。

② 若发现在车轴上有超过 1mm 深的凹痕，则必须更换轮对。

③ 在过渡圆弧处不允许出现裂纹或磨伤。若在这个区域发现裂纹或磨伤，则必须更换轮对。

④ 必须用超声波探伤仪检查车轴内部的缺陷（如内部的裂纹、气孔、夹渣等）；若车轴内部有缺陷，则必须更换轮对。

⑤ 车轴轮座若有拉毛或损伤，应进行打磨。

⑥ 其他轴身如有必要则进行表面修复。

⑦ 对车轴进行补漆、防锈处理并标识。

⑧ 记录有关数据信息。

3. 轮对的组装

1）检查车轴

（1）检查车轴轮座表面粗糙度是否符合要求。

（2）可以用磨石消除车轴表面较浅的损伤。

（3）当车轴轮座表面有较深的损伤时，为确保车轴轮座仍可使用，可以通过机加工车轴轮座去除该损伤。机加工后的车轴轮座可以达到规定的尺寸要求（因为车轴轮座表面有 5mm 的机加工余量）。

（4）在精密的车床上转动车轴，如果车轴轴颈及车轴中心圆跳动大于 0.5mm，车轴就应报废。

2）组装车轮

（1）检查两个车轮的直径，同一个车轴上的车轮直径之差不得超过 0.5mm。

（2）测量和记录车轮轮孔直径和车轴轮座直径，从而计算车轴过盈量（必须在 0.298～0.345mm 范围内）。

（3）确保车轮轮孔和车轴轮座清洁，并在车轴配合面涂抹一层薄动物油脂。

（4）用聚酯衬套或相似手段保护车轴轴颈。

（5）把车轮推入轮对压装机上的车轮保护装置上，并使车轮的残余静不平衡标记的方向一致。

（6）在轮对压装机上安装支撑套筒。

（7）根据车轮压装程序，把车轮压装在车轴上。

（8）在车轮压装过程中，压力应保持在 600～1110kN。

注意：车轮在压装结束后，最小压力应为 600kN，最大压力不超过 1110kN。

4．轴承和轴箱的检修

1）轴箱外部的清洗

在轴承和轴箱装置在分解前，应清除轴箱外部油垢或通过转向架清洗机清洗轴箱外部。

2）轴箱和轴承的拆卸

在分解及拆卸轴箱、轴承时，应注意避免擦伤、碰伤轴颈及轴承滚动表面。分解轴承内圈采用电磁感应加热的方式，且加热时间应严格控制，以防止温度过高造成内圈过热变色。严重变色、变形的内圈不得使用。在拆卸轴承时，严禁捶打或冷拉轴承。在拆卸轴承后，必须对拆下的轴承进行检测，或者委托专业厂家完成轴承检修。

3）轴承和轴箱的清洗

在轴承和轴箱分解后，必须清洗轴承零件，以使各表面及沟角处无目视可见的油污、水分、灰尘、纤维物和其他污物。如果外圈外径面有锈蚀，必须清除其锈垢（允许局部留有除锈后的痕迹）。当轴承零件被清洗后，整体轴承的清洁度必须符合有关规定。

当轴箱被清洗后，其工作表面手感上不得有颗粒物存在；其非工作表面不得有易脱落物质；其清洁度必须达到规定标准。

在清洗轴承和轴箱时，应选用对轴承零件无腐蚀、具有防锈作用的清洗介质，如煤油、柴油、汽油等。当轴承和轴箱被清洗干净后，用干净抹布将其拭净，再送检查室分解检查。

4）轴承的检修

当轴承架大修时，必须对全部轴承进行分解检查、探伤、抛光和维修，且要求轴承不得有裂纹、破损、擦伤、麻点、剥离、锈蚀、电蚀、保持架严重磨损、变形等缺陷。

（1）将滚子、保持架全部移出外圈滚道。分解的轴承零件要编号并成套摆放。

（2）当轴承被分解后，用细布将其擦净，并检查各个零件，如果发现其有裂纹等不允许的缺陷，应将其更换。必须对轴承内圈、外圈及滚子进行电磁探伤。

（3）对于轴承内圈、外圈表面和滚子表面轻微的压痕、锈点，可用砂布蘸油进行打磨，并清除残留痕迹。当轴承内圈、外圈表面和滚子表面被打磨光滑后，轴承可继续使用。当轴承内圈、外圈表面和滚子表面深度较浅的划痕、擦伤被消除后，若不影响零件轮廓尺寸，允许轴承继续使用。

如果轴承的内圈表面有裂纹、剥离、擦伤、麻点、严重锈蚀及过热变色后使其硬度不符合要求，则必须更换新内圈。

保持架不允许存在毛刺、裂纹、严重锈蚀、变形等缺陷。

轴承零件的尺寸精度必须按规定项目进行检测。

（4）经检查确认符合要求的轴承零件应原套组装使用。对于组装后的轴承，应检查其转动灵活性，并用检测仪器测量轴承外径、内径、径向游隙和轴向游隙等数值。

5）轴箱及附件的检修

在检修轴箱及附件时，必须对其进行除垢、除锈处理及外观检查，并按规定项目对其进行检测。

（1）如果轴箱体有破损、裂纹，则应更换轴箱。如果轴箱体内表面的擦伤、划痕不超过规定深度，则将其磨除后允许继续使用轴箱。

密封沟槽上不得有凹陷、变形。必须磨除密封沟槽上的锈蚀、尖角及毛刺。如果密封沟槽局部有轻微变形，应磨除突出部位，并对其检测合格后使用。如果密封沟槽尺寸超限，则应更换新品。

（2）轴箱前盖不得有凹陷、变形。必须消除轴箱前盖的锈蚀、尖角或毛刺。轴箱前盖的裂纹、腐蚀超过限度时应被更换，且更换所有橡胶件。

（3）防尘挡圈沟槽上不得有裂纹、凹陷、变形。必须消除防尘挡圈沟槽上的锈蚀、尖角、毛刺。

（4）密封件（除其结构件外）在大修时均要求被更换。

（5）轴箱内装有速度传感器、防滑传感器等。对这些传感器应按技术要求进行拆装检查。

6）轮对轴箱装置的组装

在大齿轮热套（动车轮对）、轮对压装完成后，按与拆卸相反的顺序组装轴箱。在防尘挡圈、轴承内圈安装前，要用感应加热器对其加热。

六、弹性悬挂装置的检修

1. 一系悬挂的检修

不同类型的转向架一系悬挂的形式有所不同。上海地铁第一类转向架采用人字形橡胶弹簧，轴箱定位方式为层叠式橡胶弹簧定位；第二类转向架采用内、外圈螺旋钢弹簧，附

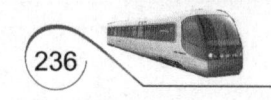

加垂向减振器，轴箱定位方式为转臂式定位；第三类转向架采用锥形橡胶弹簧，轴箱定位方式为锥形橡胶套定位。

1）人字形弹簧

（1）使用寿命。

人字形弹簧由四层钢板、四层橡胶、一层铝合金组成。弹簧寿命一般为8～10年，根据国内外使用的经验，人字形弹簧如果使用前存放时间不超过1年，其寿命一般能满足一个大修期（10年）的要求。所以在5年架修时，需要对人字形弹簧重新进行选配，使用10年后全部报废处理。

（2）损伤。

人字形弹簧容易出现的损伤主要有脱胶、变形及裂纹，通过目测及尺寸测量进行检查。

（3）编号及检查。

日常检查时，要求橡胶与金属件之间无严重剥离。5年架修时，应将分解下来的人字形弹簧进行编号并检查，若无脱胶、变形、裂纹，或有裂纹但符合如下条件，人字形弹簧可继续使用。

① 一条深度小于16mm的裂纹。

② 多条深度小于8mm的裂纹。

③ 一条深度小于8mm的整个周向裂纹。

（4）刚度试验。

由于动车与拖车本身自重不同，因此人字形弹簧的刚度也不同。架修时应根据人字形弹簧的性能进行抽检试验，试验前需要将人字形弹簧放在恒定温度下一定时间，测量人字形弹簧垂向刚度时一般成对进行。超出刚度范围的人字形弹簧作报废处理。人字形弹簧的刚度必须符合：1081～1219N/mm（动车）、966～1134N/mm（拖车）。

注意：测试前，先以7kN荷载对人字形弹簧进行预压，然后以30kN荷载进行试验（对于以上动作，试验设备会自动进行）。

（5）选配。

架修时应根据人字形弹簧的性能逐件对人字形弹簧的变形量进行试验测量。试验前也需将人字形弹簧放在恒定温度下一定时间，再测量人字形弹簧的变形量。变形量的测量需逐件进行，并根据变形量进行分组、配对、标识。超出变形量范围的人字形弹簧作报废处理。

注意：人字形弹簧的测试须在人字形弹簧实验台上由专人操作。

2）锥形橡胶弹簧

锥形橡胶弹簧检修与人字形弹簧的检修基本一致，架修时，需对弹簧进行变形量测量及重新选配。

3）螺旋圆弹簧

螺旋圆弹簧容易出现的损伤为裂纹、折损、衰弱、腐蚀及磨耗，需要对螺旋圆弹簧进行检查、探伤、变形量及压力试验。

（1）裂纹和折损。

螺旋圆弹簧的裂纹和折损容易发生在弹簧两端 1.5~2 圈内，裂纹一般从簧条内侧开始。这是因为弹簧受扭矩和剪切的最大合成应力在簧条截面内侧边缘产生裂纹和折损，主要是运用中经受大的冲击、超载或偏载过大，超出弹簧的负荷能力所致。其次是由于在弹簧制造或维修时，未能达到工艺要求所引起。在检修弹簧时，应根据圆弹簧的螺距是否一致，以及相邻两圈簧条是否接触等来判断弹簧是否有裂纹或折损，并进行探伤检查。若发现弹簧有裂纹和折损，则必须更换。

（2）弹簧衰弱。

弹簧经过长期运用，特别是经过多次维修之后，容易产生自由高度降低的现象，称为弹簧衰弱。弹簧衰弱的主要原因是由于长期使用中，承受负荷过大或弹簧腐蚀、磨耗后截面积减小而成为最薄弱的一环，另外，弹簧经多次维修并进行加热后，造成弹簧表面氧化脱碳而降低了弹簧的强度极限。对自由高度低的圆弹簧需要重新进行热处理来恢复自由高度。在检查时，需要进行自由高度及变形量检查。

（3）腐蚀及磨耗。

圆弹簧的腐蚀主要表现在簧条直径减小。产生腐蚀的原因主要是氧化腐蚀；其次是弹簧多次维修加热，造成表面氧化皮脱落产生的。

圆弹簧的磨耗主要发生在弹簧上、下两端支撑面处。主要是由于弹簧在荷载作用下发生转动摩擦所造成的。

2．二系悬挂的检修

轨道车辆的二系悬挂基本都采用空气弹簧，不同类型的转向架，其空气弹簧结构略有不同，主要是应急弹簧的形式不同。以空气弹簧为例，讲解二系悬挂的检修。

1）空气弹簧的使用寿命

进口空气弹簧的寿命能达到 10 年大修的要求。在 5 年架修时，必须对空气弹簧进行检修；使用 10 年后橡胶件进行报废处理，部分结构件可继续使用。

2）空气弹簧的检修

（1）损伤。

空气弹簧的损伤主要有胶囊体及橡胶堆的裂纹、胶囊体的磨损及底座的锈蚀。

（2）检查及维修。

① 外观检查。

检查空气弹簧紧固件，要求连接紧固、无松动。

清洗并检查空气弹簧胶囊体内、外表面，要求无严重损伤、裂纹和刀痕，无金属丝暴露在外的现象，层叠弹簧表面不得有深度大于 2mm 的疲劳裂纹，或大于 5mm 深的橡胶与金属松弛的现象。

注意：不能使用锐角的工具检查气囊，不能采用溶剂进行清洗。

② 更换条件。

a. 胶囊体的裂纹：深度超过 1mm 不得使用。

b. 胶囊体的磨损：深度超过 1mm（帘布外露）不得使用。

　　c. 橡胶堆的裂纹：深度超过 1mm 不得使用。

　　d. 底座的锈蚀：锈蚀超过 2mm 不得使用。

　　e. 鼓包：局部表面的鼓包，用针扎破鼓包部位，作 500kPa 持续 20min 的保压试验，如果没有空气泄漏，就可以继续使用。

　　f. 橡胶堆的更换条件：橡胶堆的橡胶和金属件的粘连部裂纹超过 6mm；橡胶的裂纹超过 30%、深度超过 6mm。

　　（3）应急弹簧与磨耗板。

　　检修时，对应急弹簧进行外观检查、尺寸检查及性能试验。要求外观无脱胶、裂纹深度不超标、无老化破损；尺寸不超过范围；垂向、水平刚度不超出技术要求，则应急弹簧可继续使用。如果在两层之间出现任何黏着松动、橡胶和金属之间分离、疲劳或变形，应更换应急弹簧。磨耗板要求无偏磨，尺寸符合要求，否则需更换。

　　（4）空气弹簧结构件。

　　检修时，需对空气弹簧结构件清洗、检查、探伤、补漆。

　　（5）空气弹簧系统附件。

　　检查高度阀，要求完好、无松动、无损伤。

　　检查高度阀联动装置，要求完好、无损伤。高度阀调节杆应垂直，不准倾斜。

　　检查垂向及横向止挡、止挡间隙、螺栓、衬垫，应完好、无损伤。

　　（6）密封性及刚度检查。检查空气弹簧橡胶囊与应急弹簧之间的密封，空气弹簧密封无泄漏。测试组装后空气弹簧的水平、垂向刚度需符合要求。

3．抗侧滚扭杆的检修

　　1）扭杆

　　抗侧滚扭杆分解后，对扭杆进行清洗，然后进行扭转变形（弹性变形）测量，扭杆变形超标则报废。扭杆是重要的受力部件，最后需要进行电磁探伤检查。

　　2）支撑座

　　支撑座包括座体、关节轴承、轴承盖、密封圈、紧固件等。对座体进行外观检查、内孔测量、补漆等检修。关节轴承 10 年大修更换。对轴承盖进行外观检查、补漆处理。密封圈应在 5 年架修时更换。

　　3）扭臂

　　扭臂也是重要的受力部件，除清洗、油漆外，还需进行探伤检查。

　　4）连杆

　　连杆主要由球铰和调节套筒组成。对球铰每 5 年彻底进行密封和性能检查，对与调节套筒连接的螺纹部分进行检查。对调节套筒进行螺纹检查。

　　5）组装与记录

　　对部件进行检修、预组装，并记录。

4. 减振器的检修

减振器与弹簧一起构成弹簧减振装置。弹簧主要起缓冲作用，缓和来自轨道的冲击和振动，而减振器的作用是减小、阻止振动。轨道车辆上采用油压减振器，包括横向与垂向减振器。

（1）减振器为免检修部件，而有些部件又有寿命限制，因此5年架修和10年大修的检修要求不同。

（2）架修时须进行外观检查、示功图测试，橡胶件应完好、无漏油，示功图正常可继续使用。

（3）大修时需全部进行分解、检查、检修，密封件和受力橡胶件应全部更换，并根据技术要求进行性能测试，使减振器恢复到新出厂水平。

（4）对检修好的减振器应记录有关信息。

七、中央牵引装置的检修

1. 中心销系统的检修

1）中心销

架修与大修时均要对中心销进行清洁、检查并探伤。中心销无变形、无裂纹，螺纹无损伤。

2）中心销座

架修与大修时均要对中心销座进行清洁、检查和探伤。中心销座应无裂纹，与横向止挡的接触部位应无严重撞伤及变形。

3）复合弹簧

架修时对复合弹簧进行清洁、外观检查、尺寸检查和刚度测量。表面橡胶无损伤、无铁件外露，尺寸和刚度均符合规定的技术要求，可继续使用。大修时全部进行更换。

4）下心盘座

架修与大修时均要对下心盘座进行清洗、检查并探伤。对撞击部位的凹坑进行修补并补漆。

5）其他结构件

对其他结构件进行清洗、检查，对重要受力部件进行探伤。若无异常，结构件可继续使用。

6）紧固件架修、大修

紧固件架修、大修时全部进行更换。

7）记录

对检修好的中央牵引装置及相关部件有关信息进行记录。

2. 牵引拉杆的检修

（1）架修时需对牵引拉杆进行清洗、检查，大修时还要进行探伤、油漆。

（2）牵引拉杆橡胶套架修时无须拆卸，只对牵引拉杆总成进行检查和刚度试验，架修、大修时全部更换橡胶套。

（3）紧固件在架修、大修时全部进行更换。

（4）对检修好的牵引拉杆及其部件的有关信息进行记录。

3. 预组装中央牵引装置

先组装牵引拉杆，并将牵引拉杆与下心盘组装在一起。

4. 横向缓冲装置的检修

横向缓冲装置主要是指横向橡胶止挡和横向止挡座，其检修按照橡胶件的要求进行，并进行性能测试。横向止挡座经检查无损伤，一般可继续使用。

八、牵引传动装置的检修

1. 联轴节的检修

常用的联轴节是机械联轴节，而上海地铁第一类转向架原先的直流驱动系统采用的是橡胶联轴节。因此，在检修时根据需要采用不同的检修工艺和标准。

1）橡胶联轴节

由于橡胶联轴节在列车运行时承受巨大的交变扭矩（尤其在电动机过流时），联轴节易发生疲劳损坏，因此在架修和大修时均要更换橡胶联轴节。同时在低级别修程的检修中应重点检查。

2）机械联轴节

对于机械联轴节，在架修时应进行清洗、检查，更换油脂等；在大修时还应进一步分解联轴节，对零部件进行彻底检查。

检查完毕，两种联轴节均要进行预组装，并登记相关信息。

2. 齿轮箱的检修

架修和大修时，两者对齿轮箱的检修内容有所不同，架修时只对齿轮箱进行检查、清洁，更换齿轮箱润滑油，最后进行组装调整即可；大修时需对齿轮箱进行分解，对各部件进行逐项检修，下面是大修时的检修内容。

1）齿轮箱在动力轮对上分解

分解前应先排放润滑油，并对箱体进行检查、清洁、编号，大、小齿轮要成对编号、放置，组装时不得混淆。

2）齿轮箱检修

清洗齿轮箱体，检查油塞、回油孔、透气装置、密封件等，并对密封件进行更换。检查齿轮箱紧急止挡及螺栓，要求紧急止挡无损伤、无裂纹，螺栓无松动。需要注意的是，新装齿轮箱在磨合 20 000km 时应进行第一次换油。

3）大齿轮

（1）清洁大齿轮上的油污，目测并用模板检查齿轮各齿的磨损情况，不符合技术要求的进行修复，对大齿轮进行探伤。

（2）加热、退火齿轮，加热时间及温度需严格控制。

（3）检查大齿轮内孔尺寸及拉伤情况，对拉毛及擦伤部位进行修复，架修时要清洁、检查橡胶件，测试分解吊杆的刚度，符合技术要求的可继续使用；大修时要分解吊杆，对结构件进行探伤，并更换橡胶件。

（4）对大齿轮内孔部位进行探伤。

（5）将完好的大齿轮热套在车轴上。

（6）对大齿轮进行防锈处理（涂油）。

4）小齿轮

（1）清洗、分解小齿轮轴、轴承、密封件等部位。

（2）检查小齿轮轴，更换密封件和紧固件。

5）轴承

对齿轮箱轴承的检修及更换原则可参考轴箱轴承的检修。

6）组装

（1）检查、清洁经过检修的大齿轮箱各部件。

（2）将小齿轮、轴承、密封件等部件组装在齿轮箱体上。

（3）在齿轮箱分合面上涂密封胶，将齿轮箱体组装在动力轮对上。

（4）调整各部件，按要求加油。

（5）对加油孔、透气孔、检孔等进行密封。

（6）对组装好的齿轮箱进行磨合试验，检查震动、异声情况。

7）记录

记录齿轮箱检修信息。

3．齿轮箱吊杆的检修

（1）对可调式吊杆，架修、大修时全部更换。

（2）对固定式吊杆，架修时须清洁、检查橡胶件，测试分解吊杆的刚度，符合技术要求的可继续使用；大修时须分解吊杆，对结构件进行探伤，并更换橡胶件。

（3）对"C"形支座的检修可参考固定式吊杆的检修原则。

任务五　检修制动系统

工作情景

轨道车辆制动系统负责使列车在规定的时间、规定的地点、规定的距离准确地完成停车或减速动作。制动系统是保证列车正常运营的基本组成部分，也是乘客乘车安全的重要保障。因此，轨道交通运营企业对于轨道车辆制动系统的维护保养十分重视。检修制动系统是轨道车辆检修工作的重要环节。

工作环境

在轨道交通车场综合检修库开展制动系统检修实践操作；在带有仿真软件的多媒体教室完成学习制动系统检修模拟操作的工作内容。

器材准备

工　　具：棘轮、套筒组合、开口扳手、活口扳手、力矩扳手、螺钉旋具、万用表、注油工具、压力表、毛刷、万用测试接头。

设　　备：制动系统模型或制动系统实物、桥式起重机、叉车。

材　　料：润滑油、抹布、肥皂水、研磨砂纸、生胶带、空压机机油、滤芯、清洗剂。

劳保用品：工作服、安全帽、劳动手套、绝缘鞋。

素质培养

（1）培养学生沟通协作的能力。
（2）培养学生动手操作的能力。
（3）培养学生一丝不苟的工作精神。
（4）培养学生爱岗敬业的工作精神。
（5）培养学生的大局意识。

学习目标

（1）能够实施制动系统的日常检修工作。
（2）掌握制动系统的检修内容。
（3）能够分析制动系统的常见故障。
（4）能够依据制动系统的故障选择正确的修复方法。
（5）掌握制动系统常见故障的修复方法。

基础知识

一、制动系统的作用

制动系统有两方面的作用：一方面的作用是使列车在任何情况下能够减速、停车或防止加速，以确保行车安全；另一方面的作用是确保列车的运行速度和牵引重量（铁路运输能力）的提高。轨道车辆制动系统主要采用的是空气制动系统。

二、空气制动系统的组成

空气制动系统的组成如图 5-55 所示。

空气制动系统的组成

1. 空气压缩机和总风缸

空气压缩机是空气制动装置的动力源系统。空气压缩机可以制造 800~900kPa 的压力空气。总风缸用来储存空气压缩机制造的压力空气，供制动系统使用。

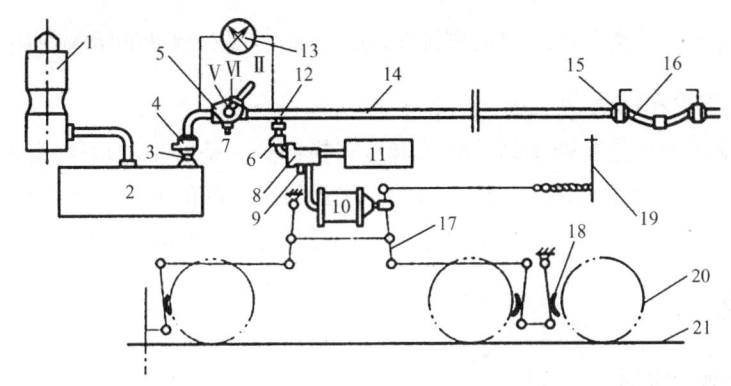

1—空气压缩机；2—总风缸；3—总风缸管；4—给风阀；5—自动制动阀；6—远心集尘器；7—制动阀排气口；8—三通阀（分配阀或控制阀）；9—三通阀（分配阀或控制阀）排气口；10—制动缸；11—副风缸；12—截断塞门；13—双针压力表；14—制动管；15—折角塞门；16—制动软管；17—基础制动装置；18—闸瓦；19—手制动装置；20—车轮；21—钢轨

图 5-55 列车空气制动系统的组成

2. 给风阀

给风阀用来将总风缸的压力空气调整至规定压力后，经自动制动阀充入制动管。

3. 自动制动阀

自动制动阀是操纵空气制动系统的部件。压力空气经过自动制动阀被充入或排出制动管，从而使空气制动系统产生不同的作用。

4. 制动管

制动管是贯通全列车的空气导管。通过制动管，可以向列车中各车辆的制动装置输送压力空气。通过自动制动阀控制制动管内压力空气的压力变化来实现操纵列车各车辆的制动装置产生相应的作用。

5. 三通阀

三通阀是空气制动装置的主要部件，它和制动管连通，并根据制动管内空气压力的变化情况变化相应的作用位置，以控制向副风缸充入压力空气，同时把制动缸内压力空气排出，从而实现对制动的缓解作用或将副风缸内压力空气充入制动缸使制动机产生制动的作用。

6. 副风缸

副风缸用来储存压力空气，是在列车制动时制动缸的动力源。

7. 制动缸

在列车制动时，制动缸用来把副风缸送来的压力空气的压力变为机械推力。

8. 基础制动装置

在列车制动时，将制动缸活塞推力放大若干倍并传递到闸瓦，使闸瓦压紧车轮产生制动作用，再依靠制动缸活塞自重使闸瓦离开车轮，从而实现对制动的缓解作用。

9. 闸瓦、车轮和钢轨

闸瓦、车轮和钢轨是在列车制动时的能量转换部分，是实现制动作用的三大要素。在列车制动时，闸瓦压紧转动着的车轮踏面后，闸瓦与车轮间的摩擦力使钢轨在与车轮接触点上产生与列车运行方向相反（与钢轨平行）的反作用力，即制动力。

三、风源系统

1. 风源系统的组成

空气压缩机

风源系统主要由驱动电动机、空气压缩机、空气干燥器、压力控制器、风缸及其他空气管路部件等组成。

空气压缩机采用模块化设计，吊挂于底架下部，如图 5-56 所示。广州地铁 1 号线车辆的空气压缩机安装在 A 车（拖车）底架下部，而广州地铁 2 号线和上海地铁 1 号线和 2 号线车辆的空气压缩机均安装在 C 车（动车）底架下部。由两个单元组成的列车具有两套风源系统，为了减少空气压缩机的磨损，列车前部单元的空气压缩机总是给整个列车供风，而不是同时使用两个单元的空气压缩机。带有空气压缩机的拖车管路系统如图 5-57 所示。其中，包括一个 250L 的总风缸、一个 100L 的空气弹簧（空气悬架系统）风缸、一个 50L 的制动储风缸和一个 50L 的客室风动门风缸。另外，单塔式空气干燥器还设有一个 50L 的再生储风缸。与拖车编组的动车，除风源系统、受电弓管路以外，其他管路与拖车一样。

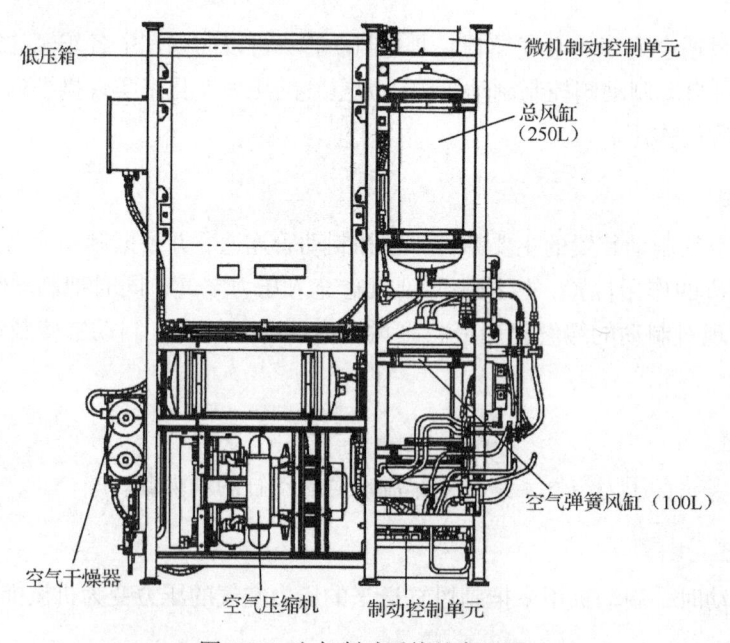

图 5-56 空气制动系统的布置图

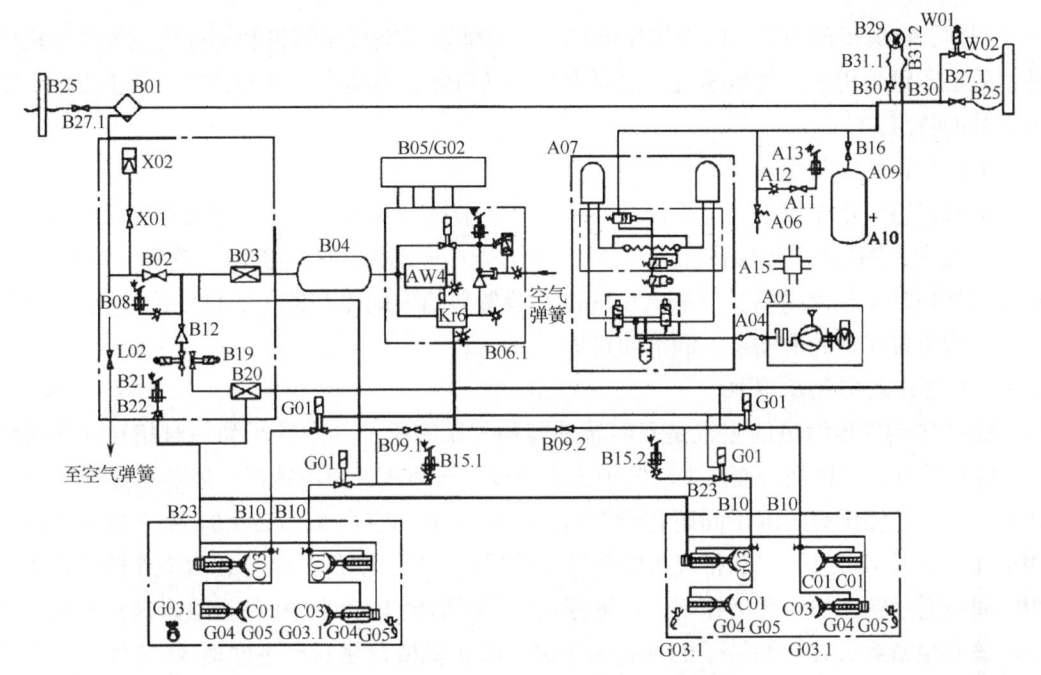

A—供风系统；B—制动系统；C—基础制动装置；G—防滑系统；L—空气弹簧系统；W—车钩；X—车间供气装置

图 5-57　带有空气压缩机的拖车管路系统

空气弹簧管路如图 5-58 所示，主要由截断阀门（L01，L106）、滤清器（L02）、溢流器（L03）、空气弹簧风缸（L04）、高度阀（L107）和差压阀（L08）等组成。

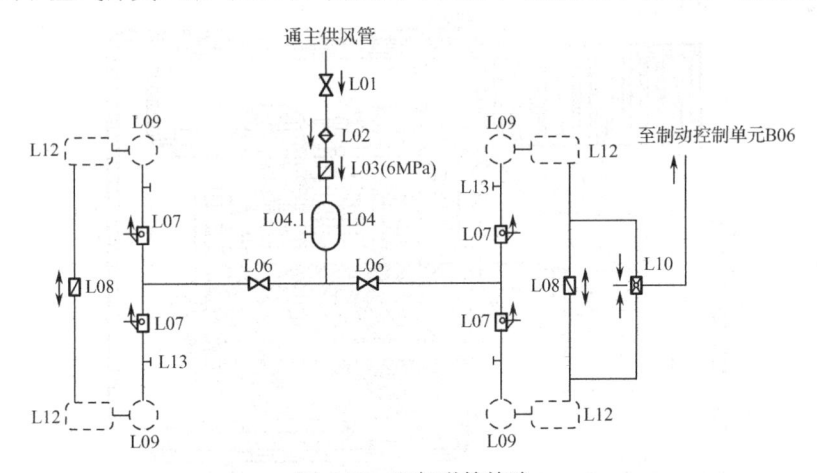

图 5-58　空气弹簧管路

2. 空气压缩机

轨道车辆是以动车为单元的，所以供气系统一般也是以动车为单元来设置的，每个单元设置一个空气压缩机。空气压缩机、驱动电动机、空气干燥器和压力控制器等（空气压缩机组）都集中安装在轨道车辆的底架上。例如，上海地铁 1 号线车辆的空气压缩机组都安装在每个单元 C 车的底架上。

目前，轨道车辆中采用的空气压缩机主要有活塞式空气压缩机和螺杆式空气压缩机两种。轨道车辆采用的空气压缩机一般要求具有噪声低、震动小、结构紧凑、维护方便、实用性强的特点。

1）活塞式空气压缩机

活塞式空气压缩机由固定机构、运动机构、进/排气机构、中间冷却装置和润滑装置等组成。其中，固定机构包括机体、气缸、气缸盖；运动机构包括曲轴、连杆、活塞；进/排气机构包括空气滤清器、气阀；中间冷却装置包括中间冷却器（简称中冷器）、冷却风扇；润滑装置包括润滑油泵、润滑油路等。

2）螺杆式空气压缩机

螺杆式空气压缩机的主机是双回转轴容积式压缩机，其中转子为一对相互啮合的螺杆。螺杆具有非对称啮合面。主动转子为阳螺杆，从动转子为阴螺杆。常用的阳/阴螺杆齿数依据空气压缩机容量的不同而有所不同，一般为 4∶5、4∶6 或 5∶6。两个相互啮合的转子在一个只留有进气口和排气口的铸铁壳体里面旋转。螺杆的啮合和两个螺杆与壳体之间的间隙通过精密加工严格控制。在螺杆式空气压缩机工作时，机油被喷入螺杆腔内，从而使该间隙密封，并将两转子的啮合面隔离（防止机械接触时产生磨损）。另外，不断喷入螺杆腔内的机油与压缩空气混合，可带走压缩过程中所产生的热量，以维持螺杆副长期可靠的运转。当螺杆副啮合旋转时，从进气口吸气，经过压缩后从排气口排出，从而得到具有一定压力的压缩空气。

螺杆式空气压缩机的结构如图 5-59 所示。

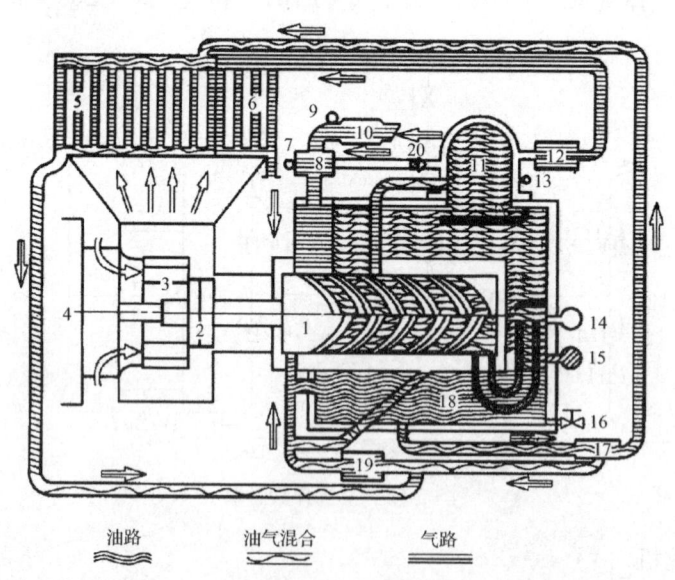

1—螺杆式空气压缩机；2—万向节；3—冷却风机；4—电动机；5—空、油冷却器（机油冷却单元）；6—冷却器（压缩空气冷却单元）；7—压力开关；8—进气阀；9—真空指示器；10—空气滤清器；11—油水分离器；12—最小压力维持阀；13—安全阀；14—温度开关；15—视油镜；16—泄油阀；17—温度控制阀；18—油气筒；19—机油过滤器；20—单向阀

图 5-59　螺杆式空气压缩机的结构

3. 空气干燥器

空气干燥器有单塔式的和双塔式的两种，一般都做成塔式的。上海地铁1号线直流传动车采用的是单塔式空气干燥器，而上海地铁1号线交流传动车则使用的是双塔式空气干燥器。

1）单塔式空气干燥器

单塔式空气干燥器的结构如图5-60所示。单塔式空气干燥器是由油水分离器、干燥筒、排泄阀、电磁阀、再生储风缸和消声器等组成的。其中，油水分离器中存有许多拉希格圈（这是一种用铜片或铝片做成的有缝的小圆筒）；干燥筒则是一个网形的大圆筒，其中盛满颗粒状的吸附剂。

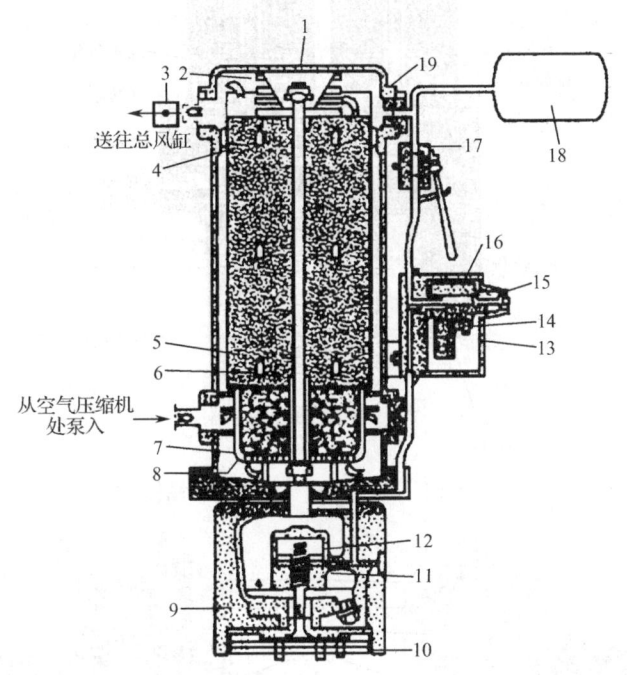

1—空气干燥器；2—弹簧；3—单向阀；4—带孔挡板；5—干燥筒；6—吸附剂；7—油水分离器；8—拉希格圈；9—排泄阀；10—消声器；11—弹簧；12—活塞；13—电磁阀；14—线圈；15—排气阀；16—衔铁；17—带排气的截断塞门；18—再生储风缸；19—节流孔

图5-60 单塔式空气干燥器的结构

2）双塔式空气干燥器

相对于直流传动车，交流传动车选用的空气压缩机排气量较小，且停止工作的间隙不能满足单塔式空气干燥器再生所需的时间。因此，交流传动车要选用双塔式空气干燥器。双塔式空气干燥器的结构如图5-61所示。

4. 其他空气管路部件

1）脉冲电磁阀

脉冲电磁阀是先导控制的二位三通阀（左、右二位，B、P、S三通口）。它由一个气动往复阀芯和用于防控的电磁阀组成。此外，脉冲电磁阀还配有附加的手动控制。当拆掉脉冲电磁阀 A 通口的封口螺母时，脉冲电磁阀就变成一个二位五通阀（左、右二位，B、P、S、R、A 五通口），如图 5-62 所示。

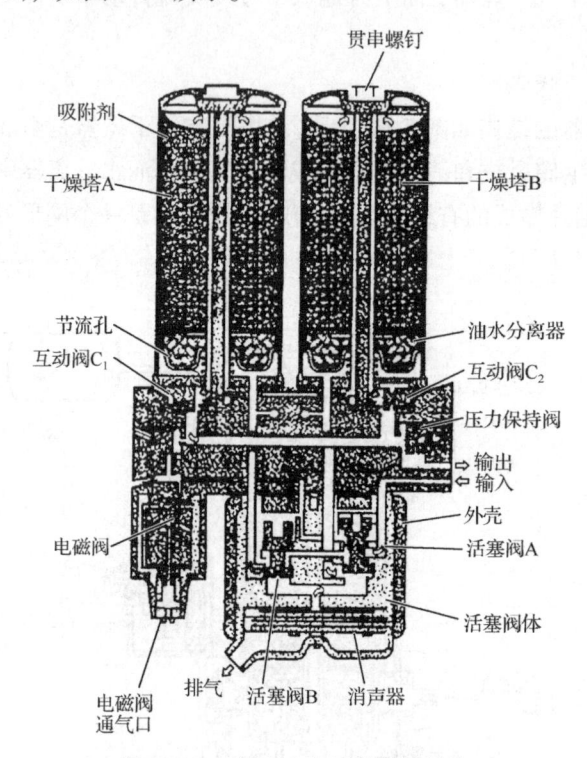

图 5-61 双塔式空气干燥器的结构

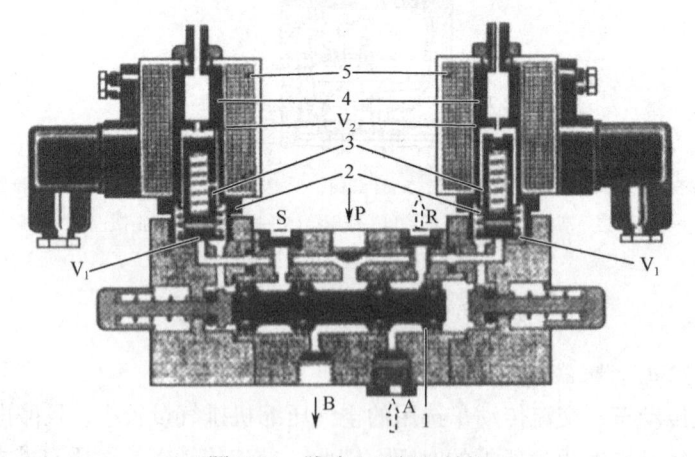

图 5-62 脉冲电磁阀的结构

2）单向阀

单向阀的工作原理如图 5-63 所示。单向阀安装于空气管路中，并使空气管路中的空气只能从一个方向流入。当在空气流入方向空气压力升高时，单向阀的阀锥打开，单向阀的阀座克服弹簧的作用力，使空气流过。当 A_1 处的空气压力下降时，单向阀的弹簧使单向阀的阀锥顶住单向阀的阀座，这样就阻止了空气回流，避免了 A_2 处的空气压力下降。

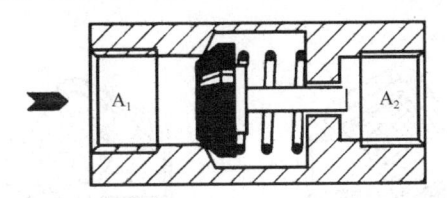

图 5-63 单向阀的工作原理

3）减压阀

减压阀的结构如图 5-64 所示。减压阀的作用是调节压缩空气系统中的空气压力。

如图 5-64 所示，空气从 P 通口进入减压阀，并流经活塞底部。如果空气压力足够大，活塞会上升，排气阀也会上升，直到其靠住 V_1 阀门，这样 P 通口到 A 通口的通路就被切断。如果从 P 通口进入的空气继续推动活塞上升，那么活塞上的 V_2 阀门被打开，多余的空气从 O 通口排出。如果 A 通口的空气压力下降，则弹簧把活塞推下来，通过阀杆关闭 V_2 阀门。如果 A 通口的空气压力进一步下降，那么 V_1 阀门被打开，会使更多的空气从 P 通口流入。这一过程会一直持续下去，从而保证 A 通口的压力恒定。

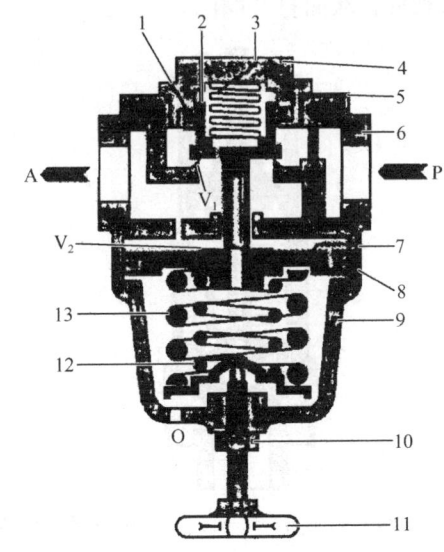

1,5,8—密封圈；2—排气阀；3—弹簧；4—阀盖顶；6—进气口；7—活塞；9—阀体；
10—锁紧螺母；11—调节螺钉；12—调整弹簧；13—大弹簧；V_1,V_2—阀门

图 5-64 减压阀的结构

4）空气滤清器

空气滤清器的工作原理如图 5-65 所示。空气滤清器可以使压缩空气制动系统、气动车

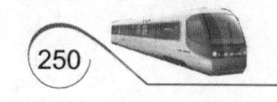

门机构等设备不受损坏。空气滤清器对在多尘环境下运行的列车制动系统的可靠性具有极其重要的作用。

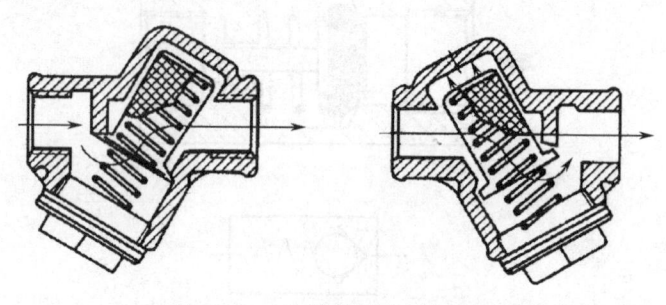

图 5-65 空气滤清器的工作原理

空气滤清器可根据需要被任意连接，也可被安装在任意方向。当空气滤清器被阻塞时，如果要使工作单元不受损坏并保持在工作位，则工作单元应与空气滤清器接口相连。这是因为从空气滤清器接口进入的空气在受阻的情况下会压缩滤网弹簧，使空气继续通过。

5）安全阀

安全阀是制动系统中保证空气压力不至于过高的重要部件。如图 5-66 所示，安全阀中间的顶杆是导向杆，且底部的阀门可以沿其上下滑动。调整螺母将一个弹簧压在阀门上面，靠弹簧压力使阀门关闭，而弹簧压力可由调整螺母调节。当空气压力超过规定值时，空气压力可抵消弹簧压力，将阀门顶开，释放空气。当空气压力没有超过规定值，但需要被释放时，可以用工具向上拨起阀杆，从而打开阀门。

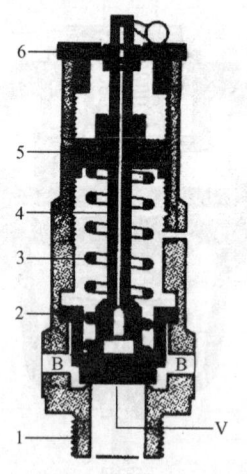

1—阀体；2—活塞；3—弹簧；4—顶杆；5—调节螺母；6—上盖；B—排气口；V—阀门

图 5-66 安全阀的结构

四、制动控制单元

1. 制动控制单元的结构

制动控制单元是空气制动系统的核心，为模块式设计。制动控制单元的结构如图 5-67 所示，所有制动控制单元部件均安装在铝合金的气路板上。同时，在气路板上装置了一些测试接口。因此,只要在气路板上即可测试空气制动系统的各种控制压力。制动控制单元采用模块式设计的主要目的是便于被拆卸及更换。

1—测试接口;2—模拟转换阀;3—紧急电磁阀;4—托座;5—中继阀;6—载荷压力传感器;7—称重阀;8—预控制压力开关

图 5-67　制动控制单元的结构

制动控制单元的工作框图如图 5-68 所示。

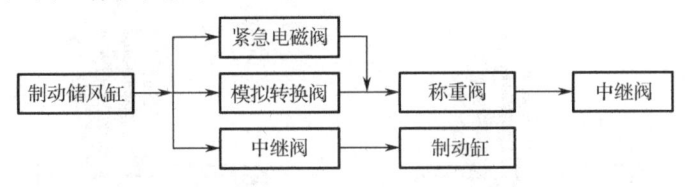

图 5-68　制动控制单元的工作框图

2. 制动控制单元部件

1）模拟转换阀

模拟转换阀的结构如图 5-69 所示。模拟转换阀由充气电磁阀(类似控导阀)、排气电磁阀及压力传感器组成。当充气电磁阀的励磁线圈收到电子制动控制单元的制动指令时,充气电磁阀被打开,从而使制动储风缸的空气压力通过充气电磁阀转变成预控制压力 C_{V1} 并送向紧急电磁阀。与此同时,预控制压力 C_{V1} 也送向压力传感器和排气电磁阀,而压力传感器将该压力信号转换成相对应的电信号,马上反馈回电子制动控制单元。电子制动控制单元将此信号与制动指令信号相比较后,继续控制充气电磁阀被开大或关小并开启排气电磁阀,直到预控制压力 C_{V1} 增高或降低到制动指令的要求为止。

2）紧急电磁阀

从模拟转换阀出来的预控制压力 C_{V1} 通过气路板进入紧急电磁阀,如图 5-70 所示。实际上,紧急电磁阀是一个二位三通电磁阀,它的 3 个通道分别与模拟转换阀输出口、制动储风缸及称重阀进口相连接。在正常制动时,紧急电磁阀励磁线圈得电,使模拟转换阀与称重阀相通,而切断与制动储风缸的通路;在紧急制动时,紧急电磁阀励磁线圈失电,使制动储风缸与称重阀直接相通,而切断模拟转换阀与称重阀的通路,这时预控制压力 C_{V1} 越过模拟转换阀而直接进入称重阀,并按照载荷比例被控制大小。当预控制压力 C_{V1} 经过紧急电磁阀时,紧急电磁阀的通道阻力使其略有下降,而这个从紧急电磁阀输出的预控制压力称为 C_{V2}。同样,C_{V2} 也是通过气路板进入称重阀的。

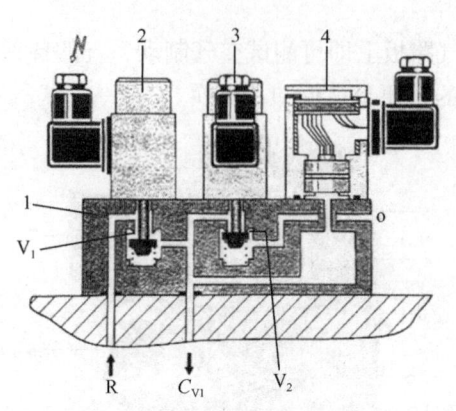

1—阀体；2—充气电磁阀；3—排气电磁阀；4—压力传感器；
C_{V1}—预控制压力；R—储风缸；O—大气；V_1,V_2—阀口

图 5-69　模拟转换阀的结构

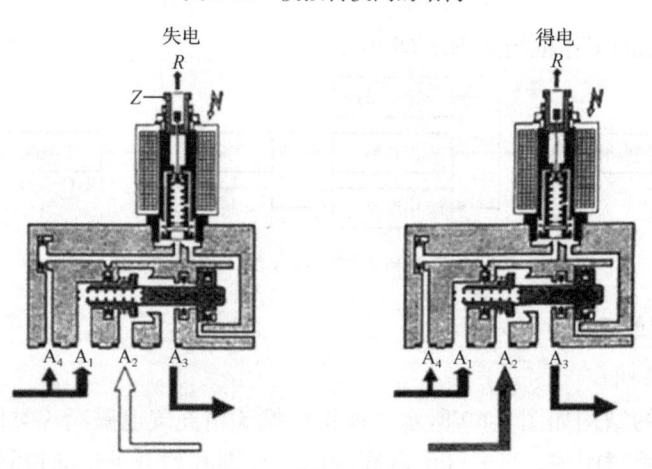

A_1—制动储风缸；A_2—预控制压力 C_{V1}；A_3—预控制压力 C_{V2}；A_4—控制气路；R—排气口

图 5-70　紧急电磁阀的结构

3）称重阀

称重阀的结构如图 5-71 所示。称重阀主要用来持续监控与轨道车辆实际载荷有关的预控制压力，以及在紧急制动时限制预控制压力。由于模拟转换阀输出的预控制压力是受电子制动控制单元控制的，而电子制动控制单元的制动指令本身就是根据轨道车辆的载荷、车速和制动要求而给出的，因此在正常制动时，称重阀几乎不起作用，仅起预防作用，以防模拟转换阀控制失灵。在紧急制动时，预控制压力从制动储风缸直接经紧急电磁阀到达称重阀，中间没有受模拟转换阀的控制；紧急电磁阀仅作为通路而不控制预控制压力的大小。所以在紧急制动时，预控制压力只受称重阀的限制，并为最大值。

4）中继阀

中继阀的结构如图 5-72 所示。中继阀能迅速进行大流量的充、排气，且大流量空气压力随预控制压力 C_{V2} 的变化而变化，并且互相间的压力传递比为 1:1，即制动缸的空气压力与 C_{V2} 相等。

项目五 机械部件检修

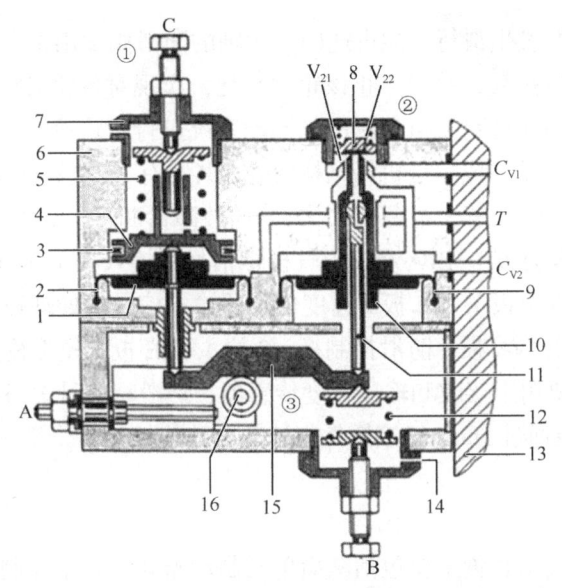

1,10—隔膜活塞；2,9—隔膜；3—克诺尔 K 形环；4—活塞；5—压缩弹簧；6—阀体；7—螺塞；8—阀头；11—推杆；12—压缩弹簧；13—支架；14—排气口；15—平衡梁；16—支轴；A,B,C—调整螺钉；V_{21}—充气阀；V_{22}—排气阀；C_{V1},C_{V2}—预控制压力；T—载荷压力；①—载荷信号转换器；②—关断阀；③—机械部分

图 5-71 称重阀的结构

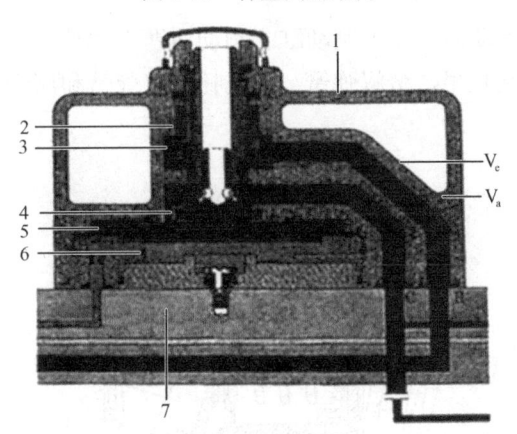

1—外壳；2—压缩弹簧；3—阀导；4—喷嘴；5—隔膜活塞；6—隔膜；7—气路板；V_e—进气阀；V_a—排气阀

图 5-72 中继阀的结构

进入中继阀的 C_{V2} 推动隔膜活塞上移，首先关闭了通向大气的排气阀 V_a，然后进一步打开进气阀 V_e，使制动储风缸的空气经接口进入中继阀，再通过进气阀 V_e 充入制动缸，最后制动缸活塞被推出，带动闸瓦紧贴车轮产生制动作用。

五、电子制动控制单元

电子制动控制单元是用于控制电—空制动和防止车轮滑行的微处理机，是空气制动系统管理控制的核心。在制动时，它接收各种与制动有关的信号，计算出一个当时所需气制动力的制动指令，并将其输出给制动控制单元。同时，电子制动控制单元实时监控每根

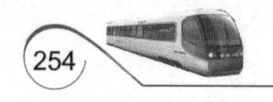

轴的转速，一旦有轮对发生滑行，能迅速向该轮轴的防滑阀发出指令，接通制动缸与大气的通路，使制动缸迅速排气，从而停止该轮对滑行，实现对各轮对滑行的单独保护控制。另外，电子制动控制单元还对轨道车辆的气制动系统进行故障诊断及故障显示。

电子制动控制单元设计成单层机箱结构形式，共装有 13 块标准的 3U 印制电路板。这 13 块印制电路板分别是 SV 板（电源板）、DI 板（故障诊断板）、SSI 板（信号的输入/输出板）、CP 板（中央处理器板）、EPA 板（电气模拟信号的输入板）、COM 板（通信板）、AA 板（电气模拟信号的输出板）、GE 板（速度传感器输入信号的处理板）、AD 板（模拟信号与数字信号的转换板）、VA 板（防滑控制板，2 块）、AE 板（模拟输入信号的处理板）、T 板（瞬态保护板，主要用于接收和输出速度传感器、防滑阀信号）。其中，SV 板、SSI 板、EPA 板、AA 板、T 板通过 Harting 接插件与外部电路连接。

六、单元制动器

轨道车辆的基础制动装置主要包括踏面单元制动器和盘式单元制动器。下面以踏面单元制动器为例进行介绍。踏面单元制动有 PC7Y 型和 PC7YF 型两种，PC7YF 型踏面单元制动器带有弹簧制动缸。弹簧制动缸能起停放制动作用，且每根轮轴上被装备了一个。

1. PC7Y 型踏面单元制动器

PC7Y 型踏面单元制动器主要由制动缸、制动活塞、制动活塞杆、制动杠杆、闸瓦间隙调整器、闸瓦托、闸瓦托吊、缓解弹簧、闸瓦托复位弹簧和用于更换闸瓦的推杆复位机构等组成，如图 5-73 所示。

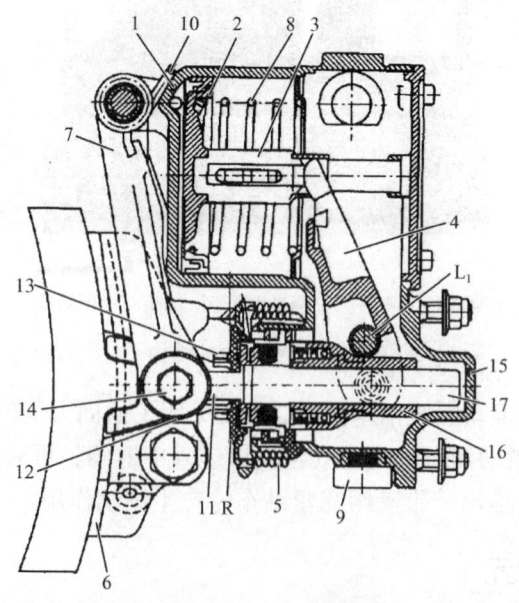

1—制动缸；2—制动活塞；3—制动活塞杆；4—制动杠杆；5—闸瓦间隙调整器；6—闸瓦托；7—闸瓦托吊；8—缓解弹簧；9—透气滤清器；10—闸瓦托复位弹簧；11—推杆头；12—弹簧垫圈；13—调整螺母；14—螺栓；15—外体；16—闸瓦间隙调整体；17—螺杆；L_1—制动杠杆转动中心；R—齿轮啮合面

图 5-73 PC7Y 型踏面单元制动器（不带停车制动器）的结构

2. PC7YF 型踏面单元制动器

PC7YF 型踏面单元制动器是在 PC7Y 型踏面单元制动器的基础上增加了一个用于停车制动的制动弹簧。PC7YF 型踏面单元制动器主要由停车缓解风缸、缓解活塞、缓解活塞杆、螺纹套筒、制动弹簧和手动辅助缓解机构等组成,如图 5-74 所示。

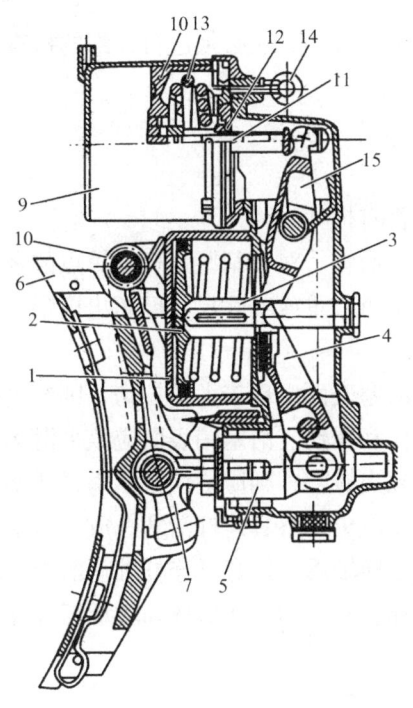

1—制动缸;2—制动活塞;3—制动活塞杆;4—制动杠杆;5—闸瓦间隙调整器;6—闸瓦托;7—闸瓦托吊;8,10—缓解活塞;9—缓解风缸;11—缓解活塞杆;12—螺纹套筒;13—制动弹簧;14—缓解拉簧;15—制动杠杆

图 5-74 PC7YF 型踏面单元制动器

实操训练

一、空气压缩机的检修

1. 分解

先把空气压缩机从车体上拆下,然后将空气压缩机与电动机分解开,最后分解空气压缩机。

2. 各零部件的清洗

(1)空气压缩机分解后的所有金属零部件要用碱性清洁剂清洗。

(2)在清洗橡胶件时,先用温热的肥皂水清洗,以减少对橡胶件的腐蚀,再用清水冲洗,最后用压缩空气吹干。

(3)清洗空气压缩机外表及冷却器叶片,并对需要润滑的零部件进行润滑。

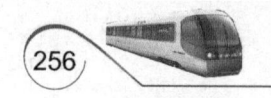

3. 检查内部零部件

当空气压缩机清洗完成后,要对空气压缩机的零部件进行目测检查,并主要检查其是否存在裂纹、变形或锈蚀等损伤。

4. 检查重要部件

对于下列空气压缩机的重要部件,还必须进行详细的检查,并根据需要,给予修复或更换。

1)曲轴

(1)检查曲轴有无裂纹。

(2)检查曲轴的螺纹是否有损坏。

(3)检查连杆支撑点有无磨耗。对于某些连杆支撑点的轻微拉伤,可进行抛光修复。如果连杆支撑点磨耗严重或褪色严重或实际尺寸已超出极限,就要更换整个曲轴。

2)活塞和活塞销

(1)检查活塞表面。若活塞表面出现较大的拉伤,则要更换整个活塞。

(2)检查活塞销有无拉伤和擦伤。活塞销表面应该平滑无拉伤,否则应更换活塞销。若活塞或活塞销的实际尺寸超出极限,则应更换该活塞或活塞销。

注意:如果要更换活塞,应更换整套连杆活塞总成,包括活塞环、活塞销和保持圈。在空气压缩机大修时,必须更换轴承、针套、连杆轴承的导向环、活塞环、吸气/排气阀、锁紧环、弹簧垫圈、轴密封环、密封圈、O形环和轴承环等部件。

5. 功能测试

在空气压缩机装配完成后,应测试空气压缩机的功能是否正常。因此,需要有专用试验台,对空气压缩机的相关功能进行测试。在该测试中,主要测量、控制下列参数。

(1)吸气口温度(环境温度)。

(2)第一级压缩(低压压缩)后空气压缩机的温度(未经冷却)。

(3)第一级压缩(低压压缩)后空气压缩机的温度(经冷却)。

(4)第二级压缩(高压压缩)后空气压缩机的温度(未经冷却)。

(5)第二级压缩(高压压缩)后空气压缩机的温度(经冷却)。

(6)在空气压缩机空载情况下,空气压缩机的输出压力。

(7)在空气压缩机满负载情况下,空气压缩机的输出压力。

(8)电动机转速。

空气压缩机的功能测试过程:先将空气压缩机热机运行20min,使空气压缩机机油至热油状态,然后放出空气压缩机机油,并注意防止烫伤;将3L空气压缩机机油注入空气压缩机,对其进行冲洗,再启动空气压缩机,将空气压缩机机油打热后放出,并注意应对角注入和放出空气压缩机机油。空气压缩机冲洗完毕后,将3.5~3.7L空气压缩机机油注入空气压缩机,此时新空气压缩机机油注入完毕。

当新轨道车辆运行3000km后,要更换空气压缩机机油。其他轨道车辆的空气压缩机运行2000h或一年后，应更换一次空气压缩机机油，也可视空气压缩机机油乳化情况提前进行更换。

二、空气干燥器的检修

1．分解

当空气干燥器分解后，必须对其零部件进行清洁，并检查这些零部件是否有裂纹、变形或锈蚀等损伤。

2．吸附剂的更换

如果在排泄阀的出口处有白色沉淀物或吸附剂过饱和，必须检查吸附剂，如有必要则应更换。一般来说，吸附剂每4~5年需要更换一次。

3．拉希格圈的清洗

对于用于吸油的拉希格圈，可以用碱性清洁剂清洗，再用清水洗涤，最后用压缩空气吹干即可。

4．功能测试

空气干燥器的功能测试主要检查空气干燥器是否有泄漏，排泄功能是否正常，消声器的工作效果是否良好等。按照设计要求，经过干燥的压缩空气的相对湿度应小于35%。可以使用压力露点计或相对湿度计来检查该相对湿度是否达到要求（这是必须做的空气干燥器的功能测试）。

5．维护及更换

（1）按照产品安全手册要求，空气干燥器的检修工作只允许由受过专业培训的人员在授权车间进行；当使用原装备件时，必须保证供气设备功能正常。

（2）空气干燥器可作为附加装置的真空指示器。当发现空气干燥器内侧脏污时，应及时对其进行保养、维护。

（3）当空气压缩机运行1000h或最迟12个月后，应更换空气干燥器。

三、制动控制单元的检修

1．制动控制单元的整体检修

1）拆卸

（1）排尽与气路板相连的所有管路的空气。

（2）断开制动控制单元的电源，拔下电缆插头，取下防护罩。

（3）卸下紧固螺钉，从连接板上取下制动控制单元。

（4）卸下制动控制单元后，为防止灰尘进入孔路，将气路板的背面密封。

2）安装

（1）按照与拆卸相反的次序，装上制动控制单元。

（2）当安装好制动控制单元后，对其重新充气并接通电源。
（3）当制动控制单元达到最大工作压力之后，检查法兰连接处的泄漏情况。
3）年检
在 AW_0 及气压足够状态下，先断开轨道车辆主断路器，正常制动，然后将压力表连接在制动控制单元的测试点，分别测量压力。
4）架大修
（1）用压缩空气清洁铝合金气路板。
（2）按手册要求更换所有内部阀件的橡胶密封件、磨损件。
（3）测试各阀件功能。
5）试验
（1）对制动控制单元整体进行泄漏和功能试验。
（2）对称重阀 DBV1-E 进行调整，并对其重新进行检查试验。
（3）进行空气流量检查试验。
（4）进行载荷压力检查试验。

2. 模拟转换阀的检修

1）分解
模拟转换阀的分解工作需要使用专用标准工具。
2）清洁
（1）用化学清洁剂在一个 70~80℃ 的热清洁池中清洗所有金属零部件（不包括橡胶金属复合件），然后用压缩空气将其吹干。
（2）用一块浸过温肥皂水的抹布擦洗励磁线圈和电枢，随后立即用压缩空气将其吹干。吹干励磁线圈和电枢后，立即给电枢轻轻地涂一层硅脂，之后擦掉电枢上多余的硅脂。
3）检修
（1）应仔细检查已清洁零部件的外观，若其出现裂纹、变形、腐蚀或螺纹变形等损伤，且受损零部件看上去已经不能继续使用，则应予以更换。
（2）对于某些零部件，除必须进行目检外，还要进行其他附加检查。
① 励磁线圈。仔细检查励磁线圈的保护层是否断裂，触针是否被锈蚀或已变形。可以用一个触点清整锉去除触针上的锈蚀，并更换受损的励磁线圈。
② 磁铁架。检查磁铁架内阀座的状况，若该阀座损坏，则应更换磁铁架。
③ 电枢。检查电枢的阀座橡胶密封件，若该橡胶密封件凹进 0.3mm，则应更换电枢。
④ 压缩弹簧。压缩弹簧的自由高和压缩高应符合规定要求，并且其弹力值必须符合有关技术要求。
（3）每次检修时应更换非金属环（如 O 形环）、垫圈和夹紧销。
4）组装
（1）模拟转换阀的组装工作需要使用专用标准工具进行。
（2）在组装模拟转换阀前，应给 O 形环和电枢涂上少许硅脂，并擦掉电枢上多余的硅脂。

（3）应按与分解工作相反的顺序组装模拟转换阀，且各紧固扭矩应符合有关技术要求。

5）检测

（1）应按照相关的检验技术要求对模拟转换阀进行检测。

（2）当对模拟转换阀进行检测时，必须遵守有关在电气设备上进行作业的安全规范。

（3）如果模拟转换阀检测结果合格，就要在模拟转换阀上贴上不易脱落的检验标志。

3. 紧急电磁阀的检修

1）分解

（1）在分解紧急电磁阀时，除拆卸克诺尔 K 形环需要用到一个安装专用钩外，不需要任何特种工具。

（2）如果紧急电磁阀的外表面有污垢，必须在分解紧急电磁阀之前除去该污垢。分解紧急电磁阀的工作步骤一定要按照相应的检修指南进行。在分解紧急电磁阀时，注意不要损伤密封面和阀座。

2）清洁

（1）用化学清洁剂在 70～80℃的热清洁池中清洗所有金属零部件（不包括橡胶金属复合件），然后用压缩空气将其吹干。

（2）在清洗铝合金零部件时，清洁剂的腐蚀率必须符合有关技术规定。

（3）在温肥皂水中清洗活塞、阀盘、导向套管、环、撑条和垫圈，并立即用清水对其冲洗，然后用压缩空气将其吹干。

（4）原则上橡胶环在检修后将被更换，所以无须清洗橡胶环。

3）检修

（1）应当对清洁的零部件认真进行一次目检。若查出零部件有断裂、变形、腐蚀或螺纹变形等严重影响零部件继续使用的损伤，则应予以更换。

（2）不仅要对有些零部件进行目检，还要对其他附件进行检查或返修工作。

① 外壳。外壳的轻度划痕可通过二次抛光去除。外壳必须符合规定的尺寸和表面粗糙度，否则应更换新的外壳。

② 活塞（整体）。应使用环规检查活塞是否符合图样技术要求的控制尺寸；检查活塞的阀座和活塞是否受损。如果活塞有划痕，应将活塞连同整个阀套一起更换（成套备件）。

③ 阀盘。检查阀座橡胶圈是否受损。如果阀座橡胶圈凹进 0.4mm 以上或凸起 0.2mm 以上，就必须更换阀盘。检查阀套的环及阀门套管的撑条是否受损，若其有划痕，则应将整个阀套连同活塞及整个阀门套管一起更换（成套备件）。

④ 压缩弹簧。压缩弹簧的弹簧长度和弹力应符合技术要求。

（3）每次检修之后都应更换克诺尔 K 形环，以及所有安全环和 O 形环。

（4）如果型号铭牌已不再清晰，也应予以更换。

4）组装

（1）在组装紧急电磁阀之前，应给所有克诺尔 K 形环、O 形环、各个滑动面和导向面涂上少量通用润滑脂。安装克诺尔K形环需要使用安装专用钩。

（2）紧急电磁阀的组装应按照图样要求并与其分解的相反顺序进行。

（3）要用8N·m的扭矩将阀用电磁铁的螺母拧紧。

5）检测

（1）紧急电磁阀的检测应按照检测说明进行。在检测紧急电磁阀时，必须遵守有关在电气设备上进行作业的安全规范。

（2）如果紧急电磁阀检测结果合格，就应在紧急电磁阀上贴上不易脱落的检验标志。

4．称重阀的检修

1）分解

（1）在分解称重阀时，除拆卸克诺尔K形环需要用到一个安装专用钩外，不需要任何特种工具。

（2）如果称重阀的外表面有污垢，必须在分解称重阀之前除去该污垢。分解称重阀的工作步骤一定要按照所给顺序进行。在分解称重阀时，注意不要损伤密封面和阀座。

2）清洁

（1）用化学清洁剂在70~80℃的热清洁池中清洗所有金属零部件，然后用压缩空气将其吹干。

（2）在清洗铝合金零部件时，化学清洁剂腐蚀率必须符合有关技术规定。

（3）可用一块浸了肥皂液的湿布擦洗橡胶或塑料的外皮，然后马上用清水将其再擦一遍，最后用压缩空气将其吹干。

3）检修

（1）应对已清洁的所有零部件认真地进行一次目检。若查出零部件有裂纹、变形、腐蚀或螺纹变形等影响零部件继续使用的损伤，则应换上新的部件。

（2）如果铭牌变得模糊不清，必须予以更换。

（3）不仅要对有些零部件进行目检，还要对其他附件进行检查或再加工工作。

① 外壳。外壳的轻度划痕可通过二次抛光去除。外壳必须符合尺寸和表面粗糙度的要求，否则应换上新的外壳。

② 压缩弹簧。弹簧的压缩长度及弹力必须符合相关技术要求，否则应更换压缩弹簧。

③ 阀盘。检查阀座橡胶圈是否受损。若阀座橡胶圈凹进0.4mm以上或凸起0.2mm以上，则必须更换阀盘。

④ 阀杆、弹簧座支撑面。阀杆、弹簧座支撑面的轻度划痕可通过二次抛光去除。阀杆、弹簧座支撑面必须符合尺寸和表面粗糙度的技术要求，否则应予以更换。

⑤ 滚针轴承、球形衬套。当滚针轴承、球形衬套运转不均匀或运转滞涩时，应予以更换。

4）组装

（1）在组装称重阀之前，应给所有环形、各个导向面和滑动面涂上少量通用润滑脂。

（2）使用标准螺栓扳手拧紧螺旋塞及圆柱头螺栓。

（3）按照与分解称重阀相反的顺序组装称重阀。安装克诺尔 K 形环需要使用安装专用钩。

5）检测

（1）称重阀组装完毕后，应将称重阀置于试验台上，按照规定的检验项目进行检验和设定。

（2）如果称重阀检测结果合格，就在称重阀上贴上检验合格标志。

5. 中继阀的检修

1）分解

（1）在分解中继阀时，拆卸及安装克诺尔 K 形环要使用由标准工具和厂家提供的安装专用钩；拆卸及安装罐式隔膜要使用取膜器。

（2）如果中继阀的外表面有污垢，必须在分解中继阀之前除去该污垢。分解中继阀的工作步骤一定要按照所给顺序进行。在分解中继阀时，注意不要损伤密封面和阀座。

2）清洁

（1）清洗剂应按生产厂家给出的说明使用。在清洁零部件时，不允许损伤密封面和阀座。

（2）在检修中继阀时，应更换所有齿形垫圈、密封环和 O 形环，故不必清洗它们。

（3）用化学清洁剂在 70~80℃ 的热清洁池中清洗所有金属零部件（不包括橡胶金属复合件），然后用压缩空气将其吹干。注意化学清洁剂腐蚀率必须小于 $420mg/m^2 \cdot h$。

（4）将阀门导管和阀门体在微温的肥皂水中清洗，然后马上用清水冲洗并用压缩空气吹干。

（5）将滤筛用适当的清洗剂清洁。

3）检修

（1）应对已清洁的所有零部件认真地进行一次目检。若查出零部件有裂纹、变形、腐蚀或螺纹变形等影响零部件继续使用的损伤，则应予以更换。

（2）如果铭牌变得模糊不清，必须予以更换。

（3）检查外壳的表面粗糙度和阀门套筒的阀座损伤情况。外壳必须符合规定的尺寸和表面粗糙度，否则应更换外壳。

（4）检查喷嘴孔是否通畅。

（5）检查压缩弹簧。当压缩弹簧长度为 17mm 时，其弹力至少为 74N，否则应更换压缩弹簧。

（6）检查阀门导管的尺寸和表面粗糙度。阀门导管必须符合规定的要求，否则应更换阀门导管。

（7）检查阀门体滑动接触面的表面粗糙度。阀门体的尺寸和阀门体滑动接触面的表面粗糙度必须符合规定的要求，否则应更换阀门体。

（8）检查阀导的表面粗糙度。若发现阀导的表面粗糙度不符合要求，则必须更换阀。

（9）检查克诺尔 K 形环的进气孔和放气孔是否通畅。

4）组装

（1）必须将各个零部件都检验合格并备好。

（2）在组装中继阀之前,要给罐式隔膜、克诺尔K形环、扁平密封圈、O形环、压缩弹簧和阀门体的滑动面、罐式隔膜的阀盘等外表面涂少许通用润滑油。

（3）组装中继阀应按照与分解中继阀相反的顺序进行。

注意：由弹性材料制成的可更换零部件（如隔膜、克诺尔K形环、带槽K形环和O形环）的产品有效期必须在1年以内。

5）检测

（1）在进行中继阀检测时,必须遵守相关的在电气设备上进行操作的安全规范。

（2）检查中继阀必须按照相关的检验说明进行。

四、电子制动控制单元的检修

1. 拆卸

电子制动控制单元整体采用单层机箱结构,只要卸下安装螺钉及连接的电源线和数据线,即可顺利抽出任意一块印制电路板。当电子制动控制单元处于带电状态时,绝不要抽出任意一块印制电路板,否则将造成电子制动控制单元的损坏。

2. 检修

1）双周检

（1）检查两位数字故障显示代码,读取故障存储器数据。

（2）执行防滑试验。

2）年检

（1）根据测量出的车轮直径,检查车轮直径设定值。若该参数需要更改,则可以重新对其进行设定。

（2）执行防滑试验。

（3）检查电子制动控制单元继电器触点的正确动作。

3）架修、大修

对机箱和内部印制电路板进行清洁,不需要其他特别的检修。

3. 试验

电子制动控制单元配有专门的测试装置,可以对整件或单块印制电路板进行功能测试试验。同时,由于电子制动控制单元具有自诊断功能,对于故障维修后的印制电路板,也可以直接安装回轨道车辆上状态良好的电子制动控制单元机箱中,并进行通电试验。

五、单元制动器的检修

1. 拆卸

（1）将单元制动器的连接管道拆除。

（2）拆卸制动闸瓦。
（3）支撑或悬挂好单元制动器。
（4）打平锁紧垫片的弯曲边缘。
（5）松开紧固六角头螺栓并锁紧垫片，缓慢放下单元制动器。

2．安装

（1）安装单元制动器按照与拆卸单元制动器相反的顺序进行。
（2）安装好单元制动器后，在停车制动缓解（停车制动缸充气）的情况下，实施缓解制动多次，连续几次以后可以获得正确的闸瓦间隙。

3．整体检修

1）双周检和年检
（1）检查单元制动器与转向架连接部位及管路接头连接部位是否漏气。
（2）检查闸瓦在缓解时与车轮的间隙。
（3）检查闸瓦磨损情况。

2）架修
（1）按手册要求分解闸瓦托，更换橡胶密封件、磨损件，检查推杆头。
（2）润滑内部组件和皮套。
（3）组装后上试验台进行功能测试。

3）大修
（1）按手册要求完全分解，更换所有橡胶密封件、磨损件、常用制动缸弹簧、停车制动缸弹簧。
（2）润滑所有内部组件和皮套。
（3）将单元制动器组装好后上试验台进行功能测试。

4．试验

（1）进行强度试验。
（2）进行常用制动试验。
（3）进行弹簧制动试验。
（4）进行常用制动和弹簧制动时的泄漏试验。
（5）进行闸瓦间隙调整器试验，包括闸瓦间隙调整器调节行程试验、检查间隙调整能力和勾贝最大行程试验。
（6）进行推杆头推力试验。
（7）进行紧急缓解装置试验。
（8）进行重恢复弹簧机构试验。

闸瓦间隙的调整

5．零部件检修

（1）在清洗完所有零部件后，首先对其进行目测检查，若零部件出现裂纹、严重腐蚀

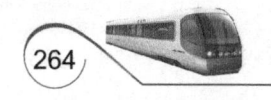

或螺纹变形等损伤,则必须更换损伤的零部件。此外,必须更换的零部件有六角螺母、软管夹、皮腔、O形圈、垫片环、弹簧垫圈、止动螺栓、轴衬、外包装、密封环、滑块、挡圈、过滤器、弹簧等。

(2)一些重要的零部件除进行目测检查外,还必须进行特别检查。

① 箱体。检查箱体有无受损及受损程度,如有必要可参考图样进行检查。箱体的尺寸和表面粗糙度要符合图样规定;轴承销孔的磨损深度不得大于 0.2mm,并要磨去细微擦痕。孔径内表面不能有深的裂纹,否则应予以更换。

② 芯轴。把推力螺母旋进芯轴,测量芯轴轴向间隙。若该间隙超过 0.8mm,则要更换芯轴。可以在芯轴上装上杆头,一边啮合,一边测量行程。若该行程小于 0.6mm,则要更换芯轴。

③ 压缩弹簧。压缩弹簧被压缩至 16mm 时,其压力要达到 2N,否则应更换压缩弹簧。

④ 调整螺母。检查调整螺母的密封表面,磨去其上细小擦痕。

⑤ 活塞。测量活塞内孔直径,不能超过规定的最大尺寸。活塞表面要符合表面粗糙度的要求,否则要更换活塞。如果把芯轴放在活塞的空心处,芯轴必须能朝一侧倾斜 5°并留有间隙,不会碰到活塞,否则要更换活塞。检查活塞的环形槽,其表面要符合表面粗糙度要求。

在装配单元制动器零部件前,对有特殊要求的一些零部件进行润滑,且采用的润滑剂、润滑方法一定要符合制造商的相关规定。以 PC7YF 型踏面单元制动器为例,重要的润滑操作有:所有内部零部件和表面,包括箱体、密封圈、O形圈上涂一层 Fuchs Renoilt HLT2 润滑脂或等效润滑物;箱体和风缸的活塞接触面要用手或油脂枪润滑;当用刷子润滑时,确保刷毛没有黏在接触面上,销子和螺钉铰接处的滑面也要润滑;安装在调整螺母上的零部件,摇杆头上的芯轴需要用 Staburags NBU30PTM 润滑脂或等效油脂润滑。

工匠楷模——李继欣

中国中车(中国中车股份有限公司简称)首席技能专家李继欣,是享受省政府津贴的高级技师、国际焊接技师、全国技术能手、国家级裁判员,山西省焊接学会理事,金蓝领工作室负责人,2017 年被评为中国中车高铁工匠。李继欣负责的工作室先后完成了《不锈钢电阻焊》《机车车体主要焊缝外观质量提升》等项目的立项。同时,她努力做好培养高技能人才的"孵化器"。几年时间里,她共完成了 20 多个项目、600 多人次的国际焊工培训和取证工作。她的学生遍布中国中车各条焊接生产线的重要岗位。她带领的焊工队伍在全国焊接机器人操作竞赛上包揽金银铜奖,为企业培养了一批又一批高技能人才。

她以"不忘初心,做好自己"为座右铭,把理想与工作结合起来,以激昂饱满的热情、敬业奉献的精神、积极进取的品格,踏实工作着。

项目六 电气部件检修

任务一 检修牵引逆变器

工作情景

轨道车辆的牵引逆变器用于将1500V恒定电压转换为三相输出电流(针对不同的牵引电动机转速,其频率和振幅可变)。由于牵引逆变器是帮助轨道车辆实现能量转换、传输的重要设备,其运行的稳定性直接关系到轨道车辆的运行稳定性,因此,按照牵引逆变器检修工序对其进行检修是轨道车辆检修的一项重要内容。

工作环境

在轨道交通车场综合检修库开展轨道车辆牵引逆变器检修实践操作;在带有仿真软件的多媒体教室完成学习牵引逆变器检修模拟操作工作内容。

器材准备

工　　具:专用锉、电压表、电流表、万用表、游标卡尺、光功率计。
设　　备:变压变频试验装置、直流电源。
材　　料:专用电子设备清洗剂、棉布、无纺纱布、绝缘胶带、酒精、玻璃胶。
劳保用品:工作服、安全帽、劳动手套、防砸鞋。

素质培养

(1)培养学生沟通协调的能力。
(2)培养学生实践操作的能力。
(3)培养学生精益求精的工作精神。
(4)培养学生踏实肯干的工作态度。
(5)培养学生刻苦钻研的工匠精神。

学习目标

(1)掌握牵引逆变器的作用、结构和工作原理。
(2)能够对牵引逆变器进行日常的检查维护。
(3)熟悉根据检修操作规程的要求进行牵引逆变器的日检、月检和架修的操作程序。

基础知识

一、牵引逆变器的组成

牵引逆变器分为通风区域和封闭区域。其中，将大量散热的设备设置在通风区域，而将防止污损的设备收藏在封闭区域的箱体里。牵引逆变器的半导体元件采用热管（带散热片）进行冷却，而其散热部分伸到轨道车辆的通风区域。散热方式分为走行风冷与强迫风冷两种。

如图 6-1 所示，牵引逆变器包括电源单元、电磁接触器、电阻器、电流传感器、电压传感器、线路接触器、逻辑控制单元（LCU）及其他零部件。

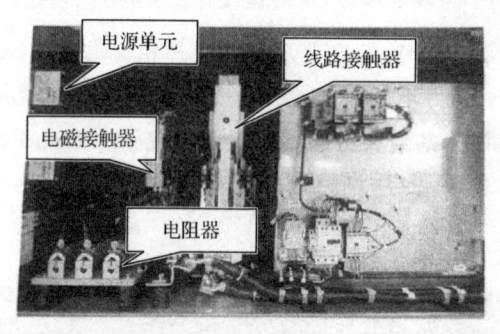

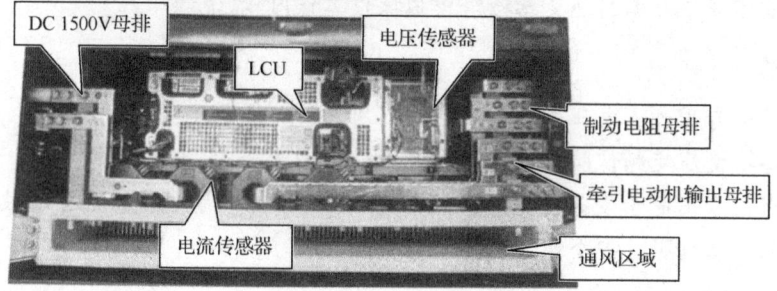

图 6-1 牵引逆变器的结构

1. 电源单元

电源单元由 6 个绝缘栅双极晶体管构成三相桥式逆变器。牵引电动机电流由母线传感器实时检测并被输送至逻辑控制单元。变压变频装置通常配置两套电源单元。当其中一套电源单元发生故障时，另一套电源单元仍能正常工作。

2. 线路接触器

线路接触器用于控制对牵引逆变器的供电。逻辑控制单元可以根据不同工况控制线路接触器的吸合或分断。

3. 各类电阻器

（1）放电电阻器：用于限制在断开主断路器时滤波电容的放电电流。

（2）充电电阻器：用于限制在系统上电并对滤波电容充电时的电流。充电电阻器采用了大容量的绕组线圈，并在电路中与接触器触头并联。

4．电流传感器、电压传感器

电流传感器、电压传感器用于检测牵引逆变器主电路中的电流和电压信号。该信号会被输送至逻辑控制单元。

5．逻辑控制单元

逻辑控制单元使用 32 位微处理器。它的主要功能包括解码来自驾驶室的牵引指令和 PM 信号，以及加/减速控制、前进/后退控制、冲击控制、负荷补偿、空转/滑行控制、再生制动控制、与空气制动系统通信。

二、牵引逆变器的主要技术指标

牵引逆变器的主要技术指标如表 6-1 所示。

表 6-1　牵引逆变器的技术指标

项　目	说　明
输入电压	DC 1005～1800V
输入电流	550A
最大输入功率	990kW
输出电压	0～1150V（三相），可调
输出频率	0～128Hz，可调
最大输出电流	580A
直流连接电路电压	1500V
线路电容	8（1±10%）mF
线路电感	5mH
控制电压	DC 7.7～13.75V，370W（最大功耗）
通风设备电压	380（1±5%）V（三相），2.2kW（功率）

实操训练

一、牵引箱的拆卸与安装

1．拆卸

牵引箱的拆卸与安装

（1）打开牵引箱的检修盖。

（2）从牵引箱背面拔出蓄电池电压的连接插头和控制电缆的连接插头。

（3）拆下牵引箱内所有的供电电缆。

（4）拆卸设备风扇电缆。

（5）松掉牵引箱背面的 PG 密封板，并把 PG 密封板的电缆固定在轨道车辆上。

（6）拆下牵引箱所有的接地电缆。

（7）松掉 M12 六角头螺栓，但不要完全拧下该螺栓。

（8）将升降装置放在牵引箱下并升起，直到牵引箱坐落到升降装置上。

（9）从孔中拿出 M20 六角头螺栓并升起牵引箱，使牵引箱不搁在支撑板上。

（10）松掉支撑板上的 M10 六角头螺栓，并从托架上挪出支撑板。

（11）降低牵引箱。

2．安装

（1）用升降装置把牵引箱升到位。

（2）把支撑板放到托架上。

（3）预处理六角头螺栓。

（4）用 M12 六角头螺栓、垫圈和螺母固定支撑板，并用 75N·m 的扭力拧紧 M12 六角螺栓。

（5）放低牵引箱。

（6）用六角头螺栓、垫圈和螺母固定牵引箱，并用 360N·m 的扭力拧紧六角螺栓。

（7）把牵引箱的 4 个接地点与轨道车辆接地点连接。

（8）把未屏蔽的供电电缆通过 PG 密封板固定在牵引箱内的接线排上。

（9）把屏蔽的电动机电源电缆通过 PG 密封板也固定在牵引箱内的接线排上。

（10）连接制动电阻电缆。

（11）连接辅助逆变器电缆。

（12）连接设备风扇电源。

（13）连接蓄电池和控制插头。

二、相模块的拆卸与安装

1．拆卸

（1）打开牵引箱的检修盖。

（2）松开相模块储能电容上的接线排。

（3）拆下相模块上的接线排。

（4）松开相模块上的 3 个电源电缆接线端（2,3,4），如图 6-2 所示。

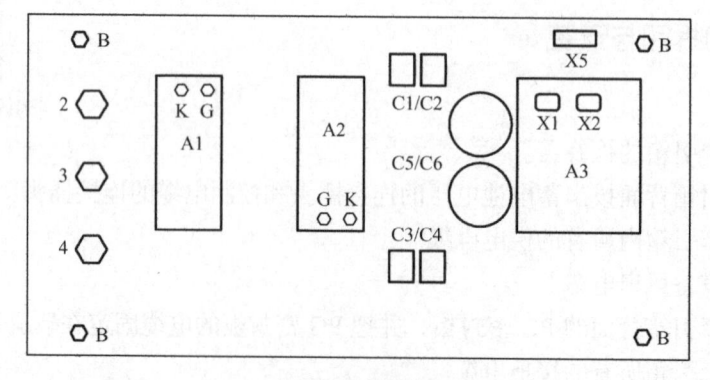

图 6-2　相模块

（5）拆下门极单元 A3 上的光纤电缆 X2、电源接线和 PT100 接线端 X5。

（6）从门极单元 A3 上拆下 PROM 接线端。

（7）将安装支撑装置上的 4 个螺栓旋入冷却导轨的暗螺纹孔 B 中。

（8）将 4 个螺钉固定在安装支撑装置的 4 个全螺纹螺柱上。

（9）固定位于相模块下方的升降装置，并将相模块移到安装支撑装置上。

（10）松开散热片导轨上的固定螺栓。

（11）慢慢落下相模块。

2. 安装

（1）在安装相模块之前，必须放置安装支撑装置。

（2）用升降装置将相模块放置在安装位置下。

（3）慢慢抬升相模块，小心地将散热片穿过安装位置上的开口处，确保没有电缆被夹在散热片导轨和安装位置的开口之间。

（4）将相模块的固定螺栓放入散热片导轨角上的固定螺母中，抬升相模块至安装位置，并拧紧螺栓，确保密封板正确完好地位于散热片导轨和牵引箱之间。

（5）拆掉相模块下面的安装支撑装置。

（6）从 4 个全螺纹螺柱上旋下安装支撑装置的 4 个螺钉。

（7）插上门极单元 A3 上的光纤电缆、电源电缆接线端和 PT100 接线端 X5。

（8）将电源电缆拧到电源电缆接线端 2 和 3 上。

（9）拧上 N 接线排。

（10）将储能电容上的接线柱拧到相模块上。

（11）盖上牵引箱的检修盖。

三、牵引逆变器的维护与检修

牵引逆变器安装在轨道车辆底部的牵引箱内。在对牵引箱进行维护操作之前，应确保轨道车辆和供电系统断开，且不会再接通。牵引箱要接地，且其内部设备要处于无电状态。

1. 双月检

（1）检查、清洁进风口和排风口的网罩。

（2）目测检查风扇有无污物及机械损坏。

（3）目测检查牵引箱有无污物及机械损坏。

（4）检查牵引箱的接地连接有无松动，如有松动，需要对其进行紧固。

（5）检查牵引箱的接地点有无腐蚀，如有腐蚀，需要对其进行清洁并涂油。

（6）目测检查电源电缆有无机械损坏。

（7）目测检查控制电线有无机械损坏。

（8）目测检查控制线接头，确保它们连接正确并无机械损坏。

（9）目测检查检修盖及密封是否紧固、无损坏。

（10）目测检查密封板有无机械损坏。
（11）目测检查零部件和电缆有无不允许的温升。
（12）目测检查零部件和电缆有无老化。

2. 大修

1）清洁相模块散热片
（1）打开牵引箱的检修盖，拆出相模块。
（2）用不含油的压缩空气吹扫相模块散热片，以确保相模块电子件上无积尘。
（3）用吸尘器和刷子清洁牵相模块散热片。
（4）清洁相模块散热片结束后，重新安装相模块。
（5）最后，关上牵引箱的检修盖。

2）更换通风风扇的轴承
（1）拧下通风风扇区域检修盖上的螺栓，并拆下检修盖。
（2）拆卸通风风扇。
（3）更换轴承。
（4）重新安装通风风扇。
（5）最后，装好检修盖，并拧上螺栓。

四、常见故障分析及处理

1. 牵引控制单元风扇故障

现象：牵引控制单元风扇故障，无冷却功能。
可能原因：牵引控制单元风扇中的熔丝故障。
排除方法：检查牵引控制单元风扇中的熔丝及叶片。

2. 供电电压欠电压

现象：当供电电压（蓄电池电压110V）出现欠电压时，牵引控制单元关闭。
可能原因：蓄电池和牵引控制单元之间的连接不良，蓄电池电压过低，突发欠电压。
排除方法：检查蓄电池和牵引控制单元之间的连接；检查蓄电池。

3. 电压传感器 U3 故障

现象：从电压传感器 U3（检测电动机 L1 和 L3 相之间的电压）获得的电压值出错，使牵引控制单元从牵引控制的电压模式转变到电流模式，而 VSI 继续运行。
可能原因：电压传感器 U3 故障；信道连线故障；电压传感器 U3 接线不正确（极性接错）；若同时有故障"40"，则 IVF 模块 G055 故障；SPU C019 故障。
排除方法：检查电压传感器 U3；检查信道连线；检查电压传感器 U3 接线是否正确；更换 IVF 模块 G055；更换 SPU C019。

4. 电流传感器 I3 故障

现象：软件监控电流传感器 I3 的响应，VSI 被封锁。

可能原因：电流传感器 I3 故障；信道连线故障；电流传感器 I3 接线不正确（极性接错）；若同时有故障"40"，则 IVF 模块 G055 故障；SPU C019 故障。

排除方法：检查电流传感器 I3；检查信道连线；检查电流传感器 I3 接线是否正确；更换 IVF 模块 G055；更换 SPU C019。

5. 线路过电流

现象：线路电流由硬件监控，如果超过允许的最大线路电流，高速断路器被断开。
可能原因：主电路故障，如短路；得到的线路电流实际值出错。
排除方法：检查主电路；检查线路电流传感器和相应的接线；检查 IOV 模块 G071，如有必要，则将其更换。

6. 直流连接电路过电压

现象：直流连接电路电压受到限制以保护牵引设备。尽管牵引控制单元试图通过 PCM 排除直流连接电路故障，但直流连接电路电压超过限制，VSI 被 INVM 模块 C055 封锁。

可能原因：外部线路过电压，如雷击；INVM 模块 C055（限制比较器）故障；制动斩波器故障，同时应显示"59""60"故障；相应门极单元故障，同时应显示"59""60"故障；制动电阻烧坏，可能显示"180"故障；实际值（电流、电压、速度）出现错误。

排除方法：检查全部封锁信号，以及其他和本故障相关的故障；使用用户程序测试输出信号测试制动斩波器；检查主电路（制动斩波器、制动电阻）；检查 INVM 模块 C055；检测实际值。

7. 变压变频装置制动电阻温度检测故障

现象：检测到变压变频装置制动电阻温度不在允许范围内。

可能原因：变压变频装置制动电阻的温度传感器 PT100 故障；ABIF 模块 C017 故障；变压变频装置制动电阻的温度传感器 PT100 和 ABIF 模块 C017 之间的连接松动或断开。

8. 牵引控制单元温度检测故障

现象：由 ABIF 模块 C017 上的温度传感器 PT100 检测到的温度不在允许范围内。
可能原因：ABIF 模块 C017 故障。
排除方法：更换 ABIF 模块 C017。

9. 变压变频装置散热片过热

现象：测得 L1 相模块和 L3 相模块散热片的最大温度超过允许值。

可能原因：没有及时散掉相模块的热量；相模块散热片上的温度传感器 PT100 出现故障；相模块损坏。

排除方法：检查故障相模块，找出哪个相模块温度超标；检查散热片是否很脏；检查相模块和散热片之间的接触；检查相应的相模块；检查相模块散热片上的温度传感器

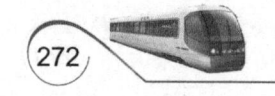

PT100；如果上述检查正常，故障重复出现，则更换相应的相模块。

10. 线路接触器关断监控故障

现象：尽管线路接触器没有动作，牵引控制单元却得到来自线路接触器的应答信号，导致高速断中器被断开，且VSI被封锁。

排除方法：使用用户测试程序的测试输出信号功能测试线路接触器；检查线路接触器。

注意：牵引控制单元仅监控线路接触器的辅助触头，因此没有线路接触器的应答信号不一定表示相应的主接触器动作不正确。

11. 直流连接电路预充电监控故障

现象：牵引控制单元监控直流连接电路的预充电过程被终止。

可能原因：直流连接电路或主电路短路；直流连接电路电容故障；预充电电阻故障；线路电压传感器或直流连接电路电压传感器故障；预充电接触器故障。

排除方法：检查直流连接电路和主电路；检查直流连接电路电容；检查预充电电阻；检查线路电压传感器或直流连接电路电压传感器；检查预充电接触器。

注意：当预充电接触器吸合，直流连接电路的电压必须符合规定值，且在规定时间内线网电压和直流连接电路的电压差必须变小，否则预充电过程被终止，以保护预充电电阻。

任务二　检修辅助逆变器

工作情景

轨道车辆辅助系统主要为除牵引系统以外的所有用电系统供电，其供电的主要负载有空调设备、客室照明设备、设备通风装置、电器电子装置、蓄电池充电设备等。整个辅助系统由辅助逆变器、蓄电池及相应的部件组成。辅助逆变器为轨道车辆的辅助系统提供电能。在轨道车辆的动车和拖车中都有辅助逆变器。因此，辅助逆变器的工作状态正常与否直接影响轨道车辆的功能。辅助逆变器的检修是轨道车辆检修的重要工作。

工作环境

在轨道交通车场综合检修库开展轨道车辆辅助逆变器检修实践操作；在带有仿真软件的多媒体教室完成学习辅助逆变器检修模拟操作的工作内容。

器材准备

工　　具：棘轮、扳手、记号笔。
设　　备：起重设备、抬车设备、支架板。
材　　料：硬刷、橡胶密封条、润滑油、清洁剂、黏结剂。
劳保用品：工作服、安全帽、绝缘手套、防砸鞋。

项目六 电气部件检修

素质培养

（1）培养学生动手操作的能力。
（2）培养学生规范的安全操作技能。
（3）培养学生一丝不苟的工作精神。
（4）培养学生踏实肯干的工作态度。
（5）培养学生的大局意识。

学习目标

（1）掌握辅助逆变器的用途。
（2）能够说明辅助逆变器的结构。
（3）能够规范检查辅助逆变器的基本技术状况。
（4）能够独立进行辅助逆变器的检修。

基础知识

一、概述

每节轨道车辆都有一个辅助逆变器。辅助逆变器把 1500V 的直流电转换为三相 380V 交流电提供给空气压缩机、空调设备、设备通风装置、驾驶室通风装置及 220V 方便插座等。此外，每个轨道车辆的 B 车有一个斩波器，与 B 车辅助逆变器集成在一个箱体，把 1500V 的直流电转换为 110V 直流电，为轨道车辆提供 110V 直流电，并负责给轨道车辆蓄电池充电。通俗地讲，辅助逆变器是一种将直流电（DC）转化为交流电（AC）的装置。

二、辅助逆变器的位置

在轨道车辆上，辅助逆变器的位置如图 6-3 所示。

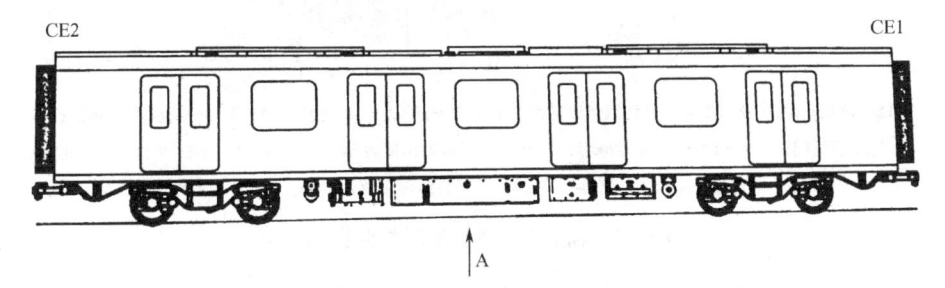

图 6-3　辅助逆变器的位置

辅助逆变器装在轨道车辆的地板下面。

三、辅助逆变器的组成及应用

如图 6-4 所示，辅助逆变器包含供电系统所需的零部件，其中包括两个充电器。辅助逆变器设备箱包含两个几乎完全一样的辅助逆变器（7 和 8）。辅助逆变器的两个充电器共同向蓄电池馈电。如果其中一个充电器发生故障，另一个充电器仍可提供额定功率的直流电。辅助逆变器接口、蓄电池输出电路和三相交流耦合接触器没有采用冗余设计。辅助逆变器设备箱中的零部件如图 6-5 所示。

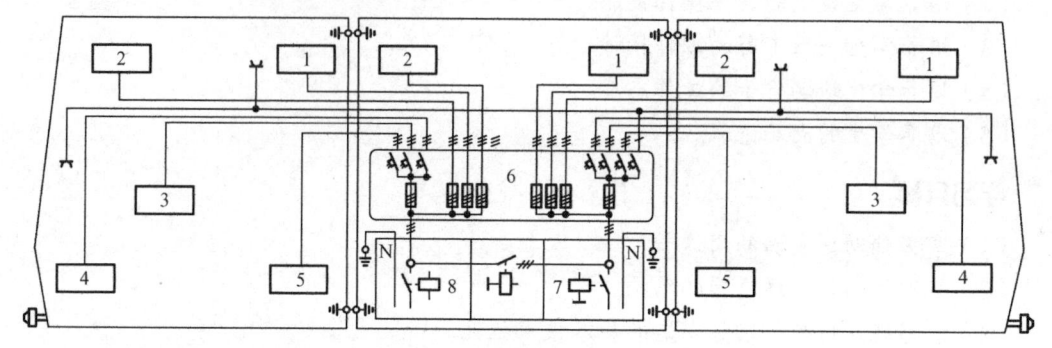

1—VAC1；2—VAC2；3—空气压缩机；4—牵引设备箱 1；5—牵引设备箱 2；6—辅助装置箱；
7—辅助逆变器 1；8—辅助逆变器 2

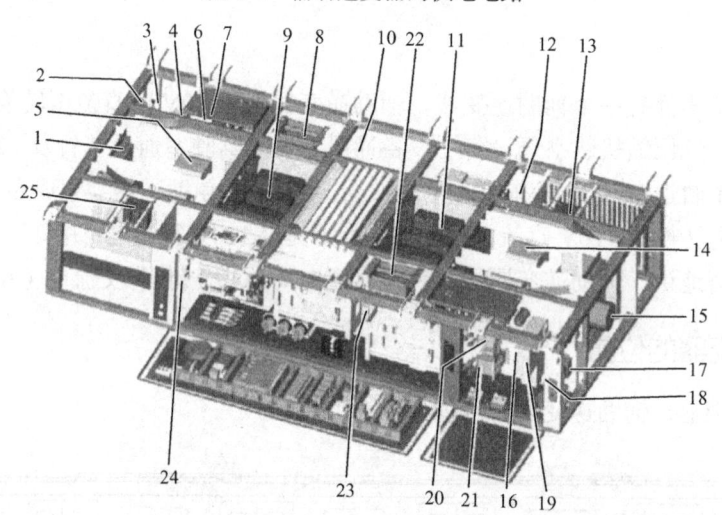

图 6-4　辅助逆变器的供电电路

1,15—风扇；2,17—EMC 滤波器铁氧体磁芯组件；3,18—直流输入电压传感器；4,19—直流主接触器；
5,14—管线节气门；6,16—EMC 滤波器电容；7,20,21—交流输出接触器；8,22—OVP 电阻；9,11—主变压器；
10,23—半直流连接电压传感器；12,24—进风口温度传感器；13,25—BC 管线节气门

图 6-5　辅助逆变器设备箱中的零部件

辅助逆变器在运行时直接与架空牵引线相连接。辅助逆变器的两个部分都是由 1500V 架空线并行供电的。辅助逆变器向轨道车辆上的风扇、空调设备及所有其他的三相负载输出交流 380V 电压。辅助逆变器还输出直流 110V 电压用于蓄电池的充电及控制单元的供电。

辅助逆变器将来自架空线的电源电压转变为以下输出电压：三相交流 380V，50Hz，144kV·A 输出电压（输出 1），用于一组空调设备及其他负载的供电；直流 110V，2×16kW 输出电压（输出 3），用于蓄电池的供电；三相交流 380V，50Hz，144kV·A 输出电压（输出 4），用于另一组空调设备及其他负载的供电。

四、辅助逆变器的主要技术指标

辅助逆变器的技术指标如表 6-2 所示。

表 6-2　辅助逆变器的主要技术指标

项　目		说　明
输入 2	额定电压	直流 1500V
	最低电压	直流 1000V
	最高电压（连续满负载）	直流 1800V
	最高电压（短时满负载）	直流 1950V（不大于 5min）
输出 1 和输出 4	额定电压	三相交流 400V，50Hz
	额定频率	50（1±1%）Hz
	额定功率	144kV·A
输出 3	额定电压	直流 110V
	电压范围	直流 77～137.5V
	额定功率	2×16kW
	额定电流	2×145A

五、辅助逆变器的冷却

辅助逆变器中的主要气流如图 6-6 所示。

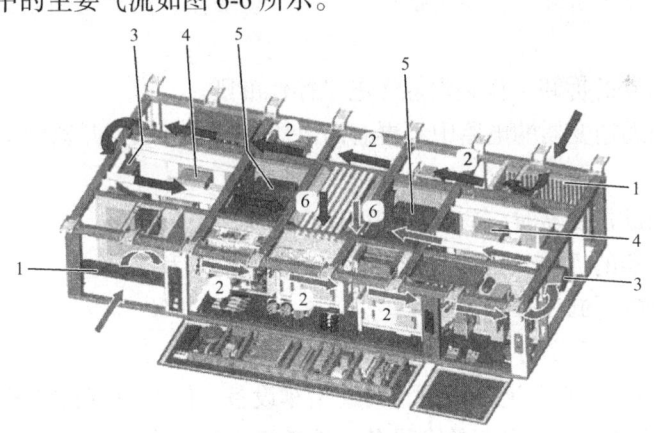

1—进风栅；2—散热片；3—风扇；4—管线节气门；5—主变压器；6—出气栅

图 6-6　辅助逆变器中的主要气流

辅助逆变器设备箱中的气流分别被导向辅助逆变器的两个部分。其中，一部分气流通过沿着车体排布的进气栅被吸入辅助逆变器设备箱中；由于电源模块的散热片延伸到风道，因此气流又沿着辅助逆变器设备箱的侧边流到风扇，再通过辅助逆变器设备箱中间的管线节气门和主变压器，向下经出气栅排出。

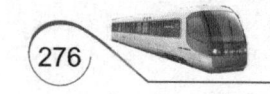

实操训练

一、辅助逆变器的拆装

1. 安全与保护措施

由于辅助逆变器的最大输入电压达 1800V，为防止人员被电击，在辅助逆变器的盖板内侧安装有弹性导电触点。该触点通过接地连接器与轨道车辆相连接，从而构成保护装置。当对辅助逆变器进行作业，该保护装置被拆卸时，必须采取其他保护措施以取代原有的保护装置。

（1）在辅助逆变器的任何一个零部件上作业时，必须切断电路，即将辅助逆变器从所有未接地的导体中切除或隔离。

（2）必须将切断电路的设备（如开关）可靠断开，并确保其不会再合上。

（3）采用相应的断开和接地设施，防止在重新闭合切断电路的设备时间间隔装置与辅助逆变器之间的短路和进线接地。

（4）必须通过测量来确定切断电路的零部件已无电压，以确保其开路状态，并做好相关记录。

2. 拆卸

（1）辅助逆变器的拆卸工作（包括松开线头、接触器、挡板或端盖）必须由熟练工人进行操作。

（2）辅助逆变器的拆卸工作必须遵守电工操作准则。

（3）只有当辅助逆变器的电路中不再有高电压时，才可以打开辅助逆变器的检修盖和端盖。

（4）当拆卸辅助逆变器时，应确保辅助逆变器不带电。

（5）辅助逆变器的拆卸工作结束后，应拿走所有材料和工具。

（6）机械部分的拆卸。

① 拧松 M16 外六角螺母，但不要将其取下。

② 将抬车设备置于辅助逆变器下，升起抬车设备，使辅助逆变器落在抬车设备上。

③ 取下所有六角螺母，升起抬车设备，使托板不再受力。

④ 取下所有垫片，并做好相关标记。

⑤ 取下托架上的 M12 六角螺母，将托板从框架取出。

⑥ 放低辅助逆变器。

（7）电气部分的拆卸。

① 拧松连接导线与辅助逆变器接触导轨的螺纹接头。

② 拔下电缆的保护管。

③ 拧松导线螺纹接头的压力螺母。

④ 使用电缆夹将连接线拔出。

⑤ 拧松接头的夹子，拆下夹子。

3．安装

（1）拆线和打开端盖等工作均要由熟练工人操作。

（2）在处理电气设备时，应遵守电气安全规则。

（3）在打开辅助逆变器端盖前，应检查受电弓是否落下。

（4）确定即使出现短路或辅助逆变器进线接地现象，也不会使辅助逆变器的各单元启动。

（5）只有在辅助逆变器的各单元没有电的情况下，才可以对辅助逆变器的各单元进行处理。

（6）在辅助逆变器的安装工作中，要使用合适材料。

（7）在辅助逆变器的安装工作完成后，应拿走残留的材料和工具。

（8）机械部分的安装。

① 使用起重设备将辅助逆变器放到位。

② 将支架板放在框架内。

③ 紧固支架板，紧固扭矩为 55N·m。

④ 放置平衡垫圈、六角头螺栓、垫圈和螺母，并用手将其拧紧。

⑤ 紧固螺纹，扭矩为 160N·m。

（9）电气部分的安装。

辅助逆变器外壳是通过铜条与车体连接的，而铜条是通过接地螺母与辅助逆变器后部连接的。

① 进行安全接地，紧固铜条的 M20 六角螺母、垫圈，扭矩为 30N·m。

② 取下导线螺纹接头下方的盖板。

③ 拧松导线螺纹接头的固定螺母。

④ 将电缆的线脚穿过导线固定接头。

⑤ 按照旧件的尺寸对电缆进行加工。

⑥ 在电缆末端装上电缆夹，将其夹紧。

⑦ 对螺纹进行处理。

⑧ 用六角螺母、垫圈和环形螺母将电缆夹固定在接线排上。

⑨ 按照规定的扭矩紧固电气螺纹连接。

⑩ 检查电气螺纹连接。

⑪ 给所有的电缆外面套上保护管。

二、辅助逆变器的周检

辅助逆变器的周检

1．准备工作

（1）必须将辅助逆变器断电，或者将每一侧非接地的导线与辅助逆变器断开。

（2）断开开关设备，并确保不能再将其接通。

（3）对有效绝缘的设备进行测量并记录。

（4）当对辅助逆变器再次通电时，必须防止出现短路及辅助逆变器的输入线接地的情况。

注意：搬动模块、电抗器或盖子时，要戴工作手套。

2. 检修过程

（1）螺母和螺栓不能用手拧松，连接件应无缺失、无锈蚀、无损伤。

（2）悬挂点应无损伤和锈蚀的迹象。

（3）目测端盖和面板是否移位。

（4）检查有无锈蚀和损伤。

（5）检查标记和铆钉的位置。

（6）检查所有端盖的密封条有无损伤和变形（无须打开端盖，从外部检查）。

（7）检查所有的锁是否处于锁闭位置。

三、辅助逆变器的月检

1. 准备工作

月检的准备工作与周检相同。

2. 检修过程

（1）检查排水孔。

① 箱体左右内边均有4个排水孔，使用螺纹工具从下方刺穿排水孔。

② 使用吸尘器清除排水孔内异物。如果排水孔过脏，使用刷子将其清洁。

（2）清洁压力触点和导轨。

① 拧松压力触点上的螺母。

② 取下压力触点，对其进行功能检查，并做好相关标记。

③ 使用清洁剂清洁压力触点。

注意：不要锉压力触点表面的镀银层。压力触点在长时间使用后，可能会有黑色的氧化物。这些氧化物是不导电的，必须将其清除。

④ 使用铜刷清除导轨表面的杂物。

⑤ 在滑动面和压力触点涂上一薄层压力触点油。

⑥ 清洁端盖的接触面，并重新上油。

⑦ 重新安装压力触点。

注意：拧紧压力触点螺母，扭矩为3N·m。

⑧ 如果导轨表面由于电-热效应而变形，必须更换导轨。

（3）检查蓄电池有无污染。

注意：蓄电池为110V直流电源。

① 从下方清洁电池盒及排水孔。

② 如果蓄电池污染严重，应打开蓄电池的接头X1，拧松4个接触螺母，取出包括断

路器在内的蓄电池。

③ 按拆卸蓄电池过程倒序安装蓄电池；接触点涂上接触油；接触螺母表面使用螺纹预处理剂。

四、常见故障分析及处理

1. 外部风扇反转

现象：当某列车待发车时，驾驶显示屏显示一个辅助逆变器出现严重故障；运行若干分钟后，驾驶显示屏显示该辅助逆变器恢复正常；该辅助逆变器正常运行若干分钟后，驾驶显示屏又显示该辅助逆变器严重故障，同时显示该辅助逆变器散热片故障，且该列车两端空调系统不能启动；列车行驶若干分钟后，驾驶员重启该辅助逆变器，该辅助逆变器恢复正常。

由于辅助逆变器多次出现严重故障现象，为避免事态进一步扩大，行调安排车辆段开行备用列车。随后，该列车安排回厂检修处理。以上故障，行调均已通知 DCC 调度中心的轮值工程师。

故障判断处理：将该列车入库检查，发现驾驶显示屏显示该辅助逆变器散热器故障，从而造成该辅助逆变器被隔离；检查该辅助逆变器散热器温度传感器的电阻值正常，各插头连接良好；打开该辅助逆变器设备箱下底板，检查该辅助逆变器散热器风道无堵塞现象，检查该辅助逆变器外部风扇输出信号反馈良好；随后，通过高压试验，比较该辅助逆变器与相邻车厢辅助逆变器散热器温度，发现该辅助逆变器外部风扇已进入全速状态，但该辅助逆变器散热器温度仍上升很快；进一步检查该辅助逆变器，发现全速状态下该辅助逆变器出风口通风量很小；最终，确认该辅助逆变器外部风扇全速接线接反，从而造成全速状态下风机反转；更换该辅助逆变器模块和风扇控制单元各 1 个，故障排除。

故障原因总结：辅助逆变器外部风扇全速接线接反造成全速状态下风机反转，散热器通风量不足，温度持续升高，从而辅助逆变器被隔离。

2. 升弓后电压降低

现象：检修人员对某列车进行辅助逆变器继电器整改作业，在升弓时，发现驾驶显示屏显示的电压值从 1600V 一直往下降，直到 0V；同时，驾驶显示屏显示辅助逆变器红色指示灯闪烁报警。

故障判断处理：发现该故障几分钟后，上车检查，确认为辅助逆变器故障；故障详细信息为绝缘栅双极型晶体管 IGBT2、IGBT4、IGBT6 反馈故障各一次，辅助逆变器被隔离；重新分合继电器 3F10、3F11 后该故障依旧；重新分合开关 3S01，在未升弓时驾驶显示屏未报故障，而在升弓后驾驶显示屏显示的电压值从 1600V 一直下降到 0V，且故障详细信息同上，在车下检查高压设备箱内的辅助逆变器，确认其控制单元主板上指示灯正常，内部风扇正常，外部风扇不工作；在重新升弓时，能听到辅助逆变器的充电接触器和分离接触器依次闭合又马上断开的声音，外部风扇始终未工作；降弓（做好防护），然后检查从辅助熔断到辅助逆变器接触器的高压电路正常，并用 DCUTERM 软件检查分离接触器

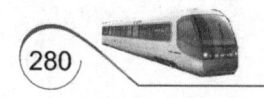

和充电接触器反馈情况正常；更换控制单元主板后故障依旧；更换整个辅助逆变器模块后，故障消失。

故障原因总结：驾驶显示屏上的电压指示由本车半组辅助逆变器电压检测电路提供，由于绝缘栅双极型晶体管的反馈故障，辅助逆变器被隔离，分离接触器和充电接触器被分开，加到辅助逆变器主电路的电压被放电，从而使得驾驶显示屏显示的电压值从 1600V 一直下降到 0V；排查主电路的相关接触器、熔断器等可能断点，再用替换法找到故障点为辅助逆变器模块。

注意：对于辅助逆变器模块等关键部件，不宜轻易被替换，要尽可能地在最后排查，否则容易造成故障扩大。

3. 辅助逆变器红色指示灯闪烁

现象：运行的某列车的某节车厢的辅助逆变器红色指示灯闪烁，且每节车厢只有一个空调设备工作；当该列车运行到下一站时，该节车厢的牵引逆变器红色指示灯闪烁；当该列车到达总站后，驾驶员重启该列车，故障消失。为保险起见，轮值工程师要求将该列车入库检查。

故障判断处理：将该列车入库检查，发现驾驶显示屏显示某节车厢出现"三相不平衡"故障；该节车厢故障详细信息为"三相不平衡"故障出现 3 次，辅助逆变器被隔离 1 次；重启列车后，故障消失；针对该节车厢，做负载试验，在空调负载启动过程中，当辅助逆变器的电流传感器感应电流达到 85A 时，出现"三相不平衡"故障，之后将辅助逆变器执行软关闭后软启动，故障消失，辅助逆变器工作正常，空调负载启动正常；负载试验共做 4 次，只有 2 次出现此类故障，但辅助逆变器的电流传感器感应电流仅为 85A 左右，而其他车厢辅助逆变器的电流传感器感应电流约为 110A。切断该节车厢部分空调负载后，故障没有出现，且检查 380V 电路无异常。更换该节车厢辅助逆变器模块后故障消失。

故障原因总结：辅助逆变器电流传感器故障，引起其感应电流失真；牵引控制单元故障。

任务三 检修牵引电动机

工作情景

凡用于带动轨道车辆运行的电动机通常称为牵引电动机。牵引电动机有许多类型，目前在城市轨道交通中，应用最广泛的牵引电动机是三相异步电动机。牵引电动机能够将电能转化为轨道车辆前行的动能。牵引电动机的性能直接影响轨道车辆的运行安全和效率。因此，对牵引电动机进行检修是城市轨道车辆检修的重要工作之一。

工作环境

在轨道交通车场综合检修库的电机检修间开展牵引电动机检修实践操作；在带有仿真软件的多媒体教室完成学习牵引电动机检修模拟操作的工作内容。

器材准备

工　　具：气泵、绝缘电阻表、轴承拆卸工具、电动/气动扳手、红外线测温仪。

设　　备：电动机清洗剂、电动机真空远红外干燥箱、电动机耐压试验台、电动机转子动平衡试验机。

材　　料：润滑脂、煤油、棉布、中性清洗剂、酒精、脱漆剂等。

劳保用品：工作服、安全帽、劳动手套、防砸鞋。

素质培养

（1）培养学生细致观察的能力。

（2）培养学生动手操作的能力。

（3）培养学生团队合作的工作精神。

（4）培养学生勤劳踏实的工作态度。

（5）培养学生爱岗敬业的精神。

学习目标

（1）掌握牵引电动机的结构和作用。

（2）能说出牵引电动机的工作原理。

（3）能够对牵引电动机的主要部件进行拆卸和安装。

（4）能够通过团队合作完成对牵引电动机的调试检测。

基础知识

一、牵引电动机的结构

牵引电动机主要由3个部分组成：固定部分（定子）、旋转部分（转子）、定子和转子之间的间隙（气隙）。牵引电动机如图6-7所示。

1. 定子的组成

定子由定子铁芯（电工硅钢片叠成）、定子绕组和机座组成。

定子铁芯内圆处有许多形状相同的槽，用于嵌放定子绕组。机座用于固定和支撑定子铁芯，要有足够的机械强度和刚度。定子外部固定有端盖。定子与端盖如图6-8所示。

2. 转子的组成

转子由转子铁芯（硅钢片叠成）、转子绕组和转轴组成。

转子铁芯安装在转轴上，其表面开有槽，用于放置或浇注转子绕组。在转子的一端安装有风扇，用于转子高速转动时的降温散热。转子与风扇如图6-9所示。

3. 气隙

气隙大小对牵引电动机的性能有很大的影响。如果气隙大，则磁阻大，励磁电流（滞后的无功电流）大，功率因数降低。如果气隙过小，则装配困难，运行不可靠，高次谐波磁场增强，从而使附加损耗增加，启动性能变差。交流牵引电动机的结构如图 6-10 所示。

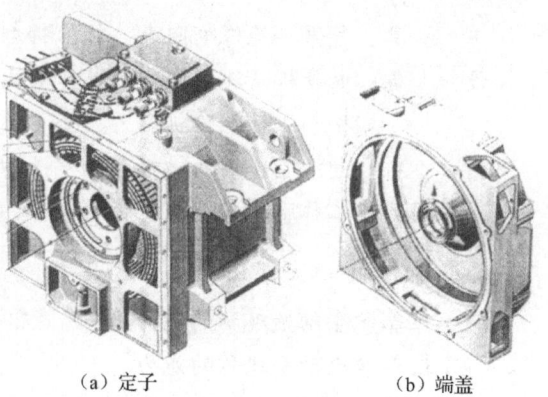

（a）定子　　（b）端盖

图 6-8　定子与端盖

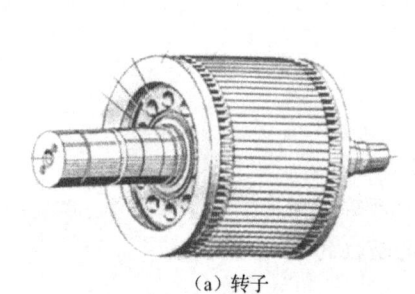

图 6-7　牵引电动机

（a）转子　　（b）风扇

图 6-9　转子与风扇

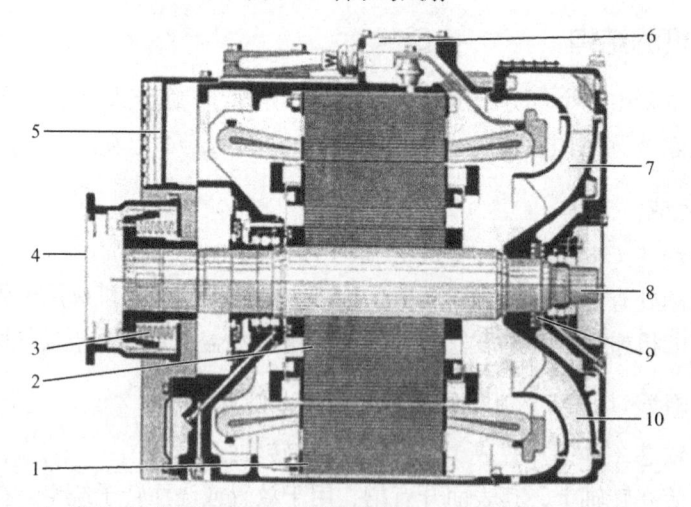

1—定子；2—转子；3—D 端（传动端）轴承；4—联轴器；5—排气扇；
6—连接电缆盒；7—风扇；8—转轴；9—N 端（非传动端）；10—端盖

图 6-10　交流牵引电动机的结构

二、牵引电动机的工作原理

轨道车辆的受电弓从接触网上取得1500V的直流电，经过牵引逆变器转换成三相交流电，输送给牵引电动机（三相异步电动机）定子三相绕组。这时，定子三相绕组中有对称的三相电流流过，从而使气隙中产生旋转磁场。转子绕组在这个旋转磁场中感应出电动势，并在闭合回路中产生电流。转子电流与旋转磁场相互作用，产生电磁力，形成使转子旋转的电磁转矩。转轴通过联轴器和齿轮箱把转矩传送给轨道车辆转向架的车轴，驱动轨道车辆运行。

三、牵引电动机的机械特性

在牵引电动机定子电压、频率以及参数固定的条件下，牵引电动机的电磁转矩 M 与转子转速 n 之间的变化关系称为牵引电动机的机械特性，记作 $M=f(n)$。有时转子转速 n 以转差率 s 代替（$s=n_1-n/n_1$），这时牵引电动机的机械特性记作 $M=f(s)$，可画出 $M=f(s)$ 曲线，如图 6-11 所示。

（1）当 $0<s<1$ 时，电磁转矩 M 和转子转速 n 都为正，牵引电动机处于电动状态。

（2）当 $s<0$ 时，电磁转矩 M 为负，转子转速 n 为正，牵引电动机处于发电状态。这种状态被交流传动的轨道车辆应用在电阻制动或再生制动工况。

（3）当 $s>1$ 时，电磁转矩 M 为正，转子转速 n 与旋转磁场方向相反，牵引电动机处于一种制动状态，称为反接制动或电磁制动状态。

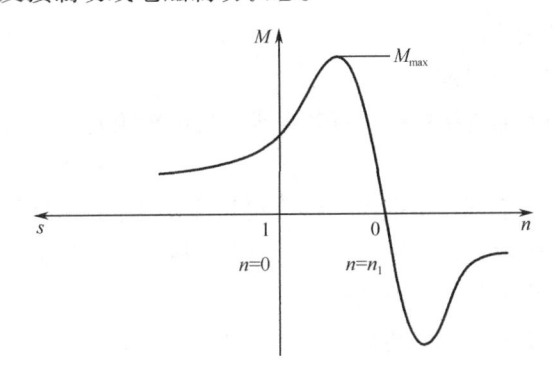

图 6-11 牵引电动机的机械特性曲线

四、牵引电动机的主要技术指标

牵引电动机的主要技术指标如表 6-3 所示。

表 6-3 牵引电动机的主要技术指标

项　　目	说　　明
额定电压	1050V
额定电流	132A
额定功率	190kW

续表

项　　目	说　　明
额定转速	1800r/min
功率因数	0.85
额定频率	61Hz
温度等级	200NI
绝缘电压	1500V
最高电压	1403V
最大电流	283A
最高转速	3642r/min
接线方式	Y形
电流导线规格	每相 1mm×25mm

实操训练

由于牵引电动机通常采用三相笼型异步电动机，因此在此介绍三相笼型异步电动机的检修。三相笼型异步电动机基本可以达到免维护的要求，所以仅在大修时做解体检修。

一、牵引电动机的拆装

1．拆卸

（1）分离两个半联轴节。

（2）排空齿轮箱中的润滑油。

（3）拆下齿箱吊杆下部连接螺栓，将其报废。将齿轮箱安全止挡鼻靠在齿轮箱安全挡销上。

（4）拆下齿轮箱吊杆上部连接螺栓，将垫圈和螺母报废，吊杆待用。

（5）将牵引吊具套到桥式起重机上，在牵引电动机外壳顶部旋上4个吊环，用吊具套到吊环上，使桥式起重机吊住牵引电动机。

（6）拆下牵引电动机的上部安装螺钉、垫圈及下部安装螺钉、垫圈，将其报废。

（7）拆下牵引电动机与构架连接的接地线电缆螺钉。

（8）确认牵引电动机上的电缆已处于自由状态，小心地将牵引电动机吊离转向架。

（9）支撑住齿轮箱，拆下螺钉，将其报废。

（10）拆下齿轮箱安全挡销，待用。

（11）将构架从轮对上吊离。

2．安装

（1）将架修好的带齿轮箱的动车轮对置于组装线上，分别安装好一系悬挂和轴箱拉杆。

（2）在构架齿轮箱座上安装齿轮箱安全挡销。

（3）安装垫片和螺钉，且拧螺钉的扭矩为25N·m。

（4）在齿轮箱吊座与齿轮箱间安装齿轮箱吊杆，将螺栓穿过齿轮箱与吊杆下部，安装上新的垫圈和螺母，且拧螺母的扭矩为430N·m。

（5）将牵引吊具连到安装有吊环的牵引电动机上，将吊具套到桥式起重机上，吊起牵引电动机到构架上方。

（6）将牵引电动机上的安装孔与构架上的安装孔对准，确保两个半联轴节的接合面紧贴。

（7）安装新的锥形垫圈、平垫圈及螺钉，使牵引电动机与构架电动机安装座上部紧紧贴合。

（8）安装新的锥形垫圈、平垫圈及螺钉，使牵引电动机与构架电动机安装座下部紧紧贴合。

（9）旋转齿轮箱，使两个半联轴节的连接孔对齐，拧 M8 螺栓，且拧螺母的扭矩为 32N·m。

（10）安装齿轮箱吊杆上部螺栓、垫圈及螺母，且拧螺母的扭矩为280N·m。

二、牵引电动机的清洁

1. 吹扫之前的适当分解

（1）拆下传动侧（D 端）进风罩。

（2）拆下进风罩外沿 M8 螺栓。

（3）拆下进风罩内侧 M8 螺栓。

（4）用橡胶锤轻敲，将进风罩取下。

（5）拆下非传动侧（N 端）保护网。

（6）拆下大端盖外沿 4 块保护网上的 M8 螺栓。

（7）取下 4 块保护网。

2. 吹扫、清洗、烘焙

（1）将牵引电动机吊到小车上，再将小车推入吹扫室。

（2）关闭吹扫室门，接通除尘装置电源。

（3）打开除尘装置压缩空气开关。

（4）用除尘装置依次对机座、转子进行吹扫，直至将积尘吹净。

（5）用配有清洗剂的高压热水清洗掉牵引电动机内、外污垢，再用清水将其冲干净。

（6）对牵引电动机进行烘焙干燥：烘焙温度为 80～100℃；烘焙时间为 8～10h。

三、牵引电动机的检修

（1）拆下并清洁干净传动轴上的联轴器。

（2）检查牵引电动机所有的紧固件；螺纹孔紧固件的扭矩如下：M6 螺纹孔紧固件的扭矩为 8N·m；M8 螺纹孔紧固件的扭矩为 20N·m；M10 螺纹孔紧固件的扭矩为 40N·m。

（3）检查牵引电动机的引出线、接线端子（如果引出线局部有破损，必须对其进行绝缘包扎）。

① 接线盒密封端子应良好。

② 牵引电动机的引出线压板应完好，螺栓紧固。

（4）牵引电动机防脱保护板（电动机保护鼻子）螺栓应无松动。

（5）牵引电动机悬挂处螺孔应完好。

（6）牵引电动机大端盖（N 盖）螺栓（M14 内六角螺栓）应紧固。

（7）脉冲发生器螺栓（M10 外六角螺栓）应紧固。

（8）更换润滑油脂。

注意：在更换润滑油脂期间，应保证牵引电动机温度为 20～30℃；在注入润滑油脂时，要转动转子，使轴承内腔均匀充满油脂。

（9）更换 D 端（传动端）润滑油脂。

① 拆下 M6 外六角螺栓，取下油腔盖，清除油腔废油。

② 拆下外油封、端盖。

③ 用手动脂枪从注油嘴注入约 160g 干净润滑油脂。

（10）更换 N 端（非传动端）润滑油脂。

① 拆下 M6 外六角螺栓，取下油腔盖，清除油腔内废油。

② 用手动油脂枪从注油嘴注入约 140g 干净润滑油脂。

四、牵引电动机的组装

注意：在使用组装牵引电动机所用的螺钉之前，要在螺钉的螺纹上涂上活化剂，并经过一定的透气时间，再在螺钉的螺纹上涂上黏结剂。

1. 安装 D 端轴承及内部轴承盖（如图 6-12 所示）

（1）将轴承装入轴承压入装置。

（2）将轴承压入装置分别从定子两侧插入定子外罩上的轴承孔。

（3）在轴承压入装置上装上套筒和螺母，用扳手拧紧，将轴承压入轴承座。

（4）拆掉轴承压入装置。

（5）在内部轴承盖的端面涂上防摩擦的轴承润滑油脂，并安装轴承圈。

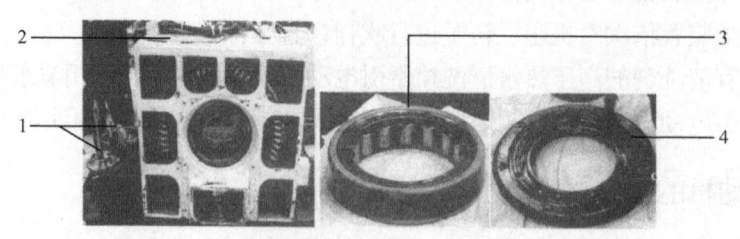

1—轴承压入装置；2—定子外罩；3—D 端轴承；4—涂轴承润滑油脂的内部轴承盖

图 6-12 安装 D 端轴承及内部轴承盖

（6）在内部轴承盖上涂上防摩擦的轴承润滑油脂。

（7）在内部轴承盖的凹槽嵌入O形圈。

（8）把内部轴承盖插入定子外罩上的轴承孔，再把涂上活化剂和黏结剂的螺钉插入螺孔，并以8N·m的扭矩将其拧紧。

2. 安装端盖轴承（如图6-13所示）

（1）将端盖轴承用轴承压入装置放入轴承座。

（2）在轴承压入装置上装上套筒和螺母，用扳手拧紧，将轴承压入轴承座。

（3）拆掉轴承压入装置。

图6-13 安装端盖轴承

3. 把带端盖的转子安装到定子上

（1）将转子转轴插入端盖中心，使转子安装到端盖上，如图6-14所示。

（2）利用辅助工具将吊臂固定在转子转轴上，如图6-15所示。

1—吊臂；2—转子；3—端盖

图6-14 将转子安装到端盖上　　图6-15 将吊臂固定在转子转轴上

（3）用吊车将转子及端盖吊到定子操作台。

（4）在端盖与定子的接触面上均匀地涂上密封剂。

（5）调整好端盖位置。

（6）将转子移动到定子中心孔的位置。

（7）利用辅助工具将转子拉入D端中心孔，在此过程中保持转子水平。以免使绕组、铁芯装置和D端轴承受损，如图6-16所示。

1—定子；2—转子；3—端盖

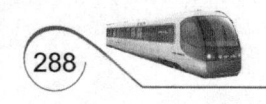

图 6-16　将转子移入定子中

（8）安装压装工具，利用压装工具将整个转子压入 D 端轴承外罩中。

（9）将端盖安装到定子外罩上，再把涂上活化剂和黏结剂的螺钉插入螺孔，并用 40N·m 的扭矩将其拧紧。

（10）拆掉压装工具。

4. 安装 N 端轴承盖

（1）N 端外部轴承盖上涂上薄薄的一层防摩擦轴承润滑油脂。

（2）将 N 端轴承盖安装到端盖上。

（3）将涂上活化剂和黏结剂的螺钉插入螺孔，并以 8N·m 的扭矩将其拧紧。

5. 安装 D 端轴承盖

（1）将涂上润滑油脂和安装胶（加热至约 200℃）的密封环滑入 D 端转轴中的止挡处。

（2）在外部轴承盖（D 端）上涂上密封剂。

（3）将外部轴承盖安装到定子外罩上。

（4）将涂上活化剂和黏结剂的螺钉插入螺孔，并以 200N·m 的扭矩将其拧紧。

五、试验

牵引电动机被组装好后，应进行以下试验。

（1）温升试验：按照有关的技术要求检测牵引电动机各部分发热是否正常。

（2）热态复测绕组绝缘材料试验：检测绕组绝缘材料是否因发热而损伤。

（3）特性试验：测试并记录牵引电动机的特性曲线，以便检查牵引电动机的运行情况。

（4）振动试验。

（5）超速试验：检查牵引电动机装配是否完好。

（6）交流耐压试验：检查牵引电动机各绕组及刷架等是否存在对地击穿或爬电现象。

（7）堵转试验：如有负载试验台，还应进行堵转试验。

六、常见故障分析及处理

1. 插座接地故障

可能原因：插座与外壳接触；连接导线损坏；绕组绝缘损坏，外壳的接线区域有水；牵引电动机中的冷却风道受阻。

排除方法：拆下插座，清洁其生锈的表面部分；检查连接导线的经过路径是否有锋利的边缘及摩擦点，如有必要，更换连接导线；检查绕组或牵引电动机中有无异物；拆下转子及其 N 端轴承罩并对其进行检查，如果它们是正常的，将外壳擦干；清洁牵引电动机中的冷却风道。

2. 绕组温度过高

可能原因：过载；牵引电动机中的冷却风道受阻。

排除方法：减少负载；清洁牵引电动机中的冷却风道。

3. 局部过热

可能原因：温度检测线断开；电缆接头或线路连接松动；绕组绝缘材料损坏；轴承被脏物堵塞。

排除方法：如果检查的连接导线有问题，更新连接导线；拆掉转子及其 N 端的轴承罩，检查铜焊连接，如有必要，更新电缆接头和铜焊连接；测量绕组电阻，判断是否有异物；拆掉轴承盖，如果检查的轴承密封有问题，更新轴承并润滑。

4. 冒烟

可能原因：绕组绝缘材料损坏；轴承卡住；转轴弯曲。

排除方法：检查牵引电动机的转子中有无异物；检查绕组电阻和绝缘电阻；分解牵引电动机，看轴承盖是否变色；检查定子绕组和轴的附件（如内部风扇）。

5. 烧焦气味

可能原因：连接导线损坏或断开；绕组绝缘材料损坏。

排除方法：检查绕组电阻和绝缘电阻；检查牵引电动机的转子中有无异物；检查连接导线。

6. 蜂鸣声

可能原因：连接导线断开；接线端松动。

排除方法：检查连接导线的经过路径是否有锋利的边缘及摩擦点，如有必要，更换连接导线；打开接线盒，检查接线端，如有必要，更换电缆接线头。

7. 摩擦声

可能原因：轴承间隙不对；轴弯曲。

排除方法：用千分尺测量轴承的配合；分解牵引电动机，检查定子/转子铁芯装置、定子绕组和轴的附件（如内部风扇）。

8. 敲击声

可能原因：电流流过轴承；轴承损坏；用于脉冲发生器的内部风扇松动；牵引电动机悬挂装置断裂；牵引电动机悬挂装置松动；牵引电动机联轴节松动或断裂。

排除方法：分解轴承，判断引起电流穿过的原因，并采取适当措施；拆卸轴承盖，看牵引电动机中有无断裂现象，判断转子铁芯是否会碰撞到定子铁芯装置；检查脉冲发生器的密封盖，并固定脉冲发生器；检查悬挂装置、螺钉连接、轴承装置和缓冲装置，用规定的紧固扭矩将螺钉拧紧，更新缓冲装置。

9. 牵引电动机的转矩消失

可能原因：连接导线断开；电缆连接头或者线路连接松动。

排除方法：检查连接导线；拆卸转子及 N 端轴承罩，检查铜焊连接，如有必要，更新电缆连接头。

10. 转子转速消失

可能原因：连接脉冲发生器的导线断开；脉冲发生器损坏；脉冲发生器的内部风扇松动。

排除方法：更换连接导线，检修插头连接；紧固脉冲发生器；更换脉冲发生器；检查支座和密封盖，固定脉冲发生器。

11. 润滑油脂泄漏

可能原因：轴承过度润滑；牵引电动机联轴节松动或断裂。

排除方法：拆卸润滑油脂盖，清除多余的润滑油脂，清洁油管并固定润滑油脂盖；检查螺钉连接点，看是否有裂纹，用规定的紧固扭矩将螺钉拧紧，或者更换断开的螺钉；检查密封件是否损坏，必要时对其进行更换。

任务四　检修受流装置

工作情景

受流装置是将外部电源平稳地引入轨道车辆电源系统，为轨道车辆的牵引设备和辅助设备提供电能的重要电气设备。根据线路供电方式的不同，受流装置分为集电靴及受电弓两种形式。集电靴应用于以第三轨方式供电的线路，而受电弓主要应用于以接触网方式供电的线路。由于接触网方式可以实现长距离供电，受线路变化影响较小，并且能适应轨道车辆高速行驶的需要，因此较多的地铁线路采用受电弓。受流装置的状态直接影响轨道车辆能量的接收。因此，受流装置的检修是轨道车辆电气系统检修的重要环节。

工作环境

在轨道交通车场综合检修库开展受流装置检修实践操作；在带有仿真软件的多媒体教

室完成学习受流装置检修模拟操作的工作内容。

器材准备

工　　　具：压力计、扭力扳手、绝缘电阻表、测力表、扳手、棘轮、锤子等。
设　　　备：桥式起重机、运输小车等。
材　　　料：抹布、酒精、记号笔、黏结剂等。
劳保用品：工作服、安全帽、劳动手套、防砸鞋。

素质培养

（1）培养学生动手操作的能力。
（2）培养学生团队协作的能力。
（3）培养学生精益求精的工作精神。
（4）培养学生勤奋好学的工作态度。
（5）树立学生刻苦钻研的工匠精神。

学习目标

（1）能够对受流装置进行日常维护检查。
（2）掌握受电弓的结构和工作过程。
（3）熟悉集电靴的结构和工作过程。
（4）能够通过团队合作完成对受电弓的拆装调试。
（5）能够根据检修操作规程完成对受流装置的日检、周检和月检。

基础知识

一、受电弓

1. 概述

受电弓一般分为两种：正弓受电弓和旁弓受电弓。正弓受电弓从上方取流，而旁弓受电弓从侧面取流。正弓受电弓又分为两类：单臂弓和双臂弓。它们的主要区别是活动构架的形式不同。

轨道车辆多数使用的是单臂受电弓。单臂受电弓一般安装于轨道车辆的 B 车车顶，并有升弓和降弓两种状态。当轨道车辆正常运行时，单臂受电弓升起，与接触网接触取流，处于升弓状态。当轨道车辆停运或维修时，单臂受电弓下降，脱离接触网，处于降弓状态。

2. 受电弓的结构

轨道车辆使用的单臂受电弓如图 6-17 所示。

受电弓主要由集电头、活动构架、带气动装置的底架和导流电缆组成。

集电头是受电弓与接触网线索接触的部件，通过与接触网的接触取得电能。当轨道车辆运行时，集电头能自动调整与接触线索的位置，保持与接触网的稳定接触。

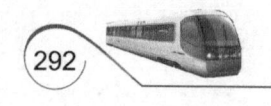

图 6-17 单臂受电弓

活动构架是钢管制成的铰接多边形，其作用是使受电弓保持一定的工作高度，让滑板与接触线索保持一定的压力，不脱弓，不刮弓。它由上部导杆、上臂杆、支撑架、下部导杆、下臂杆和高度止挡组成。

底架由钢管和钢板焊接而成。在底架上，焊有支撑底座，以便连接下臂杆和下部导杆，还安装有升弓气缸、活塞杆、升弓弹簧（主拉伸弹簧）、手动锁钩等部件。升弓气缸内有降弓弹簧（反向弹簧）和活塞。

底架通过 4 个绝缘子固定在车顶上。绝缘子起电气隔离和机械支撑作用。

单臂受电弓的结构如图 6-18 所示。

1—升弓气缸；2—上部导杆；3—集电头；4—上臂杆；5—支撑架；6—下臂杆；7—升弓弹簧；8—底架

图 6-18 单臂受电弓的结构

导流电缆安装在受电弓所有的铰接处。在轨道车辆受电状态下，电流会流经整个受电弓框架，导流电缆是为了防止电流流入轴承、损坏轴承而设的。

3. 受电弓的工作过程

当受电弓升弓时，压缩空气经缓冲阀进入升弓气缸，气缸内活塞移动带动活塞杆缩回，降弓弹簧受压；同时，活塞杆拉动下臂杆下端，下臂杆上端向上升起，处于压缩状态的升弓弹簧释放压力，进一步推动下臂杆向上转动，带动活动构架升起。当受电弓降弓时，升弓气缸内的压缩空气经缓冲阀排出，降弓弹簧释放压力，活塞带动活塞杆移动，推动下臂杆向下转动而使活动构架落下。受电弓升弓和降弓的速度通过气缸外的升弓和降弓节流阀调节。

4．受电弓的主要技术指标

受电弓的主要技术指标如表6-4所示。

表6-4 受电弓的主要技术指标

项　目	说　明
网线额定电压	750V（DC）
网线最大电压	1000V（DC）
连续集电容量	800A（DC）
适用速度	不大于110km/h
最低工作高度（不含绝缘子）	400mm
最大升弓高度（不含绝缘子）	2450mm
最大工作高度（不含绝缘子）	2100mm
折叠高度（不含绝缘子）	250～290mm
升弓时间	不大于8s
降弓时间	不大于7s
额定工作气压	0.45MPa
受电弓总长度	2090mm
受电弓总宽度	1690～1710mm
受电弓质量	约为170kg（包括气源箱）

二、集电靴

1．集电靴概述

集电靴是指安装在轨道车辆转向架上，为轨道车辆从刚性供电轨（第三轨）进行动态取流（采集电流），满足轨道车辆电力需求的受流设备。

以北京昌平线地铁为例，每列车配备16个动车集电靴，4个拖车集电靴。每个集电靴都能自由延伸和锁定位置，并装有两个500A的熔断器。所有的集电靴都有相同的特征及作用，但集电靴之间不能互换使用。

集电靴在转向架上的安装位置如图6-19所示。

2．集电靴的结构

集电靴的结构如图6-20所示。

集电靴通过绝缘底座固定在转向架上，以保证绝缘性。绝缘盖上装有熔断器视窗，用于检查熔断器的工作状态。受流臂安装在芯座上。芯座通过两个弹性轴承与集电靴的方轴相连，再通过受流组件金属基座与绝缘底座相连，这样就能够保证碳滑靴与第三轨之间的接触压力。

图 6-19　集电靴在转向架上的安装位置

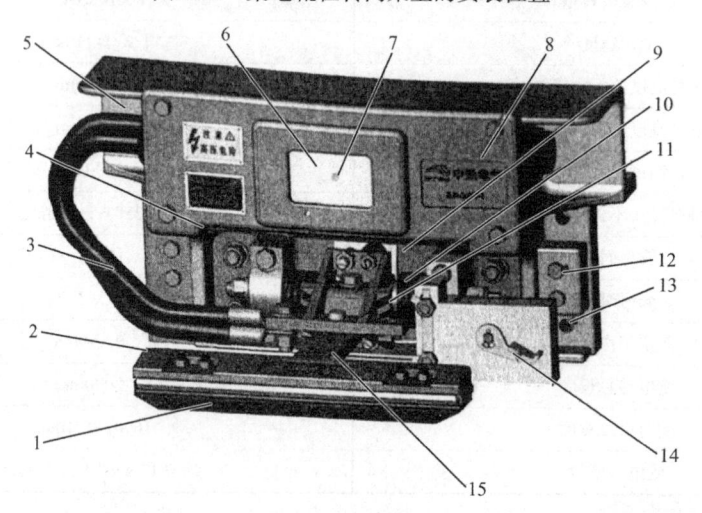

1—碳滑靴；2—摆杆；3—内连电缆；4—安装底板；5—绝缘底座；6—熔断器盒；7—熔断器视窗；8—绝缘盖；9—受流组件金属基座；10—弹簧；11—芯座；12—转向架；13—安装孔；14—手动脱靴装置；15—受流臂

图 6-20　集电靴的结构

当列车正常运行时，整列车由 20 个集电靴同时供电。集电靴由主体和一套机械装置组成。机械装置能够保证碳滑靴与导电轨之间始终保持接触。整个机械装置机构由两个扭簧和两个弹性轴承调整，以保持碳滑靴在轨道上的作用力为（120±24）N。碳滑靴与熔断器之间用两根电缆连接，以便输送电流。手动脱靴装置能够确保锁定有缺陷的集电靴。

3．集电靴的主要技术指标

（1）碳滑靴在轨道上的作用力：（120±24）N。

（2）碳滑靴的自由延伸位置高度：（66.5±2）mm，高于正常位置。

（3）碳滑靴的锁定位置高度：（45.5±2）mm，低于正常位置。

（4）熔断器（每个）：750V，500A。

（5）质量：36.5kg。

实操训练

一、受电弓的检修

注意：下面所有的操作只允许在受电弓接地和无电状态下进行。

1. 检修集电头

受电弓的集电头如图 6-21 所示。

1—导流电缆；2—弓角；3—弹簧盒；4—滑板

图 6-21 受电弓的集电头

（1）检查滑板有无磨损和裂纹。有裂纹或局部磨损剩余厚度为 2~3mm 的滑板要及时被更换。

（2）在安装新滑板时，滑板和弓角必须符合要求。

（3）在季节性温度变化较大的情况下，必须检查和调整滑板相对于接触网的接触压力和弹簧拉伸力。

（4）在安装集电头时，要用预先装配好和调整过的集电头。

（5）检查所有集电头部件是否有损坏。

（6）检查弹簧盒是否弹性良好。

（7）在所有铰接点都有导流电缆。导流电缆必须始终处于良好状态。

（8）导流电缆一般由多股铜导线编织而成。在检修中，应检查导流电缆是否有断股现象。对于断股的导流电缆应予以更换。对于导流电缆的接线端子，要清洁并打磨其接触表面。在安装导流电缆时，在接线端及框架上的安装区域要涂抹含铜油脂，以保证其接触面的导电性能。

（9）在大修作业中，应更换所有的导流电缆。

2. 检查升弓气缸

注意：升弓气缸内的降弓弹簧有很大的预拉伸力；在任何情况下都不允许打开升弓

气缸。

（1）检查升弓气缸的活塞、活塞杆有无卡滞。

（2）检查节流阀和气路连接部分的气密性，并更换损坏的零部件。

3. 在铰接点加润滑油

在受电弓上所有的铰接点，用高压油枪加不含二硫化钼的润滑油。

4. 检查螺栓和螺母

必须检查所有螺栓和螺母是否紧固。

二、受电弓的拆卸与安装

注意：下面所有的操作只允许在受电弓接地和无电状态下进行，否则有致命伤害。

1. 拆卸

（1）降弓并用手动锁钩将受电弓固定在低位。

（2）从电气接头上拆下电缆并拆下避雷器阴极。

（3）拆开气路连接。

（4）用起重装置的辅助机构固定受电弓，以防止其落下。

（5）松掉固定底架的4个六角头螺栓。

（6）从车顶吊下受电弓。

车顶受电弓如图6-22所示。

图6-22　车顶受电弓

2. 调试

（1）紧固车顶受电弓的固定螺栓。车顶受电弓的固定螺栓把受电弓固定在车顶，且在列车运行时不能有松动，以保证受电弓的稳固，这样才能把受电弓的接触压力限制在所要求的范围内。

（2）测试受电弓的接触压力。受电弓的受电性能在很大程度上取决于接触压力。若接触压力太小，则接触电阻增大，导致接触不良而产生电弧；若接触压力太大，则会增加滑板和导线磨损。因此，要求受电弓的机械结构能保证滑板在工作高度范围内具有相同的接触压力。测试受电弓的接触压力的步骤如下。

① 将受电弓升至最大工作高度。

② 在弓头横向管上放上测力计。

③ 慢慢地拉动测力计，使受电弓降弓。

④ 再升弓。

⑤ 从测力计上读出上述这个过程的接触压力。若接触压力在（120±15）N 范围内，则不用调节接触压力，否则必须转动连接片调节螺钉，从而将接触压力调节到正常的范围内。

（3）调节集电头。集电头主要由滑板（碳条）和支座、转轴、集电头横管、弹簧盒组成。滑板通过螺栓固定在支座上。滑板两端向下弯曲的部分称为弓角。弓角可以防止在接触网线岔处线索进入滑板下方造成刮弓事故。集电头横管下端固定在活动构架的上臂杆上端，而活动构架的上臂杆上端通过转轴固定在滑板上。转轴与弹簧盒相连，可以调节集电头的垂向自由度。通过调整集电头两端弹簧盒的弹性可调节集电头的可动性，使滑板弹性均匀且与受电弓上部边缘平行。

（4）调整气动升弓和降弓时间。

① 连接气路。

② 调节安全阀，使气压达到 450kPa。

③ 调节升弓节流阀，使升弓时间达 8s（在触网位置较低的情况下升弓时间相应减少）。

④ 调节降弓节流阀，使降弓时间达 7s。

3. 安装

（1）吊起受电弓到车顶。

（2）安装底架上 4 个六角头螺栓和弹簧垫圈。

（3）连接气路接头。

（4）将电缆连接到电气接头。

（5）打开手动锁钩。

注意：当连接电气接头时，用防氧化接触清洁剂清洗金属抛光接触面，并注意端部螺栓要安装紧固。

三、集电靴的检修

1. 检修提示

（1）在对集电靴进行检修时，必须首先断开轨道车辆电路的电源与地面电路的电源，并放置警示标牌。

（2）戴好安全帽，穿好绝缘鞋，在轨道车辆上挂好禁动牌。

（3）不戴项链、手镯和其他饰物，以防触电。

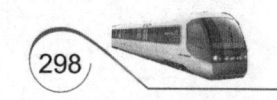

(4) 在用溶剂进行清洗操作时,避免将溶液误入眼中和口内。

(5) 在使用压缩空气时,保护好眼睛和皮肤,不要将压缩空气喷向他人。

(6) 在收回碳滑靴时的注意事项。

在第三轨通电情况下,不可收回碳滑靴。由于所有的集电靴同时连接,因此收回碳滑靴的集电靴仍可能带电。所以对轨道上集电靴的维护工作必须在第三轨断电情况下进行。

即使在第三轨断电的情况下,所有电气元件必须远离第三轨(断电的电容仍存在致命的危险)。

在靠近第三轨时,致命的电弧放电仍可能出现。

(7) 必要的防护措施。

① 负责人必须做到确保维修人员受过训练,定期检查相关安全指示。

② 所有维修人员必须使用个人及公用的保护工具,有效而严格地执行安全措施。

③ 将去掉安全装置或安全装置无效视为严重的违规行为。

④ 为防止意外事故,每个维修人员必须保证所使用的工具和设备都处于良好的状态。

⑤ 严禁设备的操作人员独自维护属于专业人员应该维护的设备。

⑥ 没有负责人的允许,严禁维修人员开动桥式起重机、滑车等任何设备。

2. 集电靴的日常维护

(1) 集电靴应外观清洁,无异物,无裂纹,无电击痕迹。

(2) 集电靴应保持良好安装状态,转动灵活。走行轨上平面到主轴中心高度约为201.5mm,到碳滑靴磨耗线高度约为103.5mm。

(3) 碳滑靴的厚度及接触压力应符合要求,无偏磨。

(4) 编织铜导线应保证端头无损坏,安装状态良好。

(5) 高压电缆应无磨损,无烧伤;接线端子处应无异状;弹簧应无裂纹;线卡应无松动。

(6) 起复装置应转动灵活,状态正常。

(7) 熔断器应安装良好,状态正常。

(8) 集电靴杆臂应无损坏,无裂纹。

(9) 若更换集电靴,则必须涂抹导电脂并更换防松螺母。

3. 集电靴的检修计划

集电靴的计划检修项目和要求如表6-5所示。

表6-5 集电靴的计划检修项目及要求

序 号	检修项目	检修方法	要 求	周 期
1	检查熔断器	目视检查	熔断器上的红色指示灯如果亮,则表示正常;如果熄灭,则更换熔断器	每天
	检查零部件	目视检查	1个碳滑板,4个M8螺母和4个垫圈;如果发现零部件丢失,则应对其进行更换	
2	清理整个集电靴	清洁操作	用喷枪喷水清洗集电靴,并用压缩空气对其进行干燥	每月

续表

序　号	检修项目	检修方法	要　　求	周　期
3	检查碳滑靴	目视检查	检查碳滑靴的磨损标记；检查碳滑靴的磨损程度是否一致	每月
4	更换碳滑靴	更换操作	按规定步骤更换有缺陷的碳滑靴	50 000km行驶里程
5	检查绝缘底座和绝缘盖	目视检查	检查绝缘底座和绝缘盖有无缝隙、破损、孔隙或其他可使熔断器受到损伤的缺陷	
6	检查整个集电靴	目视检查	检查集电靴有无缝隙、破损、孔隙或其他可使熔断器受到损伤的缺陷；检查碳滑靴的位置	每6个月或100 000km行驶里程
6	检查电缆	目视检查	确保电缆完好无损，在电缆护套上无切口、缝隙或其他危及绝缘的缺陷	
6	检查限位螺钉	目视检查	检查限位螺钉的位置及是否磨损；更换不合格的限位螺钉	
7	检查锁紧力矩	操作检查	用扭矩扳手检查锁紧力矩	每2年或250 000km行驶里程
7	检查接触压力	操作检查	将测力计置于碳滑靴的接触线上，轻轻放下碳滑靴，测量接触压力；测量的接触压力必须为（120±24）N，否则检查弹簧和弹性轴承	
8	更换限位螺钉、电缆、弹性轴承、弹簧、盒盖上的密封条	更换操作	为一次性耗材，将其拆下来后必须更换	每5年或500 000km行驶里程

任务五　检修制动电阻器

工作情景

制动电阻器用于轨道车辆的电阻制动。如果在轨道车辆制动时接触网不能再吸收能量，则制动能量将被转化成热能消耗在制动电阻上。制动电阻器是否能正常工作直接关系着轨道车辆电制动性能的好坏，也对轨道车辆的运行安全有着重大影响。制动电阻器的检修工作是轨道车辆检修的重要一环。

工作环境

在轨道交通车场综合检修库开展制动电阻器检修实践操作；在带有仿真软件的多媒体教室完成学习制动电阻器检修模拟操作的工作内容。

器材准备

工　　具：棘轮、套筒工具组合、开口扳手、吸尘器等。
设　　备：抬升设备、运输小车、升降台等。
材　　料：抹布、砂纸、棉纸、酒精等。
劳保用品：工作服、安全帽、绝缘手套、防砸鞋。

素质培养

（1）培养学生解决问题的能力。
（2）培养学生动手操作的能力。
（3）培养学生团结合作的工作精神。
（4）培养学生踏实肯干的工作态度。
（5）培养学生刻苦钻研的工匠精神。

学习目标

（1）能够对制动电阻器进行日常检查维护。
（2）掌握制动电阻器的作用、结构和工作原理。
（3）能够根据操作规程独立完成对制动电阻器的拆卸和安装。
（4）能够通过团队合作完成制动电阻器的日检、月检和架修工作。

基础知识

一、制动电阻器的结构

制动电阻器采用六角头螺栓吊挂于动车车厢的下方，制动电阻器冷却方式为强迫风冷（卧式通风），如图6-23所示。

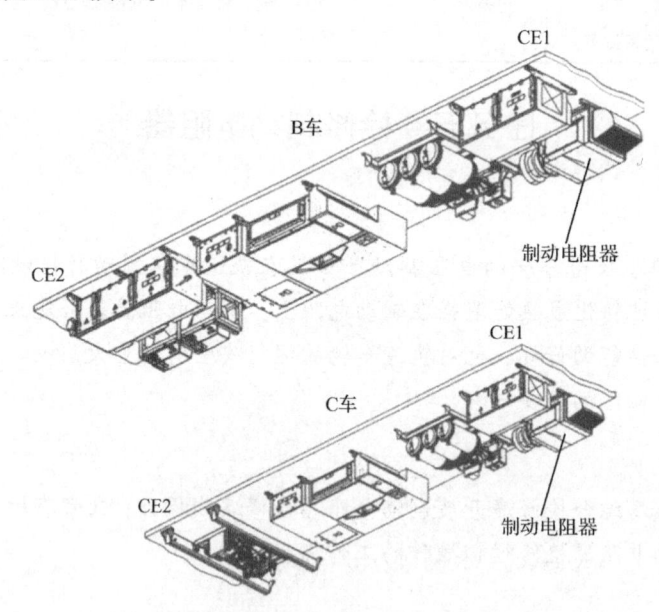

图6-23 制动电阻器在动车的安装位置

制动电阻器安装在不锈钢制成的构架内，通过3个横梁托装在车厢底架上。制动电阻器出风口安装在构架后端，作为冷却制动电阻的压缩空气出口。风扇通过法兰连接在构架的前端。制动电阻器的性能与风扇的性能密切相关。风扇通过风扇网罩吸进空气。风扇网罩可以阻止风扇吸入别的物体。制动电阻器由2个支路组成，每个支路由6个电阻单元构成。电阻单元通过不同的连接母排相互连接。电阻单元通过滚轮安装在构架的导轨里,而导轨通过绝缘子安装在构架上,这样就保证了电阻单元和构架的隔离。制动电阻器安装有风压保护装置和温度保护装置(温度监控器)。温度保护装置和电阻单元连接在一起。温度保护装置的引出线抽头及平衡电阻板安装在最靠近出风口的电阻单元上。此电阻单元是制动期间最热的电阻单元。制动电阻器主要由电阻单元和风扇两部分组成。制动电阻器的结构如图 6-24 所示。

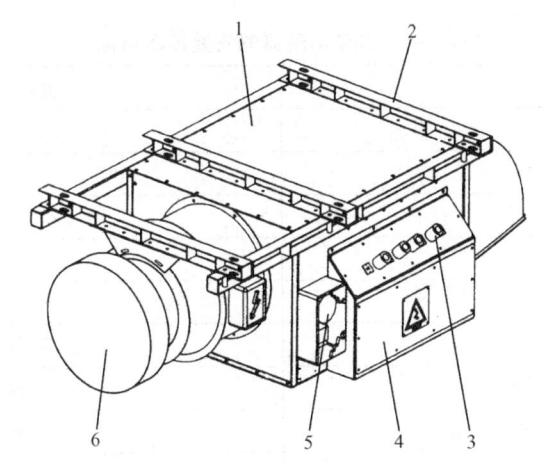

1—外壳;2—构架;3—接线柱;4—接线盒;5—温度监控器;6—风扇

图 6-24 制动电阻器的结构

二、制动电阻器的原理及要求

轨道车辆的制动包括电制动及空气制动两种方式,而电制动又包括再生制动和电阻制动两种方式。当接触网电压高于 DC 1800V(第三轨电压高于 DC 1000V)时,轨道车辆采用电阻制动,以防止接触网电压继续升高。轨道车辆在采用电制动和空气制动联合方式时,以电制动优先。当轨道车辆处于低速状态且电制动力不足时,可以采用空气制动,以补足制动力。轨道车辆在紧急制动时,采用空气制动,制动力为摩擦力。轨道车辆在停放时的制动力为弹簧力。

当轨道车辆制动时,牵引电动机工作在发电状态,并产生制动电流。这个电流通过电阻条,使电阻条发热(电能转化成热能被消耗掉)。这就要求制动电阻器具有良好的热容量,耐震动,还要抗腐蚀,在高温下不生成氧化层。

三、风扇

风扇的作用是降低制动电阻器内的温度,使制动电阻器在强迫通风方式下正常工作。在每节动车车厢上各有 1 个制动电阻器及风扇。风扇的工作电源为 380V 三相交流电。风扇的运行由风量监控压力传感器和制动电阻器出风口温度监控传感器监控。

风量监控压力传感器通过监控风扇进风口与出风口之间的空气压力差确认风扇的工作状态是否正常。当该空气压力差小于设定值时,牵引控制单元被封锁。风扇故障产生的原因可能是灰尘挡住了进/出风口，或是风扇电动机转速未达到额定值。

制动电阻器出风口温度监控传感器监控制动电阻器出风口的温度，以确认风扇的工作状态是否正常。当制动电阻器出风口温度大于设定值时，牵引控制单元被封锁。

四、制动电阻器的主要技术指标

制动电阻器的主要技术指标如表 6-6 所示。

表 6-6 制动电阻器的主要技术指标

项 目	说 明
额定电压	DC 1500V
额定电流	360A
持续时间	10s（R8）/18s（R9）
工作温度	400℃
最高温度	600℃
冷却方式	强迫风冷
额定通风量	1.8m^3
带式制动电阻（R8）的电阻	1.04Ω
带式制动电阻（R9）的电阻	1.74Ω
电阻带与电阻组件架可承受的电压	5800V/min
组件构架与电阻器之间可承受的电压	3000V/min
电气间隙	大于 32mm
爬电距离	大于 50mm

实操训练

一、制动电阻器的拆卸与安装

注意：在对制动电阻器作业时，应确认轨道车辆已断电。

1. 拆卸

1) 拆卸机械连接

（1）拧松 M10 螺母，但不要完全拧下。
（2）定位抬升设备，使制动电阻器箱体作用在抬升设备上。
（3）拧下 M12 螺母，制动电阻器箱体与支持板脱离。
（4）取下平衡垫圈，记录垫圈的位置、数量、厚度。
（5）拧下 M10 螺母，从托架上取下支持板。
（6）放低制动电阻器箱体。

2) 拆卸主单元

（1）拆卸安装盖、接线端盖子和两个支撑。

（2）拆卸构架内部连接。

（3）如有必要，拆卸接线端电缆。

（4）用手托住构架的下方并支撑其重量，小心地将构架从支撑排上拉到制动电阻器箱体外，注意保护绝缘子。

（5）将构架从制动电阻器箱体中取出后，可以将其上表面朝下放置，也可以将其平放，注意不能将其输出端子朝下放置。

3）拆卸风扇

（1）拆卸保护网罩。

（2）拆卸中心螺钉。

（3）将拖动工具压入叶轮中，将中叶轮拆下来。

2．组装

1）组装主单元

（1）用一个平板托住构架的下面，以支撑其重量，将构架小心地滑入带支撑排的制动电阻器箱体内，注意保护绝缘子。

（2）重新连接构架的内部接线。

（3）用螺栓将构架固定到两个支撑上。

（4）盖上接线端盖子，且接线端螺钉的紧固扭矩为40N·m。

（5）盖上安装盖。

2）组装风扇

（1）在重新组装风扇前，要清洁风扇的轴、导向套和轴套，并对这些部件进行润滑。

（2）将螺纹杆拖入风扇电动机轴上，再将叶轮推到风扇电动机轴上，然后抬起叶轮。

（3）用螺钉、轴端垫圈和螺钉锁定件将叶轮固定住。

（4）安装叶轮罩盖。

4．安装

1）安装主单元

（1）使用抬升设备将制动电阻器箱体放到指定位置。

（2）将支撑板放入托架。

（3）使用M10螺栓、垫圈、螺母固定支撑板，螺母紧固扭矩为29N·m。

（4）放入平衡垫圈。

（5）放入M12螺栓、垫圈和螺母。

（6）拧紧螺母，螺母紧固扭矩为50N·m。

（7）打开接线盒，将装有电缆夹的电缆穿过电缆进口，接到标有1、2、3的接线柱上。电缆的固定螺母紧固扭矩为40N·m。

（8）连接压差开关接线。

2)安装风扇

风扇通过固定螺栓对穿固定（注意调整风叶与外壳的间隙）。

二、制动电阻器的日检

（1）检查制动电阻器出风口及进风口有无异物。

（2）在有条件的情况下，检查电阻单元上有无异物，并用真空吸尘器清洁电阻单元。

（3）必须遵守有关规定，防止轨道车辆意外移动。

（4）切断牵引逆变器的供电开关，以隔离制动电阻器。

（5）确保制动电阻器温度降到环境温度。

（6）切断辅助逆变器的供电开关。

三、制动电阻器的月检

（1）制动电阻器箱体内外应清洁无异状，安装牢固。

（2）构架应无变形、伤痕、裂纹、锈蚀。

（3）罩板应无永久弹性变形、伤痕、锈蚀。

（4）电阻带应无变形、破损、锈蚀。若电阻带片间距离低于4mm，则应更换电阻带。

（5）绝缘体应无变形、损伤、裂纹。

（6）电阻带的电阻值应符合要求。电阻带的额定电阻值为0.455Ω（20℃）。如果电阻带的电阻值超过额定电阻值的5%～7%，则应更换电阻带。

（7）端子螺栓应紧固，且无变形、腐蚀、熔损、变色、裂纹。

（8）线缆应无老化、破损。

（9）绝缘电阻值应符合要求。用2.5kV绝缘电阻表测量电阻元件与构架之间的绝缘电阻值不小于10MΩ。

四、制动电阻器的架修

制动电阻器的架修规程如表6-7所示。

表6-7 制动电阻器的架修规程

序号	维修项目	维修内容	方法	工具材料	技术要求	备注
1	制动电阻箱	（1）清洁制动电阻箱和进气滤网	目测检查，清洁操作	粗毛刷、无纺布、吸尘器	进气滤网应清洁；制动电阻箱应内外干净清洁，无积尘	—
		（2）更换风扇电动机轴承	更换操作	升降台、扳手、万用表、标准工具、轴承拆装工具	风扇电动机对壳体绝缘电阻值不小于5MΩ；三相绕组电阻值的偏差不超过10%；三相电流的偏差不超过其平均值的10%；风扇电动机应运转平稳，无异声	—

续表

序号	维修项目	维修内容	方法	工具材料	技术要求	备注
1	制动电阻箱	（3）清洁箱内的零部件及绝缘材料	目测检查，清洁操作	吸尘器、无纺布	零部件应干净清洁，无积尘；绝缘材料应干净清洁	—
		（4）检查箱盖密封条	检查操作		箱盖密封条应无破损、无老化	若有问题则将其更换
2	制动电阻	测量制动电阻的电阻值	测量操作	电桥	在20℃时，制动电阻的电阻值应为1.143（1±2%）Ω	
3	冷却风机接线盒	清洁冷却风机接线盒	清洁操作	吸尘器、无纺布	冷却风机接线盒应清洁，无灰尘	—

五、试运行

1. 主单元

（1）电阻单元应正确接线。

（2）电气接头应无氧化。

（3）电线的固定螺母的紧固扭矩为40N·m。

（4）接地线应正确连接。

（5）对温度敏感的零部件应不处于排出气流中。

2. 风扇

在风扇接线前，应检查其电压和频率是否与其铭牌上的标注信息相符。

（1）将保护导线连接到保护接点。

（2）按照线路图连线。

（3）在风扇首次测试前，应进行以下检查。

① 风扇应安装正确，风叶与四周外壳应有足够的间隙。

② 所有紧固螺母和电线接头均按给定扭矩紧固。

③ 接地线和等位导线与电源应连接正确。

④ 气流应不受挡板、端盖等影响。

⑤ 对运动或活动的零部件进行振动测试。

（4）在风扇首次通电前，用手转动风叶，确定风叶可自由转动。

（5）检查风扇转向是否与箭头指示的方向一致。

（6）风扇电动机反向转动会导致风扇电动机过载。如果风扇电动机反向转动，应改变风扇电动机的接线。

（7）检测风扇电动机正常在运转时的振动速度，该速度必须小于7.1mm/s。

任务六　检修空调

工作情景

由于轨道车辆要承运众多乘客，所以其车厢内空气往往比较污浊。为改善乘客乘车环境，现有轨道车辆均安装空调。空调是提高乘客乘车舒适性的重要设备。为确保空调运转正常，其日常维护保养是十分必要的。

工作环境

在轨道交通车场检修库开展空调检修实践操作；在带有仿真软件的多媒体教室完成学习空调检修模拟操作的工作内容。

器材准备

工　　具：列检锤、强光手电筒、棘轮、套筒工具组合、万用表、吸尘器、空气压缩机、高压水枪、电弧焊组合、歧管压力计、检漏工具、制冷剂注入阀、真空泵、制冷剂回收装置。
设　　备：轨道交通空调模型或实物。
材　　料：抹布、毛刷、清洁剂、画线笔、新风过滤网、回风过滤网、防腐漆、润滑油。
劳保用品：工作服、安全帽、劳动手套、绝缘鞋、登高绳。

素质培养

（1）培养学生实践操作的能力。
（2）培养学生分析问题、解决问题的能力。
（3）培养学生一丝不苟的工作作风。
（4）培养学生严肃认真的工作态度。
（5）培养学生刻苦钻研的工匠精神。

学习目标

（1）能够实施空调检修工作。
（2）能够判断空调故障类型。
（3）掌握空调故障检测方法。
（4）能够依据空调故障选择正确的修复方法。

基础知识

一、定义

空调系统是用人为的方法调节空气温度、湿度、含尘浓度和气流速度等参数，以满足使用者对室内环境要求的机组与设备。

二、特点及要求

（1）具有小型轻量化的特点。
（2）具有可靠性高的特点。
（3）具有免维护程度高，可维修性好的特点。
（4）具有制冷能力强的特点。
（5）要满足新风量的要求。
（6）要满足微风速及送风均匀性的要求。
（7）要满足气流组织及废排量的要求。
（8）要满足供电特性的要求。
（9）要满足空调系统故障状态下的运行及紧急通风的要求。
（10）具有自动化程度高的特点。
（11）要满足噪声的要求。
（12）要满足电磁兼容性的要求。

三、组成

轨道车辆的空调系统能为驾驶室和客室提供冷风和新鲜空气，以调节驾驶室和客室的温度、空气洁净度，提高乘客乘车的舒适性。轨道车辆的空调系统由空调机组、空调控制装置、驾驶室送风单元、风道、废排装置、采暖装置等设备组成。轨道车辆的空调系统主要部件断面图如图 6-25 所示。

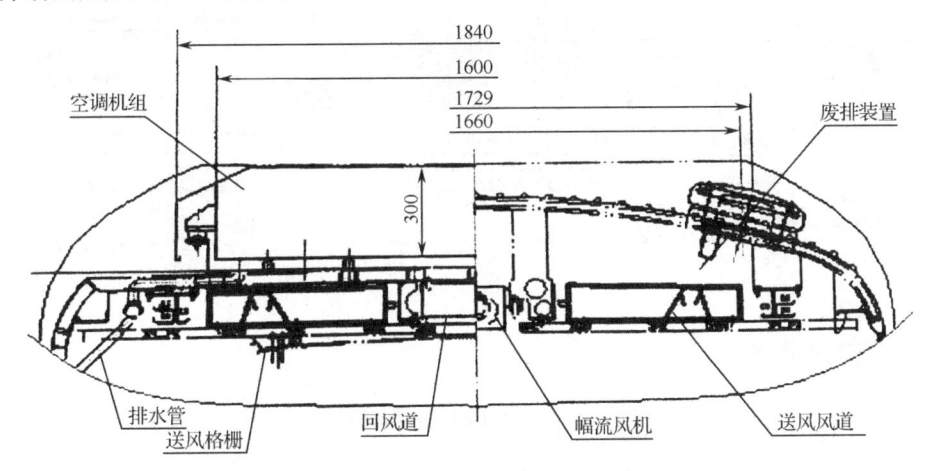

图 6-25 轨道车辆的空调系统主要部件断面图

1. 空调机组

空调机组采用顶置式安装，并采用下送风、下回风方式，属于单冷型。空调机组由微机控制并具有自诊断功能。列车的每节车厢一般都安装制冷能力为 29kW 的空调机组 2 台。当列车的一台辅助电源发生故障时，全列车空调机组将自动减半运行。全列车空调机组在列车运行时由驾驶员集中控制，在检修时可由检修人员单独控制。

1）结构

空调机组分为室内侧和室外侧。其中，室内侧分为蒸发腔和新风腔；室外侧分为压缩机腔和冷凝腔。离心风机、蒸发器、回风电动阀、回风滤尘网等安装在蒸发腔。气液分离器、新风电动阀、新风滤尘网等安装在新风腔。压缩机、压力开关、干燥过滤器、电磁阀等安装在压缩机腔。轴流风机、逆止阀和冷凝器等安装在冷凝腔。空调机组箱体和上盖全部采用不锈钢板制成。空调机组制冷系统的部件及配管全部用银钎焊连接，构成全封闭的制冷循环系统，而制冷剂就封闭在制冷系统内。空调机组回风口在空调机组底部中间处，冷风出口在空调机组底部两侧，新风口在空调机组左右侧板的中间部位。空调机组新风腔处装有高效新风过滤网。空调机组回风口处装有高效回风过滤网，对车厢内循环风进行过滤。空调机组的外形和结构如图 6-26 所示。

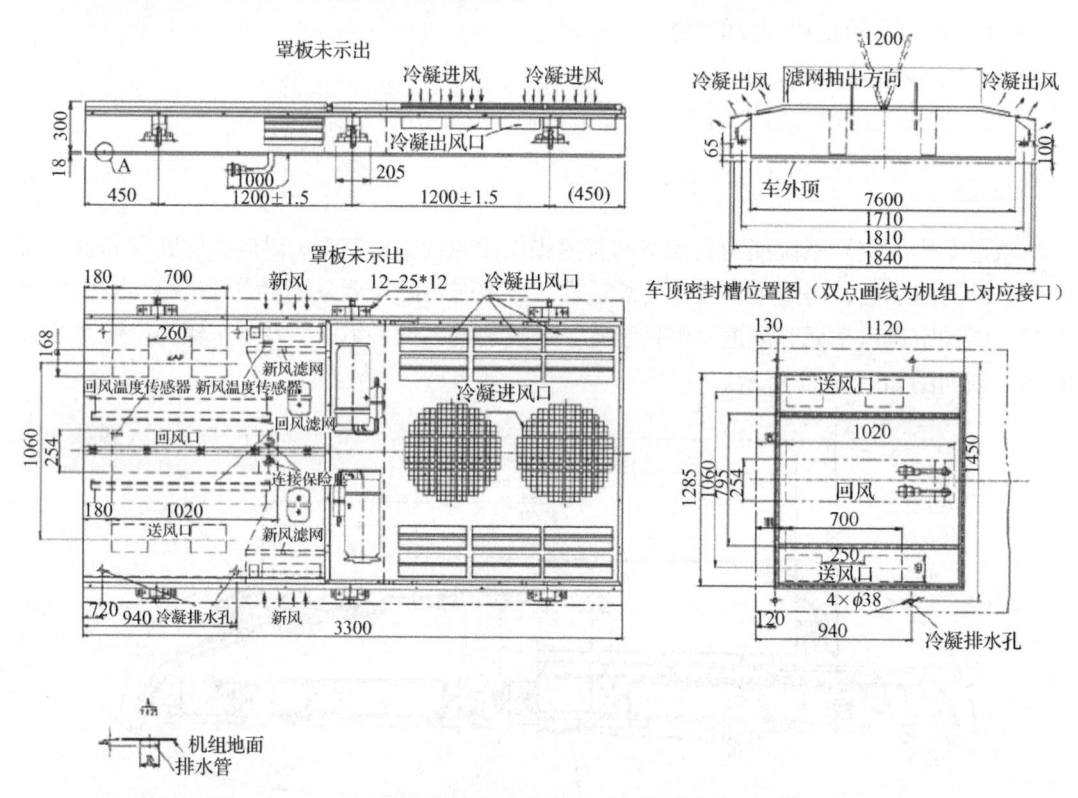

图 6-26 空调机组的外形及结构

2）主要部件功能

空调机组各部件组装在一个不锈钢板制成的箱体内，加盖板后形成一个整体。空调机组主要部件包括全封闭制冷压缩机、室内侧通风机、室外侧通风机、蒸发器、冷凝器、毛细管、干燥过滤器、轴流风机、气液分离器、回风电动阀、新风电动阀、新风感温头、回风感温头等。

（1）制冷压缩机。制冷压缩机为全封闭卧式压缩机。它将电动机、压缩机构及供油系统组装在同一个密封的机壳内。制冷压缩机通过橡胶减振器安装在空调机组箱体内。制冷压缩机的作用是将来自蒸发器的低温低压制冷剂气体压缩成高温高压气体，并送往冷凝器。

（2）室内侧风机。室内侧通风机为直联多叶片式离心风机。室内侧通风机可以强化制冷剂在蒸发器中的蒸发过程，并将经蒸发器冷却降温的空气送入车厢内。

（3）室外侧通风机。室外侧通风机为直联轴流式风机。室外侧通风机的叶轮安装在立式电动机上，并采取防水结构。室外侧通风机用于强化制冷剂在冷凝器中的凝结放热过程。

（4）蒸发器。蒸发器为铜管套铝肋片的直接蒸发式空气冷却器。当车厢内的空气通过蒸发器时，空气的热量被蒸发器内的制冷剂吸收，从而使空气的温度降低。

（5）冷凝器。冷凝器的结构形式与蒸发器相同。高温高压的制冷剂气体通过冷凝器时，在外界空气的强制冷却下，变成常温（约50℃）高压的制冷剂液体。

（6）毛细管。毛细管为一组内径极小的细长铜管。当高压制冷剂液体流经毛细管时，毛细管里的该制冷剂液体起到节流降压的作用。

（7）干燥过滤器。干燥过滤器是将滤网固定在容器内，并封入干燥剂，过滤制冷剂中的残余杂质，吸取制冷剂中的残留水分的部件。

（8）高压压力开关。当制冷系统的压力异常高时，高压压力开关动作，停止压缩机的运转，以保护制冷系统。高压压力开关的复位方式为自动复位方式。

（9）低压压力开关。当制冷系统的压力异常低时，低压压力开关动作，停止压缩机的运转，以保护制冷系统。低压压力开关的复位方式为自动复位方式。

（10）旁通电磁阀。为保证压缩机在长时间停止以及温度较低情况下启动时的轴承润滑，需要在一定时间内（压缩机启动后的30s内）打开旁通电磁阀。

（11）容量控制电磁阀。容量控制电磁阀配合压缩机内能量调节机构可以控制压缩机的容量，通过两个容量控制电磁阀的开闭，可以对压缩机进行全运转以及容量控制运转的切换，从而实现空调机组多级制冷能力调节（100%、70%、50% 共 3 挡）。当打开高压侧容量控制电磁阀，关闭低压侧容量控制电磁阀时，压缩机为全运转状态；当打开低压侧容量控制电磁阀，关闭高压侧容量控制电磁阀时，压缩机为容量控制运转状态。

（12）液管电磁阀。液管电磁阀安置在冷凝器出口，以防止压缩机停止时冷媒液体倒流入压缩机侧，造成再次启动时润滑不良。

（13）逆止阀。逆止阀安装在压缩机的排气管上，以防止压缩机停止时冷媒液体从排气管逆流回压缩机侧。

（14）吸气过滤器。吸气过滤器安装在压缩机的吸气管上，以过滤吸气制冷剂中的残余杂质。

2. 空调控制装置

轨道车辆每节车厢设有一个空调控制柜，以实现对空调机组的控制。空调控制柜由 PLC（Programmable Logic Controller）、温度扩展模块、信息显示操作屏、电源等组成。

1）PLC

PLC 对整个空调机组进行自动控制，实时检测空调机组运行过程中的参数，并通过信息显示操作屏实现人机对话，响应信息显示操作屏中输入的命令，将故障信息、运行状态通过信息显示操作屏显示等。

2）信息显示操作屏

信息显示操作屏是一种微型可编程终端，采用全中文液晶显示操作屏（带背光），具有字符类型和图像类型显示功能，通过通信接口和PLC的外设接口进行通信。它的主要功能是控制空调机组运行工况，显示运行工况参数，实时显示各功能的运行状态及故障现象。

3）电源

（1）主电路电源。

主电路电源向空调机组的压缩机等交流负载供电。主电路电源的规格如下。

① 额定电压：三相交流380V。

② 额定电压波动范围：三相交流380（1±15%）V。

③ 额定频率波动范围：50（1±1%）Hz。

（2）交流控制电源。

交流控制电源取主电路电源的U相电作为制冷工况控制电源，向交流接触器等交流控制元件供电。交流控制电源的规格如下。

① 额定电压：单相交流220V。

② 额定电压波动范围：单相交流220（1±15%）V。

③ 额定频率波动范围：50（1±1%）Hz。

（3）直流控制电源。

直流控制电源将外部提供的直流110V转化成直流24V，向PLC、信息显示操作屏、新风阀、回风阀供电。直流控制电源的规格如下。

① 输入电压范围：直流100~127V。

② 额定输出电压：直流24V。

③ 额定输出电压波动范围：20.4~26.4V。

3. 驾驶室送风单元

为保证驾驶室的风量和冷量，驾驶室设有驾驶室送风单元。驾驶室送风单元主要包括增压单元和可调式送风口。在增压单元内调速风机的作用下，客室空调机组处理后的空气经风道通过可调式送风口被送入驾驶室。调速风机的风速控制旋钮设在驾驶台上，以便驾驶员手动调节风速。

4. 风道

为了实现均匀送风，轨道车辆采用静压风道。静压风道的工作原理是：从空调机组下部送出的风进入车厢内主风道，再沿主风道进入静压箱，进行静压平衡调节，从而使得在主风道的不同截面上具有不同静压的空气在静压箱中得到平衡，并形成一定的静压值，之后空气通过在静压箱上的开口将静压转换成一定的动压并被喷射出去，从而达到均匀送风的目的。

相对于空调机组出风口,风道是对称布置的,以最大限度保证送风均匀。回风口是沿车体长度方向布置的,以最大限度地保证车厢内的造型美观。送风格栅采用铝型材,且其断面结构有利于送风均匀。

5. 废排装置

在车体适当位置设置排气口,并在车体侧墙设置适当的风道,以确保客室内向客室外的排气功能的实现,并防止客室内正压过高造成的新鲜空气输入量减少和关门困难。

6. 采暖装置

为提高车厢内部的温度及空气质量,采取以下措施来保证冬天客室和驾驶室的舒适性。

(1)在车体中采用优质的防寒保温材料,减小车体的传热系数,降低车内向车外的热传递。

(2)由于驾驶员长时间在驾驶室工作,同时穿的衣服比乘客要少,因此驾驶室的温度要比客室的温度稍高才能满足驾驶室舒适性要求。除了采用驾驶室送风单元为驾驶室送入热风,还在驾驶室中设置带风机的电热器,以满足驾驶室舒适性要求。

(3)通过合理的控制系统来满足冬季客室和驾驶室舒适性要求。采暖控制系统将客室电热器、驾驶室电热器及新风阀的开度视为一个系统,为乘客和驾驶员提供一个良好的乘车环境。

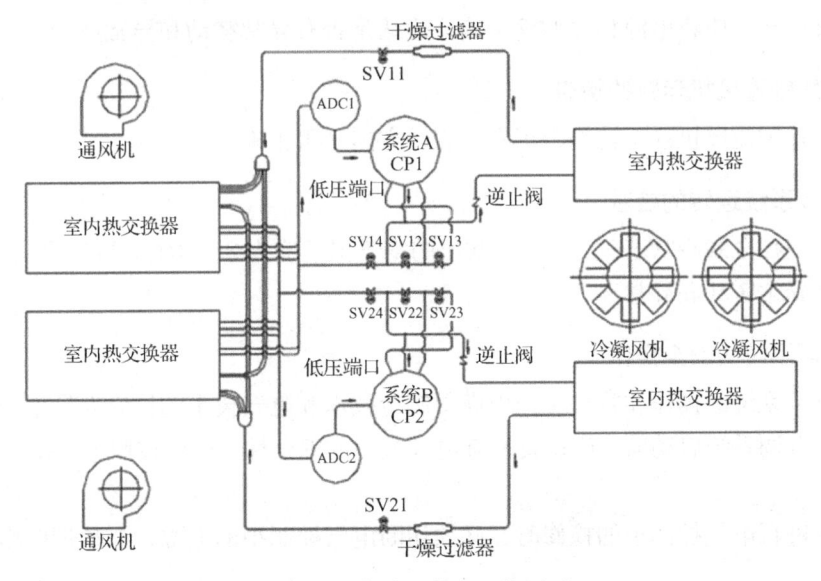

四、制冷系统的工作原理

制冷系统的工作原理如图 6-27 所示。

图 6-27 制冷系统的工作原理

(1)液态制冷剂通过制冷系统回路不断循环,并在蒸发器内与被冷却空气发生热量交换,吸收被冷却空气的热量并汽化成低温低压蒸气。

（2）压缩机消耗电能不断地将产生的低温低压蒸气从蒸发器中抽走，并将低温低压蒸气压缩，使其在高压下被排出。

（3）经压缩后的高温高压蒸气在冷凝器内被周围的空气冷却，凝结成高压制冷剂液体。

（4）利用热力膨胀阀将高压制冷剂液体节流。

（5）节流后的低温低压高压制冷剂液体进入蒸发器，再次汽化，吸收被冷却空气的热量，如此周而复始。

（6）车厢内的空气通过蒸发器时，空气中的水分冷凝成水滴，被引到车外而起除湿作用。

实操训练

一、功能检查

1．空调系统在运转前的检查

空调系统在运转前，要进行以下检查，并确认没有问题后，方可开始运转。

（1）配线是否接好。

（2）电气回路是否正常。

（3）主电路及控制电路的绝缘电阻是否正常。

（4）通风机的叶轮是否碰到风筒的内壁。

2．室内通风机运转的检查

当室内通风机运转时，应确认车厢内是否有风吹出；当车厢内风量极小时，可认为是室内通风机反转，应将电源相序调整正确；确认是否有异常震动和异常声音。

3．室外轴流风机运转的检查

确认室外轴流风机的运转是否正常，旋转方向是否正确。

4．制冷系统运转的检查

制冷系统在全制冷状态时，吸入和吹出的空气温差应为8～10℃；当制冷系统运转时，确认是否有异常震动和异常声音。

5．空调系统的安全操作

（1）空调系统的操作和管理工作由懂得制冷技术和电气技术的检修人员来担任。

（2）在空调系统启动前，应认真检查电气系统的安全性，严格按照电工操作规则进行操作。

（3）在进行电气控制柜的检修时，必须切断电气控制柜的电源，严禁带电作业。

6．空调系统的保护措施

（1）电源应有过电压和欠电压保护装置。

（2）压缩机内部应设置压力保护、过热保护装置，并设置压缩机延时启动保护装置。

（3）各电动机应设置短路、缺相、过载保护装置。

（4）应设置温度继电器及温度熔断器对电加热器进行保护。

当空调系统出现故障时，必须查明原因，排除故障后才允许重新启动空调系统，严禁带故障强行启动空调系统。

7．低温运转的检查

当蒸发器吸入的空气温度在19℃以下时，即认为空调系统处于低温运转。此时，在蒸发器上可能会出现结霜现象，从而对压缩机造成损伤。

8．再次启动的要求

对于室外侧通风机或压缩机，在短时间内不要反复启动和停止，且再次启动时间隔应在3min以上。

二、维护保养

1．冷凝器

当冷凝器的散热片有灰尘、异物时，会影响冷凝器的换热效率，需要对其进行定期检查、清扫或清洗。

在1年以上的维护周期中，在清扫冷凝器时，把压缩空气按冷凝器运转的反方向吹入肋片间隙或从脏物附着多的一侧用吸尘器进行吸尘。对冷凝器吸尘完毕后，用带有洗涤剂的水对其进行清洗或者浸泡，然后用高压水枪顺着翅片进行洗尘。若翅片出现变形或者粘连现象，则用专业工具对其进行校正。

2．蒸发器

蒸发器视灰尘的附着情况应进行定期清扫或清洗。

在清扫蒸发器时，应对蒸发器从脏物附着多的一侧用吸尘器进行吸尘。当蒸发器特别脏或有油污时，应使用专用洗涤剂对其进行清洗。

注意：用洗涤剂清洗蒸发器时，需要对接线盒和电动回风阀执行器进行有效的防护，或者拆下电动回风阀，以避免电动回风阀执行器线路进水而损坏。

3．排水系统

定期检查、清洗排水系统的排水口，并疏通排水系统的排水管，使之不被垃圾或异物等堵塞。

4．前盖板及其门锁

定期检查前盖板门锁。当锁舌出现细小裂纹时，必须对其进行更换。

定期检查前盖板。前盖板原则上不允许被踩踏。当前盖板出现变形，或者前盖板门锁锁紧后前盖板出现松动时，应查明原因及时对前盖板进行维修或者更换前盖板门锁。

5. 冷凝风机

当冷凝风机运转时，若发现有异常声音和异常震动时，则应更换冷凝风机的轴承或电动机。

6. 通风机

用软毛刷刷洗附着在通风机叶片内侧的灰尘（注意不要使叶片变形）。当通风机运转时，若发现有异常声音和异常震动时，则应更换通风机的球轴承。

7. 隔热材料

目测蒸发器室中隔热材料是否老化，若发现隔热材料表面有明显裂痕、损伤，以及隔热材料与箱体连接处有开胶现象，则应除去隔热材料老化或损坏的部分，或者更换新的隔热材料。

8. 减振器

目测减振器表面是否有明显裂纹。若减振器损坏或失效，则应予以更换。

9. 紧固件

查看紧固件防松标记或以锤轻击来检查各安装紧固件是否松动。若紧固件松动，则应重新将其紧固。

10. 绝缘电阻

用 500V 电阻表测量空调系统设备绝缘电阻，并确认空调系统设备带电部分与无电部分之间的电阻值大于 2MΩ。如果该电阻值不大于 2MΩ，就检查空调系统设备各部分是否有绝缘老化，并对其做适当的修补。

11. 电气连接

确认电线端头连接及其紧固螺栓连接是否牢固、可靠。

12. 清洗新风/回风滤尘网

（1）拆下新风/回风滤尘网。
（2）用肥皂水清洗新风/回风滤尘网。
（3）用清水洗净新风/回风滤尘网。
（4）晾干新风/回风滤尘网。
（5）重新将新风/回风滤尘网安装于机组上。

注意：当新风/回风滤尘网清洗 1~2 次后，需要对其更换新滤料。清洁新风/回风滤尘网的时间间隔取决于其变脏程度，不得少于每两周 1 次，尤其对于新线路，应至少每周 1 次。

13. 制冷剂管路

检查制冷剂管路的接缝处，若有油渗出，则可能有制冷剂渗漏。

三、故障检修

1. 故障检测方法

空调系统常用的检查方法是"一看、二听、三摸"。

一看是查看故障现象：看列车控制和管理系统和空调控制屏上的空调故障显示，看指示灯的显示情况，看温度继电器动作情况，看压缩机的吸排气压力值是否在正常范围内，看客室内的温度情况，看风机的运行情况，看制冷管路上是否有油迹。

二听是听压缩机运转时的声音（"嗵、嗵"是压缩机液击声，"嗒、嗒"是金属撞击声）；听制冷机组运转的声音，如果有较大的震动声音，就检查风机的运转情况、轴承的磨损情况。

三摸是摸过滤器，如果过滤器的表面温度显著低于环境温度（应比环境温度稍高些），说明过滤器的滤网大部分网孔已经堵塞，致使制冷剂流动不畅通；摸制冷装置的吸气管和排气管的冷热程度，如果制冷装置正常运转，吸气管应较冷，排气管应较热，否则制冷装置运转是不正常的。

2. 故障判断与处理

1）制冷系统故障

（1）制冷剂泄漏故障。

在制冷系统中，制冷剂泄漏部位主要发生在管路的焊接处、吸气管和排气口的连接处、压力开关的引接处。管路焊接不良、列车运行中的冲击都会造成连接螺栓松动、连接部位出现裂纹，从而引起制冷剂泄漏。

较轻微的制冷剂泄漏可引起制冷量不足、低压压力开关保护动作、蒸发器吸热不足等；严重的制冷剂泄漏可造成制冷系统制冷不良；如果制冷剂已漏光、系统中混入空气，压缩机继续运转将最终导致压缩机过热而烧毁。

制冷剂泄漏的检查方法如下。

① 外观检查。如果发现管路某处有油迹，就用白布擦拭或用手直接触摸，以确认是否为因制冷剂泄漏而从管路中渗出的冷冻油。

② 泡沫检查。用混有清洁剂的水涂在预计可能发生制冷剂泄漏的被检处，若该处有制冷剂泄漏，则会出现气泡，从而可以确定制冷剂泄漏发生的位置。

③ 电子检漏仪检查。用电子检漏仪接近被检测处，一旦电子检漏仪测到有制冷剂泄漏，将发出异常的声音予以提示。此时，应擦拭干净电子检漏仪的触头，在怀疑处再次测试是否有制冷剂泄漏。

④ 压力检查。将复合式压力表连接到制冷系统中，检查制冷系统在停机时的平衡压力，以及在运行情况下的低压压力；如果低压压力低于平衡压力的 1/2，则很可能有制冷剂泄漏。

（2）压缩机低压压力过低故障。

压缩机低压压力过低的原因有制冷剂泄漏、制冷剂不足、膨胀阀等开启不足、外界温度过低、蒸发器入口有堵塞等。

（3）压缩机高压压力过高故障。

压缩机高压压力过高的最大可能原因是制冷系统中混入了空气。空气可能是在制冷系统低压部分压力偏低时被压缩机吸入，或者是在维修中因操作不当而使空气混入制冷系统中。一旦发现空气混入制冷系统中，必须立即加以处理。

压缩机高压压力过高的原因还包括外界温度过高、冷凝器入口或出口有堵塞、冷凝器脏、制冷剂过多、冷凝风机不工作或工作异常等。

（4）制冷剂加注方法。

① 低压加注。启动制冷系统制冷运行，从压缩机低压处加注制冷剂；当压缩机低压压力达到正常值时即可停止制冷剂的加注。

② 静态加注。停止制冷系统运行，从加注口处加注制冷剂。当制冷系统压力达到相应要求时即可停止制冷剂的加注；再让制冷系统运行 30min，并仔细地进行检查。

（5）制冷剂加注检测。

① 测压力。检测压缩机低压压力是否在正常值范围内；若压缩机低压压力偏高，则制冷剂加注多了；若压缩机低压压力偏低，则制冷剂加注少了；同时，压缩机低压压力应低于压缩机高压压力且压缩机高压压力也应在正常值范围内。

② 听声音。如果压缩机运行的声音过大、沉闷，则制冷剂加注多了；如果压缩机运行的声音过小，则制冷剂加注少了。

③ 测电流。若压缩机电流过大，则制冷剂加注多了；若压缩机电流过小，则制冷剂加注少了。

注意：一定要慢慢加注制冷剂；加一点制冷剂后让空调运行 10min 左右，再测压缩机压力和电流来判断是否加注够制冷剂；若加注的制冷剂不够，则分次加注制冷剂，以防制冷剂加注多了；在冬天加注制冷剂时，可以人为地使室内温度传感器达到能够制冷的温度，从而使制冷系统运行或通过相关软件强行使制冷系统运行。

2）电气系统故障

（1）短路故障。

短路故障是电气设备的绝缘层因老化、变质、机械损坏或过电压击穿等造成的。

（2）缺相故障。

轨道车辆空调系统的压缩机、送风机和冷凝风机一般都采用交流 380V 电源供电。如果交流 380V 电源有一相断开，就会出现缺相故障。部分压缩机设有缺相保护单元，可以自行检查缺相故障。

（3）反相故障。

如果压缩机、送风机和冷凝风机的三相连接顺序错误，则将引起反相故障。此时，压缩机、送风机和冷凝风机会反相运转。压缩机反相运转的噪声较大且很快会引起压缩机烧损。送风机和冷凝风机在反相运转时的进风和出风方向刚好颠倒。

（4）过流故障。

过流故障主要出现在空调系统的压缩机部件上。当由于个别特殊原因（如吸气压力过高、堵塞等）使压缩机运转负荷过大时，不断上升的压缩机供电电流将使压缩机电动机部件烧损。

（5）压缩机高/低压压力开关动作。

当由于个别原因使压缩机排气口压力过高或压缩机吸气口压力过低时，压缩机高/低压压力开关动作，从而使空调系统立即停止制冷运行。

（6）温度传感器故障。

若温度传感器由于老化或接触不良而不能输送有效的信号至空调控制板，就会出现温度传感器故障。

（7）继电器故障。

由于继电器老化或其他原因，就会出现继电器卡滞或不能动作等故障。

工匠楷模——谢光明

谢光明为中国中车株洲电力机车有限公司高级技师，系湖南铁道职业技术学院电力牵引与传动控制专业2000届毕业生，现任中国中车株洲电力机车有限公司机车事业部电气装修工。谢光明连续6年获中国中车株洲电力机车有限公司技术攻关一等奖，先后获得中国中车"高铁工匠""中国中车资深技能专家"等荣誉称号，2018年被光荣授予"全国五一劳动奖章"。他从门外汉到高铁工匠，由普通员工成长为中国中车劳动模范，被尊称为"火车医生"，用一颗匠心逐步实现了"大国工匠"梦。

2000年毕业后，谢光明进入了交车车间，成了一名半路出家的机车电工。谢光明很勤奋，也很喜欢钻研，每天都拿个小本子，把所有的零部件画下来，反复记，不懂的地方就请教师父。这种方法看起来"笨"，但实际很有效果。很快，他就可以默画出机车里大大小小的设备，熟练掌握了各种类型机车的工作及原理。

工作之余，谢光明几乎把所有时间都用在了提升技能上，通过不懈努力，考取了机车电工高级技师职业资格证书，从一名调试"菜鸟"变成一位能处理各种机车"疑难杂症"的"全科医生"。